编委会名单

（按姓名拼音排序）

主 任

鲁 为

副主任

韩 耕

成 员

杜石平	冯 明	高 峰	高子程	韩奇辉	何艳明	华列兵
姜俊梅	康 华	李慧敏	李 健	李灵雁	林志炜	刘朝茂
刘 红	刘亚东	刘宇辉	马 强	孙春雨	田有成	王兰旺
王秀海	王勇禄	文一滨	徐明江	杨媛君	于 飞	张 丽
		赵书林	钟显林	周景成		

编 辑

陈雨露	邱 静	丁 鸰	方 芳	韩艳侠	李朝阳	李连旺
李 绣	李祎星	李 泽	刘文杰	刘文鹏	刘 彦	刘 勇
鲁 剑	马含序	马 乐	毛新政	王 晨	王丹丹	王加翼
王 楠	王 心	王兴斌	吴鸿贤	吴苗林	邬 希	肖 然
		徐 淼	张艺馨	庄 浩		

北京市
法治建设年度报告
（2017）

北京市法学会　主编

中国政法大学出版社

2018·北京

图书在版编目（ＣＩＰ）数据

北京市法治建设年度报告.2017/北京市法学会主编.—北京：中国政法大学出版社，2018.11
ISBN 978-7-5620-8699-4

Ⅰ.①北…　Ⅱ.①北…　Ⅲ.①社会主义法制－建设－研究报告－北京－2017
Ⅳ.①D927.100.4

中国版本图书馆CIP数据核字(2018)第252644号

出　版　者　中国政法大学出版社

地　　　址　北京市海淀区西土城路 25 号

邮寄地址　北京 100088 信箱 8034 分箱　邮编 100088

网　　　址　http://www.cuplpress.com (网络实名：中国政法大学出版社)

电　　　话　010-58908524(编辑部) 58908334(邮购部)

承　　　印　北京九州迅驰传媒文化有限公司

开　　　本　720mm×960mm　　1/16

印　　　张　20.75

字　　　数　400 千字

版　　　次　2018 年 11 月第 1 版

印　　　次　2018 年 11 月第 1 次印刷

定　　　价　68.00 元

　　2017 年是实施"十三五"规划、率先全面建成小康社会、建设国际一流的和谐宜居之都的关键一年，也是落实《京津冀协同发展规划纲要》的重要一年。在党中央的坚强领导下，中共北京市委坚定"四个意识"，自觉维护习近平总书记核心地位，深入学习领会党的十九大精神和习近平新时代中国特色社会主义思想，坚决贯彻落实中央决策部署，认真践行以人民为中心的发展思想，以首善为标准，努力将北京建设成为拥有优质政务保障能力和国际交往环境的大国首都。

　　2017 年，中共北京市委领导团结带领全市人民，顺利完成党的十九大、亚太经合组织领导人非正式会议、"一带一路"国际合作高峰论坛等重大服务保障任务，助力 2022 年冬奥会、冬残奥会筹办工作。开展"疏解整治促提升"专项行动，全面落实棚户区改造，有序疏解非首都功能，规划建设城市副中心，推动京津冀协同发展。全面开展安全生产督察和环境保护督察，落实清洁空气行动计划，打响"蓝天保卫战"，下大气力治理"大城市病"。实施《〈中国制造 2025〉北京行动纲要》，大力推进供给侧结构性改革，全面推开"营改增"和"放管服"改革，进一步优化营商环境。建设"三边四级"养老服务体系，实施两期学前教育三年行动计划，探索建立共有产权住房制度，做好对口支援合作，推进中轴线申遗保护，持续改善人民生活。坚持中国特色社会主义政治制度，坚持人民代表大会制度、中国共产党领导的多党合作和政治协商制度，进一步巩固壮大最广泛的爱国统一战线。带头落实全面从严治党主体责任，不断提高自身执政能力和执政水平。全面落实依法治国基本方略，扎实推进民主法治。进一步加强党对立法工作的领导，坚持立法工作正确的政治方向，着力完善基本领域立法，加强重点领域立法，提高地方立法科学化、民主化水平，地方立法质量明显提升。深化行政执法体制改革，着力加强依法行政，职能科学、权责法定、执法严明、公开公正、廉洁高效、守法诚信的法治政府建设加快。深入推进以司法责任制为核心的司法体制改革，扎实开展监察体制改革，司法保障经济社会发展的作用进一步突显。稳步推进"七五"普法，全面落实"谁执法，谁普法"的普法责任制，加强法治文化宣传教育，推进法学理论与实践进一步结合，全民法治意识进一步提升。2017年，首都法治为人民对美好生活的追求保驾护航，法治中国首善之区建设稳步推进。

《北京市法治建设年度报告（2017）》系统回顾和总结了北京市一年来法治建设的主要成绩和经验，汇集了法治建设各个方面的基本数据，为了解北京市法治建设提供了真实全面的参考。2017年报告在2016年报告的基础上调整了结构，修改和丰富了内容，更能体现北京市法治建设的状况。

《北京市法治建设年度报告（2017）》分为总报告、各区法治建设报告、满意度调查报告和特色专项报告四部分。总报告包括七章，分别是人大立法和法律监督，法治政府建设，审判、检察、公安和司法行政工作，司法体制改革，非诉讼纠纷解决机制，法治宣传，法学教育和法学研究，系统概括总结了北京市2017年法治建设各个领域的主要情况。各区法治建设报告包括16个，分别是东城区法治建设报告、西城区法治建设报告、朝阳区法治建设报告、海淀区法治建设报告、丰台区法治建设报告、石景山区法治建设报告、门头沟区法治建设报告、房山区法治建设报告、通州区法治建设报告、顺义区法治建设报告、大兴区法治建设报告、昌平区法治建设报告、平谷区法治建设报告、怀柔区法治建设报告、密云区法治建设报告、延庆区法治建设报告，介绍了北京市16区法治建设情况和特色亮点，为了解基层法治实际工作提供了一手资料。2017年的满意度调查报告，运用问卷调查方法对北京市2017年法治建设的市民感受进行了调研和分析，为了解北京市当前总体法治建设情况提供了有益参考。《北京市法治建设年度报告（2017）》还包括特色专项报告8个，分别为北京市公安局法制总队的《首都公安机关执法办案管理中心建设的理念与实践》，北京市高级人民法院的《关于诉前多元调解与速裁、审判衔接机制的调研报告》，北京市司法局的《关于开展服务保障"疏解整治促提升"专项行动工作的报告》，北京市天康戒毒康复所的《关于开展戒毒一体化工作的几点思考》，北京市监狱管理局的《新时期加大假释适用的思考》，北京教育系统法治宣传教育工作领导小组办公室的《2017年首都社会治安综合治理"七五"教育普法自查报告》，北京市律师协会的《奋进的足迹——2017年北京律师行业十大亮点工作盘点》，北京仲裁委员会的《友好司法监督环境　助力仲裁行业发展》，多领域、多角度地展示了法治建设成效。

　　本报告的编写工作得到了市委政法委、市人大法制办、市政府法制办和市各有关单位，各区委政法委、区法学会和区各有关单位及众多专家学者的大力支持，在此特别致谢！

Contents

前　言 ………………………………………………………………… 1

━━━━━━━━━━━━━ 总报告 ━━━━━━━━━━━━━

一、人大立法和监督工作 ……………………………………… 3

二、法治政府建设 ……………………………………………… 10

三、审判、检察、公安和司法行政工作 …………………… 16

四、司法体制改革 ……………………………………………… 35

五、非诉讼纠纷解决机制 …………………………………… 40

六、法治宣传 …………………………………………………… 49

七、法学教育和法学研究 …………………………………… 52

━━━━━━━━━━━━━ 区报告 ━━━━━━━━━━━━━

东城区法治建设报告 ………………………………………… 61

西城区法治建设报告 ………………………………………… 73

朝阳区法治建设报告 ………………………………………… 84

海淀区法治建设报告 ………………………………………… 97

丰台区法治建设报告 …………………………………………………… 109

石景山区法治建设报告 ………………………………………………… 119

门头沟区法治建设报告 ………………………………………………… 130

房山区法治建设报告 …………………………………………………… 141

通州区法治建设报告 …………………………………………………… 153

顺义区法治建设报告 …………………………………………………… 164

大兴区法治建设报告 …………………………………………………… 176

昌平区法治建设报告 …………………………………………………… 187

平谷区法治建设报告 …………………………………………………… 197

怀柔区法治建设报告 …………………………………………………… 207

密云区法治建设报告 …………………………………………………… 216

延庆区法治建设报告 …………………………………………………… 230

调查报告

《2017 年北京市法治建设满意度调查报告》解读 …………………… 245

专题报告

首都公安机关执法办案管理中心建设的理念与

　　实践 ／ 北京市公安局法制总队 …………………………………… 271

关于诉前多元调解与速裁、审判衔接机制的调研

　　报告 ／ 北京市高级人民法院审管办、立案庭课题组 …………… 279

关于开展服务保障"疏解整治促提升"专项行动工作的

　　报告 ／ 北京市司法局 ……………………………………………… 294

关于开展戒毒一体化工作的几点思考 ／ 北京市天康戒毒康复所 …… 298

新时期加大假释适用的思考 ／北京市监狱管理局 ……………………… 302

2017 年首都社会治安综合治理"七五"教育普法

　　自查报告 ／北京教育系统法治宣传教育工作领导小组办公室 ………… 309

奋进的足迹——2017 年北京律师行业十大亮点

　　工作盘点 ／北京市律师协会 ……………………………………………… 312

友好司法监督环境　助力仲裁行业

　　发展 ／北京仲裁委员会/北京国际仲裁中心 ……………………………… 316

总 报 告

一、人大立法和监督工作

2017 年，北京市人民代表大会及其常务委员会深入学习贯彻习近平总书记系列重要讲话和对北京工作的重要指示精神，认真落实市委全会精神，坚持首都城市战略定位，充分发挥人民代表大会制度优势，依法履行各项职能，立良法、促善治、求实效，为建设国际一流和谐宜居之都、谱写中华民族伟大复兴中国梦的北京篇章，提供法治保障。

（一）立法工作概述

2017 年，市人大及其常委会制定了全民健身条例、旅游条例和市人大常委会讨论、决定重大事项的规定；修改了制定地方性法规条例、审计条例和烟花爆竹安全管理规定；对机动车停车条例进行了审议；启动了下一届市人大及其常委会五年立法规划编制工作。按照全国人大常委会部署，对涉及生态文明建设和环境保护的地方性法规进行了清理。

1. 坚持党对立法工作的领导

市人大常委会始终坚持党对立法工作的领导。市人大常委会讨论决定重大事项规定、机动车停车条例等重要法规，由市人大常委会党组提请市委常委会讨论，其他法规的立法情况由党组向市委报送书面报告。针对常委会讨论决定重大事项立法，市委办公厅参与起草，市委主要领导亲自审改，市委常委会专题讨论，保证法规内容符合中央要求，切合本市实际。

坚持党对立法工作的领导，已经作为立法工作原则写入 2017 年修改的《北京市制定地方性法规条例》中。该法规第 4 条明确规定：制定地方性法规必须坚持党的领导、人民当家做主、依法治国有机统一，发挥人民代表大会制度优势，坚持中国特色社会主义道路，以邓小平理论、"三个代表"重要思想、科学发展观为指导，深入贯彻落实习近平总书记系列重要讲话精神，完善党委领导、人大主导、政府依托、各方参与的科学立法工作格局，保证党的主张通过法定程序成为国家意志，为本市推进国家治理体系和治理能力现代化提供制度保障。

2. 加强重点领域立法

市人大常委会主动适应首都改革发展需要，坚持针对问题立法、立法解决问题，加强重点领域立法，以立法推动改革。2017年，为保证中央决策在本市及时落地，制定了市人大常委会讨论决定重大事项规定。为保障公民健康权益，制定了全民健身条例，针对突出问题和人民群众的迫切需求进行务实的制度设计。为适应首都经济社会发展新形势、新要求，提升和改善首都环境质量，修改了烟花爆竹安全管理规定，调整禁放范围，强化安全管理。立足城市战略定位，制定了旅游条例，重点针对治理非法一日游，提升旅游文化内涵，完善民宿经营管理等问题进行制度设计，引导首都旅游业在优化提升首都核心功能进程中发挥重要作用。为加强本市机动车停车管理，构建科学完备的静态交通体系，审议了机动车停车管理条例。

3. 深入开展法规清理工作

为认真贯彻习近平总书记生态文明建设重要战略思想，确保党中央决策部署与新发展理念贯彻落实，确保地方性法规与党中央精神和国家法律法规相一致，切实维护国家法治统一，杜绝地方性法规"故意放水"、降低标准、管控不严等问题，全国人大常委会要求各地抓紧组织开展不符合生态文明建设和环境保护要求的地方性法规专项自查和清理工作。

2017年9月至11月，市人大常委会有关工作机构、市政府法制办组织政府有关部门，按照全国人大常委会法工委明确的清理范围和清理重点，对本市现行有效的136部地方性法规进行了清理，确认有28部法规涉及生态文明建设和环境保护。经过逐件研判，本市地方性法规不存在"故意放水"、降低标准、管控不严等问题，但有《北京市大气污染防治条例》等七部法规，由于制定时间早于上位法的制定或者修订，存在着管理权限、管理措施、禁止性行为、法律责任等内容与上位法规定不一致的情况。为了确保地方性法规与党中央精神和国家法律法规相一致，切实维护国家法治统一，常委会主任会议决定对这七部存在不一致情况的法规进行打包修改。

4. 启动五年立法规划编制工作

为保证下一届人大及其常委会五年立法规划在人大换届后尽快出台，市人大常委会较早启动了规划编制工作。一是深入学习习近平新时代中国特色社会主义思想、习近平总书记关于北京工作的重要指示精神、市委全会精神和新版北京城市总体规划，明确规划编制指导思想、重点领域和选项标准；二是向人大代表、政府有关部门、社会团体、专业研究机构和广大市民广泛征求立法项目建议，了解社会各界立法需求；三是结合近年来党和国家政策调整、国家立法情况，对本市现行有效地方性法规进行逐件评估，提出存在问题和处理意见，为五年立法规划编制工作奠定了坚实基础。

5. 坚持科学立法、民主立法、依法立法

为了提高立法决策科学性，市人大常委会加强了调查基础上的研究工作，力求通过系统思维，把握事物内在规律，找到解决问题的关键环节。在旅游条例草案审议过程中，针对非法一日游问题撰写了研究报告，系统分析非法一日游的表现、行为性质和成因，有针对性地提出治理策略，为法规进行科学的制度设计创造条件。

市人大常委会通过多种方式保障人民群众对立法工作的有序参与，加强对法规项目利害相关人的征求意见工作。例如，全民健身条例草案提请代表大会审议前，市人大常委会组织代表通过三级人大代表联系平台，召开了有 714 位区乡代表、350 位群众代表参加的 85 场座谈会，了解群众意愿和要求，形成修改建议 735 条，市人大常委会及时将相关意见吸收到法规草案中。

6. 深化京津冀人大立法工作协同

2017 年，京津冀三地人大常委会召开了两次立法协同工作座谈会，常委会主任、副主任和法制机构负责人出席会议，对三地人大立法工作协同理论研究成果进行交流，通过了《京津冀人大立法项目协同办法》，为进一步深化三地人大立法工作协同奠定了理论和制度基础。

表1　2017 年地方性法规审议通过情况

序号	名称	审议、通过情况
1	《北京市制定地方性法规条例》	2017 年 1 月 20 日北京市第十四届人民代表大会第五次会议通过
2	《北京市全民健身条例》	2017 年 1 月 20 日北京市第十四届人民代表大会第五次会议通过
3	《北京市旅游条例》	2017 年 5 月 26 日北京市第十四届人民代表大会常务委员会第三十八次会议通过
4	《北京市人民代表大会常务委员会关于修改〈北京市审计条例〉的决定》	2017 年 9 月 22 日北京市第十四届人民代表大会常务委员会第四十一次会议通过
5	《北京市人民代表大会常务委员会讨论、决定重大事项的规定》	2017 年 12 月 1 日北京市第十四届人民代表大会常务委员会第四十二次会议通过

序号	名称	审议、通过情况
6	《北京市人民代表大会常务委员会关于修改〈北京市烟花爆竹安全管理规定〉的决定》	2017年12月1日北京市第十四届人民代表大会常务委员会第四十二次会议通过
7	《北京市机动车停车管理条例》	北京市第十四届人民代表大会常务委员会三次审议

（二）监督工作概述

1. 对法律法规实施情况进行检查

对《北京市生活垃圾管理条例》、《北京市院前医疗急救服务条例》、《全民健身条例》和《北京市全民健身条例》实施情况进行了检查。对扶持专业运营、发展居家养老服务业情况，《全民健身条例》和《北京市全民健身条例》实施情况开展了专题询问。

2. 听取和审议专项工作报告

听取和审议了市政府关于环境状况和环境保护目标完成情况的报告；听取和审议市政府关于扶持专业运营、发展居家养老服务业情况的报告并开展专题询问；听取和审议市政府关于推进老旧小区综合改造、完善居民服务功能工作情况的报告，推动老旧小区改造工作取得新进展；听取和审议市政府关于推进农业与服务业融合发展情况的报告。审议《北京城市总体规划（2016年—2030年）（草案）》；分别听取和审议市高级人民法院和市人民检察院关于深化司法体制改革工作情况的报告。

3. 预算决算监督工作

听取和审议2017年国民经济和社会发展计划上半年执行情况、预算上半年执行情况的报告，2016年预算执行和其他财政收支的审计工作报告，以及关于审计查出问题整改情况的报告。

4. 对规范性文件进行备案审查

2017年，市人大常委会共收到报送备案的规范性文件30件，其中市人民政府制定的规章及规章修改决定3件，市人民政府发布的其他规范性文件25件，区人民代表大会作出的决议2件。

5. 推动重点领域改革取得新突破

推进法院、检察院落实司法人员分类管理制度，完善司法责任制，健全法官、检察官职业保障制度，建立全市法院、检察院人财物统一管理体制等各项改革举措。

表2 2017年规范性文件备案审查汇总表

备案编号	报备单位	规范性文件名称	规范性文件文号
201700001	市政府	《北京市人民政府关于改革和完善国有资产管理体制的实施意见》	京政发〔2017〕3号
201700002	市政府	《北京市人民政府关于加快知识产权首善之区建设的实施意见》	京政发〔2017〕4号
201700003	市政府	《北京市人民政府关于印发〈北京市剥离国有企业办社会职能和解决历史遗留问题实施方案〉的通知》	京政发〔2017〕7号
201700004	市政府	《北京市人民政府关于取消和调整一批非行政许可审批事项的通知》	京政发〔2017〕5号
201700005	市政府	《北京市人民政府关于印发〈北京市"十三五"时期现代产业发展和重点功能区建设规划〉的通知》	京政发〔2017〕6号
201700006	市政府	《北京市人民政府关于组织开展"疏解整治促提升"专项行动（2017－2020年）的实施意见》	京政发〔2017〕8号
201700007	市政府	《北京市人民政府关于支持中医药振兴发展的意见》	京政发〔2017〕9号
201700008	市政府	《北京市人民政府关于印发〈医药分开综合改革实施方案〉的通知》	京政发〔2017〕11号
201700009	市政府	《北京市人民政府关于实施工作日高峰时段区域限行交通管理措施的通告》	京政发〔2017〕12号
201700010	市政府	《北京市人民政府关于宣布失效一批市政府文件的决定》	京政发〔2017〕13号
201700011	市政府	《北京市人民政府关于建立完善信用联合奖惩制度加快推进诚信建设的实施意见》	京政发〔2017〕15号
201700012	市政府	《北京市人民政府关于培育扩大服务消费优化升级商品消费的实施意见》	京政发〔2017〕20号

续表

备案编号	报备单位	规范性文件名称	规范性文件文号
201700013	市政府	《北京市人民政府关于印发〈北京市"十三五"时期能源发展规划〉的通知》	京政发〔2017〕18号
201700014	市政府	《北京市人民政府关于第二批清理规范政府部门行政审批中介服务事项的通知》	京政发〔2017〕21号
201700015	市政府	《北京市人民政府关于修改〈北京市社会抚养费征收管理办法〉的决定》	政府令第275号
201700016	市政府	《北京市人民政府关于公布北京市区域性股权市场运营机构的通告》	京政发〔2017〕22号
201700017	市政府	《北京市人民政府关于印发〈北京市空气重污染应急预案（2017年修订）〉的通知》	京政发〔2017〕27号
201700018	市政府	《北京市行政执法机关移送涉嫌犯罪案件工作办法》	政府令第274号
201700019	市政府	《北京市人民政府关于印发〈北京市城乡居民基本医疗保险办法〉的通知》	京政发〔2017〕29号
201700020	市政府	《北京市人民政府关于划定禁止使用高排放非道路移动机械区域的通告》	京政发〔2017〕30号
201700021	市政府	《北京市人民政府关于进一步相对集中城市管理领域部分行政处罚权的决定》	京政发〔2017〕32号
201700022	市政府	《北京市人民政府印发〈关于进一步激发重点群体活力带动城乡居民增收的若干政策措施〉的通知》	京政发〔2017〕33号
201700023	市政府	《北京市人民政府关于修改〈北京市小客车数量调控暂行规定〉的决定》	政府令第276号
201700024	市政府	《北京市人民政府关于印发〈北京市水资源税改革试点实施办法〉的通知》	京政发〔2017〕36号
201700025	市政府	《北京市人民政府关于印发〈北京市政务信息资源管理办法（试行）〉的通知》	京政发〔2017〕37号

续表

备案编号	报备单位	规范性文件名称	规范性文件文号
201700026	市政府	《北京市人民政府印发〈关于优化人才服务促进科技创新推动高精尖产业发展的若干措施〉的通知》	京政发〔2017〕38号
201700027	市政府	《北京市人民政府关于加快科技创新构建高精尖经济结构用地政策的意见（试行)》	京政发〔2017〕39号
201700028	市政府	《北京市人民政府关于进一步加强文物工作的实施意见》	京政发〔2017〕40号
201702001	西城区人大	《北京市西城区人民代表大会关于加强历史文化名城保护提升城市发展品质的决议》	
201702002	西城区人大	《北京市西城区人民代表大会关于扎实推进街区整理不断提升核心区品质的决议》	

（说明：共30项文件，其中28项市政府文件，2项西城区人大文件）

二、法治政府建设

2017 年，市各级行政机关深入学习贯彻习近平新时代中国特色社会主义思想和党的十九大精神，按照党中央、国务院和市委、市政府统一部署，认真落实中共中央、国务院《法治政府建设实施纲要（2015—2020 年)》（以下简称《纲要》）要求，法治政府建设取得积极成效。

（一）制定政府规章

为维护首都城市安全运行，提请市人大常委会审议通过了《北京市烟花爆竹安全管理规定修正案》；为加强城市管理，规范停车秩序，提请市人大常委会审议《北京市机动车停车管理条例（草案）》；为加快推进社会信用体系建设，落实北京城市总体规划，保障人民生命和财产安全，制定了《北京市公共信用信息管理办法》《北京市人民政府关于修改〈北京市小客车数量调控暂行规定〉的决定》《北京市农业机械安全监督管理办法》等政府规章。与市政协就《北京市社会救助实施办法》等规章开展立法协商；统筹推进《北京市促进慈善事业若干规定》《北京市奥林匹克知识产权保护规定》等政府规章的修订工作。按国务院统一部署和《纲要》要求，对 250 件政府规章进行了重点清理，经清理，废止政府规章 19 项，简易修改 26 项。

（二）规范性文件的合法性审查和备案工作

1. 合法性审查工作

全年市政府法制办参加政府专项决策会议 148 人次，402 件市政府重大行政决策、行政规范性文件和政府协议经过市政府法制办的合法性审查，做好公民、法人、其他组织提起的规范性文件合法性审查申请办理工作，2017 年共收到文件异议审查申请 9 件。全年共召开专家工作组会议 5 次，审核地方性法规草案 2 项，政府规章草案 3 项。按国务院统一部署和《纲要》要求，对 1980 年以来以市政府、市政府办公厅名义印发的 2349 件规范性文件进行了重点清理，经清理，废止市政府文件 894 件；市政府各部门及各市属单位共清理本部门规范性文件

20 008件，废止或宣布失效 10 012 件；各区政府共清理规范性文件 6466 件，废止或宣布失效 2799 件。

2. 备案监督工作

市政府法制办认真贯彻《北京市行政规范性文件备案规定》，对各区政府和市政府所属部门、派出机关报送的 341 件行政规范性文件进行备案。

（三）深化行政体制改革，依法全面履行政府职能

1. 推进重点领域行政体制改革

健全城市管理体制，印发市城市管理委、市规划国土委"三定"方案，制定区级城市管理、规划国土部门改革意见。落实《中共中央国务院关于深入推进城市执法体制改革改进城市管理工作的指导意见》，出台《北京市人民政府关于进一步相对集中城市管理领域部分行政处罚权的决定》，深化城管领域综合行政执法体制改革，分步推进相对集中园林绿化、规划国土、住房城乡建设、水务等领域的行政处罚权。下移执法管理重心，全市 332 支城管执法街乡分队实现"区属、街管、街用"。印发缓解交通拥堵、突发事件应急救助等 5 个专项责任清单，创新街道层面联合执法机制，加大"大城市病"治理力度。健全环境保护体制机制，在密云水库开展跨部门综合执法体制改革。加强全国文化中心、科技创新中心组织机构建设，创新怀柔科学城管理体制，研究北京经济技术开发区体制。围绕高标准、高水平建设管理副中心目标，制定《关于提高北京城市副中心管理水平的意见》，推进城市副中心体制创新。

2. 积极推进法律顾问制度

认真贯彻中办、国办《关于推行法律顾问制度和公职律师公司律师制度的意见》，积极落实《北京市人民政府关于加强政府法律顾问工作的意见》，将推进政府法律顾问制度纳入 2017 年法治政府建设工作要点，通过调研、座谈、督促、考核等方式，加强工作督促和指导，全市基本形成以政府法制机构人员为主体、专家律师参与的市、区、乡镇（街道）三级政府法律顾问工作体系。目前，市政府所属部门和 16 个区政府设立了政府法制机构，年度办理本部门和本级政府法律事务 2.6 万余件；近 65% 的乡镇（街道）和超过 70% 的区政府工作部门设置了政府法制机构，暂不具备条件的也积极配备政府法制专职岗位承担法律顾问工作，年度办理法律事务 14.3 万余件。各区、各部门政府法制机构在充分发挥政府法律顾问主体作用的同时，还积极借助外部智力资源，选聘专家、律师参与政府法律顾问工作，专家、律师共参与办理法律事务 8.8 万件。

3. 政府信息和政务公开扎实推进

第一，深化政府信息公开工作。加强与法院、宣传、信访等部门的沟通协调，健全疑难复杂申请统筹办理机制，提高答复的社会效果。稳妥办理国Ⅰ国Ⅱ

轻型汽油车限行等二十余件敏感疑难复杂公开申请。强化依申请公开促进依法行政机制，及时总结依申请公开发现的依法行政方面的问题，向相关部门提出工作建议109条。发布政府信息公开工作年度报告，并以"微视频"、创意 H5 产品等形式进行解读，被国务院办公厅评为"全国十佳年度报告"。

2017年，全市主动公开信息35.9万条，受理向市政府提出的政府信息公开申请、咨询、举报920件，政府信息公开行政复议376件。

2017年，全市回应公众关注热点或重大舆情15 761次。在依申请公开方面，全市37 499件申请办结数为34 226件，其中按时办结数29 246件，延办结数4980件。其余未到答复期的按照《中华人民共和国政府信息公开条例》时限规定在2018年答复。已答复的34 226件申请中："属于已主动公开范围"1563件，"同意公开"12 949件，"同意部分公开"642件，"不同意公开"4975件。较之2016年，2017年在答复申请信息公开数量和主动公开信息方面又有较大提高。

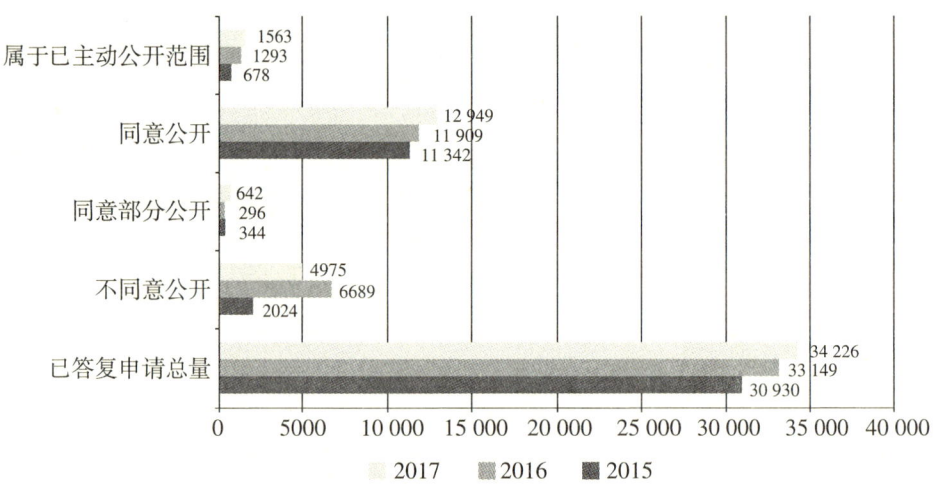

图1　2015—2017年答复申请类型数量（单位：件）

（说明：在不同意公开的4975件中，有非《条例》所指政府信息4079件）

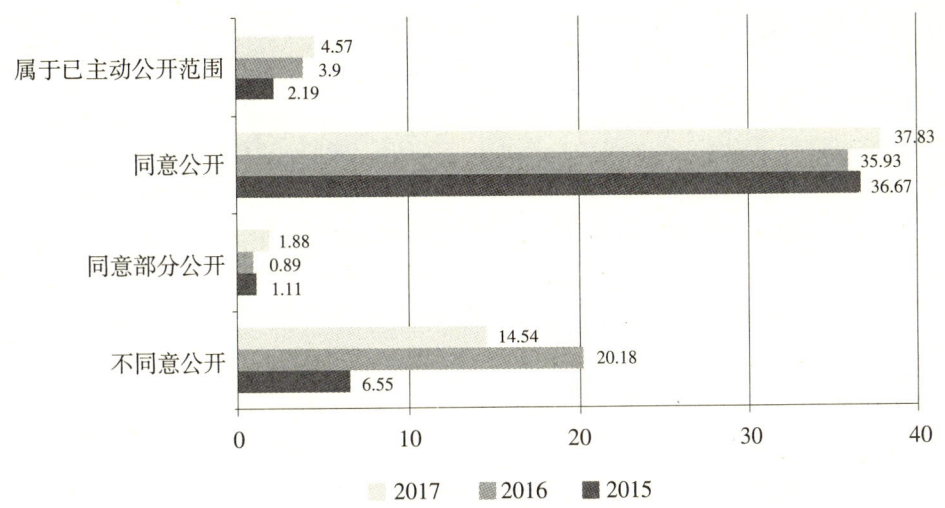

图2　2015—2017 年答复申请类型占比情况（%）

第二，创新开展政务公开工作。在全国率先制定市、区、乡镇（街道）政务公开清单。首次推出 12 幅政务公开惠民便民地图，涵盖逾 1.65 万个便民服务信息点；组织策划 15 期"市民对话一把手"系列直播访谈节目，邀请区政府、市级部门主要负责人与市民对话互动。创新开展系列政务开放日活动，邀请 1600 名市民现场参与。建立政府会议深度解读机制，增强政府决策透明度。组织编写《政府工作报告》解读白皮书，将文件语言转化为生动直观的"群众语言"。在对 136 项市政府重点任务进行宣传解读基础上，专题开展新版北京城市总体规划、蓝天保卫战等热点难点工作的深入解读。落实全国基层政务公开标准化规范化试点工作，创新决策公开、公众参与等机制。优化政务公开平台建设，出台《关于贯彻落实〈政府网站发展指引〉的实施意见》，在国务院办公厅组织的全国政府网站抽查中，本市是唯一连续 6 个季度合格率 100% 的省级政府。在国务院办公厅政务公开工作评估中，本市连续 3 年位列省级政府第一名。

4. 行政权力监督不断强化

第一，主动接受人大、政协监督。与市人大常委会就立法工作计划进行沟通汇报；主动就重要民生实事、城市总体规划修编等重大事项向市人大报告；认真办理市人代会交办议案，积极推进市级预算执行和其他财政收支审计查出问题的整改，并按期将办理整改情况提请市人大常委会审议；围绕疏解中心城区人口、推进历史名城建设、改善生态环境质量等重点议题，在市政协开展协商。2017年，市政府主动向市人大常委会报告工作 17 项，接受专题询问 2 项，接受法律法规实施情况检查 3 项；向市政协通报工作 13 项；接待全国及市人大、市政协组织的检查、视察、调研等五十余次；承办建议、提案 1972 件，全部依法按期办复。

第二，自觉接受司法监督。积极与市高级法院建立行政诉讼、行政复议案件信息共享机制，继续将行政机关负责人出庭应诉、履行法院生效判决和裁定、研究落实司法建议书等情况纳入依法行政工作考核内容。2017 年，16 个区政府负责人共出庭应诉 28 人次，其中正职 3 人次、副职 25 人次；市政府部门负责人共出庭应诉 42 人次，其中，正职 1 人次、副职 41 人次。

第三，强化审计监督力度。持续做好政策措施落实情况的跟踪审计，积极推进领导干部自然资源资产离任审计试点、深化本级预算执行和决算草案审计、做好民生政策落实专项审计、加大经济责任审计力度。全年共安排政策跟踪、部门预算执行、政府重大投资项目、专项资金、领导干部经济责任和自然资源资产离任等审计项目 118 项，审计职能作用得到进一步发挥。

（四）深化行政执法工作改革

第一，着力深化"放管服"改革。开展"权力瘦身"、"审批提速"、"双随双百"、"创新监管"、"减证便民"和"政务服务"等行政审批制度改革六大专项行动，统筹推进本市"放管服"改革向纵深发展。进一步规范行政权力，完善工作流程，公布 2017 年版市、区两级权力清单，市政府部门权力事项比上一年度精简 35.9%。落实国务院要求，取消 29 项原来中央指定地方实施的行政许可事项。完成 56 项行政审批中介服务事项清理规范工作，公布保留事项清单，编制涵盖市、区政府部门权力清单以及中介服务事项保留清单和证明事项保留清单的动态管理办法。积极回应群众关切，认真解决好百姓身边的事情，继续清理"奇葩证明"，取消 77 项证明，形成第三批取消证明方案，编制暂时保留证明事项清单。梳理完成市、区、乡镇（街道）、村（社区）四级政务服务事项，其中，市、区两级政务服务事项 3118 项，市级所有审批事项进驻政务服务中心，实现全市四级政务服务体系建设全覆盖。

第二，完善公共资源交易平台体系建设。制定《北京市公共资源交易监督管理办法（试行）》和《北京市公共资源交易目录》，逐步完善公共资源交易管理制度。依法依规推进发展电子化招标采购，优化公共资源交易信息系统建设，促进招标采购与互联网深度融合。设立工程建设招投标、政府采购、国有产权、软件和信息服务、医药阳光采购、综合交易等 6 个公共资源交易分平台，依法依规推进市级公共资源交易平台整合。制定《北京市政府性债务风险应急处置预案》，强化政府性债务风险应急处置指导，完善政府债务管理制度体系，建立常态化监督检查机制，强化政府债务管理绩效考核。

第三，推进社会信用体系建设。制定《关于建立完善信用联合奖惩制度加快推进诚信建设的实施意见》及 16 个领域信用联合奖惩备忘录，加大对严重失信主体的联合奖惩力度。建成全市公共信用信息服务平台，归集 55 个部门的企业、27 个部门的个人、9900 余家社团和 1.1 万家事业单位的信用信息。制定《北京市政务信息资源共享开放管理办法（试行）》，推进政务公开信息化。

（五）行政复议与行政调解工作

2017 年，市各级行政复议机关共收到行政复议申请 9416 件，受理 7983 件。其中，市政府受理 1231 件，市属委办局受理 3503 件，各区政府受理 2026 件，区属委办局等其他主体受理 1223 件。全市各级行政复议机关审结案件 7724 件，其中，纠错案件 902 件，纠错率为 11.7%。全市共发生以本市行政主体为被告的一审行政诉讼案件 8951 件，一审审结 8617 件，一审被告败诉 997 件，败诉率 11.6%。

2017 年，市各级行政机关共受理各类行政调解案件 832 474 件，调解成功 306 085 件，调解成功率 36.8%。加强人民调解员专家库建设，建立市区两级专家人民调解员信息库。在全市所有村居社区设立调解委员会，实现人民调解村居社区覆盖率 100%。2017 年，人民调解组织共调解案件 217 440 件，调解成功 200 474 件，调解疑难复杂案件 3774 件，涉及金额 49.24 亿元，人民调解化解社会矛盾"第一道防线"作用得到有效发挥。

表 3 2014—2017 年全市收到行政复议申请情况

年份 项目	时间			
	2014 年	2015 年	2016 年	2017 年
新收申请数（件）	8097	7616	7567	9416
受理数（件）	5835	6708	5936	7983

 # 三、审判、检察、公安和司法行政工作

（一）审判工作

2017年，全市法院新收案件769 817件，结案774 618件，同比分别上升18.1%、18.3%。在新收案件持续大幅上升情况下，连续第二年结案数超过新收案件数，有效扭转了未结案持续上升趋势，审判质量稳步提升，一审服判息诉率达90.7%。2017年法官人均结案255.7件，同比上升28.6%。

1. 刑事审判工作

全年审结刑事案件23 366件。

第一，贯彻总体国家安全观。依法严惩危害国家安全、公共安全、食品药品安全犯罪和杀人、抢劫、绑架等严重暴力犯罪，依法审结郎永淳危险驾驶等社会关注案件。加大对网络犯罪的惩治力度，依法审理利用网络侵犯个人信息、造谣诽谤、传播淫秽物品等案件，维护信息安全和网络秩序。在依法惩治涉众型经济犯罪的同时，加大追赃挽损力度，依法审理"4·13"特大跨境电信诈骗等重大案件，对"e租宝"案两名主犯依法判处无期徒刑。

第二，积极参与反腐败斗争。审结杨栋梁贪污受贿等重大职务犯罪案件。依法审理监察委员会调查终结移送审判的职务犯罪案件，推进审判程序与监察体制改革试点有效衔接，当庭宣判全国首例监察委员会调查终结案件。

第三，加强人权司法保障。落实疑罪从无原则和证据裁判制度，健全非法证据排除机制，充分保障当事人、律师辩护权，坚守防范冤假错案底线，经最高法院指令，市高级法院对外省原审的董国贤职务侵占案和张继钉职务侵占、虚报注册资本案进行再审，依法宣告董国贤无罪，认定张继钉不构成职务侵占罪，依法纠正不当干预经济纠纷的刑事错案，增强企业家人身和财产财富安全感。

第四，积极参与社会治安综合治理。依法惩治黄赌毒、暴力伤医、校园欺凌等违法犯罪，开展法制副校长进校园等工作，落实普法责任制，扩大审判社会效果，促进平安北京建设。对未成年人案件，贯彻特殊、优先保护原则，建立圆桌

审判、轻罪记录封存、心理干预等机制，总结少年法庭 30 年工作经验，推动完善少年司法制度。

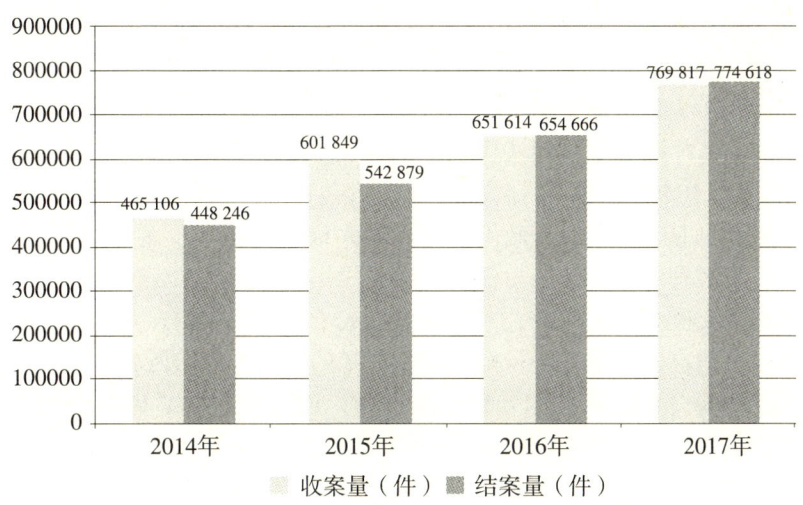

图3　北京市近四年全市法院收案结案情况（单位：件）

2. 民商事审判工作

全年审结民商事案件 517 625 件。

第一，依法保护人身权、财产权。审结一审婚姻家庭继承案件 51 800 件，依法适用人身安全保护令等制度，维护妇女、儿童、老年人、残疾人合法权益，一起判决撤销监护人资格案件入选最高法院"反家庭暴力十大典型案例"。审结一审劳动争议案件 20 892 件，保护劳动者合法权益和企业用工权益，在审理 179 名劳动者诉某轮胎厂案期间，向有关部门发送司法建议，推动改变国有企业破产时对本地和外地劳动者采取不同补偿标准的做法。建立军地法院协作机制，依法维护国防利益和军人军属权益。

第二，依法维护公平有序的市场秩序。审结一审买卖、租赁、土地承包、建设工程等合同案件 280 250 件，鼓励诚信，惩戒失信，保障交易安全。审结破产、清算案件 383 件，在市第一中级人民法院成立清算与破产案件审判庭，探索执行不能转破产机制，推动破产重整，促进市场出清，为供给侧结构性改革提供司法保障。依法审理涉外、涉我国港澳台地区案件，平等保护当事人合法权益，维护良好营商环境。

第三，依法保护金融债权，防范化解金融风险。审结一审公司、证券、保险、票据等案件 7442 件，在西城法院等 4 家法院成立金融审判庭，在互联网金融案件审理中，引导网络借贷平台充分披露信息、规范经营，与金融监管等部门共同推动网贷平台关停不合规金融产品，诉前化解人人行公司近万件催贷案件，有效防控风险。

第四，依法调处矛盾纠纷。一审民商事案件调解撤诉率达56.7%，在批发市场疏解、污染企业关停和城市副中心、"三城一区"建设中，妥善化解商铺租赁、拆迁补偿等大量矛盾，为京津冀协同发展、"疏解整治促提升"专项行动和军队全面停止有偿服务提供司法保障。

3. 知识产权审判工作

全年审结刑事、民事、行政知识产权案件36 802件。

第一，发挥司法在知识产权保护中的主导作用。坚持知识产权保护范围和强度与其创新和贡献程度相一致，对中外当事人予以平等保护，营造鼓励创新的法治环境。加强对高新领域核心、前沿技术成果的保护，审结西电捷通公司诉索尼公司专利纠纷等有重要影响的知识产权案件。依法审理涉"庆丰包子"等中华老字号案件，制裁假冒商标、不正当竞争等行为。加大对数字出版、移动多媒体、动漫游戏、数据库等相关著作权的保护力度，保障文化创意产业发展。依法履行对专利、商标授权确权行为的司法审查和监督职能，促进国家知识产权审查质量提高，审结此类案件9606件。

第二，着力解决侵权成本低、维权成本高等问题。加大对侵权行为的制裁力度，充分考虑知识产权市场价值，让侵权者付出沉重代价，北京知识产权法院专利侵权案件平均判赔数额达141万元。依法适用行为保全、证据保全等措施，制裁伪造、毁损证据等行为，降低维权成本，防止损失扩大。

第三，提高审判专业化水平。修订商标、专利和著作权等案件审理指南，建立知识产权案例服务平台，促进法律统一适用。完善技术调查官、技术咨询专家等工作机制，提高技术事实查明的科学性、专业性、中立性和裁判的公信度。

4. 行政审判工作

全年审结行政案件21 647件。强化对行政行为合法性的审查，同时，对存在轻微程序违法但不实际影响相对人合法权益的行政行为，依法判决确认违法，但不撤销行政行为，保障行政管理有效进行。注重引导行政相对人正确认识权利和义务，促进行政机关完善行政行为，推动行政争议实质性化解，一批涉及棚户区改造、新机场建设等重大项目的矛盾纠纷得到妥善处理，在关停某水泥厂引发的行政案件中，促使区政府与涉诉企业就企业转型、职工安置等问题达成补偿协议，被最高法院评为服务保障京津冀协同发展十大参考性案例。通过及时发送司法建议、发布行政审判白皮书等方式，助推法治政府建设，行政机关负责人出庭应诉率进一步提高。

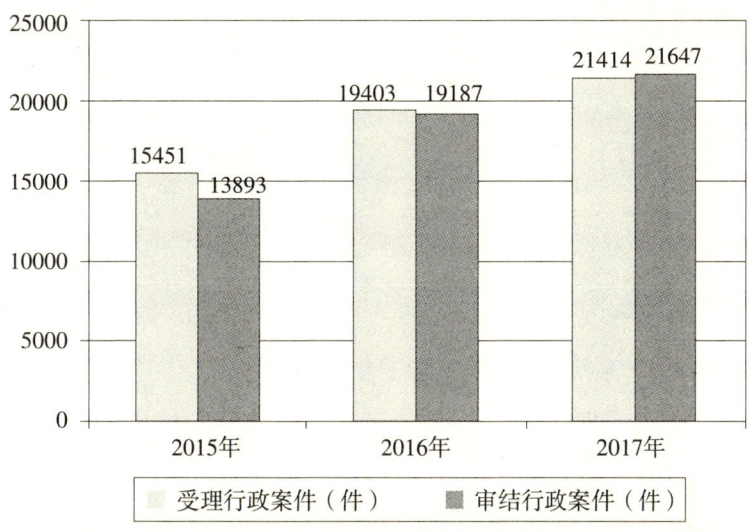

图4　北京市近3年行政案件结案情况

（说明：本图中行政案件不含知识产权行政案件）

5. 执行工作

全年受理执行案件 190 956 件，执结 188 780 件，落实基本解决执行难工作部署，挂账督办久执未结案件，在京粮大仓公司申请保全、拍卖万吨粮食案异地执行过程中，组成 50 人的执行队伍，历时 34 天完成交付工作，避免了粮食陈化损失。完善执行规范，实现执行案件全流程网上运行、全程监控留痕，严格规范终结程序，解决消极执行、选择性执行等问题。推进执行工作信息化，建立被执行人财产网络查控机制，实现对房产、车辆、工商登记等 9 类信息以及在京 86 家银行存款的网络查询，58.6% 的案件通过网络查到了财产信息。建立执行联动机制，全市 49 家单位参与执行联席会议，对失信被执行人在行业准入、融资信贷、生活消费等方面采取限制措施，初步形成失信被执行人一处失信、处处受限的局面，累计发布失信被执行人信息 185 495 条，限制高消费 57 622 人次。突出执行强制性，2017 年司法拘留 888 人次，因被执行人涉嫌拒不执行判决、裁定罪，移送公诉处理 34 人、自诉 17 人。

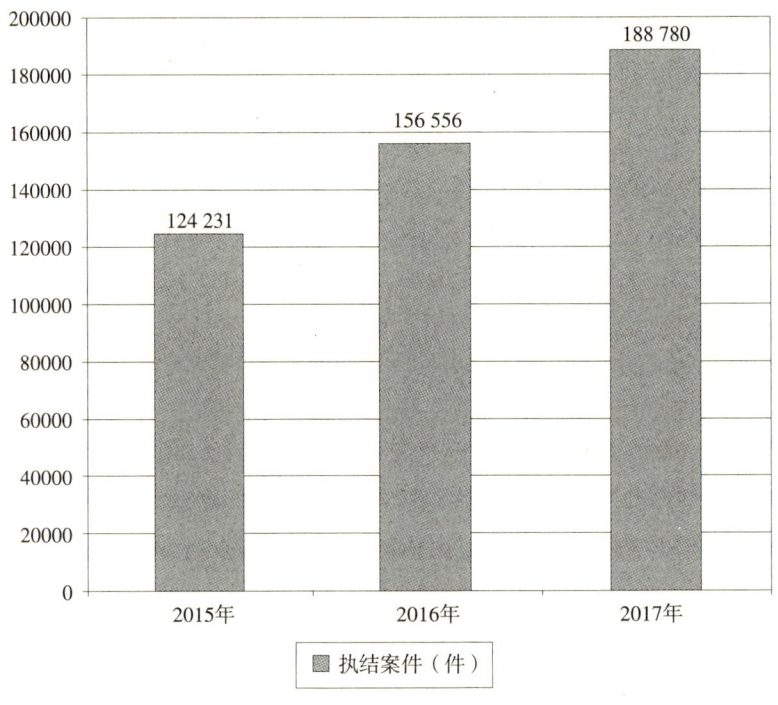

图 5　2015—2017 年法院案件执结情况

6. 接受人大、政协等各方面监督工作

依法接受市人大及其常委会监督，认真落实市第十四届人大五次会议审议法院工作报告时提出的意见建议，积极配合人大开展专题调研和集中视察，向市人大常委会专项报告司法体制改革工作情况，根据市人大常委会审议意见，切实改进相关工作。认真执行《北京市人民代表大会代表建议、批评和意见办理条例》，规范代表建议办理流程，加强跟踪督办，共按时办结代表建议 37 件，代表均对办理结果满意或同意。自觉接受政协民主监督，办结政协委员提案 21 件。进一步落实市人大常委会《关于加强人民检察院对诉讼活动的法律监督工作的决议》，认真办理检察机关抗诉案件和检察建议。进一步加强与代表、委员沟通联络，开展"感受司法阳光，见证司法改革"主题联络活动 159 场，建立 56 个代表、委员联络微信群，邀请代表、委员 757 人次走进全市三级法院，参与旁听庭审、见证执行、视察调研、座谈交流、评查案件等活动。

（二）检察工作

1. 履行刑事检察职能

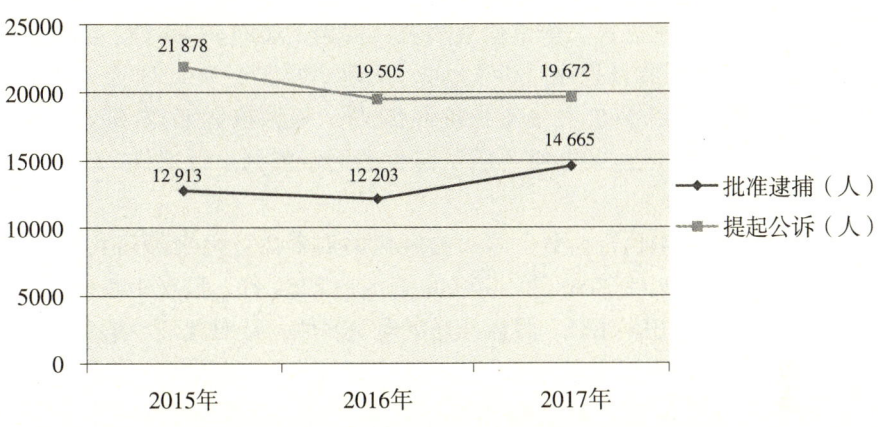

图6 2015—2017年检察机关批准逮捕及提起公诉的情况

　　2017年，全市检察机关认真履行批捕、起诉等职能，共受理逮捕16 651件22 052人，同比上升16.4%和22.5%，批准逮捕11 797件14 665人，审查起诉20 807件25 747人，同比上升13.9%和16.5%，提起公诉18 655件19 672人。依法妥善办理了"善心汇"、"e租宝"、从肯尼亚押解回国人员特大跨境电话诈骗案等一批社会广泛关注案件。提前介入大兴"11·18"火灾、红黄蓝幼儿园虐童敏感案事件，依法引导侦查，分别批准逮捕犯罪嫌疑人15人、1人，为稳控舆情提供有力法治保障。依法履行提起公益诉讼职责，当好社会公共利益的代表。聚焦污染治理及涉农领域，共发现公益诉讼线索242件，发出诉前检察建议59件，提起诉讼13件。促进复垦耕地308.2亩，督促关停和整改环境污染的企业26家，督促清除处理违法堆放的各类生活垃圾20 355吨，督促保护、收回国家所有资产和权益656.49万元。

2. 全面加强法律监督

　　一是全面加强立案监督和侦查活动监督。全市检察机关监督公安机关立案同比增加130%，监督公安机关撤案同比增加144%；针对公安机关的侦查违法行为共提出书面纠正违法意见97份，收到回复率90%；建议行政执法机关移送涉嫌犯罪526人，同比增加373%；监督移送后公安机关立案389人，同比增加507%。市检察院侦查监督部与信息化检察、刑事执行检察等部门建立线索移送机制，理顺了横向业务衔接关系，规范了立案监督、侦查活动监督线索的移送、流转、办理流程。市院对重大敏感案件进行督办，实时掌握案件办理情况与进度，确保案件质效。落实与市公安局联合出台的《侦查活动监督衔接配合实施办法》，完善公安机关对检察机关侦查活动监督异议的救济方式和具体程序，解决监督刚性不足、纠正违法回复率低的问题。

二是全面加强审判监督。全市检察机关共提出刑事抗诉85件。其中，二审程序抗诉73件，审判监督程序抗诉12件，抗诉率同比上升1.21个千分点。二审检察机关同期审结82件，其中支持抗诉59件，撤回抗诉率28.05%，较去年同期上升8.41个百分点。共办结不服法院生效刑事裁判申诉案件231件，办结率较2016年增加21.6%。

三是全面加强刑事执行监督。全市检察机关刑事执行检察部门共审查减刑、假释、暂予监外执行案件2580件，其中审查减刑2264件、假释144件、暂予监外执行172件，派员出席减刑、假释开庭审理385件。针对减刑、假释、暂予监外执行不当提出书面纠正意见213件，纠正190件。立案羁押必要性审查案件905件，提出释放或变更强制措施建议659人，建议被采纳551人，同比增加10.6%。采纳率为83.6%，同比上升2.8个百分点。共核查纠正监外执行罪犯漏管19人，脱管4人，针对法院、监狱、司法行政机关在监外执行中的问题，提出书面纠正意见169件，年内已纠正141件，纠正率为83.4%。

3. 提升司法能力和公正执法水平

一是强化检察风险防控。严厉打击涉众型经济犯罪，依法起诉非法吸收公众存款、集资诈骗等非法集资犯罪，妥善办理"e租宝"等重大敏感案件，加强分级引导处置，有效防止了系统性金融风险。妥善处置来访16 581批次25 653人次，有效防止了各类风险向社会领域和政治领域蔓延。积极主动做好新闻宣传工作，打造检察工作展示平台、宣传资源统筹平台、涉检舆情处置平台，传递法治正能量，传播检察好声音。

二是全面加强自身建设，切实做到"五个过硬"。把党的政治建设放在首位，坚持思想建党和制度建党同向发力，在落实党中央重大决策部署上聚焦发力。按照蔡奇书记创建"一流检察院、一流检察队伍"的指示要求，部署开展"双一流"争创活动，促进队伍建设水平整体提升。年内，4人荣获第四批全国检察业务专家称号，9人在全国检察机关业务竞赛中荣获标兵称号，海淀院被高检院评为"守望正义——群众最满意的检察院"，市检二分院杜邈被评为"全国模范检察官"。

三是法治保障首都建设发展。主动增强推进京津冀协同发展的政治自觉，牵头天津、河北检察机关加强跨区域司法协作，积极落实《京津冀检察机关服务保障京津冀协同发展框架意见》，为京津冀协同发展战略实施提供司法保障。积极参与"疏解整治促提升"专项行动，明确14项服务保障措施，依法从严、从快打击涉及专项行动的各类犯罪 498 件 627 人，以打击促疏解、以惩治促整治、以办案促提升。认真抓好"两贯彻一落实"，围绕城市总规实施，从条线和区域两个层面科学部署、合理布局、优化配置检察工作和检察资源，构建"一纵一横多项"服务保障新格局，形成了全市三级院各有侧重、上下联动、共同服务保障首都城市建设发展良好局面。围绕落实河长制，与市水务局建立水环境水生态水资源保护长效机制。围绕军民融合发展，与北京军事检察院会签《协作工作实施办法》。充分发挥延伸职能作用，积极参与社会治理创新，出台《关于积极参与社会治理创新、提高预测预警预防各类风险能力的意见》，综合运用检察建议、纠正违法通知书、综合通报、白皮书等方式深度融入首都精治、共治、法治城市规划建设管理格局。

4. 主动接受监督

主动接受人大监督、政协监督和社会各界监督，实现市第十四届人大代表建议、政协委员提案全部办复。

（三）公安工作

2017 年，市公安局深入践行"四句话、十六字"总要求，坚持"四个第一"理念，坚持"万无一失、一失万无"思维和"细致、精致、极致"作用，全力做好维护首都社会安全、打击违法犯罪、服务保障民生、深化执法规范化建设等各项工作，全力推动首都公安"走前列、创一流"。

1. 维护首都社会安全

市公安局牢固树立总体国家安全观，时刻铭记"首都稳、全国稳"的政治责任，全力维护首都安全稳定，圆满完成党的十九大、"一带一路"国际合作高峰论坛等重大活动安保任务，群众安全感攀升至 97%，再创历史新高。

第一，圆满完成安保任务。围绕党的十九大、高峰论坛安保，滚动排查整改各类安全隐患，完成各类警卫勤务万余起，特别是牢牢把握"不停产、不停工、不放假"等不扰民新要求，确保了安全效果与政治效果、社会效果的高度统一。

第二，坚守反恐防恐底线。创新完善反恐防恐"六住"机制措施，推动建立行业反恐怖防范标准，健全地上地下安全一体化工作机制，强力推动轨道交通全路网"人物同检"，严格落实大型活动"四防"措施，最大限度消除涉恐风险隐患。以宣传贯彻《反恐怖主义法》为抓手，持续开展反恐宣传"五进"活动，有效激发了广人群众参与反恐防恐工作的主动性、积极性。

第三，加强网络安全防线。始终把重要网络保护作为基础工程，深入开展全市重要行业单位安全检查，督促整改网络安全隐患漏洞，妥善处置勒索式"蠕虫"病毒侵袭等网络安全事件，打造了网络安全坚固防线。

第四，加强区域安全协作。聚焦京津冀协同发展战略，充分发挥京津冀警务协同发展领导小组牵动作用，依托联席会商机制，全方位强化联防联控联管联治措施，有效构筑京津冀整体安全网。

2. 打击违法犯罪

市公安局紧盯严重影响群众安全感的各类违法犯罪活动，以系列专项行动为载体，破获刑事案件和依法处理犯罪人员数量同比分别上升24.2%和5.4%；其中，新发命案连续三年100%侦破，八类危害严重刑事案件破案率创历史最高水平。

第一，打击经济犯罪工作。以金融犯罪、涉众型经济犯罪等为重点，积极侦破各类经济案件，其中，电信网络诈骗案件破案、抓获犯罪嫌疑人同比分别上升45.9%和59.2%，发案、群众损失同比分别下降25.4%和17.8%。

第二，打击"盗抢骗"犯罪工作。严厉打击"盗抢骗"犯罪，涉车盗窃破案数、扒窃破案数同比均提升50%以上，"两抢"破案率达到50%以上，均创历史最高。针对入室盗窃，逐步构建起立体化打击模式，全市入室盗窃案件持续下降，降幅达20%以上。

第三，深化涉枪犯罪及打黑除恶专项斗争。针对涉枪犯罪，全力组织核查打击，追缴枪源，成功侦破"7·20"部督专案。把农村黑恶势力作为打黑除恶的重点，建立完善基础工作台账，充分利用大数据对情报线索进行搜集、分析和研判，全力组织开展专案打击。

第四，"伪基站""黑广播"犯罪归零式打击。创新"一部十组"工作模式，以会场住地、沿线周边和高发区域为重点，实施精准打击。全市"黑广播""伪基站"活动全部清零。

第五，专项打击工作。依托专项行动，强化毒品犯罪案件侦破。以成立环境食品药品和旅游安全保卫总队为契机，与相关部门建立21项执法协作机制，开展联合执法两千余次，取得良好执法效果。

3. 社会治安防控

市公安局将社会治安防控体系作为"平安北京"建设的基础工程，创新完善社会面等级防控、公安武警联勤联动、"7+7+X"区域警务合作等机制，推广应用各种新技术新应用，全方位推进具有首都特点的智慧警务建设，提高了社会治安局势管控能力。

第一，治安案件办理。依托"6+N"工作机制，强化联合执法、波次清整、常态管控，治安秩序类警情同比下降28.3%。深入开展涉外打击清整工作，查处"三非"和"违住"外国人同比分别上升2.4%和24%。

第二，社会秩序维护。强化隐患排查整改，查处重大责任事故类案件。查处"扫黄打非"类案件，大力查处涉黄涉赌窝点，收缴各类非法出版物。通过季节性、阶段性安保工作，确保了春运期间旅客及清明节期间扫墓群众的安全。就供暖季预防煤气中毒工作，开展宣传提示、入户检查、"1＋10＋10"督导检查等工作，2016 年至 2017 年取暖季煤气中毒死亡事故起数、死亡人数，较上个取暖季分别下降 41.2% 和 39.1%。全面推动精神病人管控工作，引导护送流浪乞讨人员。

第三，安全监管工作。圆满完成 2017 年度烟花爆竹安全管理工作，春节期间，全市因燃放烟花爆竹引发火情同比下降 5%，致伤人员同比下降 12%，未发生因燃放烟花爆竹造成的人员死亡及重、特大火灾事故；全市 10.7 万处禁放点、509 处烟花爆竹零售网点和 891 个集中燃放点未出现突出问题。持续推进缉枪治爆等专项行动，适时启动超常规管控措施，圆满完成了 656 项 2946 场次大型活动，接待观众 1526 万余人次，确保了重大节日、重要活动期间的绝对安全。

第四，行业场所治安管理。开展打击网络销售假冒伪劣食药品、非法医疗美容、非法炼制餐厨油脂等密切关系民生的专项行动。开展旅馆业、娱乐业两类重点场所整治、反销赃专项行动，集中开展中小旅馆专项整治及寄递行业整顿，全面推进行业场所治安管理工作。

第五，安全防范基础建设及群防群治工作。深入总结"西城大妈""朝阳群众""海淀网友""丰台劝导队"等经验做法，进一步完善了群防群治力量组织动员机制。加大基础建设投入，通过增加安装监控探头、门禁系统，加大聘用巡防队员、招募治安志愿者，确保及时发现安全隐患并督促整改。

4. 服务保障民生

市公安局始终坚持以群众满意为第一追求，推进落实"放""管""服"各项部署，不断创新完善保民安民、惠民利民各项机制措施。

第一，开展疏解整治工作。以组建基层疏解整治专班、消防执法服务队为抓手，服务保障全市"疏解整治促提升"专项行动。特别是落实全市安全隐患大排查大清理大整治专项行动，紧盯"三合一"、高风险出租房屋等重点场所，集中整治安全隐患，关停取缔问题场所，依法查处违法人员，有效净化城市安全环境。

第二，治理区域堵点乱点。制定"203＋N"治理台账，完成景山、王府井等堵点乱点治理。累计实施流量调控、路口渠化、单停单行等优化措施 269 项，调整信号配时 8328 处次，建设调整交通标志 4700 余套、标线 1850 公里、护栏390 余公里，完成 19 个区域、34 条道路微循环建设，有效提升路网通行效率。推出静态交通社区化治理模式，深入挖潜整合停车资源，有效解决了一批"老大难"问题。本年度共治理堵点乱点 240 处，全市"122"拥堵、事故报警同比分别下降 4.1% 和 4%。

第三，提升户政管理水平。推出了本市户籍人员就近办理边境地区通行证、简化了办理身份证手续、缩短了异地受理身份证制作周期。在全国率先启动了少数民族文字居民身份证异地受理工作。积极推进解决本市无户口人员登记户口问题。

第四，推进居住证制度。依托互联网搭建"北京市居住证服务平台"，同步推出"北京市居住证微信公众号"，为群众提供网上申请居住登记卡、居住证、网点查询、办事指南、政策法规和常见问题解答等服务。推出本市流管站办理签注、预约办理居住登记卡换证，EMS寄送到家、微信公众号办理居住证签注等措施，实现了让群众"零跑路"。

第五，优化出入境服务工作。先后推出"开通北京市公安局APP出入境证件预约办理功能""推广使用出入境证件自助填表机、签注（卡式）自助一体机""升级派出所身份证采相系统用于办理出入境证件""开通京外速递办理出入境证件服务""自主研发出入境自助拍照亭""缩短网上预约办理外国人居留许可取证时限""出入境证件微信扫码支付功能"等便民措施。将部分业务受理和国家工作人员登记备案权限下放通州分局开展试点，开设通州出入境全年无休办证大厅，使改革成效更多惠及于民。

5. 深化执法规范化建设

市公安局着眼法治中国首善之区和法治公安建设，从公安执法规范化建设的顶层设计入手，强力推动执法规范化建设向更高层次跃升发展，全面提升首都公安机关规范执法水平和执法公信力。

第一，坚持高标定位，强力部署推动。全面贯彻落实中央《关于深化公安执法规范化建设的意见》，代市起草《关于深化公安执法规范化建设的实施意见》，2017年3月以市委、市政府"两办"名义印发全市贯彻执行；多次组织召开全局深化执法规范化建设推进会，采取项目化、清单式管理方式，督导落实各项重点任务，持续推动执法规范化建设提档升级，确保始终位于全国领先位置。2017年6月，市公安局在全国公安机关深化执法规范化建设现场会上，就党的十八大以来首都公安执法规范化建设经验做了典型发言。

第二，完善办案机制，确保案件质量。强化对重点敏感案件的侦办攻坚，坚持第一时间提前介入、全程跟踪督办，积极推进诉讼进程，确保了"善心汇"、"e租宝"、红黄蓝幼儿园"虐童"等社会高度关注的敏感案事件依法高效办理，有效维护社会安全稳定。对内健全刑事执法办案联席会议、依法行政联席会议制度，及时会商解决执法工作中执法难点问题；对外，加大与检法机关等外部沟通协调，每季度召开联席会议，完善重大疑难案件定期向检察机关通报机制，强化重点领域业务交流和类案调研。

第三，加强执法监督，严密执法管理。规范执法监督管理委员会实体化运行，强化对执法质量整体掌控，形成发现问题、通报、会商、整改、追责"五位一体"的监督管理模式；紧密围绕群众反映强烈的执法突出问题，综合运用案件审核监督、定期调卷评查、网上巡检等监督手段，固化形成执法问题常态督导检查机制；代市起草《北京市刑事诉讼涉案财物管理实施办法》，创新建立"实物静止，手续流转"的跨部门涉案财物集中管理机制；深入推进阳光执法，全面推行生效的公安行政处罚决定及行政复议决定法律文书网上公开。

第四，强化执法培训，提升履职能力。全面落实领导干部学法用法制度和公安机关负责人出庭应诉，着力提升领导干部法治思维和法治能力。健全落实执法资格等级考试、法制教育大讲堂、执法能力抽考抽测、庭审旁听、比武竞赛等培训机制，不断完善全警"常态学、常态训、常态考"的执法培训体系；以实战实用实效为导向，编发培训教材、拍摄规范执法视频片，以"法律要求场景化、培训课程音像化"的形式，为民警规范执法提供示范标准；分层分类举办12期刑事办案、行政执法专项培训，有效提升民警核心战斗力。

（四）司法行政工作

2017年，市司法行政系统牢牢把握稳中求进的工作总基调，以党建带队建决战决胜维稳安保任务，在开拓进取、攻坚克难中全面深化司法行政改革，在整合资源、保障民生中推进公共法律服务体系建设，在汇集力量、勇于担当中服务"疏解整治促提升"专项行动，在强化行业管理、夯实基层基础等方面久久为功、善作善成，圆满完成了全年各项任务，为推进法治中国首善之区建设做出了新的贡献。

1. 深入推进全市公共法律服务体系建设

加强顶层设计。研究起草《关于推进公共法律服务体系建设的实施意见》。建设全覆盖的实体服务平台、多功能的网络服务平台、便捷化的12348热线平台、社会性的项目化服务平台；建设高统筹性的市级法律服务中心、高综合性的区级法律服务中心、高服务性的街道（乡镇）法律服务站、高便利性的社区（村）法律服务工作室；实施法治宣传育民工程、法律服务利民工程、人民调解为民工程、矫正帮教安民工程、法律援助惠民工程、视频会见便民工程。积极开展试点，通州区、密云区公共法律服务中心已初步建成，海淀区公共法律服务中心建设正在推进。确定在全市14个街乡和21个社区（村）开展法律服务站和法律服务室试点。

2. 服务保障首都重大发展战略

服务京津冀协同发展。在"1+8"合作协议的基础上，与天津、河北戒毒管理局签订《京津冀戒毒工作协同发展合作协议》，就戒毒执行协作方面加强合作。强化行政毗邻区司法行政合作，分别与武清、廊坊、三河、蓟州、兴隆等司法局签订合作协议。联合举办律师、公证、司法鉴定、法律援助、法治宣传、人民调解、社区矫正、理论研究等研讨会及培训班 12 次。探索建立三地监狱抗改罪犯异地交流关押机制，"一带一路"高峰论坛、十九大安保期间，三地监狱、教育矫治系统开展了安全工作联合互查，收到了良好效果。首次开展三地法律援助案件质量同行评估，构建异地受理法律援助案件工作机制。联合开展三地司法鉴定业务培训和司法鉴定人初次执业能力评估面试，组建了三地环境损害司法鉴定登记评审专家库。

主动服务全市重大工程建设。围绕京张高铁项目工程、首都新机场建设和城市副中心建设等重大工程项目，主动作为，发挥职能，成立区、街、社区"三级法律服务团"，为党委政府制定决策及棚户区改造和征地拆迁项目提供法律服务。举办"CYC 携手迎冬奥 法治宣传助发展"——庆祝申奥成功两周年主题法治宣传活动，积极做好迎冬奥法律服务保障工作。

3. 律师管理工作

2017 年，市司法局有序推进律师行业服务管理，把好律师队伍的"入口关"。2017 年，共完成律师类行政许可、备案、服务事项 11 054 项，外国和我国港澳地区律师事务所驻北京代表处行政许可、备案、服务事项 560 项。制定国内所聘请外国法律顾问试点工作实施细则和保障工作方案。修订《律师执业管理办法实施细则》和《律师事务所管理办法实施细则》。

市司法局进一步落实执法"双随机一公开"制度，现场巡查律所 230 余家、代表处 4 家，责令整改 80 余家，行政约谈律师 310 人次，作出行政处罚 3 件，对全市 20 家律所发出执业提醒，重新申请考核律所 80 余家、律师 220 余人。联合公安、证监、地税等部门共同开展专项执法检查。

截至 2017 年 12 月 31 日，北京律师事务所达 2409 家，其中年内新增 160 家，同比增长 7.1%；全市执业律师 29 297 名，其中年内新增 2344 名，同比增长 8.7%。2017 年全市国内律师事务所营业收入达 199.29 亿元，同比增长 16.67%；上缴税收总计 28.26 亿元，同比增长 24.55%。

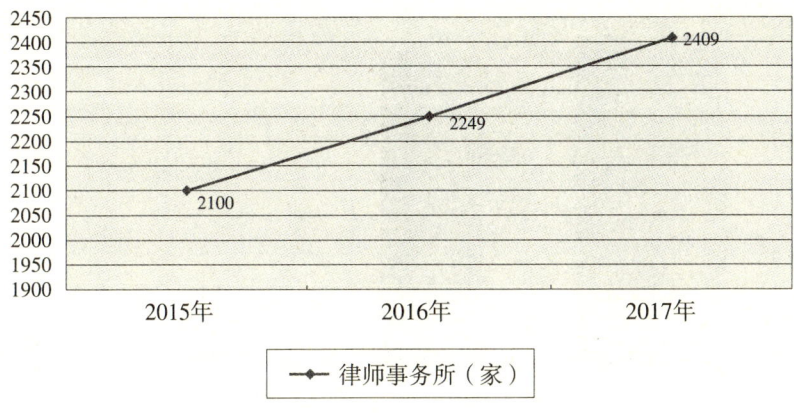

图 7　2015—2017 年北京律师事务所变化情况

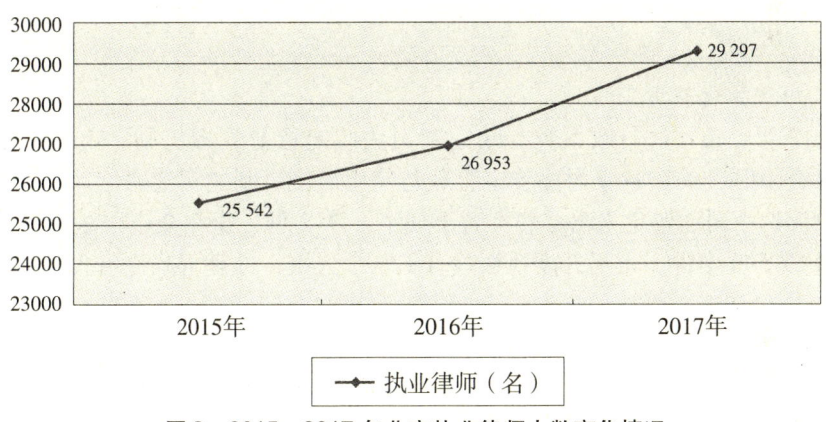

图 8　2015—2017 年北京执业律师人数变化情况

4. 公证工作

2017 年，北京市不断促进公证行业健康发展，开展了"规范执业行为 提升公证公信力"教育整顿活动，依法调查涉"以房养老"公证事项。制定规章制度和行业指引 19 项，向社会公布 5 类警示案例。制定《关于调整和规范北京市公证机构收入分配的暂行办法》，增强公益性制度设计，调节收入差距。2017年，市公证机关办理公证事项 120.9 万余件，其中国内公证事项 729 581 件，涉外公证事项 473 381 件，我国涉港澳地区公证事项 3415 件，我国涉台地区公证事项 2640 件。同时，一次性推出"开通网上预约办理公证服务、缩短法律援助审查期限、研发'电子执业证'、优化司法鉴定便民服务"等 16 项便民利民举措，还开展了办理公证"最多跑一次"的试点。

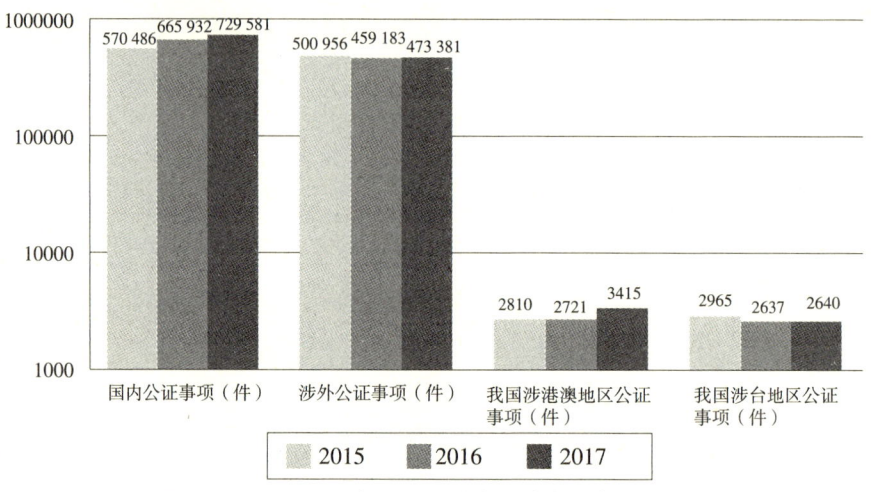

图9　2015—2017 年公证机关办理的案件类型及数量

5. 司法鉴定管理工作

2017 年，市司法行政系统有效完善司法鉴定行业管理机制。市司法局与市高院联合印发《关于建立司法鉴定管理与使用衔接机制的实施意见》《关于民事和行政诉讼中司法鉴定人出庭作证若干规定》等文件，全年全市司法鉴定机构年检案量 67 500 多件，市局开展执法检查 120 余人次，办理行政许可 309 件。

6. 法律援助工作

2017 年，市司法行政系统不断扩大法律援助覆盖面。北京市建立了全国首家国家安全机关看守所法律援助工作站，在看守所、法院、检察院、公安机关执法办案管理中心建立法律援助工作站 70 个，实现我市法院、看守所法律援助工作站全覆盖。进一步推进法律援助值班律师工作，全市共组建 52 支总数稳定在 1000 人左右的专业律师队伍，形成了法律援助值班律师工作"北京模式"，《人民日报》《法制日报》做了报道。"北京模式"得到司法部肯定。2017 年，全市法律援助机构共解答法律咨询 30 余万人次，承办法律援助案件 31 503 件，同比增幅分别为 11% 和 13%。各区法律服务团累计入驻 3724 个疏解整治项目点，"12348"热线接待专项行动电话咨询 8506 人次，办理法律援助事项 7974 件。

7. 国家司法考试工作

2017 年，国家司法考试工作圆满收官。全市共有 49 271 人报名，比 2016 年增长 16%，再创历史新高。面对报名考生多、考点分布广、考务要求高的形势，举全系统之力，圆满完成北京考区各项工作，得到了司法部充分肯定。

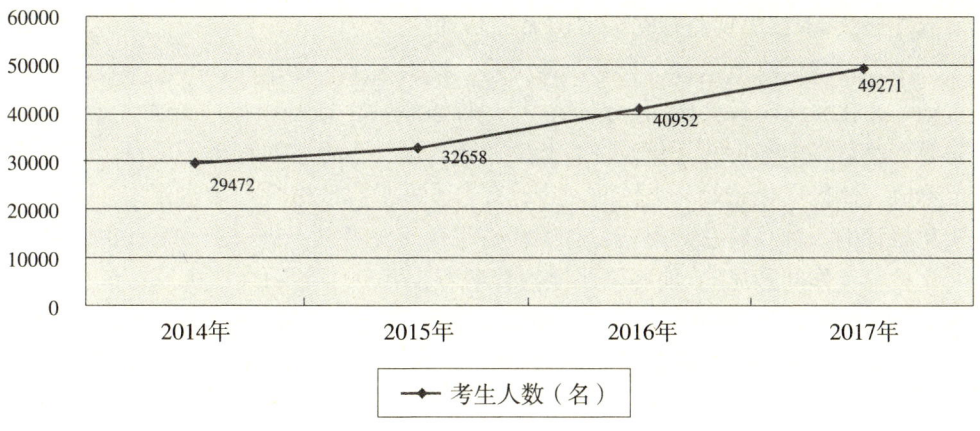

图10 2015—2017 年北京考区司法考试考生数量变化表

8. 社区矫正工作

2017 年，市各区社区矫正工作把握重点环节、强化管理教育，安置帮教工作、强化衔接环节、落实帮扶政策，对排查出的涉及专项行动社区服刑人员和刑满释放人员开展政策教育引导 56 212 人次。努力做到突发情况控得好、教育宣传跟得上，有效维护了地区稳定秩序。同时，教育矫治局与北京林业大学合作成立"北京市社区矫正教研基地"，编写《分类集中教育和解矫前集中教育教材》，初步建立涵盖初始教育、分类教育、解矫教育全过程的课程体系；打造"一站一坊一室"教学品牌，增加生命教育等教学内容，心理测试和心理健康课程覆盖率达到 100%。

2017 年，开展集中、分类教育 8230 人次。不间断开展社区矫正执法督察工作，市、区社区矫正执法督察队共进行督察 1672 次，由市局领导带队共进行督导检查 38 次，确保了"两类"人员安全稳定。

9. 监狱工作

2017 年，监狱系统圆满完成了党的十九大安保维稳任务，连续 21 年实现监管安全"四无"目标，各项工作取得良好进展，为促进平安北京、法治中国首善之区建设和首都和谐发展做出了积极贡献。

第一，坚守安全底线，确保安全稳定。强化监管区大门管理，实现监管区大门 24 小时第三方双向安检，增配人车通道安检设备，坚持外来车辆"一车一警"全程监控。加强反恐维稳协作机制建设，将监狱纳入属地整体反恐防暴体系。建立专家入监巡诊、监狱医院到监区巡诊机制，减少罪犯外出就医频次。与武警部队实现联合外出押解，有效降低了罪犯离监风险。加强监区环境建设，规范罪犯可持有物品种类和数量，推行新入监罪犯物品"零带入"。全年收押释放遣送无事故，连续 21 年实现监管安全"四无"目标。

第二，践行改造宗旨，提高改造质量。稳步实施法德正行、改造项目、心灵重塑、文化育人、社会协同、拥抱回归、智慧教育、强基固本"八大工程"，罪犯教育改造以中华传统文化教育为基础，融入道德教育、教育矫正项目、行为规范养成、监区文化建设、文体活动等，有效发挥教育改造攻心治本作用。将罪犯文化教育纳入市政府总体规划，与市教委联合印发《关于进一步规范和加强罪犯文化教育工作的意见》，明确了属地教育职责，建立了联动合作机制，解决了罪犯文化教育专业师资缺乏、内容不规范及缺少属地参与的难题。主动拥抱新科技，积极探索罪犯教育改造互联网模式，打造"新生在线"网络教育平台。拓展改造项目应用，开展改造项目 16 个，重点培育暴力预防、艺术治疗和女性罪犯"悦己悦人"等 6 个有代表性的改造项目。开展罪犯职业技术培训和出监创业培训，开办职业技术培训班 33 个，培训罪犯 1700 余人，完成临出监罪犯创业培训 24 批次 480 余人，释放罪犯中取得国家职业技术证书的获证率达到了 94.2%，超部颁标准 4.2 个百分点。

第三，强化公正执法，提升刑罚执行公信力。联合市公检法安等六部门，会签出台罪犯收监、减刑、假释工作规定三个文件，进一步明确了适用假释的对象范围，明确了 12 类罪犯从宽掌握、13 类符合条件可以假释的罪犯按从严标准办理的具体情况，为推动扩大假释适用、发挥假释的激励作用奠定了基础。加强公职律师队伍建设，完成首批 11 名公职律师个人材料的申报审查工作。大力开展普法宣传，制定为期 3 年的普法工作方案，在民警和罪犯两个群体内开展讲解宣传。深化狱务公开，在门户网站公开罪犯减刑、假释、暂予监外执行通告 20 期，在罪犯监区内，升级改造狱务公开查询系统，实现便捷化、智能化自助查询。在监狱侯见室设置狱务公开公示栏、狱务公开查询系统，向罪犯家属发放狱务公开手册，最大限度地保障家属知情权。在女子监狱开展了"忠诚铸警魂、文化润新生"主题开放日活动，邀请社会各界人士走进监狱大墙，实地感受监狱的执法环境，推进监狱执法规范化和法治化建设。

第四，拥抱新科技，加强智慧监狱建设。将"互联网＋"、人工智能、云计算、大数据、物联网等信息技术与监狱工作深度融合，在协同办案平台、移动警务、智能安防指挥中心、新生在线教育专网、数据中心、罪犯医疗信息系统、电商平台、狱外可视化指挥系统、狱内手机信号管控侦测智能辅助系统以及海量存储系统等 10 项重点建设项稳步推进基础上，着力打造高集成、高共享、高智能，大数据、大平台、大协同的"三高""三大"的智慧监狱。自主研发的罪犯狱外押解可视化指挥系统 3.0 版，实现了火车、汽车、单兵、住院四种模式跨场景、跨省份可视化监控调度，有效解决了狱外押解监狱与罪犯的"断点"问题。

第五，服务首都发展，发挥职能作用。深入推动京津冀监狱工作协同发展，召开京津冀监狱工作协同发展第一次联席会议，两次开展三地安全互查，召开京津冀监狱罪犯管理工作座谈会，就限制减刑、无法减刑、顽危抗改罪犯的管理及建立三地抗改罪犯异地交流关押机制进行了研讨。大力支持开展警示教育活动，进一步深化新形势下全面从严治党工作，依托北京市全面从严治党警示教育基地，接待党政机关、社会团体、企事业单位 536 个单位 22 428 人次开展警示教育活动，其中中央单位 112 个，局级领导 398 人，处级领导 3576 人，充分发挥了警示教育震慑、警醒、启示的特殊预防犯罪作用，实现了政治效果、法律效果和社会效果的统一。

10. 轻刑犯教育矫治和戒毒工作

2017 年，教育矫治系统探索构建以所管安全、队伍安全和辖区安全为主线的大安全格局，不断夯实安全基础，综合运用多种矫治技术，提高所管人员身心健康水平和社会适应能力。

第一，健全完善安全长效机制。深入开展大队规范化管理达标升级活动，推进安全管理示范大队建设。研发"内隐＋外显"高危行为筛查系统和所管人员安全风险评估系统，提高风险预判预防能力。突出民警执法和隐患问题督察，加大"四个重点"防控，与辖区武警部队建立区域反恐防恐联勤联动制度，实现"一处预警、区域联动、整体响应"。

第二，富有特色的矫治品牌进一步形成。以人身危险性和主导犯因性因素为指标，对 4000 余名轻刑犯进行分类调查评估，为分押分流、分类矫治提供依据；建设希望家园、积善之家、难改造罪犯等特色矫治功能区，轻刑犯社会适应能力不断提高。开展强戒人员分类分期分级戒治，STM 戒毒流程更加科学规范；实现戒毒康复治疗个案化，建立智能健康评估系统，进行复吸监测，2013 年以来解除的京籍强戒人员保持操守率达到 71.6%，2017 年解除的京籍强戒人员保持操守率达到 82.6%。

第三，科学矫治理论技术应用更加深入。加强矫治项目管理，开展矫治项目训练成果评比，推行项目训练师认证考核机制，愤怒控制、戒酒治疗、正念减压、正念防复发、运动康复等一批矫治项目逐步成熟，"戒酒治疗康复项目"获北京市第三届机关事业单位青年"我为改革献一策"活动立项；《成瘾者认知行为重构》课程被司法部列为全国优势教育戒治项目。加强新技术运用，与司法部预防犯罪研究所签署《科研合作协议书》，共建戒毒和轻刑犯教育矫治科研基地；引进"动机—技能—脱敏—心理能量"戒毒技术，编写完成了 18 万字的操作手册；引进虚拟现实技术，研发戒毒人员渴求与复吸评估干预平台，《戒毒人员成瘾程度评估及心理与行为干预新技术研究》课题获科技部国家重点项目立项；引进内视观想技术，成立集内观体验区、生活服务区、导引师办公区等功能为一体的内视观想体验中心。强化基础性教育工作，班组建设覆盖率达100%，开展环境适应、压力管理、情绪疏导、家庭和人际关系调节等普及性团体辅导，对重点矫治对象予以个别矫治，全年近2000名所管人员参加了职业技术和创业教育培训。

第四，继续推进戒毒工作一体化。加强与地方政府的工作衔接，实现对京籍解除强戒人员全面反馈所内戒治情况、全部"手递手"无缝衔接、全员开展跟踪督导。推进戒毒康复辅导站建设，朝阳区、东城区戒毒一体化试点单位的辅导站将辖区内社康社戒人员全部纳入帮扶管控体系，戒毒康复辅导站在全市扩展到8区22点。

 # 四、司法体制改革

2017 年是党的十九大召开之年，也是全面深化改革向纵深推进的关键一年，更是全面推进司法体制改革的重要一年。北京市稳步推进司法体制改革，推动公平公正，为建设法治国家做出了自己的贡献。

（一）审判工作改革

1. 全面落实司法责任制

市法院实行独任法官、合议庭办案责任制，制定独任法官、审判长、合议庭成员等各类人员权责清单，改革后，99%以上的裁判文书由独任法官、合议庭直接签发。院庭长不再审批签发未参与审理案件的裁判文书，而是直接审理重大疑难复杂案件，2017 年，院庭长结案 227 179 件，同比上升 63.7%，占结案总量的 29.3%。严格落实干预办案登记、通报和责任追究制度，法定审判组织依法独立审判得到更有力保障。通过购买社会服务增配聘用制审判辅助人员，组建以法官为中心的多样化办案团队，减轻法官事务性工作负担。

2. 健全监督制约机制，保证审判权依法正确行使

针对实行司法责任制后审判权运行情况，法院健全合议庭、审判委员会等工作机制，强化审级监督，依法依程序纠错，充分发挥法定监督制约制度的作用。规范院庭长管理监督，建立专业法官会议制度，保证管理监督的正当化、透明化。开展办案规范化建设，编撰 300 万字的办案规范，使各类案件、各个环节有章可循。完善案件管理系统，实现对办案全过程的精准、实时监督。成立法官考评委员会，探索完善法官惩戒制度，对法官办案业绩进行科学考评，对违反审判职责的行为及时追究。

3. 推进司法人员分类管理、职业保障和人财物统管等改革

在 2016 年分两批遴选入额法官的基础上，2017 年北京市建立了常态化的法官遴选机制，落实初任法官到基层法院任职和上级法院法官逐级遴选制度，建立全市法官统一调配和动态管理机制，全市法院现有员额法官 2628 名，占中央政

法编制的33.9％，法官入额都由市法官遴选委员会把关，法官素质得到提升。建立法官员额退出机制，85名法官因离开审判岗位或审判质效未达标而退出员额。落实法官单独职务序列和工资制度，推进法官等级按期晋升和择优选升，推动提高审判辅助人员保障水平，促进审判队伍正规化、专业化、职业化。实现全市三级法院财物市级统管，各法院均作为市财政一级预算单位，更好保障法院依法独立履行审判职责。成立法官权益保障委员会，维护法官职业尊严。

4. 统筹推进各项改革，形成综合集成效应

积极推进以审判为中心的诉讼制度改革，推动实现庭审实质化，启动刑事案件律师辩护全覆盖试点，试点开展后被告人获得律师辩护比例从40％左右提高到90％以上，开展认罪认罚从宽制度改革试点，审结认罪认罚案件占同期一审刑事案件的62.4％。完善公益诉讼审判机制，发挥公益诉讼在城市治理中的作用。落实立案登记制，当场立案率达95.7％。根据最高人民法院指定，跨行政区划法院管辖天津铁路运输法院一审的环境保护行政上诉案件，推动形成特殊案件在跨行政区划法院审理的诉讼格局。深化人民陪审员制度改革试点，进一步落实司法民主。开展内设机构改革试点，探索适应新审判权运行机制的组织体系。

（二）检察工作改革

1. 初步构建新型检察权运行机制

作为全国第三批改革试点单位之一，市检察机关按照"争做全国司法体制改革领头羊"的要求，以建设公正高效权威检察制度为目标，统筹推进以司法责任制为核心的司法责任制、人员分类、职业保障和人财物市级统管四项改革、诉讼制度改革和监察体制改革，充分发挥三方面改革的叠加聚合效应，全面铺开、全力推进，坚定不移地推动各项改革落地生根，初步构建起了新型的检察权运行机制，基本建立了符合检察职业特点的人员分类管理和职业保障制度，基本建立了符合检察职业特点的人员分类管理和职业保障制度。

市检察机关严格落实检察官领导干部办案要求，下放不捕不诉等一般案件决定权，进一步突出检察官的主体地位。在搭建起改革主体框架、完成基本面上的改革后，积极推进改革系统集成，着力提高改革的体系化、精细化和适应性。坚持"专业平台、专业工具、专业素质"三位一体、整体推进，全面打造正规化、专业化、职业化的精英办案团队。在强制措施审查、刑事检察、检察监督三大核心业务条线开展改革试点，不断锤炼检察主责主业、锻造检察"金字招牌"。

2. 促进检察工作与现代科技深度融合

推动科技强检融入北京科技创新中心建设、促进检察工作与现代科技深度融合，组建北京检察科技信息研究基地，建设面向全市检察机关提供技术服务的检察科技"总部"。改变办公、办案区混同的传统基本建设布局，打造融合了新型

专业技术设施的检察院，完善检察权运行监督制约机制，建立新型检察管理监督格局，确保放权不放任、监管不缺位。

（三）公安工作改革

1. 创新推进"执法办案管理中心＋"建设

聚焦司法体制改革和规范执法初始环节，按照"有效整合各警种资源，强化合成作战和源头管理"的总体建设思路，在全市创新建立 16 家具有"一站式办案、合成化作战、智能化管理、全程化监督"四大特点的公安执法办案管理中心，有机衔接推动司法体制改革和公安执法改革，不断拓展深化律师会见、未成年人社工帮教、刑事速裁等职能，在全国首创"执法办案管理中心＋派驻检察室"工作机制、认罪认罚案件"48 小时全流程流转"工作模式，并在全局 430个基层所队设立案管组，构建运行"执法办案管理中心＋案管组"两级上下联动、对口衔接、立体监管的执法监督管理体系，切实将中心职能拓展延伸到基层，有效强化对执法前端"警情、案件、财物、场所、卷宗"的系统化、集约化、精细化管理，实现对基层一线执法办案活动的全要素、全流程的规范管理、实时监督。

2. 持续深化受案立案改革

改革完善公安机关受案立案制度，制定出台一系列制度规范，将自接警情与110 警情有效整合、科学管理，创新推行案件进展短信提示和群众满意度网上评价留言，积极构建"法制部门抓总，业务警种抓条，相关职能部门抓块"的多元同步监督管理体系，并依托"执法办案管理中心＋案管组"和网上案管系统，通过健全完善警情回访评价、受立案问题投诉分析查处等工作机制，强化常态化监督检查，有效加强执法源头管理，努力实现"四个一律"的刚性要求。受立案改革取得较好成效，全局警情受理比同比逐年上升，受案立案执法初始环节涉法信访及督察 110 和 12389 投诉大幅度下降。

3. 强力推进侦审一体化改革

2016 年 12 月 15 日，市公安局全面施行侦审一体化改革，取消独立的预审部门，赋予相关警种市局、分局两级办案部门以及派出所行使从立案侦查到移送起诉"一办到底"的全部刑事侦查办案权。2017 年，通过严格落实刑事案件法制部门"统一审核、统一出口"工作机制，统筹推进专业指导协调、执法监督管理、执法专项培训、专业力量建设等配套措施，推动智能化办案系统和科技手段深度应用，积极构建与侦审一体化"一办到底"模式相适应的"主办民警—办到底、案审民警介入指导、审核民警全程监审"执法办案机制。从效果上看，在保持打击力度不减的情况下，批准逮捕、移送起诉同比实现"双上升"。

4. 全面推进行政审批制度改革

2017 年，市公安局进一步清理规范公共服务、中介服务事项，调整完善权力清单，组织推进"多证合一"等重点工作，深入开展涉及企业群众办事创业各类证明清理工作；推进落实放管服各项部署，落实公安局驻政务中心窗口"首席代表"制度，切实简化手续、规范流程、优化执法服务，提升管理水平，取得较大的成绩。同时，市公安局紧紧围绕户籍、出入境、交通、消防等行政服务管理事项，不断推出便民利民惠民新举措，特别是坚持"互联网＋首都公安政务服务"思路，推出"掌上119""掌上122"和出入境证件预约办理等 APP，加快"网上北京市公安局"建设，实现了让数据多跑路、让群众少跑腿。

（四）司法行政工作改革

1. 统筹推进司法行政改革工作

2017 年，北京市将"市局全面深化改革领导小组"调整为"全面深化司法行政改革领导小组"，充实完善 11 个专项小组，基本涵盖司法行政各领域。同时，推动以市两办名义出台《北京市关于全面深化司法行政改革的实施意见》（附带分工方案）。全年共出台改革文件 27 个，其中以两办名义出台 3 个，与相关委办局联合出台 12 个，市司法局制定出台 12 个。11 个领域的顶层设计已全部完成，司法行政改革的制度框架基本确立。

2. 深化律师制度改革

2017 年，市司法局进一步深化律师制度改革及公职公司律师制度改革，出台配套制度 13 个，健全完善工作机制 12 项。同时，北京市在全国率先以市"两办"名义高规格发文部署，即以两办名义印发《关于深化律师制度改革的实施意见》和《关于推行公职律师公司律师的实施方案》，并在权力清单下推进，中央政法委第二督查组对此给予了充分肯定。

3. 深化法律援助制度改革

2017 年，市司法局以市"两办"名义印发《关于完善法律援助制度的实施意见》，制定了法律援助经济困难新标准。同时，市司法局与市高法联合签发《关于开展刑事案件认罪认罚从宽制度试点工作实施细则（试行）》，召开全市刑事案件律师辩护全覆盖试点工作推进会，使北京市成为全国首个在省级范围全面推行刑事案件律师辩护全覆盖试点的地方。

4. 深化监矫制度改革

2017 年，市司法局召开全系统监所视频会见视频帮教工作推进会，实现了全市监管场所以及 16 个区司法局、302 个司法所和 16 个中途之家的全覆盖。

同时，北京市制定了《关于进一步推进社区矫正和安置帮教工作改革的意见》，联合 7 个委办局制定社会力量参与矫正帮教工作实施办法。研究建立社区矫正适矫评估、再犯风险评估、矫正质量评估机制。探索网络教学模式，打造社区服刑人员"掌上"教育平台。实施社区矫正干警公开选调机制，探索集中动态用警，社区矫正队伍管理形成新模式。

5. 深化多元调解制度和人民监督员选任管理制度改革

2017 年，市司法局制定了《关于推动人民调解工作改革的意见》，与市高院联合签发《诉前调解员管理办法》，深化"人民调解进立案庭"工作，研究推进律师调解试点工作，共调解诉前案件 7.1 万余件。

同时，市司法局进一步深化人民监督员选任管理制度改革试点成果，协同检察机关研究论证人民监督员制度改革意见，在全国司法厅（局）长工作会上市司法局对相关经验作了全面介绍。

6. 深化司法鉴定制度和公证制度改革

2017 年，市司法局在全市范围内全面试行司法鉴定分级管理。地方性立法取得较大进展，形成了《〈北京市司法鉴定条例〉立法项目调研报告》、《北京市司法鉴定条例（草案）》和《北京市司法鉴定地方性法规的权限和相关分析报告》等一系列调研成果，市人大初步同意将司法鉴定条例列入地方立法调研项目。

同时，北京市在全国率先开展领事认证代办业务，实现公证服务与领事认证的全面对接。

五、非诉讼纠纷解决机制

（一）人民调解工作

2017 年，全市共调处案件 21.7 万余件，其中成功调处 20 万余件。市司法局完成房山、通州区级调解中心建设，成立知识产权纠纷人民调解委员会，完成石景山人民调解委员会、唐东彪人民调解工作室等第二批八家品牌调委会（调解室）培育孵化工作。在深化多元调解制度改革方面，市司法局制定了《关于推动人民调解工作改革的意见》，与市高院联合签发《诉前调解员管理办法》，深化"人民调解进立案庭"工作，共调解诉前案件 7.1 万余件。在"疏解整治促提升"专项行动中，市司法局组建 21 000 余名人民调解志愿者队伍，各区法律服务团共开展涉及疏解整治纠纷排查 45 197 次，调解矛盾 24 139 件，其中疑难复杂纠纷 5169 件。

（二）行政调解工作

2017 年，全市各级行政机关共受理各类行政调解案件 832 474 件，调解成功306 085 件，调解成功率 36.8%。加强人民调解员专家库建设，建立市区两级专家人民调解员信息库。在全市所有村居社区设立调解委员会，实现人民调解村居社区覆盖率 100%。2017 年，人民调解组织共调解案件 217 440 件，调解成功200 474 件，调解疑难复杂案件 3774 件，涉及金额 49.24 亿元，人民调解化解社会矛盾"第一道防线"的作用得到有效发挥。

案件数量

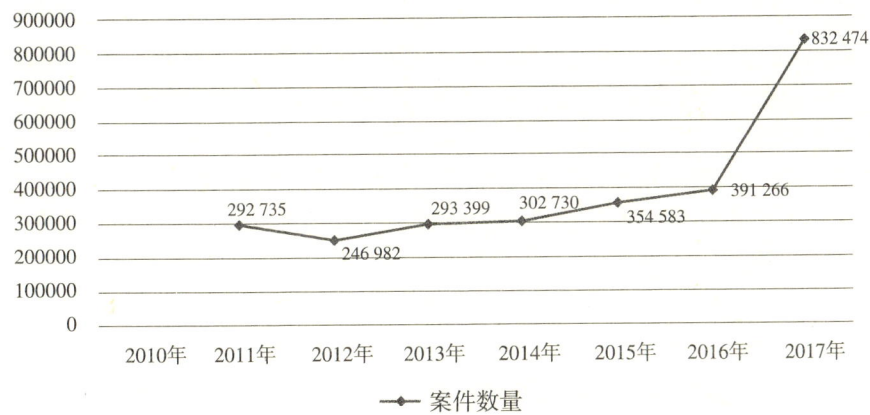

图11 2011—2017 年行政调解受理案件数量及趋势（单位：件）

（三）劳动人事争议仲裁

2017 年劳动人事争议仲裁状况情况：受理劳动人事争议案件 80 662 件，审结劳动人事争议案件 77 687 件，调解方式结案 38 339 件。

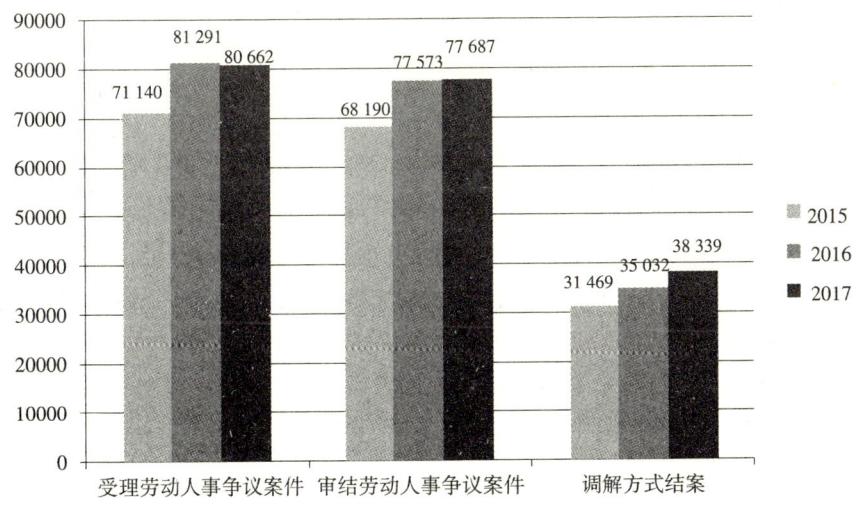

图12 2015—2017 年劳动人事争议仲裁状况（单位：件）

（四）商事争议仲裁

1. 仲裁案件办理情况

2017 年，北京仲裁委员会受理案件数量再创新高、标的额保持高水平。据统计，北京仲裁委员会 2017 年共受理案件 3550 件，比上年增加 538 件；全年产生案件标的额为 448.11 亿元，比上年减少 17.79 亿元。其中受理国际商事仲裁案件共 77 件，占受理案件比例为 2.17%，案件标的 28.96 亿元。

2017 年在北京仲裁委员会受理的案件中，标的额在 100 万以下的案件 2030 件，占立案数的 57.19%，比上年增加 340 件，标的共计 6.3 亿，占立案标的的 1.46%，比上年增加 1 亿元；标的额为 100 万至 1000 万元的案件 1101 件，占总立案数的 31.01%，比上年增加 133 件，标的共计 35.6 亿元，占立案标的的 8.04%，比上年增加 4.2 亿元；标的额为 1000 万元至 1 亿元的案件 325 件，占总立案数的 9.15%，比上年增加 46 件，共计 103.4 亿元，占立案标的的 23.94%，比上年增加 19.8 亿元；标的额为 1 亿元以上的大标的案件 94 件，占总立案数的 2.65%，比上年增加 19 件，共计 286.6 亿元，占立案标的的 66.36%，比上年减少 51.8 亿元。

表 4　2017 年与 2016 年、2015 年、2014 年商事仲裁案件受理情况对比表

单件标的额（元）	100 万元以下				100 万至 1000 万元			
年份（年）	2017	2016	2015	2014	2017	2016	2015	2014
案件数（件）	2030	1690	1833	1234	1101	968	810	593
标的额总计（亿元）	6.3	5.3	6.1	4	35.6	31.4	29.6	19.2

单件标的额（元）	1000 万至 1 亿元				1 亿元以上			
年份（年）	2017	2016	2015	2014	2017	2016	2015	2014
案件数（件）	325	279	246	183	94	75	55	31
标的额总计（亿元）	103.4	83.6	79	53.9	286.6	338.4	291.4	76.2

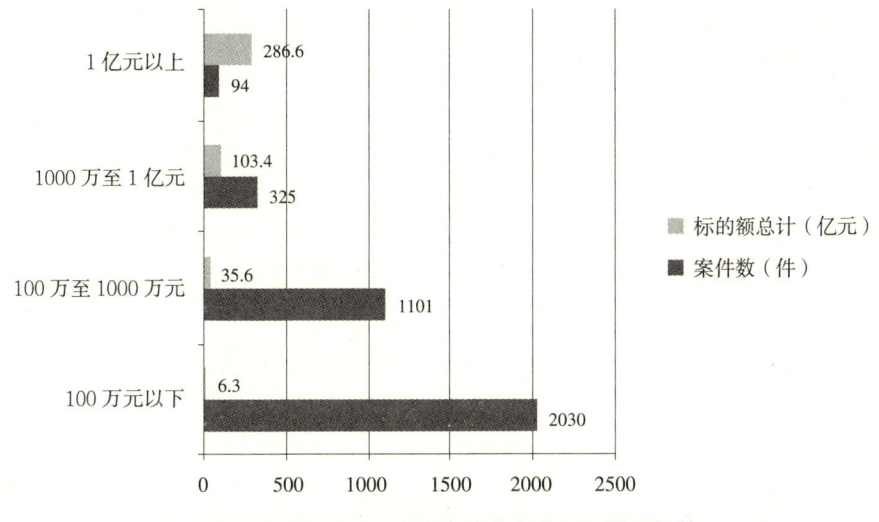

图 13　2017 年北京市商事仲裁案件受理量及标的

2. 仲裁案件类型

2017 年北京仲裁委员会对受理的案件类型进行了细化调整，具体而言：

（1）买卖合同争议 842 件，占全部案件数的 23.72%，立案标的额 56.5 亿元，占全部案件标的额的 13.08%；

（2）委托合同争议 118 件，占全部案件数的 3.32%，立案标的额 4.49 亿元，占全部立案标的额的 1.04%；

（3）建设工程合同争议 376 件，占全部案件数的 10.59%，立案标的额 64.86 亿元，占全部立案标的额的 15.01%；

（4）投资类合同争议 369 件，占全部案件数的 10.39%，标的额 165.16 亿元，占全部案件标的额的 38.23%；

（5）金融类合同争议 488 件，占全部案件数的 13.75%，标的额 27.7 亿元，占全部案件标的额的 6.41%；

（6）借款合同争议 456 件，占全部案件数的 12.85%，标的额 75.57 亿元，占全部案件标的额的 17.49%；

（7）担保合同争议 28 件，占全部案件数的 0.79%，标的额 5.6 亿元，占全部案件标的额的 1.3%；

（8）租赁合同争议 183 件，占全部案件数的 5.15%，立案标的额 13.22 亿元，占全部立案标的额的 3.06%；

（9）服务合同争议 344 件，占全部案件数的 9.69%，立案标的额 7.44 亿元，占全部立案标的额的 1.72%；

（10）知识产权合同争议 275 件，占全部案件数的 7.75%，立案标的额 8.76 亿元，占全部立案标的额的 2.03%；

（11）运输合同争议 15 件，占全部案件数的 0.42%，立案标的额 0.15 亿元，占全部立案标的额的 0.04%；

（12）承揽合同争议 32 件，占全部案件数的 0.9%，立案标的额 0.51 亿元，占全部立案标的额的 0.12%；

（13）其他类型合同争议 24 件，占全部案件数的 0.68%，立案标的额 2.02 亿元，占全部立案标的额的 0.47%。

今年金融类（包括投资金融、借款和担保）案件数量涨幅明显，较上年增加 259 件，涨幅 23.94%，表明北京仲裁委员会作为商事仲裁机构，在商事领域发挥了越来越大的作用。

表5 2015—2017 年仲裁案件类型对比表

年份＼种类	买卖合同	委托合同	建设工程合同	投资金融类合同	租赁合同	借贷合同	特许经营、旅游类新型合同	承揽合同	信息网络争议	技术合同	担保合同	知识产权	其他案件
2015 年	773	331	315	816	153	302	64	28	33	50	16	26	37
2016 年	782	336	358	692	207	382	65	29	31	42	8	47	33
2017 年	842	118	376	857	183	456		32			28	275	24

（说明：因统计口径调整，故有缺漏。）

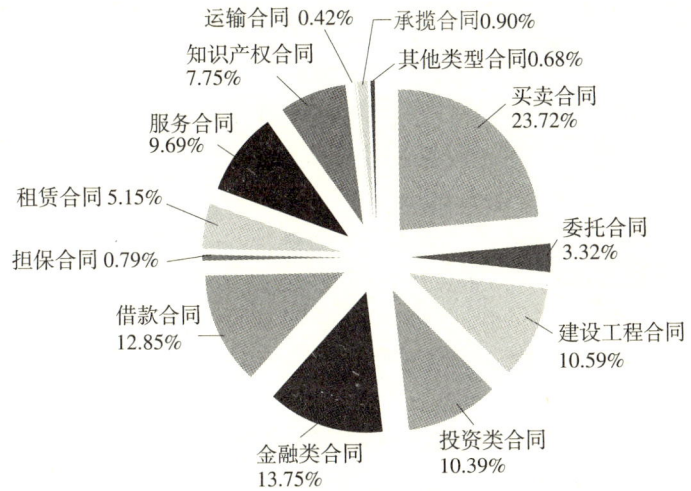

图 14　2017 年北京仲裁委受理商事案件类型比例

3. 仲裁效果

2017 年北京仲裁委员会仲裁案件的平均结案时间、结案率、和解率均保持较高的水平。2017 年共审结案件 3520 件，比 2016 年全年增长 603 件，增长率 20.67%。从平均结案时间（即从组庭到结案的时间，下同）为 91.53 天。其中国际商事仲裁案件平均结案时间为 133.26 天。所结案件中，以裁决形式结案 2170 件，占总结案数的 61.65%；以调解形式结案 527 件，占总结案数的 13.18%；当事人撤回申请 823 件，占总结案数的 20.58%（其中未组庭撤案 479 件，也就是 86.39% 的案件进入组庭程序）。

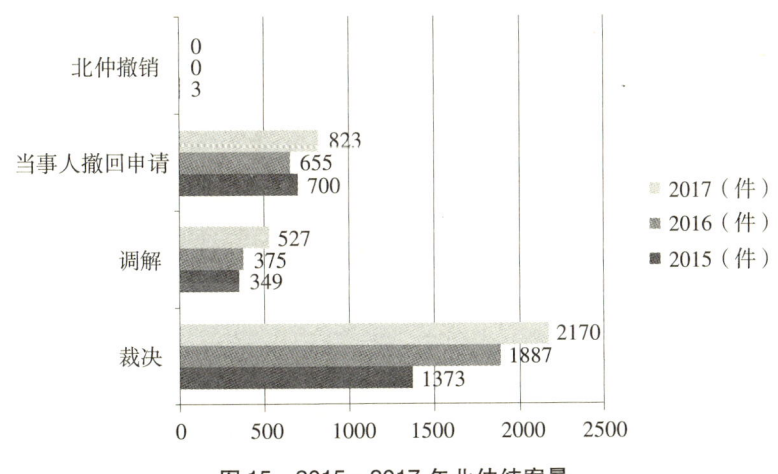

图 15　2015—2017 年北仲结案量

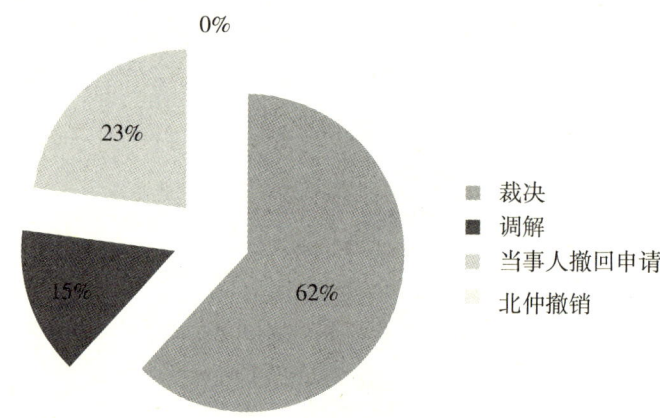

图16　2017年北京仲裁委员会结案数量及方式百分比

4. 调解中心工作情况

2017年北仲调解中心独立调解案件4件（法院委托0件），涉外数量0件，调解成功2件，转化为强制文书1件，总争议金额4011万元人民币。

表6　调解中心独立调解案件情况

阶段	年份	独立调解案件数量（件）	涉外数量（件）	调解成功（件）	转化为强制文书（件）	争议金额（万元人民币）
调解中心成立前	2008年	3	1	3	2	合计约13 800
	2009年	1	1	1	0	合计210
	2010年	1	1	1	0	合计约781
	2011年	1	0	0	0	合计约5209
调解中心成立后	2012年	3	1	0	0	合计约1200
	2013年	10（法院委托2件）	0	3	1	合计约42 000
	2014年	118（法院委托29件）	1	97	83	合计约18 000
	2015年	44（法院委托21件）	2	14	11	合计约38 000
	2016年	3（法院委托2件）	0	1	0	合计约400
	2017年	4（法院委托0件）	0	2	1	合计约4011
	总计	188	7	122	98	合计约123 011

5. 宣传工作情况

2017 年，宣传推广等外事工作更加专业，外事合作更加广泛，且工作更加有成效，通过宣传推广成效的不断展现，北京仲裁委员会的国际美誉度也不断提升，在宣传拓展方面的亮点工作有：

一是成立中非联合国仲裁中心北京中心，为中非当事人提供国际化的仲裁服务；二是参加联合国贸法会会议，北京仲裁委员会代表团首次获邀以观察员身份参会，及时贡献了北京仲裁委员会实践的经验和对于中国争议解决发展的观察；三是发起"一带一路"仲裁行动计划；四是 2017 年度观察报告发布工作继续创新，首次在三地召开国际发布会、国内按领域分布召开发布会、提供互联网宣传平台；五是加强与专业领域的合作，成立 PPP 研究中心、加强与知识产权领域合作、开展投资仲裁的会议、与中小投服签约、举办国际商事仲裁模拟法庭比赛北京邀请赛。

6. 开展专项研究情况

（1）研究项目继续强化品牌效应。一方面，常规研究品牌正常推进。《北京仲裁》季刊完成 4 辑，共 59.4 万字，文章 35 篇，涉及作者 41 位，其中本会仲裁员 10 位。北京仲裁委员会科研基金收到 26 份申请，同时对原来的 10 个项目进行了验收，并新授予和资助 2016 年评审通过的 10 个项目。截至 2017 年底，北京仲裁委员会科研基金已经累计资助 50 个课题的研究。《中国商事争议解决年度观察报告（2017）》中英文版如期出版（中文由中国法制出版社出版，本会订购 2000 册已经全部发放完毕；英文由 Wolters Kluwer 出版），此外，北京仲裁委员会"争议解决新探索"文库、北京仲裁委员会"争议解决新视野"译丛，也依照工作流程正常推进。另一方面，新的研究品牌中国仲裁文库裁决书精读系列丛书，广受业界好评，成为年度亮点。《中国仲裁文库：股权转让案例精读》在 2017 年完成校审、出版和上架发售，全书共计 57 万字，包括案例及精评 36 篇。同时，北京仲裁委员会精心甄选了处理纠纷类型涉及建设工程、委托代理、股权转让、特许加盟、租赁、保险、承包经营等领域的 30 篇优秀仲裁裁决书。根据裁决书的写作风格和突出的闪光点形成《中国仲裁文库：优秀仲裁裁决书赏析》，在业内获得好评。

（2）培训工作更加系统、多元。一是培训工作更加系统、规范。2017 年北京仲裁委员会内部的相关沙龙、各专业小组、秘书培训、学习讨论会及为外部的公司法务、律师、高校学生等开发了常规培训课程或讲座共计约两百余次。2017 年，组织人员全面梳理了北京仲裁委员会工作人员培训课件及教案约 137 件，初步形成了稳定的数据库，为培训工作提供规范性参考。二是培训形式也更加多元。在互联网发展的大背景下，社会各界随着对仲裁认知的不断加深，对仲裁的培训需求也日益多元，2017 年也初步尝试开设了北京仲裁委员会公开课、北京仲裁委员会微课堂等线上培训模式，获得了业内人士的关注。

（3）外事工作更加专业、广泛、卓有成效。一是外事工作更加专业。每一个外出代表团，基本都有明确的发言任务，并要求参与人事先做好充足的研究和准备，加入到国际争议解决领域实质性的专业讨论中。二是外事合作更加广泛。不再仅限于与仲裁机构的交流，而是包括了国际组织、政府、律协、学术机构等方方面面，使得国际社会各个方面都能充分认识北京仲裁委员会，从多角度提升北京仲裁委员会的声誉。三是外事工作更为有效。外事工作有着连续性、互助性的特点。2017 年的外事工作充分地发挥了这种效果：一方面，很好地利用了外事工作获得的资源；另一方面，外事活动目的性更强，成果更为直接。四是外事活动较大地提升了美誉度。2017 年，随着外事工作的推进，越来越多的国际机构愿意主动合作共同推进仲裁的发展，也充分证明了外事工作的效果。

六、法治宣传

2017 年，市法治宣传工作坚持以习近平总书记关于法治建设的系列重要讲话精神为遵循，坚持以助推法治中国首善之区建设为目标，坚持以"加强法治社会建设，增强全体市民尊法学法守法用法观念，营造良好法治氛围"为主体，全面推进"七五"普法规划的贯彻落实，切实提升法治宣传教育工作效果，为深入推进京津冀协同发展、率先全面建成小康社会、加快建设国际一流的和谐宜居之都营造良好的社会法治环境和氛围。

（一）突出重点，全面推进"七五"普法规划贯彻落实

2017 年，司法行政系统稳步推进落实"谁执法谁普法"责任制。健全普法责任清单，制定下发《北京市"七五"普法规划任务分解》，全市普法责任制单位从 62 家扩充到 72 家。市司法局落实推进"谁执法谁普法"责任制，与市人大、市政协、市委宣传部联合开展全市普法责任制督导检查，联合市交通委、市旅游委等 18 家单位全面启动"法律十进'七五'行"，开展活动 9491 场。同时市司法局全面建立"以案释法"制度，成立首都法官、检察官"以案释法"宣讲团，组建了北京市"七五"普法讲师团，开展市级以案释法活动 2400 余场，各区组织活动 6792 场，直接受益群众超百万。

（二）开展法治宣传教育各项活动，推动社会树立法治意识

1. 创新开展"12·4"国家宪法日系列宣传活动

市司法局创新开展"12·4"国家宪法日系列宣传活动，通过国家工作人员集体宣誓、优秀视频展映、智能机器人问答、法治嘉年华互动等活动，弘扬宪法精神，在全市营造了浓厚的法治氛围。

2. 庆祝申奥成功两周年主题法治宣传活动

朝阳区司法局携手延庆区司法局、河北张家口市崇礼区司法局三地联合举办"CYC 携手迎冬奥 法治宣传助发展"——庆祝申奥成功两周年主题法治宣传活动，积极做好迎冬奥法律服务保障工作。

3. 围绕重点工程重大活动开展专项法治宣传教育活动

法治宣传有序"引航"。市司法局制作宣传海报、宣传口号、公益广告等各种普法产品，全面启动"一网两微"、法宣橱窗、电视台等阵地予以广泛传播。法治宣传引航：各区司法局共发布微博、微信 14 234 条、开展主题宣传 11 847 次、发放宣传材料 426 万余份、累计受益群众 746 万余人次，在首都社会营造了理解、认同、支持"疏解整治促提升"的浓厚法治氛围。

4. 把握重点对象重点内容开展法治宣传教育活动

为深入开展戒毒法治宣传，市教育矫治局与市法治宣传教育领导小组办公室、中国民主同盟北京市委员会合作共建戒毒法治宣传教育基地；开展"青少年暑期戒毒宣传教育季"活动，成立禁毒戒毒宣讲团，对 30 余所学校开展禁毒宣讲，受众达 9000 余人次，14 名民警被评为北京市青少年毒品预防教育"6·27"工程优秀校外辅导员；与法制文萃传媒有限公司合作拍摄的戒毒题材电影《刺儿头》上线公映，点击量突破 800 万人次；积极开展政法开放日和戒毒文化节活动，全年各级媒体宣传报道戒毒工作 300 余次，与新浪、搜狐等网站合作开展的宣传活动访问量达 70 万人次。

深化重点人群学法用法工作。市司法局与市委组织部、市委宣传部、市人力资源和社会保障局联合印发《关于完善北京市国家工作人员学法用法制度的实施意见》。深入推进"青春船长法治起航"大学生普法走入中小学校园活动，市司法局联合民盟北京市委启动戒毒法治宣传教育基地，开展"青少年暑期戒毒宣传教育活动季"，司法部领导对此作了专门批示。坚持青少年法制教育课堂主渠道作用，市教委举办首届全市中小学教师法治教育基本能力大赛、全市小学生法治课情景剧展演，学生课堂法治教育效果不断增强。利用学校安全教育日、"6·26""12·4"国家宪法日等重要时间节点，组织宪法诵读、宪法临摹、学生自护主题教育、禁毒教育课等多种形式多样的主题教育活动，营造学法守法校园氛围。依托法治副校长、青春船长、公益律师等法治教育力量，结合学校学生法治教育需求及社会热点等问题，积极开展校园、班级主题宣传活动，法治教育不断深入。

5. 加强新媒体宣传

市司法局推出"京司观澜"微信公众号，开辟"微资讯""微服务""微媒体"等栏目，承担发布政策法规、宣传典型人物、服务广大群众、沟通舆情民意等多个功能，定时向外推送相关政府信息。这一重要新媒体阵地的上线为全市系统新闻宣传拓展了新阵地，单篇文章最高点击量达到 9 万＋，推送的多篇消息被司法部、中国普法、北京政法、法制网等微信公众号转载，充分宣传正面典型，努力提升司法行政工作的社会认可度、赞誉度。截至 2017 年 12 月 31 日，已对外发布各类信息 242 条，粉丝量达 2.8 万。全市司法行政系统依托四级网络 13 类、406 个开放点，组织法治文艺表演、微电影展播、法律讲座咨询等现场开放活动 905 场，接待法律咨询 9899 人，发放普法宣传品 26 万余份，宣传亮点工作 123 项，与 7 万多名市民零距离互动交流。

2017 年 1 月，市教育矫正局正式运行政务微博"北京矫治·戒毒"，3 月正式启动门户网站，积极发挥网络媒体便捷及时、受众面广、内容灵活多样的特点，面向社会发布执法管理工作信息，介绍教育矫治工作发展状况和教育矫治工作方法，宣传戒毒、预防违法犯罪知识。

市教委重视发挥新媒体在法治宣传教育工作中的重要作用，通过市教委政务网站、市青少年法治宣传教育资源网、北京各方新闻媒体网站、法治与校园公众号、丘瑞斯 APP 手机平台等途径加强媒体宣传，积极宣传、推广青少年法治教育活动，法治宣传教育工作的影响力不断增强。

6. 加强法治文化建设

市司法局新建"北京西站地区法治宣传教育长廊"，举办首届"法治地铁文化节"。开展法治文艺作品征集活动。依托戒毒法治宣传教育基地，整合资源，不断创新戒毒法治宣传教育载体和形式，联合媒体打造 6·26 国际禁毒文化节宣传品牌，开展青少年暑期戒毒宣传教育季活动，同时扩大"互联网＋戒毒宣传教育"领域，先后开通网站、微博、"蒲公英"APP 等，逐步形成以戒毒法治宣传教育基地为主阵地、网上网下相结合的新格局，扩展了法治宣传的覆盖面和影响力，宣传教育直接受众达 20 万人次，网站年点击量突破 200 万，与《法治文萃报》联合拍摄首部戒毒电影《刺儿头》，爱奇艺播放量超过 850 万。

七、法学教育和法学研究

（一）法学教育

1. 北京高校开设法学专业情况

2017年，北京地区开设法学专业的中央高校28所，开设法学专业的市属高校14所。具体开设情况如下（见表7）。

表7　北京高校开设法学专业情况

专业名称	开设的中央高校	开设的市属高校
法学	外交学院、北京航空航天大学、北京理工大学、中央民族大学、国际关系学院、北京大学、中国人民大学、清华大学、北京交通大学、北京科技大学、北京化工大学、北京邮电大学、中国农业大学、北京林业大学、北京中医药大学、北京师范大学、北京外国语大学、中国传媒大学、中央财经大学、对外经济贸易大学、中国政法大学、华北电力大学、中国矿业大学、中国石油大学、中国地质大学、中国劳动关系学院、中国青年政治学院、中华女子学院	北京工业大学、北方工业大学、北京建筑大学、北京农学院、首都医科大学、首都师范大学、北京第二外国语学院、北京工商大学、北京物资学院、北京联合大学、北京城市学院、首都经济贸易大学、北京警察学院、北京开放大学

2. 2017 年北京市高等教育机构法学教师、学生情况（见表 8 – 表 14）

表 8　全市高等教育机构分学科（法学）专任教师情况（单位：人）

项目	合计	正高级	副高级	中级	初级	未定职级
普通高校	4292	1103	1577	1393	125	94
市属高校	142	25	52	56	8	1
总计	4434	1128	1629	1449	133	95

表 9　全市普通本科法学专业学生情况（单位：人）

项目	毕业生数	招生数	在校生数	预计毕业生数
普通本科	4616	4258	17822	4432

表 10　全市普通高职公安与司法大类学生情况（专科法律大类）（单位：人）

项目	毕业生数	招生数	在校生数	预计毕业生数
普通高职	797	983	2858	1059

表 11　全市成人本科法学专业情况（单位：人）

项目	毕业生数	招生数	在校生数	预计毕业生数
普通高校	2711	2812	6168	2453
成人高校	111	0	0	0
合计	2822	2812	6168	2453

表 12　全市成人专科公安与司法大类学生情况（法律大类）（单位：人）

项目	毕业生数	招生数	在校生数	预计毕业生数
普通高校	226	397	746	349
成人高校	333	0	0	0
合计	559	397	746	349

表13　全市法学专业硕士研究生情况（单位：人）

项目	毕业生数	招生数	在校生数	预计毕业生数
普通高校	6504	7200	17907	6288
科研机构	323	543	1389	489
合计	6827	7743	19296	6777

表14　全市法学专业博士研究生情况（单位：人）

项目	毕业生数	招生数	在校生数	预计毕业生数
普通高校	791	1023	4616	2443
科研机构	185	264	929	362
合计	976	1287	5545	2805

（二）法学研究

1. 围绕中心，服务大局，法学研究、加强智库建设取得新进展

第一，完善课题研究组织，不断增强法学研究的实效。2017年市法学会支持200余万元，立项以研究司法体制改革，首都规划发展、立法，首都政法重点工作等为主要内容的市级法学研究课题40个，其中重点课题10个、一般课题20个、青年课题10个。同时还承担了市委政法委交办的委托课题5个。组织完成2016年市级法学研究课题结项，评选出优秀课题9项，合格课题29项，择优确定了3个后期资助课题。学会向市维稳办报送的调研报告《首都防范和打击暴力恐怖活动问题研究》被评为年度优秀调研报告一等奖，学会获得年度维稳调研工作组织奖。向中国法学会第四届"全国法学优秀成果奖"评选推荐汪海燕、张恒山两位教授专著各1部、蒋立山教授论文1篇，全部获奖，分别获专著类一、二等奖和论文类二等奖。

第二，精心组织第二届"首都法学优秀成果奖"评选。制定《"首都法学优秀成果奖"评选表彰工作实施办法》，由主办单位市委政法委员会、市人力资源和社会保障局、市法学会联合发布《关于开展第二届"首都法学优秀成果奖"评选表彰活动的通知》。共收到初评参评成果72部/篇。评选会由王利明教授主持，提出了获奖成果建议名单。

第三，完善论坛组织形式，不断提升自身影响力。组织了以"首都法学法律界学习贯彻党的十九大精神"为主题的首都法学家论坛。与其他省市法学会共同主办了环渤海区域法治论坛、京津沪渝法治论坛和京津冀协同发展法学交流研讨

会。广泛动员法学法律专家积极参加相关论坛和研究会，分别有 15 篇、20 篇和 18 篇论文获奖，获奖数量位居前列。学会组织论坛的质量和效果得到中国法学会肯定，在第十二届"中国法学青年论坛"和第五届"董必武青年法学成果奖"评选中均获"优秀组织奖"。

第四，完善《北京市法治建设年度报告（2016）》结构与内容，发挥服务大局的作用。《北京市法治建设年度报告（2016）》，除主报告外，十余家研究会提供了专项研究报告，由法律出版社出版，并在《北京日报》《民主与法制时报》刊发了主报告精简版，向中国法学会报送了主报告年鉴摘要版。

第五，精心组织好立法咨询论证。建立与实务部门常态化合作机制。受市人大委托，组织四十余名专家对《北京市非机动车管理规定（草案送审稿)》、《北京市烟花爆竹安全管理规定》和有关首都安全的立法论证会（有保密要求）；应市委组织部的要求，共同组织了《北京市人才发展促进条例》立法调研论证会，制定了人才立法的工作方案和调研方案。完成市委交办的市政协协商议案任务，报送 2018 年度市政协协商议题 2 项。完成市政府法制办的立法建议任务，提出 2018 年政府规章立法项目建议 2 项。编辑并印发了《首都法学动态》6 期，宣传专家学者关于京津冀交通一体化的六大法律需求、深化司法体制改革、促进社会公平正义，人大主导立法的可能性及其限度等方面的分析和意见建议。

第六，突出重点，提升服务，不断加大《法学杂志》贡献力。《法学杂志》坚持围绕全面依法治国的重大理论和现实问题进行专题研究，打造精品文章，及时展示交流优秀法学研究成果，特别是为贯彻落实党的十九大精神开设了"新时代中国特色社会主义法治建设"专栏，刊登江必新、周叶中等知名专家关于全面推进依法治国、深化依法治国实践的文章，加强政治引领和学术引领。开通杂志微信公众号，扩大杂志的影响力。全年共出刊 12 期，刊发文章 178 篇。北京新闻出版广电局 2017 年期刊审读会认为，杂志注重选题策划和内容创新，民法典编纂、一带一路、反恐法治等专题，呼应了当前国家政策和社会发展涉及的重要领域问题，引起了学界的深入探讨与交流。

第七，加强法学人才队伍建设，积极服务首都法治建设。积极推进"百名法学英才培养"工作，2017 年入选专家达 268 名，涵盖了市政法各单位、在京院校、市法学会研究组织、各区法学会。利用首都法学法律高级人才库，向市委推荐 19 名法学专家，作为市委法律顾问及专家库成员。向市城管执法局、市残联、市司法局等单位推荐专家总计 150 人次。为更好地服务大局，2017 年首都法学法律高级人才库着手研究建立专家线上交流互动平台。直接掌握专家成果下载引证率排名，为形成专家影响力评估指数提供参考。创新"互联网＋"法律服务方式，为实务部门开展相关工作推荐专家。

2. 加强指导，协调推进，组织建设取得新突破

第一，规范加强研究组织建设。积极培育发展新的学科研究组织。两次召开研究组织建设指导委员会咨询论证会，严格审核申请成立新的学科类法学研究组织和民办非企业单位，经会长办公会研究批准成立了电子商务法治研究会、国家安全法学研究会、北京一带一路法律研究会等10家新的法学研究组织；截至2017年底，市法学会所属研究组织总数达到58家，其中28家具有法人资格。加强研究组织法人登记工作，推动生态法治研究会、老龄法律研究会、网络法学研究会、北京一带一路法律研究会等完成社团法人登记。加强届满研究组织换届工作，指导消费者权益保护法学会、行政法学研究会、旅游法学研究会等5家研究组织按期完成换届，完善了研究组织的领导班子结构和领导机制。加强社团研究组织的年检工作，指导劳动和社会保障法学会、税收法制建设研究会、房地产法学会、破产法学会等所属社团研究组织完成年度工作的审查验收。创新资金支持方式，采取购买服务项目的形式，向46家研究组织支持160多万元用于研究组织开展学术研讨活动。创新服务方式，编发《组织建设专刊》14期。总结推广研究组织建设先进经验，北京市破产法学会在中国法学会举办的研究会经验交流会上介绍了工作经验，房地产法学会应邀在河南省法学会举办的研究会工作会议上介绍了经验做法。

第二，协调推进区法学会建设。积极协调，稳步推进，16个区法学会全部成立。积极推进组织建设。在丰台区法学会开展了落实机构编制、加强组织建设的试点工作，丰台区法学会成立了党组，为全市推进区法学会组织建设起到了示范作用；大兴、昌平等区法学会相继成立了党组、落实了专职工作人员和经费保障等，其他区法学会也相继落实了办公场所、工作经费等。积极发挥职能作用。西城区法学会成立了由14名专家组成的学术委员会，征集确定了14个区级法学研究课题，并编辑了论文集；丰台区法学会指导成立了法院研究会，是全市区级法学会成立的第一个基层专业研究会；同时，丰台区法学会编印了《丰台区法学会2017年度优秀调研报告选编》；通州等区法学会发挥"第三方"身份的优势，组织相关领域专家和学者参与矛盾纠纷化解工作，为维护稳定提供服务；密云区法学会积极参与密云区法治建设，开展了"法治密云建设"征文活动，编印了《法治密云建设征文活动优秀论文汇编》等。积极开展业务培训。对区法学会秘书长和区法学会专兼职干部进行培训，组织东城、西城等城六区法学会干部参加市委社会工委举办的"北京市社会组织治理创新暨能力提升研修班"，组织东城、昌平、顺义、延庆等七个区法学会干部参加中国法学会在郑州举办的"地方法学会干部培训班"。全年共开展法律培训、法治宣传、法律论证等近百场，受益人群达两万余人。

第三，加强会员队伍建设，发展壮大会员队伍。会员规模覆盖至各区高校、科研机构、人大、政协、司法、行政执法部门等。积极发展团体会员。2017年，市法学会发展首都治安志愿者协会、北京市安邦民商事和社会服务调解中心、北京义联劳动法援助与研究中心等8家社会组织为团体会员单位。创新会员服务手段。充分利用"北京市法学会研究组织微信群""北京市法学会区法学会微信群""会员手机月报"等平台进一步加强研究组织、区法学会、团体会员、个人会员之间的沟通交流和信息共享。2017年市法学会系统新发展会员6850人，会员总规模达到4.2万人，发展团体会员单位25家，系统内团体会员单位达到275家。

3. 注重实效，积极发挥市法学会在法治宣传、法律服务和对外法学法律交流中的独特作用

第一，组织了系列"双百"活动。成功举办了"深入学习宣传和贯彻落实党的十九大会议精神，加快推进法治中国首善之区建设"北京市"双百"首都法学家专场报告会，邀请中国法学会张文显副会长以"新时代的中国法治"为题做主题宣讲报告。组织举办了"学习宣传贯彻党的十九大精神"市法学会系统"双百"专场报告会，邀请党的十九大代表、中国劳动关系学院党委常委、法学院院长姜颖教授做参加党的十九大和学习党的十九大报告体会报告。宪法学研究会组织了"学习贯彻党的十九大精神，推进法治北京建设"座谈会，法理学研究会举办了市法学会系统学习贯彻党的十九大精神"双百系列活动"专场，北京国际法学会承办了"党的十九大与国际法发展新思维""双百"专题报告会。

第二，广泛开展法学法律专家基层公益行、法治文化基层行和法治建设公益讲堂活动。结合"疏解整治促提升"专项行动，组织5位知名专家，以"北京人口疏解的对策建议""依法行政促发展"等为主题开展对14个区法治宣讲和法治培训，受众人数达2800多人。积极参与2017年北京市国家宪法日活动的组织，参加普法嘉年华活动。指导16个区法学会开展国家宪法日系列普法宣传活动。西城区法学会在三庆园剧场举办了2017年"12·4国家宪法日"法治文艺演出活动。21家法学法律组织承接公益法律服务项目，开展以法治培训、法律咨询服务、法律援助为主要内容的法学法律专家基层公益行、法治建设公益讲堂活动120余场，受益群众过万人。法学会获"北京社会组织公益行"优秀组织奖，"法学法律专家基层公益行"入选《北京基层社会治理100例》，法学会系统热心公益的安翔、沈腾、金晓莲、时福茂4名法学法律专家和晨夕法律服务中心荣登"北京社会好人榜"，涉台法律事务研究会常务副会长兼秘书长沈腾荣登9月北京榜样人物。

第三，开展送法进军营、进法院、进社区活动。协调安排军事法学研究会常务副会长张柔桑以"做国家安全忠诚卫士"为主题，向武警交通第九支队官兵

讲解《国家安全法》，300 多名官兵现场听了讲座。邀请中国人民大学张新宝教授到朝阳法院开展关于《民法总则》的适用问题法治讲座，与四方景园社区共建法律图书角，向社区赠送 400 余本法律类图书、220 本《党的十九大精神学习笔记》。

第四，继续举办首都法学家沙龙。与中国人民大学法学院、市法学会法理学研究会、中国人民大学彭真民主法制思想研究与教育基金会合作举办题为"新时代中国特色社会主义与法治建设"的首都法学家沙龙暨 2017 年法治发展论坛。与市法学会法理学研究会、北京工商大学法学院联合主办首都法学家沙龙暨北京市法学会法理学研究会"基层法院司法改革四十年"座谈会。

第五，提升对外法学法律交流工作水平，增强法治话语权和影响力。加强筹划与协调，继续组织好对外法学法律交流品牌活动——京台法律实务专业研讨会。与市台办、我国台湾法曹协会、台北大学法律学院民事法研究中心，在我国台湾新北市共同举办了以"海峡两岸民商事仲裁"和"基层社区调解"为主题的第三届京台法律实务专业研讨会。市法学会系统组织 15 名法学法律专家和工作人员参会，肖建华教授等专家的"两岸仲裁、社区调解的比较研究"等发言，通过对有关制度的比较研究，反映了深化依法治国实践的进步与成就，反响热烈。在台湾地区期间，代表团围绕"基层社会治理、纠纷调解、民商事仲裁"等相关主题开展了专项调研。组织学会 4 名同志、推荐政法系统 2 名同志参加国（境）外培训和交流，协办中非法律人才第四期研修班，参加东盟法律论坛。

区 报 告

# 东城区法治建设报告

2017 年，东城区法治建设各单位充分发挥自身作用，既结合自身工作实际，又突出本部门工作特色，开展了丰富多彩的法治建设工作，为全区经济社会发展创造了和谐稳定的社会环境、公平正义的法治环境、优质高效的服务环境。

一、人大法治保障和监督工作

2017 年，东城区人大及常委会依法行使法定职权，共召开常委会会议 8 次，听取、审议议题 35 项，组织专题询问 2 次，督办代表议案和建议、批评、意见 232 件。同时，选举人大代表 64 人，任免国家机关工作人员 208 人、人民陪审员 17 人，组织 70 人宪法宣誓。

（一）组织机构建设工作

第一，加强组织和制度建设，夯实工作基础。坚持常委会会前学法制度，组织开展集中培训和专题研讨，制定和修订 48 项工作制度，对地方性法规和规章中涉及人大及其常委会的职责进行梳理，切实提高常委会组成人员依法履职的意识。

第二，通过制定工作规则、聘任监督顾问和专业领域顾问、组织专题讲座和专题研讨会，不断提高工作水平。各专门委员会围绕常委会中心工作，开展视察、检查、调研、审议等工作，常委会坚持听取人大街工委工作报告、坚持主任和副主任联系人大街工委制度、定期召开人大街工委办公室主任例会并组织专题业务培训。

第三，加强宣传工作，形成良好氛围。为扩大对人民代表大会制度和人大工作的宣传，常委会充分利用《东城人大》杂志、《东城人大信息》、移动互联平台、微信公众号，及时推送报道工作动态，编印《人大工作参考》，为常委会探索创新提供借鉴。

（二）人大代表工作

第一，以加强代表思想政治作风建设为主线，打牢履职基础。常委会组织了

两期人大代表初任培训，党组制定了《关于深入学习贯彻党的十九大精神，切实加强人大代表思想政治作风建设的意见》，为代表履职定坐标、划红线。

第二，坚持以人民为中心的发展思想，畅通民主渠道。常委会党组研究起草了《关于完善人大代表联系人民群众制度的实施意见》，制定了《关于加强全区代表联络站规范化建设的指导意见》，在和平里、东华门、东花市等街道社区开展试点工作。为进一步畅通"一府两院"联系代表的渠道，常委会邀请代表列席区政府常务会、旁听法院审理案件。

第三，强化代表建议督办，提高办理实效。常委会强化各专门委员会的对口督办，加强人大机关主管部门和各人大街工委的直接联系和沟通。2017年，代表对建议办理的满意率达到85%，比上一年提升8个百分点；代表提出的问题在办理期限内的解决率达到77%，比上一年提升10个百分点。

（三）法治保障工作

2017年，东城区常委会通过成立执法检查组、召开动员会、组织法规学习培训等方式，重点对《北京市全民健身条例》《北京市控制吸烟条例》《北京市生活垃圾管理条例》等法律法规进行了执法检查，提出建议六十余条，督促整改落实。在《北京市全民健身条例》执法检查中，常委会将与专题调研相结合，首次聘请第三方机构开展问卷调查，走访国家体育总局群体司，提高了执法检查实效。

（四）监督工作

第一，监督促进疏解整治促提升工作。在十六届人大三次会议上，常委会首次采取听取和审议区政府专项工作报告的形式，对区政府关于2017年疏解整治促提升工作情况的报告进行了审议，代表们对报告充分肯定。

第二，监督促进预算有效执行。常委会修订了《北京市东城区预算审查监督办法》，建立健全预算监督制度；听取和审议了区政府关于2016年决算草案报告，结合审议区政府关于2016年预算执行和其他财政收支审计工作报告，批准了2016年决算；听取和审议了区政府关于2017年预算调整方案的报告，批准了2017年预算调整；听取和审议区政府关于审计查出问题整改落实情况的报告。

第三，加大对司法工作的监督力度。常委会听取了区检察院关于网络和电信犯罪检察工作情况的报告，促进区检察院运用专业平台、专业工具、专业人员加大网络和电信犯罪打击力度，积极推进司法责任制改革。主任会议还听取了区法院关于解决执行难情况和落实立案登记制改革审议意见情况的报告。

（五）民生工作

第一，重视办理有关民生的议案。常委会充分重视东城区十六届人大一次会议主席团会交付的两项议案，即"推进老旧小区综合治理、提升物业服务管理水平"和"推进居家养老服务体系建设、加快养老服务事业发展",听取和审议了区政府关于议案办理情况的报告,询问重点问题,并在网上图文直播。

第二,关注青少年的健康。针对东城区青少年体质健康下降问题,常委会听取和审议了区政府关于贯彻落实《北京市全民健身条例》、促进中小学生身体健康情况的报告。常委会调研组与学校、政府相关部门共同开展实地视察和执法检查,了解学校体育设施的建设和投入情况、中小学生科学锻炼及健身活动开展情况,提出可行性建议。

第三,重视教育文化卫生事业发展。围绕促进东城区教育文化卫生事业发展,不断满足人民群众对美好生活的需要,主任会议听取了区政府关于"戏剧东城"建设、学前教育改革发展、城市公立医院三项改革等情况的报告,并提出了可行性建议。

（六）探索创新

东城区人大及常委会充分认识国家监察体制改革的重大意义,依据《全国人民代表大会常务委员会关于在北京市、山西省、浙江省开展国家监察体制改革试点工作的决定》以及相关法律规定,周密组织、过细工作,于2017年4月18日召开区十六届人大二次会议,选举产生了区监察委员会主任,确保监察委员会组建工作顺利推进。10月18日,常委会安排主任会议听取了区监察委关于深化监察体制改革试点工作情况汇报,探索对监察工作开展监督。

二、法治政府建设

2017年,东城区政府进一步加强法治政府建设,坚持依法行政,圆满完成党的十九大、"一带一路"高峰论坛等重大活动服务保障,非首都功能疏解取得新成绩,较好地完成了全年各项目标任务。

（一）疏解整治工作

第一,科学谋划顶层设计。2017年,东城区制定并实施"疏解整治促提升"工作方案,确定了10个重点区域、15个专项行动和"百街千巷"环境整治提升任务,建立健全14项工作机制、22项政策制度和37本基础台账,不断完善非首都功能疏解监测指标体系,推动"疏解整治促提升"与补短板、破瓶颈、惠民生等工作有机结合、协同推进。

第二,疏控结合持续发力。东城区严格落实产业禁限目录,累计不予办理登记业务281件,完成工业企业调整退出2家,提前关停永外城文化用品市场,疏解商户1701家,推动市场调整转型。同时,东城区清理违规培训机构7个、中等职业技术学校停招、减招4所,取缔无证行医20家,推动天坛医院部分功能外迁。

（二）保障安全工作

第一,社会治理全面加强。东城区全面落实街巷长制,在全市首创"小巷管家"工作模式，全区共配备街巷长 1030 名、"小巷管家" 1999 名。在王府井、南锣鼓巷、簋街等重点街区整治中，东城区引导支持商会组织在行业准入、商户行为规范等方面发挥作用。同时，全区 182 个社区实现法律顾问全覆盖，96010 为民服务热线有效结案率达到 99.9%，诉求回访率达到 100%。

第二，安全形势保持稳定。2017 年，东城区五类治安警情均呈现两位数下降态势，建成 4 座小型消防站、572 座微型消防站，完成胡同地下消防供水管路建设试点。全区组织开展安全生产"大排查大清理大整治"专项行动和消防隐患"大扫除"，消除安全隐患 3875 处，整治"三合一""多合一"场所 95 处。全区首创"你点我检"网络服务平台，食品、药品抽检合格率均达到 99% 以上。

第三，全面推开街巷整治。全区实施"百街千巷"环境整治提升三年行动计划，坚持"十无五好"标准，完成 134 条大街、496 条背街小巷的整治，以及 380 条道路的电力和通信架空线的梳理、入地，拆除违规及存在安全隐患的广告牌匾 4000 余块。同时，完成 56 条停车示范街建设，打造东城精品大街。

（三）深化"放管服"改革

2017 年，东城区继续深化"放管服"改革，实现市、区两级行政审批管理平台对接，推进"职能下沉，服务延伸"。东城区编制了政务服务事项目录，梳理、明确了区级公共服务事项 766 项、街道公共服务事项 103 项，取消、调整涉及企业和群众办事证明 77 项。全区在街道试点设立政务综合服务窗口，建立"一口一网一对一"办事模式。

（四）推进政务公开

2017 年，东城区政府进一步推进政务公开。进一步完善行政规范性文件合法性审查机制，加强行政执法监督，首次对行政执法情况进行专项考评，并纳入全区绩效考核，人均办案量、职权履职率不断提升。同时，试点开展政务公开标准化、规范化建设，加强对政府重大决策的解读，让群众看得到、听得懂、能监督。

三、审判工作

2017 年，东城区法院共受理案件 38 472 件，同比上升 6.1%，审结案件 39 165 件，同比上升 9.8%，结案率 91.1%，同比上升 2.3%，达到近三年同期最高水平。

（一）刑事审判工作

第一，及时准确惩治各类犯罪，维护东城区和谐稳定。东城区法院全年共审结刑事案件 849 件，判处罪犯 988 人。依法严惩涉枪涉爆、寻衅滋事等破坏首都治安秩序的严重犯罪，对涉众型经济犯罪、网络电信犯罪保持高压态势，并着力维护市场秩序和金融秩序，妥善审理食品药品等危害人民群众生命健康的涉民生犯罪案件。

第二，坚持宽严相济的刑事政策，推进认罪认罚从宽制度试点工作。2017年，区法院联合区公安分局、检察院、司法局研究制定东城区《刑事案件认罪认罚从宽制度试点工作意见（试行）》，在审理中突出对被告人认罪认罚自愿性和真实性的审查，同时规范认罪认罚案件审判程序。

第三，依法打击职务犯罪。2017年，东城区法院审理贪污受贿、渎职等职务类犯罪案件21件，同比增长75%。同时，发挥廉政教育基地作用，区法院组织市区机关、事业单位干部旁听案件审理达700余人次。

第四，加强未成年人刑事审判工作。东城区法院健全完善未成年人犯罪记录封存、合适成年人到场、心理评估干预等配套工作机制，进一步探索建设涉诉未成年人观护帮教工作体系。

（二）民商事案件

2017年，东城区法院共审结民事案件20 777件，依法化解各类民事纠纷。区法院与劳动仲裁部门建立裁审衔接工作制度，同时加强与公安机关沟通协调，审慎甄别涉众投资理财类案件和涉嫌非法吸收公众存款等犯罪的案件；妥善审理涉军停止有偿服务案件，服务保障军队改革；提升破产案件审理的规范化专业化水平，引导有希望而暂处困境的企业通过和解、重整等程序重新焕发生机；积极应对民间借贷、金融借款、信用卡纠纷、消费者打假维权等案件量持续增长的态势，高效审理案件；完善与医疗机构、鉴定机构的专家论证会机制，建立医学专家库，优化医疗案件委托鉴定流程。

（三）知识产权审判工作

2017年，东城区法院共审结知识产权案件1934件，进一步加大知识产权保护力度，服务创新驱动战略。

第一，努力应对知产案件收案量居高不下的严峻态势，根据各类知识产权的属性特点加强司法保护。2017年，东城区法院积极应对商标侵权、不正当竞争案件快速增长的势头，加人审理力度，提高违法成本，维护知名品牌市场竞争力。

第二，服务"文化强区"。针对辖区重点行业企业，在维权保障、风险防控以及规范企业内部行为等方面加强司法的指引作用，东城区法院帮助构建知识产权保护体系。同时，法院与市法学会、中关村科技园区东城园共同举办"科技创新企业知识产权体系构建及法律风险防范"主题活动，进行普法宣传，增强服务辖区知识经济健康发展的针对性和有效性。

（四）行政审判和监督依法行政工作

2017年，东城区法院共审结行政诉讼案件1271件，审查行政非诉执行案件

369 件，积极化解行政争议，推进法治政府建设。

第一，发挥司法能动性。2017 年，东城区法院加强对当事人依法维权的引导，将行政案件的协调工作贯穿行政审判全过程，重点化解涉民生案件，推进行政纠纷的实质性解决。

第二，严格监督行政机关依法行政。东城区法院共判决行政机关败诉案件 110 件，其中市属行政机关及部委败诉案件 61 件，败诉率为 11.48%；区属行政机关败诉案件 49 件，败诉率为 6.6%，区属行政机关的败诉率同比降低了 4.8 个百分点。非诉执行案件审查中未出现因行政行为合法性问题不予执行的案件，我区行政机关的依法行政意识及执法水平明显提升。

第三，规范行政机关应诉工作，延伸行政审判工作职能。推进行政机关负责人出庭应诉工作，全年共有 11 家区属行政机关负责人出庭；与行政机关建立常态化联席会议制度，围绕行政权力运行的关节点、内部管理的薄弱点、问题易发的风险点加强沟通交流，促进行政执法水平提升。

（五）案件执行工作

2017 年，东城区法院全力破解执行难的问题，执结案件 11 603 件，同比增长 28.3%，结案率为 91.9%，执结到位金额 38.4 亿元，同比增长 11.3%，维护了群众合法权益。

第一，构建执行新格局。东城区基本形成了党委领导、政法委协调、人大监督、政府支持、法院主办、部门配合、社会参与的执行工作新格局。全年开展"年底攻坚七十天"系列活动，组织夜抄"老赖"行动三十余次。同时，建立打击"拒执罪"快速联动机制，完善财产网络查控、多方协查被执行人的执行查控机制，建立房屋、土地腾退等行为类案件的强制执行联动机制。

第二，强化执行规范化建设。东城区法院组建了执行实施团队、速执团队、裁决团队，完善执行指挥中心职能，加强执行流程节点管理。严格终结本次执行程序的适用，规范未实际执结案件的管理，定期查询"老赖"财产，坚持不懈为胜诉当事人讨回正义。制作《执行案件收款账户及网络拍卖平台确认书》，方便申请执行人接收执行案款和选择拍卖平台。

（六）接受人大、政协等各方面监督工作

东城区法院高度重视代表联络工作，邀请市区人大代表参观旁听、座谈、征求意见、听证等各类活动 17 次，走访联络市区人大代表 62 人，主动接受监督，听取意见建议。严格落实市高级法院《人大代表关注案件办理工作规程》，建立专人负责、快速交办、全程留痕机制，由合议庭、庭长、主管院长三级负责认真做好答复工作，争取代表理解与支持。同时，自觉接受区检察院法律监督，促进严格公正司法。

四、检察工作

2017 年，东城区检察院牢牢把握全面提高检察工作法治化水平和检察公信力两个主基调，主动适应司法改革、监察体制改革要求，忠诚履行各项检察职能，为建设"国际一流的和谐宜居之区"做出贡献。

（一）法律监督工作

第一，强化立案和侦查监督。东城区检察院共收到移送的监督线索 203 件，正式受理案件 179 件，监督公安机关立案（撤案）7 件，发出书面纠正违法通知书 6 份，撰写《侦监工作情况通报》8 期，通报轻微程序违法案件 46 件。全年监督公安机关办理刑事案件共 673 件 1044 人，抽查案件档案 272 件 337 人，抽查率 40.4%。同时，协助税务机关做好虚开增值税专用发票等案件调查，建议移送涉税犯罪案件线索 74 件，目前公安机关已立案 2 件、刑拘 6 人，检察机关批准逮捕 2 人。

第二，强化刑事审判监督。东城区检察院综合运用检察建议、检察公函、纠正审理违法通知书、口头纠正、工作情况通报等多种方式监督，共提出二审抗诉 9 件，8 件获得上级院支持，6 件现已改判。区检察院全面推进跟庭考核工作，对法院庭审过程进行同步监督，构建一审判决同步审查长效机制，同步审查裁判文书 836 份。

第三，强化民事行政检察。东城区检察院积极拓展民事行政诉讼监督线索来源，共办理民事行政诉讼监督案件 50 件，经审查依法提请抗诉 2 件，发出检察建议 5 份，并针对 2 起执行监督案件中的 4 项违法情形提出口头纠正意见，均得到法院认可。

（二）刑事检察及公益诉讼工作

第一，严厉打击各类刑事犯罪。东城区检察院共受理侦查机关提请批准逮捕各类刑事案件 740 件 962 人，经审查批准逮捕 460 件 572 人，同比分别下降 21.7% 和 41.8%；受理移送审查起诉各类刑事案件 916 件 1163 人，依法提起公诉 824 件 1029 人，同比分别下降 23.5% 和 23.3%。突出打击重大刑事犯罪。突出打击重点敏感地区危害社会稳定的犯罪，办理了广受媒体关注的天安门地区团伙盗窃案，依法快捕犯罪嫌疑人 16 人；突出打击危害群众切身利益的非法吸收公众存款等涉众型经济犯罪，依法批准逮捕 38 件 75 人、提起公诉 42 件 117 人，涉案金额 16.56 亿元；突出打击网络电信犯罪，共批准逮捕 22 件 34 人，提起公诉 56 件 94 人。

第二，积极开展公益诉讼工作。主动争取区委、区政府对公益诉讼工作的支持，全年共摸排受理环境资源保护、食品药品安全等领域公益诉讼线索 20 件，其中审查终结 17 件、立案 3 件，现已移送审查起诉 1 件，发出诉前检察建议 1

份。针对辖区文物古迹多、腾退任务重的实际情况，积极探索不可移动文物保护领域公益诉讼。

五、公安工作

2017年，东城区公安分局以持续深化执法规范化建设为主线，不断推进法治建设工作进程。

（一）重大安保工作

2017年，区公安分局圆满完成了"全国两会"、"一带一路"高峰论坛、国庆中秋、党的十九大等各项重大安保工作，为维护北京"首善之都"做出努力。同时，为提升重大安保工作实效，区公安分局及时制定《违法行为法律适用和证据指引》和《关于打击"号贩子"违法行为法律适用和证据指引》、《打击非法经营"黑旅馆"违法行为法律适用和证据指引》，进一步加大培训力度，消除执法盲点和误区，打击处理率明显上升。

（二）法治保障工作

2017年，区公安分局法制工作立足规范执法，坚持问题导向，制定并出台多项工作规范，为全局执法执勤工作提供强大的法律依据和保障。

第一，制定侦审一体化改革配套规范。为规范"侦审一体化"框架下的执法办案工作，区公安分局研究制定了《东城分局办理刑事案件管辖分工与审核移送实施意见》、《东城分局关于办理行政拘留后续处理范围与审核审批的实施意见》、《案件移送工作规定》和《东城分局关于案件办理满意度评价工作规范》，深入推进侦审一体化改革。

第二，规范办理团伙案件处置机制。为提高打击团伙违法犯罪活动的规范执法水平，区公安分局制定了《东城分局办理团伙案件处置机制》，明确处置等级、启动方式、组织领导、职责分工和处置流程。

（三）社会稳定工作

2017年，区公安分局法制处深入基层、积极工作，努力化解行政争议，提升执法公信力，维护社会稳定，树立"社会面维稳一盘棋"思想，配合区政府、市公安局、区公安分局信访部门做好化解工作。区公安分局法制处配合分局政府信息公开办公室处理信息公开案件121件，介入审查各类敏感案事件、复杂信访47件。

（四）执法办案工作

2017年，区公安分局不断强化资源深度整合和功能拓展应用，进一步推进执法办案管理中心与各项工作的对接。

第一，构建执法办案体系。区公安分局落实基层所队案管组建设，联动推进案管组建设，建立两级监督管理体系，构建与"一办到底"模式相适应的执法办案体系。分局执法办案管理中心 999 体检室创新引入了针对涉黄、涉毒类案件的艾滋病等传染病筛查项目，为办案单位节省了办案时间，提高了工作效率。

第二，完善执法办案管理中心使用管理。区公安分局制定了《东城公安分局可（暂）不到执法办案管理中心办理刑事案件工作规范》，明确了可不到和暂不到执法办案管理中心办理的刑事案件范围、审批流程和工作要求，确保案件合法、公正、及时处理。

（五）行政复议和行政诉讼工作

第一，复议为民与维护公安执法权威双管齐下，积极化解行政争议。坚持"复议为民"理念，深入化解矛盾，力争取得息诉罢访的社会效果。发挥追求事实真相的钉子精神，对存疑的案件坚持一追到底。

第二，全面推行公安机关负责人出庭应诉制度。从接受诉讼案件起，区公安分局法制处联系办案单位或分局相关职能部门确定出庭领导，并及时与相关部门保持沟通，互通案件进展情况。同时，全面贯彻落实败诉案件分析通报机制。针对败诉案件，区公安分局法制处及时撰写典型案例并通报全局办案单位。

六、司法工作

区司法局全面强化司法行政职能作用，为全区经济社会发展创造了和谐稳定的社会环境、公平正义的法治环境、优质高效的服务环境。

（一）人民调解工作

司法局成立了望坛棚改人民调解委员会，组建"疏解整治疑难纠纷专家团"，开展疏解整治矛盾纠纷化解"守航"行动。全年东城区各级人民调解案件共计 5951 件，成功 5664 件，成功率 95%，涉案金额近 19 亿，司法确认 388 件，人民调解维护社会稳定的基础作用更加显现。

（二）律师工作

司法局继续深化律师行业管理和服务。东城区现有律师事务所 299 家，律师 3600 余人。2017 年，司法局共办理律师、律师事务所行政申请事项 1776 件，巡查检查律所 160 家次，并建立重大疑难投诉案件会商机制。同时，司法局组织律师参与区政府信访接待，值守公益法律咨询热线，实现全区 182 个社区居委会法律顾问的全覆盖。

（三）公证工作

加大公证行业整顿力度。在全区公证行业开展"规范执业行为，提升公证公信力"教育整顿活动，提升公证服务公信力。按照窗口规范化建设标准和"便民利民十项措施"要求做好公证服务，全年区属公证机构办理公证 72 437 件，为 70 岁以上老人办理免费遗嘱数量为 267 件。司法局组织公证人员为天坛简易楼腾退项目办理公证共 384 件，西忠实里项目办理公证 599 件，为望坛征收项目办理公证书6101件。

（四）法律援助工作

全年，共批准东城区司法局受理法律援助案件598件，同比增长13%，为80岁以上老年人提供法律援助36件，为一、二级重度残疾人提供法律援助53件，接待法律咨询10 031人次，有效满足了普通百姓的法律需求，维护了困难群众的合法权益。同时，依托法律援助律师宣讲团，司法局着力开展农民工、妇女、残疾人、未成年人、军人军属、老年人专项维权活动。

（五）特殊人群管理工作

围绕党的十九大、高峰论坛等重大活动和春节、元旦、十一等重要节日，东城区司法局进一步落实"两类"人员衔接安置、教育管控、走访谈话和排查整治工作，对重点地区和重点人开展督察，实现了"四个不发生"的工作目标。区司法局全年共接收社区服刑人员80名，为54名社区服刑人员佩戴了电子监管设备，解除社区服刑人员103名，安置帮教对象1225名，协助办理低保68人，医疗救助7人次，住房救助8人次，临时救助60人，解决就业及提供就业信息75人次。

七、东城区2017年法治建设特色和亮点

（一）创新依法行政教育，开展执法人员军事化训练

2017年，东城区政府进一步强化依法行政培训工作，建立依法行政教育培训基地，开展执法人员军事化训练。《关于印发建立东城区依法行政教育培训基地强化法治教育培训工作意见的通知》出台，全面开启全区领导干部、法制机构工作人员和执法人员法治教育培训新篇章，对全区2800余名干部开展大规模轮训。截至2017年底，东城区已成功组织了6期依法行政军事化教育培训班，培训人员达1700余人，每人次培训120课时。

（二）围绕区委区政府中心工作，发挥司法行政作用

第一，围绕全区中心工作，深入推进各项法律服务。在服务"疏解整治促提升"专项行动中，东城区整合公证、律师、人民调解员等力量，为全区重点建设项目提供专项法律服务，仅在望坛棚改项目中，就提供法律咨询15 766人次，为3290户居民办理公证事项6101件，为老弱病残上门服务142次，调解重大矛盾纠纷近600件。在"服务依法行政"方面，东城区遴选优秀律师，参与涉诉信访接待，化解重大疑难信访件，取得了良好效果。在"服务群众需求"方面，东城区完善三级实体平台，为182个社区配备一名专业律师作为法律顾问以服务百姓需求。

第二，围绕法治东城建设，深入推进法治宣传教育。全区进一步加大全区普法力度，同时为全区配发公务员以案释法读本2000册。全区社区法宣阵地开展

活动近三千场，组织开展"法律十进七五行"，法官、检察官"以案释法"及民法总则等新法宣传学习，"喜迎十九大，做讲法治守秩序的好市民"主题法治宣传教育活动等。

（三）积极深化司法改革，不断提升法治工作成效

第一，深化以审判为中心的刑事诉讼制度改革。针对信用卡诈骗等部分类型化案件，东城区法院联合公安分局、检察院，针对信用卡诈骗等部分类型化案件研究制定证据分类指引，以审判标准指引侦诉机关收集、运用证据。同时，法院通过庭前会议对 4 起排除非法证据申请进行审查，加强对重大、疑难、复杂案件证据收集合法性的审查，加大对讯问录像的审查力度，推动证人、鉴定人出庭作证，进一步规范庭审程序。

第二，深化家事审判改革试点。2017 年，东城区法院选择部分案件采用家事审判新机制进行审理，增加柔性司法因素。法院组建了以家事审判合议庭为核心，以家事调解员、调查员、心理咨询师等为辅助人员的家事审判团队，引入心理咨询和辅导，设立了前置性家事调查和离婚案件冷静期制度。同时，东城区法院还邀请当事人所在单位、所在地居委会等相关组织协助参与调解，与区妇联建立工作对接机制，实现家事审判改革、妇女儿童老年人权益保护等方面的信息共享与工作合作。

第三，规范诉讼服务，加强司法救助。东城区法院开设全市法院首个立案微信公众号，为群众提供"起诉指南""立案公开""文书样本"等多种形式的精细化线上立案指导，做到"让数据多跑路，让群众少跑腿"。同时，制定《来院人员登记须知》和《导诉窗口人员工作规范》，完善导诉窗口工作制度。区法院全年共审理司法救助案件 28 件，总救助金额 100 余万元，救助困难群众 19 人。

第四，服务疏解整治，加强司法保障。东城区法院为服务保障"疏解整治促提升"专项行动，到望坛棚改等项目一线开展公益法律宣传，解答现场提问。同时，针对涉重点项目案件，区法院开启立案绿色通道，加大诉前调解力度，调解未果的依法妥善快审快判快执，保障天坛周边简易楼腾退、望坛棚改、规范直管公房管理等中心工作顺利推进。

（四）强化服务理念，增强法学会宣传服务社会效应

第一，为全区疏解整治促提升工作提供法治保障。全市集中开展"疏解整治促提升"专项行动以来，东城区法学会积极协助区委政法委研究制定了《关于充分发挥政法职能作用，为东城区"百街千巷"环境整治提升行动提供法治保障的实施意见》。与相关单位组织司法行政人员和部分律师深入街道社区，为全区"疏解整治促提升"专项行动提供法律宣传和服务。张贴主题宣传海报 2000 余张，发放宣传品 5000 余份，开展以案释法宣讲、专题法律法规知识讲座 600

余场次，调研居民 12 类法律服务需求，编写发放《居民常用法律知识百问》15 000余册。

第二，积极开展有特色的法治宣传活动。东城区法学会会员根据自身特点和工作性质，积极利用"普法宣传日""法律服务日"等工作节点和基层联系点，开展丰富多彩的法治宣传和法律服务活动。帮助基层化解矛盾纠纷，帮助居民群众排忧解难，增强人民群众法治意识。2017 年，东城区法学会与相关单位先后组织开展了"12·4 公众开放日"、学生模拟庭审、法制教育大课堂、法治文化宣讲、聚焦家事审判改革、送"影"进校园进社区等活动，利用微博、微信进行普法宣传，利用自媒体和社会媒体平台宣传便民利民新举措，有力地增强了法律宣传服务的社会效益。

第三，推进构建知识产权保护体系进企业。针对首都核心区实际，为了更好地服务大局，促进经济发展方式转型升级，帮助科技创新企业建立知识产权保护体系，解答企业经营过程中遇到的知识产权法律问题，降低企业侵权涉诉风险，东城区法学会、东城区人民法院两单位携手，在中关村科技园区东城园联合为园区内高新企业开展关于著作权权属审查及认定、侵害作品信息网络传播权案件法律前沿问题及法律风险防范等系列法治讲座，较好地强化了高新企业建立知识产权保护的意识，使其了解掌握了知识产权保护的要素和操作程序。

西城区法治建设报告

2017 年，西城区全面学习贯彻党的十九大精神，以习近平新时代中国特色社会主义思想为指引，深刻领会依法治国科学内涵和精神实质，贯彻落实《中共中央关于全面推进依法治国若干重大问题的决定》要求，结合区情区位特点，制定出台了《中共北京市西城区委关于全面推进西城区法治建设的实施意见》，多方面、全方位对西城区法治建设工作提出了具体要求，有力推进了西城区法治建设工作进程，取得了积极成果。

一、人大法治保障和监督工作

西城区十六届人大一次会议以来，共召开常委会会议 11 次、主任会议 25 次，常委会听取和审议议题 65 项，任免国家工作人员 117 人次、人民陪审员 172 人次，先后接受了 4 名区级国家机关组成人员和领导人员辞去职务。

（一）组织机构建设工作

第一，全面加强常委会及机关党的建设。2017 年共召开党组会议 36 次，研究常委会重点工作、党组及机关党的建设、党风廉政建设等事项。着力加强党组工作制度建设，修订党组工作规则，制定党组"三重一大"事项决策制度、党组理论中心组学习制度、党组定期研究自身建设重大问题规定、领导班子实行 AB 角工作制、党组领导机关党建和指导机关党组组织工作办法等制度。

第二，大力推进常委会工作制度化规范化。修订《区人大常委会议事规则》《区人大常委会任免国家机关工作人员办法》，制定《区人大专门委员会工作规则（试行）》《区常委会规范性文件备案审查办法（试行）》《区人大代表联系和接待选民办法》《区人大代表建议批评和意见及其办理情况公开工作办法》。结合常委会议题安排和履职需要，认真组织会前学法、专题学习和专题研讨，不断提高常委会组成人员履职能力。

（二）人大代表工作

第一，加强代表建议办理工作。区十六届人大一次会议期间收到的代表建议

130 件（含议案转建议 6 件）已经全部办复，其中，被解决或吸纳的 99 件，被列入计划的 12 件，作为工作参考的 19 件。坚持代表审议意见处理工作机制，对区十六届人大一次会议期间代表就政府工作提出的审议意见进行归纳整理，会后交区政府研究处理。区政府将 187 条审议意见分解立项，列入政府督查考核，逐条督办。

第二，加大代表履职培训力度。依托区人大常委会、各专门委员会、街道人大工作机构三大平台，认真组织代表初任培训和履职学习，参与代表 1152 人次。根据常委会全年工作安排，组织全体区人大代表分两批进行了每期三天的集中培训。通过召开区情通报会、编发《西城人大》杂志、订阅报刊、组织视察等方式，服务代表进一步知情知政，为代表履职提供了基础性保障。

第三，深入开展代表联系选民月活动。结合落实区人大代表联系和接待选民办法，围绕"疏解整治促提升"专项行动、治理"开墙打洞"等人大代表和群众高度关注的问题，首次在全区开展了"区人大代表联系选民月"活动。386 名区人大代表参加了活动，参与率达 92.3%，举办见面会 231 次，接待选区选民及群众 4317 人次，累计征集意见建议 651 件。常委会高度重视这些意见建议的办理，在综合归纳、系统分析的基础上，形成专题报告报送区委。区委领导高度关注，批转区政府处理落实。区政府结合具体工作对这些意见建议再次进行梳理分类，由主管领导牵头，交相关部门办理。

第四，充分发挥街道人大工作机构的基础性服务平台作用。各街道人大工作机构结合本地区实际，积极开展视察调研、代表与选民见面、代表接待选民日、代表进法院、代表参与社区居民代表大会等活动，认真组织区人大代表向选民报告履职情况。一年来，15 个街道共组织代表活动 163 次，参与代表 2632 人次。

（三）法治保障工作

常委会组织代表视察了广阳谷城市森林、达智桥等街区整理重点项目，听取了区政府专题汇报，形成了相关决议草案，并通过联组活动广泛征求了代表意见。区十六届人大三次会议经过审议，作出了《关于扎实推进街区整理不断提升核心区品质的决议》，为加快推进国际一流的和谐宜居之都首善之区建设提供了民主法治保障。

（四）监督工作

第一，深入开展计划预算监督。常委会听取和审议了区政府关于 2017 年上半年和 1—9 月计划执行及调整情况的报告，初步审议了 2018 年计划报告的主要内容。关注税收政策的影响，加强了对"营改增"后地方税收变化情况、"营改增"全面实施情况的监督。认真贯彻落实《北京市预算审查监督条例》，启动了《西城区预算监督办法》的修订工作。尝试对 2018 年预算编制中的"重点支出"

和"重大投资项目"进行重点审查，并首次组织各专门委员会委员参加部门预算初审，进一步加大了预算审查监督力度。

第二，持续加强对法律法规实施情况的监督。关注大气污染防治，结合中央环保督察反馈意见，常委会连续第四年开展大气污染防治法律法规贯彻实施情况的检查。组织区人大及其常委会选举、任命的国家工作人员进行宪法宣誓，增强了国家工作人员忠于宪法、依法履职的意识。设立了规范性文件备案审查工作机构，认真开展备案审查工作，对区政府贯彻实施《北京市各级人民代表大会常务委员会规范性文件备案审查条例》情况进行了监督。

第三，切实促进公正司法。围绕司法工作难点和社会关注热点加强监督，常委会听取和审议了区法院关于推进基本解决执行难工作情况的报告，提出了深化细化执行举措、推动执行机制建设、促进执行工作与区域经济社会发展相结合等审议意见，推动区法院全面提升执行效果。

（五）民生工作

不断推动民生改善。常委会高度重视关于全面提升养老基础设施辐射居家养老服务能力议案办理工作。组织代表分两批视察了广内街道德馨养老照料中心和养老驿站、金融街街道丰汇园养老驿站、月坛街道华方养老照料中心。听取和审议了区政府关于该议案办理情况的报告，从推进养老基础设施建设、完善服务标准体系、实施分类保障、加强宣传推广等方面提出了审议意见，推动居家养老服务能力持续提升，养老基本公共服务体系不断完善，中心城区特色养老服务模式更加巩固。西城区被民政部和财政部批准为全国居家和社区养老服务改革试点区。

（六）探索创新

第一，认真落实国家监察体制改革试点任务。组织召开区十六届人大二次会议，选举产生了区监察委员会主任。根据区监察委员会主任的提名，常委会任命了区监察委员会副主任、委员。区人大法制委员会对区监察委员会进行了工作视察，听取了相关工作情况的汇报。

第二，大力推动历史文化名城保护。为凝聚全区力量、同心同向推动历史文化名城保护，常委会组织代表视察了什刹海阜景街、"三金海"地区、大栅栏琉璃厂、天桥等街区的重点项目，并通过走访、座谈、联组活动等方式，广泛征求代表意见，研究起草了《关于加强历史文化名城保护提升城市发展品质的决议（草案）》。区十六届人大二次会议充分行使重大事项决定权，审议通过了该项决议，以法定程序使历史文化名城保护成为全区人民的共同意志。

二、法治政府建设

2017 年，西城区政府以疏解整治促提升为中心，依法行政，加快政府信息化建设，深化"放管服"改革，推进政务公开，法治政府建设深入有效。

（一）疏解整治工作

第一，区域性批发市场疏解基本完成。全年有序推进"动批"最后5家市场平稳闭市，12家市场疏解实现圆满收官，共疏解约35万平方米、1.3万个摊位。天意、万通市场实现闭市，疏解7.3万平方米、6300个摊位。"官批"市场按计划实现疏解签约。出台《疏解腾退空间资源再利用指导意见》，疏解后的天皓成市场已转型为宝蓝金融创新中心，成功引进中能建集团公司等7家科技金融类企业。

第二，疏解整治促提升成效明显。2017年拆除违法建设30万平方米，整治"开墙打洞"325条街、5674户，清理群租房1055户、地下空间235处，规范直管公房转租转借5750户。支持生活性服务业发展，完成16个商市场规范提升，为进一步强化首都核心功能、创造更好的人居条件提供了有力支撑。

（二）保障安全工作

推进街道管理体制改革，在展览路、广内街道先行试点，增强服务群众和区域治理能力。创新社区治理，开展"三社联动"，推广"参与型"社区分层协商模式，圆满完成全国社区治理和服务创新实验区创建中期评估。"平安西城"创建成果丰硕。加强立体化防控体系和"雪亮工程"建设，严厉打击违法犯罪，加大治安秩序整治力度，充分发挥"西城大妈"在群防群治中的重要作用，社会保持和谐稳定。探索开展"无安全生产事故行业、无安全生产事故街道"创建工作，标准化、安责险和安全员队伍建设等工作进展名列全市第一。西城区荣获2013—2016年度全国平安建设先进区，实现"长安杯"三连冠。

（三）深化"放管服"改革

加快推进全区"一号一窗一网一次"政务服务。将政务服务中心15个部门、173个事项和15个街道公共服务事项纳入"一窗式"综合受理。落实行政审批"三集中三到位"，建立统一标准的管理数据库，进一步规范审批程序、提高服务效率。完善网上政务服务大厅功能，加快政务服务APP建设，让信息多跑路，让企业和群众少跑腿。不断简化办事程序，提高服务效率，市场主体落户更加便利。为55 679户企业发放新版"五证合一、一照一码"营业执照，并实现外贸领域企业"十五证"合一。西长安街大数据中心被列入国务院"放管服"领导小组全国调研典型案例。完善市场监管"三联"机制，西城区作为落实事中事后监管真抓实干、成效明显的地方之一，受到国务院通报表彰。

（四）推进政务公开

加大政府信息公开力度，做好行政执法"双随机"检查事项清单的确认和动态管理工作。持续推动政务公开，定期向公众报告政府工作。深化政府信息公开，主动公开 1.7 万余条、依申请公开 1805 件。建立政府向公众报告工作制度。坚持政府常务会微博直播，邀请公众代表列席常务会。会议开放和政府开放日活动向街道和部门延伸。全年办理群众重要实事 175 件，区领导、部门主要负责人走进政民互动直播间，与网民互动，解答热点难点问题。

三、审判工作

2017 年西城区人民法院案件总量达到 64 640 件（含旧存 8808 件），同比上升 9.4%；审结案件 57 066 件，同比上升 13.5%；未结案件 7574 件，同比下降 14%，形成"两升一降"的良好审判运行态势，审判质效在全市一类法院中位列第二。

（一）刑事审判工作

严格贯彻落实宽严相济的刑事政策，依法审结各类刑事案件 883 件，判处罪犯 1041 人。严厉打击多发性暴力犯罪和侵财犯罪，审结故意伤害、抢劫、盗窃、诈骗等案件 387 件，判处罪犯 438 人，切实维护人民群众人身和财产安全。依法审结危害公共安全、破坏市场经济秩序、妨害社会管理秩序案件 379 件，稳妥审结涉众 2600 余名、标的 40 余亿元的尚金锋非法吸收公众存款案，为辖区营造和谐稳定的社会环境。依法惩处职务犯罪，审结贪污、贿赂、渎职侵权等案件 21 件；组织国家机关、企事业单位 800 余人次观摩职务犯罪庭审，零距离接受廉政警示教育。充分发挥刑事审判的教育挽救功能，对初犯、偶犯、情节轻微、主观恶性较小的犯罪分子，依法从轻、减轻或免除处罚，对 215 名被告人宣告缓刑。稳妥开展涉未成年人审判工作，积极开展少年法庭成立三十周年宣传普法活动，依法公开宣判"五少女校园欺凌"案，表明以司法遏制校园暴力的鲜明立场，被誉为反校园欺凌的标本式判决。

（二）民商事案件

审结涉及婚姻家庭、食品药品、劳动就业、教育培训、物业服务、医疗纠纷等各类民事案件 19 497 件（同比上升 10.9%）。依法审结各类商事案件 15 803 件（同比上升 5.3%）。审结民间借贷纠纷案件 2336 件，依法否定变相高息行为，规范和引导民间融资秩序；稳妥审结涉北交所邮币卡等金融案件 11 403 件（同比上升 6.7%），努力维护资本市场秩序，防范金融风险；积极推进执行转破产工作，成立执行裁判庭专门审理企业破产案件，加大"僵尸企业"清理力度，服务供给侧结构性改革。

（三）知识产权审判工作

审结涉知名运动品牌斐乐（FILA）商标案、苹果公司侵犯著作权案等知识产权案件 2659 件（同比上升 49.4%），有效遏制知识产权侵权行为，支持"老字号"品牌传承，服务创新驱动发展战略。

（四）行政审判和监督依法行政工作

审结行政案件 1231 件，涉及城建、治安、交通、食药、教育、卫生等众多领域，保障公民权利、监督和促进依法行政。认真落实"行政复议双被告制度"，审结涉中央部委、市政府及相关部门的"双被告"案件 371 件。成立涉金融行政审判专业团队，妥善审结全国首例征信处罚案件、全国首例股转系统分层管理案件，发布《金融行政案件司法审查报告》，推动、监督和支持金融监管机构依法行政。率先将多元化解机制引入行政诉讼领域，与银监会、保监会等金融监管机构达成诉调对接框架协议，力促矛盾纠纷高效实质化解。推进行政首长出庭应诉工作常态化，行政首长全年共出庭 41 次。发挥司法建议监督作用，向行政机关发出司法建议 10 份，进一步加强司法与行政的良性互动。

（五）案件执行工作

聚焦破解执行难，努力实现胜诉权益。共执结案件 15 601 件，执结总标的额 46.72 亿元。加大执行强制力度，联合公检法出台《关于依法打击拒不执行判决、裁定犯罪行为的工作意见》，推出强制措施逆向审批制度，促使法官用足限制出境、限制高消费、纳入失信名单等强制手段，避免出现"消极执行""选择性执行"等问题。开展"夏日惊雷"集中执行活动，促进涉民生案件权益的依法及时兑现，开展涉金融行政处罚类案件专项活动，维护金融管理措施的权威性和有效性。全年执行到位率、实际执结率分别较 2016 年提高 8%、11%。深化执行综合事务中心改革，推动执行辅助工作机制改革；将人民调解员引入家事等民生案件执行，活用群众智慧、注入柔性力量。研发涉案财产统一管理平台、送达流程管理系统等多个应用软件，以信息化助推执行工作。

（六）接受人大、政协等各方面监督工作

第一，有效畅通监督渠道。主动接受人大监督，坚持重大事项报告制度，2017 年围绕执行工作主题，向区人大常委会专项报告了推进基本解决执行难工作的情况。依法接受检察机关监督，就民事诉讼监督中提出的问题及时复查、整改。通过立案法官评价系统、12368 语音热线、微博微信客户端、监察监督电话等平台，畅通监督渠道，将群众来信纳入信息系统，确保件件有答复。

第二，切实践行阳光司法。落实人民陪审员制度改革要求，完成人民陪审员倍增计划，健全参审评价机制，人民陪审员参审案件 9455 件，参审 17 959 人次，助推司法公正。

第三，主动回应群众关切。围绕人民群众关注的社会热点及前沿问题，召开新闻发布月例会，就涉及人身伤害、遗嘱继承纠纷、欺诈消费者买卖合同纠纷等主题进行了 12 场典型案例新闻通报会。

四、检察工作

2017 年，西城区人民检察院捍卫宪法法律权威，坚持法律监督宪法定位，全面强化对刑事、民事、行政诉讼活动的监督，守护公平正义这条司法"生命线"。

（一）法律监督工作

第一，强化刑事立案、侦查监督。监督公安机关，对其在侦查取证、适用强制措施等方面的违法情形或不规范事项，及时提醒，督促纠正。围绕建设新型检警关系，全面推进"公安机关执法办案管理中心＋检察机关派驻检察室"工作模式，推动监督触角向"一站式"执法办案中心延伸。进一步加强与辖区国税、工商等行政执法机关合作，促进加强监管，推动依法治区。

第二，强化审判监督。坚持依法监督、居中监督等原则，综合运用检察建议、提出抗诉等有效方式，促进法院完善自身防错纠错机制，共同维护司法公平公正。对认为确有错误的，提出或提请抗诉，确保履行监督职能与维护审判权威并行不悖。坚持抗诉与息诉并重，对认为裁判正确的四十余件申诉案件，耐心做好息诉服判工作。

第三，强化刑事执行监督。推动刑事执行检察从"办事"模式向"办案"模式转变，针对刑罚执行和监管活动中不当减刑、假释或暂予监外执行，不依法及时收押罪犯或接收社区矫正人员等问题，提出纠正意见。加强对交付执行环节的监督，采取"两个渠道"对比、"四个现场"监督模式全程开展监督，实现了社区矫正"零漏管"目标。将刑事执行检察的登记、流转、办理等全部环节纳入信息化系统，形成数据积累和监管机制，推动刑事执行检察走向精细化专业化。

（二）刑事检察及公益诉讼工作

第一，坚决打击危害国家安全和公共安全犯罪。强化与公安、法院的协作配合，深入开展打黑除恶、反恐防暴等专项行动，妥善办理了公安部挂牌、市检察院交办的系列涉恶案件，现已对涉案9名嫌疑人作出批捕决定。

第二，严肃惩治故意杀人、故意伤害等严重暴力犯罪以及聚众斗殴、寻衅滋事等严重扰序行为。依法办理了西城首例校园欺凌案，对涉案的5名未成年人提起公诉，切实净化校园环境。

第三，依法办理盗窃、诈骗等多发性侵财犯罪。深入打击以投资理财、升学就业、购房婚恋等为名骗取财物的行为，保护群众合法财产权益。

第四，依托新增检察职能，探索提起公益诉讼。紧紧围绕食药安全、文物保护、土壤、大气和水体污染防治等群众关切领域，筛查有价值信息400余条，现已取得初步成效，决定立案1件，对负有监管职责的行政机关发出诉前建议1份，督促其依法主动履责，共同保护社会公益。

五、司法工作

2017年，西城区司法局在区委区政府和市司法局的有力领导下，认真贯彻党的十八大、十九大会议精神，立足区域发展实际，以"两件大事"安保为主线，充分发挥法治宣传、法律服务、法治保障三项职能作用，扎实开展各项工作，为维护区域经济社会平稳健康发展发挥了积极作用。

（一）人民调解工作

全年共调解纠纷 9119 件，调解成功 8975 件。加强调解员队伍建设，招募 860 余名志愿者组建人民调解志愿者库，充实区人民调解专家库。实施人民调解"以案代补"制度，人民调解经费保障得到有效落实。创新调解方式，推进特色调解组织建设，新街口街道人民调解 APP 上线开通，展览路街道人民调解委员会调解中心挂牌成立，在大栅栏、椿树、金融街等街道推动建立以个人命名的调解工作室，完善西城区交通事故人民调解委员会建设。立足"氛围营造、服务支持、矛盾化解、维护稳定"四个支柱作用，成立 10 个法律服务组，累计接待咨询 4120 余人次，协助化解矛盾 2194 件。

（二）律师工作

有序推进律师管理工作，狠抓律师许可管理，把好准入关，全年办理律师类行政许可业务 387 件，备案业务 661 件。加大对辖区律所巡查检查力度，走访律所 147 家，约谈律师 200 余人次。与区律师协会建立投诉案件会商机制和案件评议机制，严肃查处律师违法违规职业行为，作出处罚决定书 10 件。

（三）公证工作

按照市局部署大力开展"规范执业行为 提升公证公信力"教育整顿活动，督促区属 3 个公证处对 2016 年以来办理的遗嘱、继承、委托、强制执行等公证事项进行自查自纠，对区属公证处开展了 13 批次的督导检查。抓实监督管理长效机制建设，督促公证处完善内控，将公证质量管理主体责任落到实处。区属 3 个公证处大力拓展业务，全力服务经济社会发展，全年共接待办证咨询 806 616 人次，办结公证事项 375 496 件。丰富公证便民举措，3 家公证处实现网上申请办理公证服务全覆盖；4 类公证事项代当事人调查核实；减免公证费用的当事人群体和公证事项范围进一步扩大。

（四）法律援助工作

做好弱势群体法律援助工作，实施援助律师办理刑事认罪认罚案件制度，设立公安执法办案中心和人民检察院法援工作站。扩大老年人法律援助覆盖面，取消 60 岁以上老人法律援助案件范围审查，对 80 岁以上老人免予案件范围和经济困难条件审查。加强街道法援工作站建设，配备专职值班律师队伍，授权行使代行受理和初审的职能。加强法援案件质量监督管理，综合运用案件质量评估、受援人回访以及庭审旁听三项措施，切实提升法援办案质量。2017 年，西城区共办理各类型法律援助案件 2605 件，较 2016 年办案量 1053 件增幅达 147%。

（五）特殊人群管理工作

把握矫正调查、接收宣告、临释人员信息核查及重点人员出监无缝衔接四个环节，从源头上杜绝脱漏管及过渡性安置不到位引发的安全隐患。建立重点关注人员事项四类台账，实现个案监管风险防范和责任风险预警制度化。落实电子监管，全时对重点部位和重点人员进行电子监控和督察。完善公、检、法、司、监所联动机制，固化部门联席会议、"两所会商"、监所协作和检司联动四项制度，与公安联合开展人户分离、下落不明刑释人员排查整治专项行动。畅通救助帮扶渠道，有效解决罹患重症、"三无"、"特殊老病残"人员的教育帮扶工作。依托区阳光中途之家开展各类线上线下教育和社区服务，达到"警其行""知其想""慰其心"的教育矫正效果。

六、西城区 2017 年法治建设特色和亮点

（一）强化区委统筹领导，有力推动全区法治建设

2017 年 6 月 12 日在十二届区委第二十九次书记专题会听取了关于成立西城区法治建设领导小组的汇报，决定成立西城区法治建设领导小组，负责组织领导、统筹协调、监督考评本区法治建设工作，使法治建设在区委统一领导下进行。领导小组办公室设在区政府法制办公室，承担领导小组的日常工作，指导、协调和督促落实西城法治建设各项工作。

（二）加强顶层设计，实施《西城区法治建设实施意见》

区委区政府对法治建设工作高度重视，推动实施以《法治政府建设实施纲要（2015—2020 年）》为依托形成的《中共北京市西城区委关于全面推进西城区法治建设的实施意见》，建成党委统一领导，人大、政府、政协以及司法机关各司其职、各负其责，人民群众广泛参与的一体化法治建设工作格局。顶层设计效果显著。

（三）建立科学有效的两套评估体系，强化考核评价和督促检查

第一，西城区法治政府建设评估指标体系。为了西城区"率先建成法治政府"目标实现，西城区特委托中国政法大学法治政府研究院设计出一套兼具较强科学性、前瞻性和操作性的"西城区法治政府建设评估指标体系"。2017 年 3 月起，西城区专门针对法治政府状况开展了第三方评估，于 6 月完成评估。针对评估结果进行分析，查找问题，提出对策意见，督促落实，切实推进西城区法治政府建设。

第二，西城区法治建设评估指标体系。借鉴法治政府建设评估相关经验做法，西城区再次委托中国政法大学法治政府研究院制定了西城区法治建设评估指标体系，对全区所有党政机关进行第三方评估。2017 年 6 月召开了《西城区法治建设评估指标体系》研讨会，区委书记卢映川出席会议，区委常委、区委政法

委书记、统战部部长王旭主持会议，中国政法大学终身教授、中国行政法学研究会名誉会长应松年，中国政法大学副校长、教授、中国政法学研究会会长马怀德，北京大学法学院教授、中国政法学研究会副会长姜明安等著名专家学者领导参会，进行点评，提出建议。目前该指标体系经修改完善后，于8月开展了独立第三方评估，9月底完成评估。

（四）深化区法治建设领域改革，推进司法体制改革向纵深发展

第一，严格落实司法责任制改革。优化调整内设机构。区法院、区检察院对原有部门进行合并、撤销、重组。完善审委会工作机制和专业法官会议制度。区法院通过修订《审判委员会工作规则》，调整审委会工作重心，规范了审委会讨论案件的范围，完善了审委会工作程序与议事规则；探索实行审委会例会制、决议督办备案制、委员履职考评公示制，更加注重会议效率质量和决议落实力度；建立专业法官会议制度，各庭、各领域相继组建专业法官会议，为合议庭正确理解和适用法律提供了有益的咨询意见，对统一法律适用标准、规范裁判尺度具有积极促进作用。创新院庭长办案长效机制。落实"入额必办案"制度，相关经验做法获得市高级法院院长杨万明的批示肯定。

第二，完善司法人员分类管理。科学划分人员类别。突出法官、检察官主体地位，确保资源充实到办案一线。严格法官、检察官遴选程序。通过调查摸底、评估测算、精心组织资格审查、考试考核等具体工作，全面衡量素质能力、司法经验和审判绩效，确保品行端正，经验丰富，能力突出的法官、检察官进入员额。已顺利遴选两批员额法官、检察官，第三批遴选工作已进入考核、考察阶段。

第三，强化检察官、法官办案主体地位，建设新型办案团队。组建检察官办案团队，提升办案质效。组建多样审判团队，保证审判质量效果。结合新招录的聘用制司法辅助人员，大力推进新型审判执行团队建设，形成了5类120个审执团队。

第四，健全司法人员职业保障制度。完善检察官绩效考核制度。坚持奖金分配与责任轻重、工作质量、效果和难度直接挂钩，不与检察官等级、公务员职务与级别相对应。完善法官职业保障制度，增强法官职业荣誉感。制定《西城法院法官权益保障委员会章程》，成立法官权益保障委员会，制定《西城法院绩效考核及奖金分配实施细则》。

（五）加强法治政府和法治社会一体化建设，有效提升依法行政水平

第一，充分发挥"法律智库"作用，提高依法行政水平。西城区政府法律顾问团自成立以来，认真履行职责，做出了积极贡献。尤其在城市建设管理、国有资产处置、企业转型、社会保障、信访维稳等领域，具有很强的专业能力和实

践经验，促进了西城区的依法行政工作。同时，在推动区委各部门依法科学决策上也发挥了积极作用。为深入发挥"法律智库"的作用，2017 年，区政府法律顾问团加挂区委牌子，组建了区委区政府法律顾问团，性质为区委区政府常设法律咨询机构。

第二，强化社会共同治理体系建设，促进依法行政水平提高。动员社会各方面力量持续深入开展法治宣传教育，引导全区广大党员干部、群众树立法律思维，增强法治意识。推进刑事案件认罪认罚从宽制度试点工作，确定以公职律师为主、合理安排社会律师的办案机制；鼓励引导各类社会主体通过社会规范进行自我治理。鼓励引导各类社会主体制定市民公约、行业规章、团体章程等社会规范，支持各类社会主体自我约束、自我治理；出台《关于建立健全民生工作民意立项机制的指导意见》，建立覆盖全区的民生工作民意立项制度，全面推进政府治理和居民自治良性互动。社会共治体系的不断建设又反过来对政府依法行政水平的提高有不可忽视的促进作用，相互影响，相互促进，相辅相成，进一步推动法治政府与法治社会一体化建设。

朝阳区法治建设报告

2017 年，朝阳区委区政府高度重视法治建设工作，深入贯彻落实《中共中央关于全面推进依法治国若干重大问题的决定》和习近平新时代中国特色社会主义思想，按照市委建设法治中国首善之区的要求，奋发有为地落实好各项任务，着力打造法治中国首善之区的排头兵。

一、人大法治保障和监督工作

2017 年，朝阳区筹备召集区人民代表大会会议 3 次；举行常委会会议 8 次、主任会议 13 次；审议议题 47 项，其中，"一府两院"专项工作报告 10 项，计划、预算、决算、审计等报告 7 项，开展执法检查 1 项；作出决议、决定 11 项；依法任免国家机关工作人员 318 人次。

（一）依法召集人民代表大会，保障人民当家作主

常委会坚持把保证人民代表大会行使职权作为坚持和完善人民代表大会制度的首要任务。依法召集本届人大二次会议，选举产生区监察委员会主任，有力保障监察体制改革试点工作顺利推进。依法召集本届人大三次会议，圆满完成市第十五届人大代表选举工作，为市级国家权力机关顺利运行做出贡献。依法召集本届人大四次会议，听取审查"一府两院"6 个工作报告，作出决议决定 6 项，广大代表依法行使权力，保障群众意愿依法有序进入决策程序，保障党的主张通过法定渠道转化为全区人民的共同意愿。

（二）依法履行监督职权，促进"一府两院"依法行政、司法公正

将预算审查监督作为监督工作突破点，修订《朝阳区预算审查监督办法》，依法听取审议计划预算等报告，审查批准财政决算以及计划预算调整方案，建立各专委会全面参与预算初审的工作机制，促进提高财政资金使用效益，提升了预算编制的科学性，着力打造"阳光财政"。常委会抓住落实首都城市战略定位的关键节点和人民群众普遍关注的热点问题，加强科技创新、文化融合、一绿试点、功能疏解、污水治理、环境保护、学前教育等工作监督，监督推动政府部门

认真行使法定职权，落实法定责任，推动区域发展，维护群众利益。加强对权力运行监督，深入开展法律监督，听取审议区政府法治政府建设情况的报告，促进依法行政。开展对区法院执行工作、检察院民事行政检察工作的监督，促进公正司法。开展《北京市居家养老服务条例》实施情况执法检查，推动相关法律法规有效落实。深化规范性文件备案审查，理顺机制，规范程序，提高备案审查质量。配合市人大完成《全民健身条例》《生活垃圾管理条例》《院前医疗急救服务条例》等法律法规实施情况执法检查，开展"两院"司法改革、农业与服务业融合发展等工作调研，完成非物质文化遗产保护条例立项等立法、修法征求意见工作，使市人大立法具有更加坚实的民意基础。着力提高监督质量，推进议题监督课题化，突出调研基础性作用，将议题监督与课题调研相结合，使监督工作更有深度、更具针对性；推进议题审议专业化，组建专家顾问组，成立人大工作研究会，引入第三方咨询工作模式，整合智力资源，为提高常委会履职水平提供智力支持。

（三）发挥代表主体作用，畅通民意表达渠道

聚焦疏解非首都功能这个"牛鼻子"，组织代表就温榆河森林湿地公园建设、乡人大助推功能疏解等问题开展专题调研，提出意见建议，为区委科学决策、民主决策提供参考。围绕"一廊"建设、居家养老、学前教育等重点工作，开展"代表集中联系选民月"主题活动，广大代表充分发挥自身密切联系选民的优势，深入基层、深入一线，听取民声、反映民意，累计接待选民6034人次，征集选民意见建议900余条、代表建议24件，有力促进区政府改进工作、推动发展。推进代表联系选民信息化，借鉴"互联网＋"理念，在218个选区开通代表联系选民网上平台，形成以网上平台和驻室接待互为补充的代表联系选民"双轨道"，拓宽代表密切联系选民的渠道，2017年857人次代表通过代表工作室及网上平台，接待群众达11 530人次。加强代表建议督办，完善重点督办、分类督办、统筹督办工作机制，强化专委会督办功能，努力为群众办好事儿、解难事儿。2017年本届人大一次会议期间提出、并交区有关部门办理的165件建议和闭会期间提出的19件建议全部办复，推进解决"社区养老驿站"建设、强化老旧小区物业管理等一批群众反映强烈的问题。

（四）加大制度宣传和法制宣传力度，增强人大意识、法律意识

按照全国人大、市人大统一安排，在人事任免环节设立宪法宣誓制度，增强人大选举任命干部的宪法法律意识。推动"人大知识进党校"，区人大常委会领导走进党校，为主体班学员讲解人民代表大会制度和人大工作，引导"一府两院"工作人员了解人大制度深刻内涵，把握人大工作的法定意义，增强接受人大监督的自觉性和主动性。利用视察调研和执法检查等活动，开展法制宣传教育，

使人大履职的过程成为宣传和普及宪法法律、弘扬法治精神的过程。推动区人大常委会作出的"七五"普法决议的落实，督促政府和有关部门认真实施普法规划，深入开展普法活动，在全社会形成良好的法治风尚。利用人大网站、微信公众号等平台，加强人大法治宣传教育，大力宣传民主法治建设的生动实践经验，让法治意识、法治精神、法治信仰深入人心。

（五）加强自身建设，提高践行法治、推动法治的能力

利用会前学法、常委会读书班等平台，在组成人员中深化政治理论学习和宪法法律学习，牢固树立"四个意识"，坚定"四个自信"，恪守宪法原则，弘扬宪法精神，履行宪法使命，保证民主法治建设的正确政治方向，把与党同向、与民同心、与时俱进的人大工作思路落实到推进法治建设的过程中，落实到坚持和完善人民代表大会根本政治制度中。加强代表法律知识培训，引导代表做知法、守法、普法的模范，严格依法履行权利义务，用好人民赋予的权力。

二、法治政府建设

2017 年，朝阳区政府牢固树立新发展理念，深刻把握首都城市战略定位，抢抓机遇，攻坚克难，全面完成全年各项任务。

（一）疏解整治工作

第一，疏解非首都功能成效明显。2017 年，朝阳区疏解升级商品交易市场100 家，退出一般制造业 99 家，清退物流基地 93 家、再生资源回收场站 24 家，清理违法群租房 2138 户、住人地下空间 437 处，整治"开墙打洞"4475 家。

第二，高效利用疏解腾退空间。2017 年朝阳区疏解整治工作还绿 230 公顷，新建改造坝河休闲公园等 25 个大中小微型公园，高标准改造提升 166 个便民商业网点和 60 余处居民文体活动场所，建成一批书画长廊、休闲广场，城市环境和服务功能有效提升。

第三，积极推动区域协同发展。2017 年，朝阳区成立京津冀文化产业协同发展中心，中关村朝阳园西青科技产业园等合作项目实现运营，一批企业将制造环节转移至天津、河北。朝阳区共投入 5.18 亿元，全面加强对河北唐县、内蒙古卓资县等 6 个地区的对口帮扶与协作。

（二）保障安全工作

第一，有序消除安全隐患，坚决遏制重特大安全事故发生。2017 年，朝阳区政府围绕公共安全、生产安全、城市运行安全、食品药品安全（农产品质量安全）、特种设备安全等领域，持续开展排查清理整治行动，严格落实安全生产责任制，加强安全教育，提高居民安全意识和自救能力；健全应急管理机制，强化预警和风险管理，提高社区（村）应急管理水平。

第二，完善立体化社会治安防控体系。2017 年，朝阳区政府进一步发挥

"朝阳群众"品牌作用，巩固全民参与、共治共享的平安建设格局；加强信访工作体系建设，健全常态化矛盾纠纷排查化解机制，最大限度预防和化解社会矛盾；加强对各类风险源的分析研判，既防"灰犀牛"，也防"黑天鹅"，守住不发生系统性风险的底线。

（三）深化"放管服"改革

2017年，朝阳区政府深化"放管服"改革，利用"互联网＋"等技术手段改进政务服务，取消13项行政职权事项，行政审批流程进一步优化。政府深入实施"三个一百"企业服务计划，推进审批便利化、服务精准化，构建"亲""清"政商关系，为企业家和创业者打造国际一流的营商环境。

（四）推进政务公开

2017年，朝阳区政府进一步做好政府信息和政务公开工作，让权力在阳光下运行。朝阳区进一步完善重大行政决策的公众参与、专家论证、风险评估等程序，构建决策科学、执行坚决、监督有力的运行机制；加大审计监督力度，严格绩效管理，强化督查督办。同时，完善区政务服务中心和基层服务窗口功能，提供面向群众的"一站式"服务，打通服务群众"最后一公里"。

三、审判工作

2017年，朝阳区法院共受理各类案件130 023件，同比增长28.3%，审结案件130 084件，同比增长26.6%，收结案数量均超过13万件。

（一）刑事审判工作

2017年，朝阳区法院共审结刑事案件2786件，判处罪犯3297人。

第一，严惩危害社会治安犯罪。全年审结抢劫、绑架、故意伤害等严重侵犯公民人身财产安全案件312件，判处五年以上有期徒刑355人，依法惩治黄赌毒黑拐骗等违法犯罪活动，审结相关案件504件。同时，法院加大对侵犯未成年人犯罪的打击力度，审结虐待、强奸、猥亵未成年人刑事案件12件。

第二，依法打击经济犯罪。朝阳区法院全年审结生产销售假药、有毒有害食品等犯罪52件，非法吸收公众存款、集资诈骗等案件149件，同比增长79.5%，为受害群众挽回经济损失7亿余元。法院妥善审结由区监察委办理的职务犯罪案件，审结贪污、受贿等职务犯罪18件20人。

（二）民商事案件

2017年，朝阳区法院妥善化解民商事纠纷，服务辖区经济社会发展，共审结民商事案件88 315件，同比增长19.7%。

第一，坚持保障和改善民生。朝阳区法院审结涉住房、医疗、教育、就业等与民生密切相关的案件35 273件，优先选择简易程序、小额诉讼程序等方法，40%的涉民生案件在两个月内审结，同时加强对妇女儿童、老年人等群体的司法保护，发布《涉老民事案件审判白皮书》。

第二，坚持服务经济发展新常态。全年审结合同类案件 61 819 件，依法平等保护产权，倡导诚实守信；审结金融案件 13 585 件，发布《金融审判白皮书》《民间借贷纠纷案件审判白皮书》，引导金融产业规范交易、防范风险；建立破产案件快速审理、执行转破产等五项工作机制，审结破产案件 77 件，同比增长 5 倍，促进产业结构调整升级。

第三，助力"疏解整治促提升"工作。朝阳区法院坚持保障辖区重要发展战略实施，加强对非首都功能疏解相关法律问题的调查研究，妥善审结了一批涉温榆河公园、黑庄户农业生态公园建设等重点工程的案件。

（三）知识产权审判工作

2017 年，朝阳区法院进一步加大了对文化创意、高新技术产业的司法保护力度，妥善办理了涉《琅琊榜》著作权纠纷案、"勃贝雷""杜康"商标纠纷案等一批影响力较大的知识产权案件，进一步维护智力成果，强化知识产权保护，保障合法权益，推动经济社会创新发展。

（四）行政审判和监督依法行政工作

第一，通过监督、支持行政机关依法行政。2017 年，朝阳区法院共审结行政案件 1068 件，同比增长 31.5%，共判决行政机关败诉案件 130 件。同时，朝阳区法院与区政府法制办联合发布《朝阳区行政机关负责人出庭应诉工作规定》，将行政机关负责人出庭应诉情况纳入依法行政考核范围。

第二，促进行政争议实质性化解。朝阳区法院坚持依法裁判和协调化解相结合，在查清事实、分清是非、合法自愿的前提下，以协调方式化解行政纠纷 160 件，同比增长 46.8%，并在一起征收补偿协议案件中出具了区法院首份行政调解书。

第三，加强司法与行政的良性互动。2017 年，朝阳区法院发布《行政案件司法审判年度报告》，推动树立严格、规范、公正、文明执法的法治观念；全年为行政机关举办法制培训 5 次，组织庭审观摩 10 次，参训领导干部 950 余人次。

（五）案件执行工作

第一，及时兑现当事人胜诉权益。2017 年，朝阳区法院执结案共 35 498 件，同时通过北京法院执行办案系统，朝阳区法院共查询到不动产、机动车等财产信息 138 万余条，实现财产查控方式变革。

第二，加大执行强制措施适用力度。2017 年，朝阳区法院依法对 62 名拒不执行判决、裁定人员采取罚款、拘留等强制措施，同时公布失信被执行人 10 609 人次，督促 2409 人次主动履行了法律义务，履行金额 3.1 亿余元。

第三，积极盘活涉诉资产。针对不动产案件处置难的问题，朝阳区法院总结出"三谈一促"四步腾退工作法，腾退房屋 686 套，积极推行网络司法拍卖，通过网络平台组织专场拍卖 450 场，成交金额 9.6 亿元。

（六）接受人大、政协等各方面监督工作

第一，自觉接受人大监督。2017 年，朝阳区法院主动向区人大常委会报告有关司法改革、队伍建设等方面的重大事项，就解决执行难问题向区人大常委会作专项工作报告。法院加强了与区人大代表联络工作，邀请并接待 120 名区人大代表到区法院实地调研、随案听审、见证执行、开展座谈。

第二，依法接受检察机关诉讼监督。2017 年，朝阳区法院审结区检察机关抗诉后再审案件 4 件，其中依法改判 3 件，有效纠正了原审判决中的错误，促进司法公正。

第三，广泛接受社会各方面监督。2017 年，朝阳区法院积极主动邀请政协委员赴区法院视察，邀请律师旁听庭审、参与交流活动，与区司法局、律师协会共同推动"法眼视界工作室"建设，主动在媒体关注和舆论监督下开展工作，广泛接受监督。

四、检察工作

2017 年，区检察院在市检察院和区委领导下，在区人大及其常委会的监督下，全面贯彻党的十九大精神，以习近平新时代中国特色社会主义思想为指引，紧紧围绕全区工作大局，忠实履行好维护法律统一实施、维护社会公共利益、维护社会公平正义的职责使命，全力保障朝阳区经济社会健康发展。

（一）法律监督工作

第一，深化刑事立案、侦查、审判监督。依托派驻公安机关执法办案管理中心检察室，开展系列案件专项审查，成功监督立案 29 件，监督撤案 19 件。针对侦查活动违法及执法不规范问题制发纠正违法通知书、检察建议书以及口头纠正意见 53 件。依法提起二审抗诉、提请审判监督程序抗诉，发出纠正审理违法意见书、检察建议书、口头纠正意见 27 件。

第二，加强民事、行政诉讼监督。受理行政诉讼监督案件，同比上升600%。受理民事同级监督案件，同比上升 126%，发出检察建议 3 件。作为市级先进基层检察院圆满完成高检院"基层民事行政检察工作推进年"专项活动。

第三，强化刑事执行监督。依法办理各类刑事执行监督案件 302 件 302 人，办案数位居全市第一。针对各类刑事执行违法违规情形，发出纠正违法通知书、检察建议书 49 份，书面监督纠正监外执行违法、暂予监外执行不当 23 件，羁押必要性审查建议被采纳 68 件。扎实开展监外执行漏管和职务犯罪财产刑执行专项检察。严格履行驻所检察职责。

（二）刑事检察及公益诉讼工作

2017年，共依法逮捕各类犯罪2980件4249人，审查起诉3240件4041人。

第一，严厉打击危害国家安全和社会秩序犯罪。设立国家安全工作领导小组及专责小组，审查起诉涉恐犯罪6件6人，邪教犯罪14件14人，切实维护国家政治安全。建立使馆区、首都机场常态化检察联络机制，保障国际交往中心建设。审查起诉放火案件6件6人，扰乱公共秩序案件345件437人，促进社会秩序和谐稳定。

第二，重拳惩处侵害民生类犯罪。加大对侵犯公民生命财产安全犯罪的打击力度。审查起诉故意杀人、故意伤害、过失致人重伤案件446件481人，毒品犯罪案件301件317人，"两抢"犯罪案件82件122人，盗窃犯罪案件695件806人，诈骗犯罪案件190件369人。加大对破坏环境资源和危害食品药品安全犯罪的惩处力度，使人民群众安全感更加充实、更有保障、更可持续。

第三，全力惩治金融领域犯罪。审查起诉非法吸收公众存款案件200件537人，集资诈骗案件10件40人，信用卡诈骗案件80件81人。依法办理重特大涉众型经济案件10余件，涉案金额达230余亿元。通过分级引导处置、积极追赃挽损，努力防范金融风险转变为社会政治风险。

第四，审慎办理涉未成年人犯罪。严厉打击侵害未成年人权益案件20件22人，依法办理校园周边系列抢劫案，努力为青少年营造和谐安全的成长环境；妥善办理未成年人犯罪案件53件78人。密切关注涉罪未成年人的教育、感化和挽救，全面定型"十字双程帮教"工作模式。全力推进未成年人犯罪预防工作。联合团中央权益部推进"法治特色学校"项目。

第五，公益诉讼工作。完成公益诉讼试点工作。与有关单位召开工作推进会两次，共同构建全区公益诉讼工作大格局。邀请专家教授为区人大常委会、区政府常务会、区委党校处级干部进修班开展讲座。向行政机关、律协等单位发放工作宣传册、播放动漫宣传片。加大案件办理力度。共排查梳理民事、行政公益诉讼案件线索59件，立案5件，2件已进入诉讼程序。

五、公安工作

2017年，朝阳区公安分局刑事拘留6742人，批准逮捕2855人，移送起诉4094人，同比分别上升14.3%、24.7%和16.6%，不断提高执法公信力。

（一）侦审一体化工作

2017年，区公安分局坚持"边实战、边完善、边总结"，扎实推进侦审一体化改革落地，不断提高办案质量。

第一，强化组织领导和实战锻炼。2017年，区公安分局出台《改革方案》《实施细则》等配套文件，分批次抽调一线办案民警与法制案审民警结对，以战代练、以干代训，确保改革平稳落地、有序推进。

第二，强化执法培训和指导服务。2017 年，区公安分局编发《侦审一体化工作手册》，法制部门"送教下基层"，一线培训、现场答疑，并在重大安保前开展专项培训，受训干部、民警纳入分局三级教员库，"以点带面"提高全局民警执法办案能力水平。

第三，强化建章立制和研判通报。2017 年，区公安分局健全完善收案、案审、审核等部门工作制度规范，搭建"主办民警一办到底、案审民警介入指导、审核民警全程监审"的办案机制。

（二）受立案制度改革工作

2017 年，区公安分局继续深化受立案制度改革工作。2017 年以来，分局刑事案件超期立案同比减少 4687 起，疑似违规处理警情同比减少 63 743 件，同比分别下降 86% 和 43%。分局积极构建法制"抓总"，刑侦经侦"抓条"，指挥、督察等部门"抓块"的立体化监督管理体系。同时，综合应用网上巡查、电话回访、平台信息比对等措施，定期组织召开受立案工作推进会，研究解决疑难复杂超期案件 200 余起。

（三）认罪认罚从宽试点工作

第一，建章立制，深入推动。2017 年，区公安分局印发了《办理刑事案件认罪认罚从宽制度实施细则》，进一步完善侦查阶段有关工作机制，并依托执法培训机制向全局办案部门传达、解读，推动试点工作迅速有序开展。

第二，多措并举，狠抓落实。区公安分局在收案环节加盖专门印章提示，督促办案单位加快侦办速度，移送检察机关前重点审核把关，确保准确适用。分局开通了会见绿色通道，设计制式文书，依法保障律师充分履职和犯罪嫌疑人权利实现。

第三，协调配合，合力推进。区公安分局着力加强与区检法机关沟通协调，在办案中心和看守所分别建成"认罪认罚速裁法庭"并正式投入使用。截至2017 年底，分局适用认罪认罚从宽制度移送起诉 1005 人，占同期刑拘人数（6170）的 16.29%。

（四）社会治安工作

2017 年，朝阳区分局刑事拘留 6742 人，批准逮捕 2855 人，移送起诉 4094人，同比分别上升 14.3%、24.7% 和 16.6%，实现了"总量不减、质量提高、运行顺畅"的改革目标。

第一，注重集中统一。区公安分局刑事案件和"黄赌毒"行政案件一律在办案中心办理，运用信息化手段跨平台筛查比对，为基层办案提供精准高效的"一站式"服务。2017 年，分局审查留置 1.2 万人，查出各类违禁品 66 人次，毒品 15.6 克，转递有效线索 252 件，取得突出战果 51 件。

第二，注重功能延伸。区公安分局以小红门派出所为试点，打造执法办案"分"中心，分局办案中心借助人脸识别、智能手环等科技手段，并依托办案中心信息化系统，对"分"中心实施远程指挥、监控，实时指导开展工作。

第三，注重指导前置。分局法制案审部门前置办案中心，24 小时介入指导重大复杂敏感案件，必要时成立专案组，为审查收案和后期处理奠定坚实基础。实施以来，共介入指导"1·13 网络招嫖""4·24 特大电信诈骗""宁洪亮、宁洪彬系列抢劫杀人"等大案要案 256 件。

（五）科技助警工作

2017 年，区公安分局积极推动案管组高效规范运转，不断提高源头管控力度。分局以小红门派出所为标杆，高标准建立案管组，依托智能案管平台系统等智能化手段，实现系统化、集约化、精细化、智能化管理。同时，将建章立制和规范运行相结合，明确"办案中心 + 案管组"对接原则，建立"每日执法问题通报""问题交办"等机制，实现办案中心与案管组无缝衔接。区公安分局案管组还通过采取手机 APP 推送、工作专栏、早点名通报、制作提示单和审批单等五位一体方式，督促办案民警及时整改各类问题，切实强化源头管控。

（六）派出所警务改革工作

按照市公安局"明责任、减负担、强士气、提效能"警务改革总体目标，人口基层大队从 2017 年 2 月起组织朝外大街等 10 个派出所开展"两队一室"警务改革试点工作；自 2017 年 7 月起，组织各派出所全面推行警务模式改革。一是组建两队一室，调整警力结构。按照市局总体改革要求，组织 47 个派出所对现有警务模式进行改革，全部取消警区制，按照"两队一室"标准，重新搭建派出所组织架构，每个派出所设置 3—4 个社区警务队、1 个打击办案队和 1 个综合指挥室。统一制作更换"两队一室"标识牌、职责任务展板、组织架构图和管辖区域图。并对各派出所警力现状、打击任务、清整工作、人口数量、警情立案总量等因素进行综合评估，按照"622"警力配置标准，调整两队一室警力结构。二是完善制度建设，规范警务运行模式。组织各派出所制定《110 接处警办法》《值班组与两队案事件受理移交规范》《社区警务队与打击办案队案件切分管理规定》，用规范制度保障警务模式运行畅通。在 110 接处警方面，综合指挥室负责警情研判，简单 110 警情由社区民警负责处置，重大警情由值班组负责处置；在值班组与两队案事件衔接方面，值班组负责案事件前期受理处置，视案事件发生区域和性质，次日移交属地社区警务队或是打击办案队负责后续工作；在两队案件衔接方面，社区警务队重点负责不需侦查案件办理，其他刑事、治安案件由打击办案队主责办理，社区警务队协助。三是完善社区警务室建设，落实

7×24 小时值守制度。选取具备值守条件的 130 个警务室作为首批 7×24 值守警务室；积极争取地方党委政府支持，对 130 个警务室全面升级改造；投入专项资金，统一更换 24 小时标识灯箱以及警务室民警辅警公示栏；整合派出所专职保安、流管员以及地方巡防队、护村队等辅警人员，组建值守辅警队伍；采取白天与夜间相结合的方式，不间断开展专项检查，确保值守制度落实到位。

六、司法行政工作

2017 年，朝阳区司法局积极履行了司法行政各项职能，圆满完成了各项任务。

（一）人民调解工作

2017 年，全区各级人民调解组织共调解纠纷 3.7 万件，成功调解 3.57 万件，成功率为 96.3%。

坚持健全组织体系，夯实工作基础。一是面上铺开，构建全覆盖调解网络。主动借势借力，将全区调解员纳入管理，联合综治、民政等多方力量，开展联排联调，确保将调解触角延伸到最基层。二是线上开花，延伸多领域调解触角。大力推进行业性专业性调委会建设，先后在矛盾纠纷易发、频发的交通事故、物权纠纷等领域和行业建成调委会 6 个。三是点上出彩，创树特色化调解品牌。创建了京师调解品牌工作室等 8 个区级品牌调解室，引导开展"特色调解"。

坚持推进诉调对接，提升工作实效。成立区诉前人民调解委员会，配合法院积极推进朝阳区诉前调解中心建设，构建朝阳特色的"三方调解 两员进驻 一站式诉调对接纠纷解决机制"，全年共成功调解案件 3960 件。

坚持强化内外联动，强化工作保障。一是激活社会力量。引入律师、法律服务工作者等资源参与人民调解工作机制，实现"一对一、点到点"化解疑难复杂矛盾纠纷。二是培优调解队伍。对全区 43 个街（乡）全部创建为规范化调委会的成果进行高覆盖、不固定式检查。分四期组织全区 512 名骨干调解员脱产业务培训，提升综合素养。三是夯实保障机制。联合区财政局下发人民调解案件补贴管理办法，加强人民调解工作经费保障。

（二）律师工作

2017 年，朝阳区司法局成立了全市首个区级维护律师执业权利中心和投诉受理查处中心，保障律师执业权利。区律师协会以"两个中心"为新的载体，创造性地开展工作，做到维权申请第一时间受理、第一时间调查、第一时间处理、第一时间反馈，投诉查处有诉必接、有接必查、有查必果、有违必究。

（三）公证工作

2017 年，朝阳区司法局全年共办理公证 1.6 万件，通过公证保障"疏整促"专项行动。积极参与驼房营地区的旧城改造项目以及酒仙桥地区房屋征收项目，配合孙河乡政府对被腾退人口及宅基地的公示情况办理公证；完成对"黑庄户乡保障房项目和网球中心项目涉及农转非人员抓取转非资格"的现场监督、配合完成孙河乡拆违工作，并为公租房改革、福利售房等提供公证服务。同时，积极协调处理涉公证敏感事项，积极回应群众法律需求，确保了会议期间平稳。

（四）法律援助工作

2017年，朝阳区司法局共受理法律援助案件2955件，同比增长109%。

第一，举办多项专项维权行动。朝阳区司法局举办"维护你的权益，法律援助在行动"农民工专项维权行动，有效应对"讨薪潮"；举办"助力妇女维权，推进法律援助"活动提升《反家庭暴力法》知晓度；举办助残维权、未成年人权益保障、军人军属和敬老主题维权活动，维护弱势群体权益，提供优质法律援助服务。

第二，完善法律援助网络建设。朝阳区司法局依托区律师协会信息平台，开发微信点援功能，完善法律援助服务网络，形成以法援中心为核心，以街乡工作站和律师事务所工作站为依托，以法律援助民办非企业单位为补充的服务网络。

（五）特殊人群管理工作

第一，在实践层面，培育承接社区矫正服务的社会组织。朝阳区司法局盘活运作区阳光社区矫正服务中心这一民非法人，并更名为朝阳区阳光司法社会工作发展中心，拓宽社会组织参与社区矫正的渠道，引导其承接社区矫正项目，为社区服刑人员提供社会适应性帮扶、心理评估与矫正等社会支持性的服务。

第二，在理论层面，开展调查研究。朝阳区司法局与中央司法警官学院合作开展社会力量参与社区矫正及政府购买服务主题调研，承接社会办《社会力量参与社区矫正标准化建设》项目，为积极科学引导社会力量奠定基础，不断提升专业化服务水平。

七、朝阳区2017年法治建设特色和亮点

（一）制定指导性文件，构建符合区域实际的法治建设工作体系

2017年以来，区委区政府紧紧围绕朝阳区法治建设实际，坚持问题导向，加强对全区法治建设工作的统筹整合，责成区委政法委组织区属25个部门围绕法治建设领域的69项课题进行深入调研，认真梳理了朝阳区法治建设工作现状，形成了《关于全面推进朝阳区法治建设的调研报告》。在此基础上，多次组织召开由专家学者、相关部门等参加的研讨会，逐步明确思路和框架，形成了《朝阳区委关于全面推进朝阳区法治建设的实施意见》，于2017年12月底，经区委常委会审议通过，下发全区。

实施意见从依法执政能力明显增强、民主政治制度建设大力推进、基本建成法治政府的目标率先实现、执法司法公信力不断提升、法治监督体系更加严密以

及法治建设的社会基础进一步夯实等六个方面，提出了朝阳区未来5年法治建设的工作目标。从加强和改进党对法治建设的领导、推动民主政治领域的法治建设、率先实现基本建成法治政府的规划目标、坚持公正司法、维护社会公平正义、构建体系严密的法治监督网络、夯实推进法治建设的社会基础、全面推进法治建设的保障措施等方面，明确了法治建设工作的具体要求和措施。为深入贯彻落实十九大精神，全面加强朝阳区法治建设工作，奠定了坚实基础。

（二）加强组织领导，形成推进法治建设合力

为全面推进朝阳区法治建设，根据《朝阳区委关于全面推进朝阳区法治建设的实施意见》，成立了由区委、区政府主要领导担任双组长的朝阳区法治建设工作领导小组，统筹、协调、指导、推进全区法治建设工作，研究解决法治建设领域重大问题。领导小组下设依法执政、民主政治、法治政府建设、司法领域、法治监督、法治社会建设等6个专项小组，具体指导协调法治建设的相关领域。

（三）突出朝阳特色，提升法治建设工作水平

第一，坚持问题导向，提出具体措施。针对朝阳区在法治建设方面存在的一些制约因素，积极谋划、勇于创新，提出了三十余项有针对性的具体措施。在完善党领导法治建设方面，探索领导干部述法制度，建立重大决策事项目录。在法治政府方面，拟建立评估指标体系，探索集中行政许可权改革、实行集中审批和审管分离。在坚持公正司法方面，拟建设区诉讼服务中心，推进完善区域内联合信用惩戒机制。在法治监督方面，大胆推进公益诉讼，并建立完善行刑衔接机制。在法治社会建设方面，拟建设青少年法治教育实践基地，推进法治文化主题公园建设，并建立诉前调解中心等。

第二，突出自身特色，打造朝阳品牌。注重传承与创新并重，充分挖掘法治建设品牌，以及在重点改革领域先行先试的经验：提升"朝阳群众"品牌内涵。把"朝阳群众"作为新时期公民参与平安建设的新形式，深入将基层社会自治管理与社会治安群防群治相融合，与党政群共商共治相结合，加强宣传引导，深入挖掘内涵，进一步提升品牌影响力，努力打造全国基层社会法治建设品牌。基层民主建设品牌。以社会治理公众参与为抓手，通过深入推进党政群共商共治等工程，继续创新基层社会治理模式。探索打造"朝阳律师"品牌。坚持党建引领，提升"朝阳律师"政治素质和执业素质，打造一支政治坚定、业务精通、维护正义、恪守诚信的"朝阳律师"队伍，服务首都法治建设，服务朝阳区经济社会发展。力争为国家监察体制改革提供朝阳经验。探索建立各项工作机制，重点研究纪委、监察委合署办公体制下，纪法衔接、依法留置、监督调查分离等具体问题和工作机制。推动监督、调查、处置与执纪监督、执纪审查、案件审理机制深度融合，打造集中统一、权威高效的工作体系。力争在基层政务公开标准

化规范化试点工作中形成示范经验。制定并及时更新区乡重点领域政务公开清单。全面推动政务公开向基层延伸，推行办事公开制度，拓宽公开领域。力争高标准做好刑事案件认罪认罚从宽制度试点工作，形成良好的衔接机制，创出朝阳经验，形成朝阳特色。

海淀区法治建设报告

2017 年，海淀区认真学习贯彻党的十八大和十九大精神、习近平总书记对北京重要讲话精神、市第十二次党代会精神，在自觉服务国家和首都工作大局的生动实践中，进一步深化了对新时代赋予海淀新使命的认识。

一、人大法治保障和监督工作

2017 年，海淀区共筹备召开区人民代表大会会议 2 次，常委会会议 11 次、主任会议 18 次，听取和审议区"一府两院"专项工作报告 27 项，督办议案 1 项，跟踪督办议案 1 项，作出决议、决定 28 项，形成审议意见书 8 份，依法选举任免区国家机关工作人员 174 人次，接受辞职 3 人，补选区人大代表 8 名，选举市人大代表 100 名。

（一）组织机构建设工作

第一，持续推动政治建设。常委会党组把旗帜鲜明讲政治放在首位，坚持和完善常委会党组向区委负责制度，确保人大工作正确的政治方向。制定《区人大常委会党组工作规则》，充分发挥常委会党组在人大工作中把方向、管大局、促落实的作用。

第二，持续推动组织建设。区人大五个专门委员会分别制定了工作规则，围绕常委会的重点工作和专门委员会的职责，认真探索专门委员会工作方式并积极开展工作。新设立预算审查办公室，专职承担对政府预决算、预算调整和预算执行情况进行审查监督，进一步提高了对政府预决算审查监督工作的专业性和有效性。

第三，持续推动制度建设。常委会把制度建设贯穿人大工作始终，研究制定了信息公开制度、"三重一大"实施细则、常委会机关外出考察制度等，对原有 13 项制度进行了补充、修订、完善，通过严格执行各项工作制度，有效提高了常委会工作质量和效能。

（二）人大代表工作

1. 完善人大代表工作制度

制定《海淀区人大代表履职守则》，进一步完善人大代表履职激励约束机制，加强对代表履职的引导和管理。制定《海淀区第十六届人大常委会组成人员联系区人大代表工作方案》，畅通常委会组成人员与区人大代表的沟通联系渠道，保障常委会及时了解人大代表的意见建议，确保人大代表主体作用的充分发挥。

2. 加强人大代表履职培训

第一，首次举办集中封闭式履职培训班。利用两天半的时间，邀请专家学者讲解宪法、组织法、代表法、北京市第十二次党代会精神、北京城市总体规划等内容，进一步激发了人大代表履职的责任感和使命感，提高了人大代表履职能力。

第二，由人大各专门委员会牵头，围绕监督法、预算审查监督、农村集体经济产权制度改革等，举办六次代表履职专题讲座，进一步提升了人大代表的专业能力和素养。

第三，保障人大代表知情知政，组织召开区情通报会、党风廉政建设情况通报会；为代表订阅报纸杂志、寄送材料，使代表及时掌握全区社会发展动态和人大工作进展情况。

3. 积极搭建人大代表履职平台

深入开展"代表联系选民月"、代表进社区等活动，密切人大代表与选民的联系，畅通民意表达渠道，加强选民对人大代表的履职监督。433 名在任人大代表中，357 人次参加了活动，占 82.4%，人大代表进社区 425 人次，接待选民6743 人次，汇总出 425 个（件）问题转送区政府办公室，供区政府安排 2018 年为民办实事项目时研究参考。

4. 加强人大代表建议督办

区十六届一次人代会上人大代表提出的区属职权范围内研究办理的 312 件建议已全部办结。

第一，提升建议交办层级，先后召开议案建议交办会、重点督办建议、跟踪督办建议办理工作推进会等，对做好人大代表建议办理工作提出明确要求。建议办理过程中，区人大常委会领导多次与区政府领导沟通，对人大代表多次提出的"勘测院简易楼改造""慈献寺桥下建筑""乐家花园回收"等建议反映的问题共商共研，着力推动重点难点问题的解决。

第二，充分发挥人大代表建议督办监督员作用，通过颁发聘任书、延长聘期到届中、分组对口督办等措施，增强监督员的责任感，并围绕常委会确定的重点督办和跟踪督办建议件，积极开展了建议督办检查、调研、座谈等活动。

第三，首次尝试类案督办。将加强老旧社区改造监管、规范使用义务教育用地、推进医养融合居家养老模式、加大对社区卫生服务站扶持力度等四个方面的建议，作为类案建议进行督办，为承办单位办理类案、常委会督办类案探索做法，积累经验。

（三）法治保障工作

第一，加强对法律法规实施情况的监督。对《全民健身条例》和《北京市全民健身条例》贯彻实施情况进行了执法检查，找准问题，提出建议，积极推动全民健身事业的发展。对我区贯彻实施《北京市生活垃圾管理条例》情况开展了执法检查，重点从垃圾的收集、运输、处理三个环节进行了全体系检查，及时发现迫切需要解决的问题，并寻求破解难题的良策。

第二，加强对司法工作的监督。常委会高度关注影响司法公信力和司法公正的深层次矛盾和问题，重点对区法院执行机制综合改革、区检察院知识产权检察工作开展监督，督促区法院切实解决"执行难"问题，区检察院持续探索创新工作机制，不断深化知识产权保护工作，努力使司法质量、效率和公信力持续提升，为核心区建设提供有力的司法保障。

第三，加强对执法工作的监督。常委会组织视察了公安分局执法办案管理中心，督促公安机关统筹推进执法规范化建设，以执法行为标准化、执法管理系统化、执法流程信息化为重点，努力破解难题，努力让人民群众在每一起案件中都能感受到公平正义。

第四，依法选举出海淀区监察委员会主任。召开区十六届人大二次会议，选举产生海淀区监察委员会主任；召开常委会会议，任命了区监察委员会副主任和监察委员会委员，为海淀区监察体制改革试点工作奠定了基础。

（四）监督工作

第一，全面聚焦本届五年监督工作。常委会以宏观和全局的高度深入思考和谋划，注意做好顶层设计，首次制定出台了《海淀区人大常委会关于加强和改进监督工作的意见》，将加强和改进预算监督工作、届内持续开展专项工作监督及对政府部门开展工作评议等作为本届常委会监督工作的重点。

第二，做好法定预算监督工作。依法听取和审议了2016年财政决算报告和审计报告、2017年上半年财政预算执行情况和对本级财政预算作部分调整的报告，以及审计查出问题的整改工作报告并作出相关决议，督促区政府做好全口径预算编制，进一步增强预算编制的科学性和预算执行的严肃性，不断提高财政资金的使用效益。

第三，继续开展大额资金专题询问工作。对区教委2016年基本建设、修缮、安防共计9.95亿的专项资金管理和使用情况开展专题询问。在询问过程中，常委会广泛动员代表，听取区政府相关部门工作汇报，自主选择六所学校三大类十余个项目开展调研，调阅 3 个基建项目的全部档案资料，借助专项审计报告，开展专题询问，提出了加强项目前期论证评审、健全项目库动态管理、严格履行政府采购招投标规定、统筹资金合理配置教育资源等建议。

（五）民生工作

第一，有力推进食品安全工作。常委会高度关注国家食品安全城市示范区的创建工作，组织人大代表视察中关村二小百旺校区食堂、区食品药品安全监控中心和清河街道食药监管所等，深入了解我区食品安全相关工作。常委会会议听取和审议区政府关于食品安全工作情况的报告，提出加大法律法规宣传力度、创新监管模式、加强队伍建设、提高专业执法能力和监管效率等意见，督促区政府切实提升食品安全工作的专业化水平，让人民群众吃得放心。

第二，有力推进农村集体产权制度改革。常委会在连续多年跨届监督"三农"问题的基础上，重点关注农村集体产权制度改革，通过听取和审议区政府专项工作报告、召开专题座谈会、组织视察调研等方式，督促区政府积极落实代表提出的尊重农民主体地位、保护农民合法权益、稳步推进农村集体产权制度改革等意见，使农村集体经济融入我区科技创新发展的大环境中，让农民通过改革得到更多实惠。

第三，有力推进社区卫生工作。常委会积极落实全国卫生与健康大会关于"把人民健康放在优先发展的战略地位"的精神，组织人大代表视察海淀医院、区疾控中心和清河社区卫生服务中心。主任会议听取了区政府关于全区卫生工作情况的报告，督促区政府以创建国家卫生区为契机，合理规划布局，深化医药卫生体制改革，加强基层医疗卫生服务建设，以更高标准加强我区医疗卫生整体工作。

（六）探索创新

第一，全面聚焦非首都功能疏解。重点督办"大力推进非首都功能疏解，加快建设和谐宜居海淀"议案。常委会在督办过程中，创新督办方式和组织形式，注重与区政府高位协调，先后召开议案交办会、议案领衔代表座谈会、议案任务分解情况汇报会、议案督办专题汇报会等，在人大和政府之间搭建起良好的沟通平台，有效增强了议案办理的统筹性。

第二，创新预算初审工作。将区人代会预算审查环节前移，充分发挥财经办（预算审查办）的作用，组建财经代表小组，组织多次专业培训，有效提升了预算监督的专业能力；首次由五个专门委员会全面参与预算初审工作，分别开展了对区商务委、区政府法制办、海淀园管委会、城管委和农委五个政府部门的部门预算审查试点工作，围绕存在的问题提出了改进的意见和建议；延长预算初审时间，由半天增加到两天，增加听取区财政局对"四本预算"的解读及区发改委、统计局、金融办、国税局、地税局等综合经济部门的工作汇报，为代表全面了解我区综合经济形势提供参考，形成了更具针对性和可操作性的预算初审意见，为区人代会审批预算奠定基础。

第三，探索开展预算联网监督方式。常委会积极适应信息社会发展要求，利用"互联网＋"和大数据技术，探索开展预算联网监督方式。设立了专用办公室，配置与财政联网的电脑，初步完成了从硬件配置、网络连通到数据对接，基本实现了对财政预算指标、项目管理、政府采购、预算执行数据的实时查阅监督，有效拓展了预算审查监督的广度和深度。

第四，持续推动宣传工作。常委会注意加强对人民代表大会制度和人大工作的宣传，积极运用新媒体，创办"海淀人大"微信公众号；改版"海淀人大"门户网站，专人专职负责内容更新及运行维护；制作《海淀报》人大工作专版11 期、《海淀人大信息》54 期、《海淀人大》刊物 4 期，充分展示人大代表的履职风采和民主法治建设的成果。

二、法治政府建设

2017 年，在市委市政府和区委的坚强领导下，在区人大、区政协的监督帮助下，海淀区政府深入学习贯彻党的十九大精神，全面开展"两贯彻一落实"，以建设具有全球影响力的全国科技创新中心核心区为统领，圆满完成了区十六届人大一次会议确定的各项目标任务。

（一）疏解整治工作

非首都功能疏解扎实有效。严格执行新增产业禁限目录，实现不符合首都功能定位的产业"零准入"。推进低效能产业调整升级，疏解一般制造业企业 16家，整治提升市场 23 家，清理整治"散乱污"企业 2775 家。建立违法建设治理"五维"标准，拆除违法建设 402 万平方米。查处占道经营 3.1 万起，整治无证无照经营 4885 户、开墙破洞 4699 处、背街小巷 65 条。

疏解整治与优化提升同步推进。集中连片推动重点地区综合改造，双泉堡地区成为全市疏解整治促提升的典范，二河开、永定河引水渠沿岸环境综合整治成效明显，宝山、魏公村小区等棚户区改造加快实施，功德寺棚户区腾退工作基本完成。在全市率先出台"留白增绿"工作指导意见，统筹利用腾退空间，新建了一批群众身边的绿色休闲空间。优化生活性服务业网点布局，规范便民商业网点 136 处，网点连锁化率达到 33.9%，推出便民商业网点电子地图，方便群众随时查询和监督 6000 多个网点的服务情况，有力保障群众日常生活需要。

（二）社会治理工作

社会治理不断深入。加强网格化工作体系建设，开展多网融合试点。狠抓人文社区建设，形成一批基层社会治理新亮点，全国社区治理和服务创新实验区建设顺利通过民政部中期评估。新增社区服务用房1.8万平方米，建成35个市级"一刻钟社区服务圈"、111个智慧社区。全面开展社区工作减负清理，建立社区工作准入制度，让社区工作人员集中精力面向群众开展社区服务和治理工作。深入开展安全隐患大排查大清理大整治，完成北京市安全生产督察迎检。强化食品药品日常监管，成功创建北京市食品安全示范区。切实维护社会安全稳定，圆满完成党的十九大、"一带一路"国际合作高峰论坛等重大活动服务保障任务。

（三）深化"放管服"改革

"放管服"改革深入推进。动态更新区级部门行政职权事项清单，编制区、街镇两级公共服务事项清单。清理规范两批共42项区级行政审批中介服务事项，取消调整156项区级非行政许可审批事项。机构改革稳步推进，成立区城管委，推动城市管理执法重心下移、力量下沉，强化属地管理。"双随机、一公开"监管实现全覆盖。大力推广"创业会客厅"模式，积极组织引导更多社会力量进入公共服务领域，在新政务服务大厅设置双创服务区，建立20个政务服务站，建成中关村科学城北区企业加速驿站，网上政务服务大厅试运行。持续巩固扩大商事制度改革成果，企业登记全程电子化试点范围延伸至外资企业。在全市率先实现公共资源交易平台的整合和运行。稳妥推进第二批经营类事业单位改革。

（四）推进政务公开

始终坚持依法行政。认真执行区人大及其常委会的各项决议决定，自觉接受区人大工作监督、法律监督和区政协民主监督，认真听取各方面意见。办理区人大议案1件、各级人大代表建议批评意见346件、各级政协委员提案197件，解决了一批代表委员关注的重点难点问题。在全市率先开展政务开放日活动，成为全国政务公开标准化规范化试点区。

三、审判工作

2017年，海淀区人民法院全年案件总量103 597件，其中，受理各类案件85 101件，较去年同期增加22 367件，同比上升35.7%；审结、执结85 587件，较去年同期增加18 689件，同比上升27.9%；未结18 010件，同比下降2.6%；法定审限内结案率达到99.8%，案件审理质效保持平稳。

（一）刑事审判工作

全年审结刑事案件3305件，同比上升31.93%。其中，故意杀人、抢劫、盗窃等犯罪案件1542件，对103名罪犯判处五年以上有期徒刑；切实保障人民群众财产安全，依法打击涉众型经济犯罪，稳妥受理北京聚智堂文化发展有限公司涉嫌非法吸收公众存款案、张岑等40人在肯尼亚境内对中国大陆居民实施电信诈骗案等涉及面广、社会危害性大的案件；有力维护网络信息安全，依法打击计算机网络犯罪，其中，"卫梦龙等非法获取计算机信息系统数据案"入选最高检察院第九批指导性案例；坚定不移惩治贪腐，审理贪污贿赂、渎职侵权等职务犯罪案件30件、共43人，成功审理经国际刑警组织红色通缉令回国的被告人叶某私分国有资产案等政治敏感性强、社会关注度高的案件；贯彻宽严相济刑事政策，因事实不清、证据不足，6名公诉案件被告人被检察机关撤回起诉、15案18名自诉案件自诉人被依法驳回起诉；强化被告人权益保障，开展刑事案件律师辩护全覆盖试点工作；加强对未成年人的刑事司法保护，审结全市首例民政部门申请撤销未成年人养母监护人资格案，审理校园欺凌犯罪案件1件，持续推广"校园暴力2＋3＋3"预防机制，助力校园安全教育管理；开拓未成年人司法保护研究新局面，以少年法庭成立30周年为契机，首创全国法院少年审判异地合作机制，并成为中国刑诉法学会少年司法委员会在全国法院系统首设的研究基地。

（二）民商事案件

全年审结各类民事案件30 351件，同比上升25.3%。其中，劳动争议、医疗、教育、卫生、交通、住房等民生案件7669件。妥善审结杨光福等841人诉北京城建四建设工程有限公司劳动争议案、秦悦等诉北京泰跃房地产开发有限责任公司商品房预售合同纠纷等群体性案件；针对部分民事案件证据简单、争议不大、时效性强等特点调整审判格局，新设民商事速裁法庭，加快此类案件的流转速度；探索司法修复社会关系的有效模式，推进家事审判改革，打造"2＋2＋2家事审判专业团队"，引入3名北京师范大学心理学专业人士参与心理疏导；支持农村产权制度改革，审结涉土地承包经营权流转、集体建设用地使用权等案件81件，依法保障强农惠农政策的落实。

全年审结各类商事案件18 239件，同比上升35.62%。助力区域金融创新发展，成立温泉（金融与清算）法庭，全年受理各类金融、经济类案件8868件；积极规范行业秩序，妥善审结"涉天价拖车费案"等合同纠纷案件，向市物价局等单位发送司法建议，推动区域经济持续健康发展；规范互联网经济发展，依法审理"互联网＋"背景下引发的网约车、比特币交易、网络购物等新型纠纷案件179件，成功审结全市首例"物业公司诉摩拜共享单车案""网约车平台租车合同纠纷案"，保障新产业、新业态健康发展；集中推动供给侧结构性改革，落实市高院"尽可能多兼并重组，少破产清算"的工作要求，制作《破产案件立案指引》，促进僵尸企业有效清理，保障区域产能优胜劣汰。

（三）知识产权审判工作

全年审结各类知识产权案件11 031件，同比上升63.05%。其中，"快手直播诉小看视频案""YY直播网剧《盗墓笔记》案"等典型案件，规范了影视剧市场、网络直播平台等领域的传播行为；探索审判与技术的深度融合，在全国基层法院率先引入知识产权"技术调查官"参与案件审理；在全市首试知识产权全流程信息化审判，45分钟高效审结6件速裁案件；深化知识产权审判"三合一"试点改革，联合区检察院、区公安分局共同召开研讨会，同期发布知识产权审判"三合一"典型案例，形成对知识产权全方位的司法保护；在中国互联网大会发布《大数据与知识产权司法保护现状及展望调研报告》，彰显我区知识产权司法保护的前瞻性。

（四）行政审判和监督依法行政工作

全年受理各类行政案件1050件，同比下降15.9%。其中，判处行政相对人胜诉案件137件。注重行政争议实质性化解，加大对征地拆迁、棚户区改造、教育服务等民生案件的协调力度；加强司法与行政良性互动，构建"四轮共驱案外监督交流机制"，全年针对行政机关不规范行为发送司法建议4份，连续12年发布《行政审判白皮书》，先后为各级行政机关授课20余次，完善与各级行政机关法制部门常态化的联席会议制度；持续推进行政机关负责人出庭应诉制度，专门制定行政机关负责人出庭应诉通知书及回执，全年行政机关负责人（含主管副职）出庭案件达16件。

（五）案件执行工作

全年执结各类执行案件21 361件，同比上升17.25%，执结标的总金额144.36亿元。

第一，全面调整优化机构配置。新设执行指挥办公室，统筹办理全局80%以上的共性事务性工作，极大提升了工作效率。

第二，自行开发执行精细化管理系统，实现对不动产、银行存款、车辆等财产线索一键跨库查询，使每位执行员办理的数百、上千件案件的财产情况一目了然。同时，系统对案件难易程度进行智能排序，督促法官及时执结简单案件；办案全程尤其收发案款等重点环节在系统内自动留痕，便于院庭长监督，有效预防腐败。

第三，构建以"绿色通道"为核心的执行联动机制，与二十余家银行、车辆管理部门、不动产登记中心等部门合作，实现司法协助业务专人对接，全面疏通执行梗阻；借助公安机关专业能力查控被执行人，执行发力更加精准。

第四，加大拒执惩戒力度。在今日头条APP、北京电视台法制栏目等发布失信被执行人名单，形成拒执高压态势；全年依法对拒执人员采取司法拘留，共203人次，较去年同期增加189人次，首次对1名拒执人员定罪处罚，充分维护了司法权威。

（六）接受人大、政协等各方面监督工作

第一，全面接受人大、政协监督。坚持大会报告和专项报告工作制度。主动向市、区两级人大代表和区政协委员汇报半年工作情况，全年邀请40余名人大代表视察执行机制改革等工作，组织部分人大代表参与信访案件听证会，听取案件并参与评议；运用"1＋N"联络方式，邀请人大代表参加《劳动争议审判白皮书》发布会，走进上地法庭进行座谈；创新人大代表意见办理形式，全年办理人大代表建议3件，政协委员提案3件，督办案件14件，努力提升代表、委员满意度。

第二，依法接受检察机关诉讼监督。主动配合检察机关履行诉讼监督职能，受理检察院抗诉案件4件、改判2件，并首次审理检察院提起的"涉露天烧烤"行政公益诉讼案件；邀请检察长列席审判委员会会议4次；办理一般检察建议15件。

第三，广泛接受人民群众监督。全年接待社会公众千余人次旁听庭审；在《法制日报》等中央和省市级媒体发表头版报道、整版报道204篇，进行各类视频或图文直播178次，通过官方微博、微信公众号刊发稿件2078篇，主动适应自媒体时代法治监督"新常态"；公布上网文书25 237份，裁判文书上网率达90.5%，有力践行司法公开；全年共有480名人民陪审员参加庭审，参与审理案件15 311件，同比上升10.7%，进一步推动司法民主；探索构建三级、130项指标的司法公信力评估指标体系，将人民群众对法院的直接观感与司法规律特点有机结合，科学、客观评估工作质效。

四、检察工作

2017年，海淀区人民检察院全年共受理审查逮捕案件3410件4335人，人数同比上升40.93%，批准逮捕2305件2775人，不批准逮捕1092件1544人；受理审查起诉案件3634件4494人，人数同比上升32.33%，提起公诉3200件3777人，不起诉398件527人；受理民事、行政诉讼监督案件111件，审结90件。司法办案量位居全市第一。

（一）法律监督工作

强化监督主责主业。以开展食品药品安全和环境资源保护两个专项立案监督活动为契机，监督公安机关立案11件13人，监督撤案30件35人。与区食品药品监督管理局等建立信息共享、案件移送、联席会议等机制，建议行政执法机关向公安机关移送涉嫌犯罪案件44件50人，督促立案25件29人。加强刑事案件审查，纠正漏捕49人，追诉漏犯60人，追诉漏罪113起，追捕追诉的诈骗案被告人苏某被法院判处有期徒刑11年。强化侦查活动监督，针对侦查过程中的物证保管链条不规范、讯问录像不完整等问题，向公安机关发出纠正违法通知书7份，发出检察建议12件，并借助"智能化"监督系统，在公安执法办案中心开展实地和视频监控巡查，共纠正侦查活动违法24次。加强刑事审判监督，对49

份刑事裁判文书中存在的漏引错引法条、刑期起止日有误等技术性差错，提出纠正意见后均已得到裁定更正；对认为确有错误的一审刑事判决提出抗诉 11 件，二审法院已改判 4 件；对已经生效的刑事裁判提请抗诉 2 件，法院已改判 1 件。加强刑罚执行监督，开展看守所日常巡视检察 237 次，针对各类违法违规问题发出纠正违法通知书 42 份，针对各类不规范问题发出检察建议 58 件。受理羁押必要性审查案件 82 件，审查后发出变更强制措施建议书 82 件，其中 78 件获采纳。开展监外执行罪犯脱漏管专项检察，核查纠正监外执行罪犯脱漏管 5 人，监督撤销缓刑收监执行 3 人，协调区公安、法院、司法局等单位就罪犯剥夺政治权利的执行和监督工作形成会议纪要，建立长效机制。强化刑事申诉检察，审结刑事申诉案件 7 件，刑事赔偿案件 10 件。加强民事诉讼监督，审结案件 81 件，提请抗诉 3 件，提出再审检察建议 1 件，法院已改判 1 件；对法院执行程序违法提出检察建议 22 件，对审判程序违法提出检察建议 11 件。加强行政诉讼监督，审结案件 9 件，对行政非诉执行案件中存在的问题向区法院发出类案监督建议 1 份。

（二）刑事检察及公益诉讼工作

依法惩治危害公共安全和人民群众人身财产安全的犯罪案件，批准逮捕 1360 件 1635 人，提起公诉 1873 件 2199 人。依法办理了通过嵌入恶意代码窃取访客手机号码侵犯公民个人信息的"7·25"专案，以及驾驶"克隆出租车"扰乱客运秩序的 80 余件系列案件。依法打击破坏市场经济秩序的犯罪案件，批准逮捕 290 件 345 人，提起公诉 343 件 446 人。依法办理了"聚智堂"非法吸收公众存款案、虚开增值税专用发票"1101"系列专案等重大刑事案件。依法严惩危害食品药品安全等犯罪，批准逮捕 60 件 63 人，提起公诉 82 件 91 人。对侵犯知识产权、危害科技创新类案件批准逮捕 75 件 101 人，提起公诉 70 件 97 人。依法办理了具有较大社会影响的家教老师邹某涉嫌强奸、强制猥亵女学生案，严厉打击了性侵害未成年人的犯罪行为。

推动公益诉讼试点工作，共受理案件线索 56 件，发出诉前检察建议 7 件，提起诉讼 1 件。在案件办理中，积极协调督促行政机关依法履职，推动解决了破坏耕地、河水土壤污染、露天烧烤、油烟违规排放等一批群众反映强烈的突出问题；在办理某垃圾填埋场污染案中，与公益侵权人多次沟通，积极引导其履行相应义务，成功实现了 2.5 万吨垃圾渗滤液的彻底清除，持续十余年的异味扰民问题得以妥善解决，受到人民群众好评。通过行政公益诉讼和民事公益诉讼，已为国家挽回经济损失四百余万元，督促恢复被破坏的基本农田二百余亩。

五、海淀区 2017 年法治建设特色和亮点

（一）强基础，促发展，切实保障人民满意度的稳步提升

2017 年海淀区政法系统依托"平安海淀"建设，以疏解人口、整秩序、促

畅通、优服务为着力点，全面做好各项服务保障工作，其中区公安分局开展的"2017 平安行动"等专项行动，实现了全年破现案总量、破现案率和八类案件破案率的全市第一，同时群众安全感、满意度连续十个季度蝉联城六区第一名。区检察院充分发挥检察职能，强化专业化组织建设，将知识产权检察部、科技犯罪检察部打造成专业办案团队品牌，建立健全"4 + 3 + N"工作模式，积极开展"捕诉事研"四项工作，开展危害食品药品安全和破坏环境资源犯罪专项立案监督等活动，实现了司法办案数量的全市第一，并被最高人民检察院授予首届"守望正义——全国群众最满意的基层检察院"称号。区法院以"稳中求进"为工作基调，通过依法履行审判职责，积极回应人民群众的诉求。2017 年实现了全年案件总量 103 597 件，法定审限内结案率为 99.8%，尤其成功审理了北京聚智堂文化发展有限公司涉嫌非法吸收公众存款案、张岑等 40 人在肯尼亚境内对中国大陆居民实施电信诈骗案以及经国际刑警组织红色通缉令回国的被告人叶某私分国有资产案等涉及面广、社会关注度高的案件，切实为核心区建设做出了巨大的贡献。区司法局积极履行法治宣传教育、律师监管、公证监管、人民调解、法律援助、矫正帮教等业务职能，2017 年以第一名的成绩荣获"北京市司法行政系统先进集体"。司法部领导在视察海淀区司法局后，给予了"工作实、责任清、作风正"的评价。

（二）深挖掘，善谋划，积极推进司法体制改革的顺利进行

第一，以"48 小时全流程速裁"丰富认罪认罚从宽制度试点探索。海淀区自 2015 年启动"全流程刑事速裁程序"改革以来，相关工作卓有成效，刑事速裁改革纳入认罪认罚从宽制度试点后，公检法三机关不断探索、继续推陈出新，因地制宜构建认罪认罚案件"48 小时全流程速裁"，并将十年以下有期徒刑案件纳入试点范围，同时与区司法局合作，为每一名认罪认罚案件的犯罪嫌疑人、被告人指定法律援助律师，保证"简程序不减权利"。目前，利用速裁程序审结认罪认罚案件 1069 件，平均用时 7 天。大型政论片《将改革进行到底》《法治中国》均对此改革工作予以报道。

第二，大力推进"公益诉讼"试点工作，切实维护社会公共利益。海淀区检察院作为国家和社会公共利益代表人的法律职责，圆满完成公益诉讼试点任务。立足检察职能，开展公益诉讼宣传活动，打造"公益课堂进校园"志愿服务项目，荣获 2017 年海淀区志愿服务项目大赛十佳项目第二名。

第三，以执行机制"三全五化"改革破题"基本解决执行难"。海淀区法院开发执行精细化管理系统，构建以"绿色通道"为核心的执行联动机制，时任市高院党组书记、院长的杨万明对海淀区法院执行机制改革专门进行批示，《人民日报》《人民法院报》进行了整版、专题报道。

第四，筹建"海淀区公共法律服务中心"打造示范性公共法律服务实体平台。为了加快"海淀区公共法律服务中心"建设，海淀区司法局完成了"海淀区公共法律服务中心"的施工装修、制度建设、信息化建设和形象宣传等工作。"中心"使用面积2560平方米，对外服务大厅600平方米，充分整合、发挥法治宣传、法律援助、律师、公正、人民调解职能，努力打造标准化、示范性的区级法律服务实体平台和热线平台。

（三）树典型、练队伍，全面提升政法队伍的综合素质

海淀区着力建设一支"敢创新、不服输、有灵魂、富朝气、能战斗"的政法队伍。2017年海淀公安分局初步完成了"10＋X"机构优化调整改革，通过"一折两册"侦审一体化培训、"百人教导队"教官团队、警察训练营等多种方式，培训民警3万余人次。2017年海淀分局连续第四次荣获"全国优秀公安分局"荣誉称号，分局人口管理大队荣获"全国优秀公安基层单位"称号，西山派出所社区民警黄文祝荣获"全国特级优秀人民警察"称号，情报信息中心副主任李军海荣获"全国优秀人民警察"称号，郑海洋同志作为优秀人民警察代表受到了习总书记的亲切接见。

区检察院积极完善人才培养规划，构建了一套从新人招录，到"启航工程"到人才接力，到骨干型人才培养，再到高层次人才培养的有序衔接的培育体系，实现了人才培养的梯次进行。2017年，海淀区检察院被授予"全国检察机关文明接待示范窗口""全国检察机关信息工作先进单位""全国检察宣传先进单位"等荣誉称号，侯思倩同志被共青团中央授予"全国优秀共青团员"称号。

区法院始终坚持建立"专家型、精英型、骨干型"人才梯队培养模式，建立信息上通下达，管理层和干警之间充分对话的管理模式。陈昶屹法官作为全国法院系统唯一代表荣获"CCTV2017年法治人物"，王志勇法官荣获"2013—2016年度全国社会治安综合治理先进工作者"称号，并受到习总书记的接见。

丰台区法治建设报告

2017 年，丰台区坚持以习近平新时代中国特色社会主义思想为指导，深入学习贯彻党的十九大精神，在市委市政府的坚强领导下，以推进法治丰台建设为主线，着力推进法治政府建设、司法公信力建设、法治社会建设，有力推动和保障了丰台区经济社会的持续健康发展。

一、人大法治保障和监督工作

2017 年，丰台区共组织召开人民代表大会 4 次；召开常委会会议 10 次，听取和审议专项工作报告 27 项；依法作出决议、决定 16 项；依法任免新一届国家机关工作人员 155 人次，组织宪法宣誓 148 人次；召开主任会议 17 次，研究议题 36 项，听取专项工作报告 5 项；配合立法调研 8 项；开展执法检查 3 项、专题询问 1 项、实地视察检查、座谈研讨 70 余次；接待群众来信来访 112 件次；规范性文件备案审查工作有序开展。

（一）组织机构建设工作

第一，营造干事的浓厚氛围。认真学习宣传贯彻习近平新时代中国特色社会主义思想。学习人民代表大会制度理论和宪法法律。规范机关干部队伍选人用人工作流程。深入研究加强和改进人大工作方法措施。打造人大信息、宣传、调研有字有影有声的立体平台和信息化工作网络。

第二，提升街工委、乡镇人大工作水平。落实《中共全国人大常委会党组关于加强县乡人大工作和建设的若干意见》要求，修订完善了人大街工委通则等制度；分片召开人大街工委主任座谈会。推动乡镇人大主席专职化。乡镇人大注重创新监督方式，对政府职能科室进行工作评议。2017 年，各街工委、代表联组、乡镇人大积极履职，共组织视察检查、调研座谈近 150 次。

（二）人大代表工作

第一，以制度化提升代表工作水平。建立代表活动小组制度，全体人大代表根据自身意愿、专业特长分别加入 5 个专门委员会，组成 23 个活动小组。组建

19 个对口监督小组。评选出 2017 年度优秀履职代表 34 名、优秀议案和建议 23 件。完善市、区、乡（镇）三级人大代表联系机制。2017 年，人大代表走进选区和选举单位，收集意见建议 1600 余件。

第二，以组织化引导代表执行职务。组织代表参加常委会各项工作，参加视察调研、执法检查等工作近 500 人次，代表列席常委会会议并作审议发言 60 余人次。落实人大代表联系群众制度，全区近 200 个选民接待站成为"连心桥""暖心站"。全年共开展代表活动 212 次，参加活动的人大代表 2000 人次，接待选民上万人次，走访群众两万人次。

第三，以规范化服务保障市代表履职。圆满完成新一届市人大代表选举任务。组织市人大丰台团代表按时出席有关会议，参加市人大代表学习班和闭会期间的各项活动。主动邀请市代表就我区重点难点工作实地视察调研，开展市、区代表联系活动 28 次，听取选民意见建议 100 余件。

（三）法治保障工作

第一，开展立法调研。围绕《中华人民共和国人民法院组织法》《中华人民共和国人民检察院组织法》等修订和《中华人民共和国公共图书馆法》《北京市机动车停车条例》制定工作，组织开展调研座谈和研讨交流 160 人次，提出意见建议近 300 条。

第二，促进民主决策。落实中央《关于健全人大讨论决定重大事项制度、各级政府重大决策出台前向本级人大报告的实施意见》。与区政府研究向人大常委会报告工作的具体制度和衔接程序，履行讨论决定重大事项的职能。区十六届人大一次会议就开展第七个五年法治宣传教育作出决议。听取区政府贯彻落实决议情况的报告、2017 年地方政府债务限额及预算调整方案报告等。全年共讨论决定重大事项 4 项。

第三，严格执法检查。通过成立执法检查组、召开动员会、组织法规学习培训等方式，重点对《北京市全民健身条例》《北京市控制吸烟条例》等法律法规进行了执法检查，提出建议六十余条，督促整改落实。

第四，助力司法改革。采取实地视察、调研走访座谈等方式，加强对司法体制改革的监督。听取和审议区人民法院关于执行工作情况的报告、区人民检察院关于推进落实司法体制改革工作情况的报告并提出意见建议。关注基层法庭建设。实地视察联合律师楼人民调解室、法律援助工作站建设情况。

（四）监督工作

第一，突出重点监督。把"疏解整治促提升"专项行动作为重点监督内容，贯穿全年工作始终。2017 年，共组织调研、视察、座谈近 20 次，参加代表 120 人次，提出有针对性的意见建议 150 余条。

第二，持续跟踪监督。建立区域经济形势季度分析机制和政府部门适时报告机制。组织全体代表定期听取区政府经济社会发展情况报告、听取和审议 2017 年国民经济和社会发展计划执行情况与 2018 年国民经济和社会发展计划草案的报告并提出意见建议。2017 年，共组织视察、调研、座谈近三十次。

第三，实施动态监督。修订并审议通过《丰台区预算审查监督办法》；听取 2016 年审计工作和审计整改情况报告，审查和批准 2016 年决算，听取和审议 2017 年预算执行情况报告，审查 2018 年预算草案。通过与财政管理信息系统联网实现数据共享，实施全口径、全过程的实时监督。发挥专门委员会专业优势，加强对部门预算的初步审查。

（五）民生工作

第一，加大议案督办力度。围绕区十六届人大一次会议确立的"以争创首都文明示范区为契机，推进城乡环境建设"的议案，听取和审议区政府议案办理情况报告并提出建议。广泛征求议案领衔代表、委员、街乡基层群众意见建议 76 条，区政府及相关部门给予积极采纳。

第二，提高建议办理质量。建立代表建议综合分析机制，完善并落实建议督办机制和会商机制；将建议督办同常委会重点议题相结合，整体督办与重点督办相结合，复查补办与督促检查相结合。区十六届人大一次会议期间共收到代表建议 191 件，已全部办理答复完毕；闭会期间共收到代表建议 22 件。

第三，推动生态环境治理。认真贯彻落实《中华人民共和国环境保护法》，听取区政府落实环境督查情况报告，监督环境状况和环境保护目标完成情况。加强对大气、水、土壤等环保生态重点领域监督，促进实施区、街乡（镇）、社区村三级"河长制"。

第四，促进社会事业发展。深入了解丰台区公共文化服务能力的状况并提出建议；视察检查赵登禹学校和北京十二中南站校区；调研右安门、新村街道养老照料中心，听取开展居家和社区养老服务改革试点推进情况的汇报。

（六）探索创新

第一，坚持目标引领。审议通过《北京市丰台区第十六届人民代表大会常务委员会关于五年工作的意见》，明确了人大工作"为建设和谐宜居的中心城区提供坚强的民主法治保障"的总体目标任务；采取一年一个主题递进式的工作方法，构建"五措并举、协同推进"的工作格局。

第二，健全制度机制。建章立制 35 项，其中新建制度 30 项。健全完善常委会议事规则，细化常委会机关工作流程。建立法律和预算监督专家顾问制度及配套措施。

第三，完善组织结构。依法优化常委会组成人员结构，新增常委会专职委员

10 名，专职组成人员比例由 37.1% 提升至 51.1%；法律和财政经济专业分别占组成人员的 25% 和 40.9%。首次选举产生了法制、财政经济等 5 个专门委员会。审议通过了专门委员会工作通则。

第四，推动改革试点。落实全国人大常委会《关于在北京市、山西省、浙江省开展国家监察体制改革试点工作的决定》和北京市深化监察体制改革的要求，组织召开区十六届人大二次会议，依法选举产生区监察委员会主任。依法任命监察委员会副主任和委员。召开专题座谈会，就试点工作的开展情况及需要解决的问题进行研讨。

第五，开展专题询问。首次运用专题询问，提出解决问题的方法及路径。

二、法治政府建设

2017 年，丰台区政府以疏解整治促提升为中心，依法行政，加快政府信息化建设，深化"放管服"改革，推进政务公开，法治政府建设深入有效。

（一）疏解整治工作

推进完成大红门地区市场疏解工作。累计拆除违法建设 326 万平方米，整治"开墙打洞"5010 处，清理整治无证无照经营 6031 户，治理"散乱污"企业 2432 家。扎实推进"留白增绿"，完成平原造林 1000 亩，彩叶树种造林 500 亩，便民绿化工程 10 公顷，新增文化休闲场所 175 处，新建规范便民网点 127 个。疏解长途客运站 2 家，疏解一般制造业企业 52 家、区域性仓储物流基地 7 家，治理京铁家园等 264 处地下空间，整治违法群租房 2604 处，清理占道经营 2 万余起。持续加强土地资源管控，腾退违法用地 98.37 公顷。狠抓中央和市级环保督察发现问题整改落实，办结举报 1847 件。整治"三合一"、高风险密集居住场所重大安全隐患 901 起，重点食品、药品合格率分别达到 98.7%、99.8%。

（二）保障安全工作

组建城市管理委员会，完成城市管理执法重心下移，加大基层综合执法力度。深化"街巷长制"，建成网格化城市运行服务平台。加快政府信息化建设，完成政务大数据汇聚平台搭建和街乡镇统筹采集系统开发。

加强防汛等应急值守工作。开展"安全隐患整治十大专项行动"，狠抓市级安全生产督察反馈问题整改，全年累计整改各类安全隐患 4.3 万个，拆除彩钢板房 140 万平方米，关停取缔、停产停业存在安全隐患企业 4600 余家次。推进消防综合应急救援能力建设，完成 1 座公安现役消防站、4 座小型消防站建设。完成 2000 家餐饮企业"阳光餐饮"建设。公共区域建设视频监控 3412 个、整合社会单位监控资源 6.9 万个，"雪亮工程"扎实推进。

（三）深化"放管服"改革

取消和调整非行政许可审批事项 71 项。在全市率先实现"即时核准，一日取照"。实施商标品牌战略，新增有效注册商标 1.95 万件，同比增长 21.5%。设立"中小企业创新创业投资子基金"，解决企业融资难题。通过政府购买服务等方式实现融资约 365 亿元，额度居全市第一。

（四）推进政务公开

全年依申请公开信息 1234 条，主动公开信息 14 745 条。组织"政务开放日"活动。

三、审判工作

2017 年，丰台区法院收案 50 575 件，首次突破 5 万件，结案 48 526 件。

（一）刑事审判工作

审结刑事案件 1589 件，对 1856 人判处刑罚。审结非法拘禁致人死亡、故意伤害等案件 661 件。妥善审结全市首例组织外籍人员偷越国（边）境案。依法审理备受关注的"e 租宝"非法吸收公众存款案，审结涉 500 余名中老年人的非法吸收公众存款案、曹某某组织领导传销活动案等。依法审理 40 人的特大团伙电信网络诈骗案。妥善审结首例由区监察委调查终结的案件。认真开展认罪认罚从宽制度试点工作。全年对 271 名被告人适用缓刑，免予刑事处罚 5 人。

（二）民商事案件

审结民商事案件 34 206 件，解决争议标的额 91.3 亿元。审结婚姻家庭、析产继承案件 3393 件。对涉拆迁利益的纠纷加大依职权调查的力度。审结机动车交通事故责任纠纷 1396 件。审结劳动争议案件 1175 件。为 49 名外地务工人员一次性追回劳动报酬 65 万余元。审结房屋买卖合同案件 1161 件。在全市率先对涉房虚假诉讼行为追刑。妥善处理破产清算案件，促成 20 家企业继续经营，淘汰 2 家落后产能企业。成立涉外案件专业审判团队，妥善审理涉欧美、东南亚等国家和地区的 14 件国际贸易纠纷。依法审理公司类、P2P 等金融类案件 596 件。

（三）知识产权审判工作

有效依法审结涉西门子、卡帕、纽巴伦等商标侵权及不正当竞争纠纷案。适用技术调查官及专家辅助人制度，推动涉计算机软件侵权纠纷高效解决。以市场价值为引导，明确不同侵权情节的赔偿标准。审结的"特普丽壁纸著作权纠纷案"入选北京法院十大知识产权创新案例。

（四）行政审判和监督依法行政工作

审结行政案件 407 件。推动行政机关负责人出庭应诉，并定期向区政府通报相关情况。加大对行政政策的调研力度，依法审理敏感复杂行政案件，审结全市首例涉国Ⅰ国Ⅱ环保政策行政处罚案，获上级法院认可。"以案讲法"推动行政机关依法行政，组织行政执法人员旁听行政案件 400 余人次，为市区属 700 余名行政机关工作人员开展专题培训。

（五）案件执行工作

全年执行结案 12 324 件。稳妥执结"全国法院首例万吨粮食异地执行案"。妥善执结涉北京西站 1500 平方米地下空间腾退案，被评为北京法院为"疏解整治促提升"专项行动提供司法保障优秀案例。加大强制措施的适用力度。深化与区公安分局、区检察院的协作，严惩拒不执行生效裁判的犯罪行为。加强对失信被执行人的信用惩戒，开展线上线下相结合的"三屏一网"专项打击活动，在人流集中的北京西站大屏幕、恒泰广场广告屏、失信被执行人居住地基层组织公告屏及"今日头条"等移动网络媒体，滚动发布悬赏公告 7 个、公布失信被执行人信息 6.1 万人次，涉及金额 9120 万元。开展执行规范化自查专项活动。积极运用信息化手段。做强做大执行指挥中心，配备远程指挥系统，配足执法记录仪等设备，实现对执行案件全流程可视化实时监管。加大网络查控力度，依法查询被执行人财产 42 776 次，在线冻结 9875 次，在线划扣 744.9 万元，财产查控周期缩短近 20 天。提高执行透明度，大力推进司法网络拍卖，引入银行贷款业务提高房产变现率，网拍率位居全市基层法院首位。

（六）接受人大、政协等各方面监督工作

主动加强代表联络工作，邀请人大代表参加新闻发布会、工作推进会、见证重大案件执行、观摩庭审等各类活动 17 场 141 人次。主动接受政协监督，聘请 9 名政协委员担任特邀监督员，2 件委员提案及时办结。主动接受检察监督，5 件刑事抗诉案件无一改判，认真办理检察建议 7 件，并就审判执行监督等工作加强交流。主动接受社会监督，建立纪检监察与信访部门联合接访机制，前移发现问题的关口。进一步完善司法公开，裁判文书上网 13 577 份，公开审判流程信息、执行信息 12.7 万余项。

四、检察工作

2017 年，丰台区检察院适应国家监察体制改革后检察机关职能调整，积极履行"监督、审查、追诉"三项职能，监督撤案 31 件 32 人。审查提请批准逮捕刑事犯罪案件 1235 件 1590 人。提起公诉 1501 件 1840 人。

（一）法律监督工作

强化立案撤案监督，监督公安机关立案 14 件 14 人，监督撤案 31 件 32 人；建立侦查活动违法季度通报制度。在区公安分局执法办案中心设立派驻检察室，形成派驻检察与深入队所检察相互配合的工作模式。同步审查法院一审刑事裁判，提出抗诉 5 件，向法院发出检察建议 5 份。加大线索摸排，受理行政诉讼监督案件 3 件，实现司法改革以来零的突破。针对行政行为违法，发出检察建议 3 份。办理的杨某伤害案和金某受贿行贿、滥用职权案被评为"全市检察机关优秀抗诉案件"。

（二）刑事检察及公益诉讼工作

第一，办理起诉各类案件。共办理起诉案件 1769 件 2174 人，提起公诉 1501

件 1840 人。起诉危害公共安全犯罪案件 278 件 280 人。起诉生产、销售假药劣药、有毒有害食品等食药犯罪案件 35 件 38 人。起诉侵犯知识产权类犯罪案件 25 件 51 人，办理的 5 件知识产权犯罪案件入选"全市检察机关知识产权犯罪案例"。起诉非法集资、非法吸收公众存款等涉众型经济犯罪 9 件 30 人。起诉"两抢一盗"等多发性犯罪 396 件 468 人，妥善办理了张某某等 40 人公司化运营电信诈骗团伙案、"丽海名媛"组织卖淫案等一批有重大社会影响的案件。起诉破坏环境资源保护犯罪案件 1 件 1 人。

第二，积极探索、稳步推进公益诉讼工作。与区属 13 家单位会签《公益诉讼工作沟通协作办法》，与第三方公司签订舆情报告服务合作协议；向市检察院第四分院移送起诉了全市首例消费民事公益诉讼案件。按照"一个平台、两条途径、三个建设"思路加强行政公益诉讼工作，收集行政公益诉讼线索 48 件，立案 10 件，发出检察建议 3 份。

五、公安工作

2017 年，丰台区公安分局开展"忠诚 2017 平安行动"，运用现代科技支撑警务实效，建立执法办案中心，促进执法规范化，全面构建安保指挥体系，依法严厉打击违法犯罪，按照依法办事、舆情引导、社会面管控"三同步"原则，妥善处理群体性案事件，保障了区域社会和谐稳定。

六、司法行政工作

2017 年，丰台区司法局真抓实干，抓队建打基础，破困局谋发展，切实履行了司法行政各项职能。

（一）人民调解工作

2017 年，全区共调解民间纠纷 10 958 件，成功 9488 件，涉及金额近 1.9 亿元，涉及当事人 23 865 人。其中防止矛盾激化 31 件，涉及 587 人。各级调解组织共达成人民调解协议书 3144 份，其中口头协议 1456 份，成卷协议书 1688 份，重大纠纷卷宗 19 份，司法确认案件 14 件，共计发放补贴 60.494 万元。

严格实施调解员准入机制，选拔 51 名骨干调解员驻法院或派出法庭专门从事诉调对接人民调解工作。2017 年，丰台区诉前人民调解委员会共调解纠纷 5920 件，调解成功 4430 件，纠纷涉及金额超 2 亿。组织特邀律师调解员在法院开展专业的人民调解工作。

整合律师、公证员、人民调解员等资源组成法律服务团，以人民调解业务为统领，协调法律服务、法治宣传、公证法援等职能协同作战，形成集约型服务模式。服务团针对棚改、整治等专项行动，配合街乡镇梳理法律问题，提出法律建议，为依法疏解保驾护航。法律服务团进驻东铁匠营街道、南苑街道、长辛店街道三地棚户区搬迁改造重点工作，累计接待法律咨询近 3000 人次。

（二）律师工作

2017 年，签约村居法律顾问为我区村居民提供法律咨询 19 042 人次、举办讲座 861 次、参与矛盾纠纷调解 562 次、培训村居调解员 1786 人次、提供律师意见和建议 713 条、免费代写法律文书 420 份。建立"律师服务团—街乡镇法律服务团队—村居法律顾问"三级律师法律服务网络，选派律师以法律援助律师或人民调解员的身份专职入驻重点工程项目。

（三）公证工作

2017 年，办理公证 12 842 件，其中国内公证 6750 件，涉外公证 6048 件，涉我国港澳台地区 44 件。全年免费办理 70 岁以上老人遗嘱公证 59 件，上门办理公证 171 件（含批量证），开通捐赠遗体公证的绿色通道。平均办证时间缩短了 15%。为棚户区改造、环境整治项目、回迁安置项目摇号工作等提供必要的公证服务，开通暑期涉外公证专接窗口。落实"最多跑一次"工作，开通了网上申请，开辟了邮寄、快递等方式送达公证书。

（四）法律援助工作

在区检察院及公安执法办案中心新设工作站，由值班律师对认罪认罚从宽试点案件的犯罪嫌疑人、被告人提供法律帮助，做好认罪认罚从宽试点工作。2017 年，共办理认罪认罚试点案件 1130 件，其中公安 553 件，检察院 428 件，法院 149 件，提供法律咨询 1000 余人次。针对妇女、残疾人、未成年人、军人军属、老年人以及农民工开展法律援助专项维权服务活动，共组织法律援助活动 170 场，接待咨询 1000 余人次，发放宣传材料 5 万余份。全年丰台区法律援助中心共受理法律援助案件 918 件。接待来访、来电 6490 余人次，挽回经济损失 951 万元。

（五）特殊人群管理工作

深入开展集中教育。2017 年，丰台区累计组织初始集中教育 9 期，共计 157 人；分类集中教育 12 期，共计 183 人；解矫前集中教育 10 期，共计 202 人。

七、丰台区 2017 年法治建设特色和亮点

（一）坚持法治思维，进一步加强党对法治建设的领导

第一，加强法治建设组织领导。高度重视法治建设，区委区政府将其作为一项事关丰台区经济社会发展大局的基础性工作，与深化改革、推动发展同部署、同落实、同检查、同考核。将法治建设成效作为衡量各级领导班子和领导干部工作实绩的重要内容，纳入政绩考核指标体系，着重突出对重大行政决策、行政行为规范监督等内容的考核，确保各项法治工作任务落到实处。

第二，提升领导干部法治思维能力。全面推进领导干部遵法学法用法，将法治内容纳入区委区政府理论学习中心组重要学习内容，并作为必修课列入处级领导干部研修班、副处级领导干部任职班和中青年干部培训班等各类主体班次教学

内容。先后组织 2 次与法治建设相关的理论中心组学习，4 次政府常务会学法、2 期全区依法行政专题研讨班，在全市首次开展案例评审形式的依法行政培训大课堂，从区属单位选取涉及制定重要文件、开展重点工作、建设重点工程、疏解整治促提升等 50 个典型案例，通过参评单位现场汇报、专家评委现场点评，学员观摩学习的新模式进行教学，进一步强化了领导干部法治思维和依法办事能力。

第三，完善依法决策工作机制。严格落实重大决策社会稳定风险评估纳入区委区政府议事决策程序的规定，全面推进"应评尽评"，全年组织完成评估 110 项。落实行政机关内部重大决策合法性审查机制，未经合法性审查的行政规范性文件草案，会议不予研究讨论，未经审查的涉法事务，政府不作决定。充分发挥法律顾问效能，制定《丰台区法律服务管理办法》，健全政府法律顾问服务指派制度、质量评价制度和考核机制。2017 年，共组织法律顾问参与涉及棚户区改造热点问题、经租产难题、行政调解课题等相关调研三十余次，研提法律意见建议五十余项，有效促进了重大任务的落实、争议纠纷的化解。

（二）坚持依法行政，进一步加快法治政府建设

第一，推进公正文明执法水平。严格落实行政执法人员持证上岗和资格管理制度，以及执法资格年审与人员数据监管制度，按照权力清单依法优化权力运行流程、梳理行政处罚职权。提升执法专业化水平，针对突出执法问题，提前研判，针对性开展业务指导。有力推动"行刑衔接"，破解处罚难题。

第二，规范行政权力的制约和监督。全面推进政务公开，首次聘请第三方评估公司对重点领域政务公开清单进行暗访式核查，选取群众普遍关注的民生领域部门，开展重大行政决策预公开，有效保障人民群众的知情权、参与权和监督权。自觉接受人大和政协监督，邀请利益相关方、公众代表、专家、媒体等列席相关党委政府会议。加强财政管理与监督，构建由区人大财经委、区审计局以及区监察委对全区政府采购情况进行实时监控的立体监督新模式，形成政府采购事前、事中、事后全覆盖监管体系。强化审计监督管控，率先在全市审计机关中组织开展农村专项审计调查，保证部门预算执行审计结果公开率达到 100%。

第三，推进社会矛盾源头治理依法化解。制定出台《丰台区关于完善矛盾纠纷多元化解机制的实施意见》，将人民调解、司法调解、行政调解及行业性、专业性调解有机结合，重在解决问题。成立人民法院调解委员会，推出"7 日调解室"品牌，组织 50 名人民调解员在法院开展专业调解工作，实现诉调对接、司法确认的工作流程。对排查梳理出来的各类矛盾纠纷，逐一建立台账，创建"群众满意"信访，实现初信初访办结率达到 100%。

（三）坚持深化改革，进一步深化司法公信力建设

第一，落实各项司法改革任务。区检察院率先在全市基层检察院成立职务犯

罪检察部，承办监察委调查移送案件，出台《重大、疑难、复杂刑事案件认定标准（试行）》，率先探索将不捕不诉权下放给检察官的做法。扩大公益诉讼线索来源，与区属13家单位会签《公益诉讼工作沟通协作办法》，移送起诉了全市首例消费民事公益诉讼案件。区法院组建四类53个民商事审判团队，成立专审简易民商事纠纷的速裁庭，推进案件繁简分流。研发全市首个公检法司信息化共享办公平台，提高程序衔接效率，缩短办案周期。

第二，推进司法执法规范化建设。公检法联合签署全市首个《关于依法打击拒不执行判决、裁定犯罪行为的工作意见》；法检司共同签署《关于执行社区服刑人员财产刑、附带民事赔偿案件的意见（试行）》。区法院增设自助立案机，推动网上预约立案，开通网上阅卷渠道。区检察院挂牌成立派驻丰台公安分局执法办案中心检察室，提升侦查监督质效。积极拓展公安部门"办案中心＋"职能，实现案件办理"零差错"和执法安全"零事故"。依法保障律师执业权利，建立"律师服务团—街乡镇法律服务团队—村居法律顾问"三级律师法律服务网络。进一步加大法律援助和公证机构建设，受理法律援助案件918件，挽回经济损失951万元，办理公证事项1.2万件。

（四）坚持全民普法，进一步深化法治社会建设

第一，推进法学会工作创新发展。作为全市试点单位，区法学会积极开展"落实机构编制、设立法学会机关、配备专职干部、建立党组"等试点工作，正式成立了区法学会党组，设立了区法学会秘书处、落实了人员编制，实现了"机构建起来、人员配起来、牌子挂起来、经费保障起来、工作开展起来、作用发挥出来"的目标。制定了《丰台区法学会党组议事规则》，不断完善党组会、理事会、常务理事会、会长会等制度；积极建立健全会员发展等人才工作机制，推送7名法律人才入选市法学会"百名法学青年英才培养计划"，定期举办法治培训，努力建设"学习型、协同型、智库型、国际型"法学团体。批准成立了全市第一家区级法学会研究学会"丰台区人民法院法学研究会"，服务保障区域发展和法律法务工作实践。

第二，扩大法治宣传教育成果。利用多种方式进行法治宣传教育，普及法律知识，培植法律文化，形成尊重法律、崇尚法治的良好氛围。加强"七五"普法宣传，开展"法律十进'七五'行"活动，组建"以案释法"宣讲团，举办"12·4"宪法日主题宣传等普法活动360余场。打造"丰台区普法大本营"和"互联网＋"新媒体普法阵地，设计制作丰台普法动漫形象"丰小宣"，建立南苑机场"法治联航"普法阵地、商务楼宇法律服务工作站和"幸福生活讲师团"。加强社会诚信建设，制定《关于开展丰台区社会组织"诚信建设行"活动方案》，加快推进信用体系集群应用，有效提升各类风险甄别能力。

石景山区法治建设报告

2017 年，石景山坚持以习近平总书记对北京工作重要指示精神为根本遵循，认真学习贯彻党的十九大精神和习近平新时代中国特色社会主义思想，紧紧围绕中心工作，全力推进全区法治建设工作。

一、法治政府建设

2017 年，石景山区政府紧紧围绕疏解整治促提升，打造社会治理品牌，深化"放管服"改革，着力推进政务公开，法治政府建设扎实有效。

（一）疏解整治工作

第一，坚持拆建并举，"基本无违法建设城区"目标胜利完成。坚持首善标准、攻坚克难，在全市率先提出"基本无违法建设城区"的工作目标，以 2006 版规划航拍为基础，摸排出全区存量违法建筑面积 408.6 万平方米，举全区之力，集中攻克了融景城西部片区、酒吧街、金都园林地块 4S 店等 25 个重点难点点位，整治了 547 个大杂院，创建了 137 个基本无违建社区，拆除违法建设 390.8 万平方米，占存量总面积的 95.6%，超过了过去 20 年的拆违总量。

第二，"十大专项行动"取得重大进展。主动作为，自我加压，通过一系列强有力的措施，区内砂石厂、搅拌站、超标燃气锅炉、露天烧烤等基本清理完毕。严格执行新增产业禁限目录，关停退出一般制造业和散乱污企业 32 家，疏解商品交易市场 11 家，拆除群租房 258 处，常住人口控制在 61.6 万人以内，较去年底减少 1.8 万人，疏解整治各项工作走在全市前列。

第三，"六个一批"建设成效显著。紧紧围绕群众需求，精准使用疏解腾退载体资源，统筹安排 681 个点位、2.5 平方公里腾退土地的再利用，留白增绿、改善生态、服务民生的项目用地超过 80%。建成规范化蔬菜零售网点 70 个、生活性服务业网点 50 个，新建立体停车楼 6 座，新增停车位 10151 个。全力启动实施北辛安、衙门口两个长安街西延线最大的自然村改造，北辛安从启动征收到实现供地仅用了 1 年，衙门口从规划稳定到启动征收仅用了 8 个月，均压缩时间近1年，创造了石景山棚改新速度，为1.1万户居民改善了居住条件和生活环境。

（二）保障安全工作

打造"老街坊"社会治理品牌，在全区所有社区建立"社区议事厅"和"老街坊防消队"，初步形成多元主体共同参与的社会共治格局。持续做好驻军服务保障工作，创新推进双拥共建和军民融合发展。严格食品药品安全监管，实施阳光餐饮工程。顺利完成北京市安全生产督察工作，大力开展安全隐患大排查大清理大整治专项行动，生产安全事故同比下降60%，亡人事故起数、人数全市最低。严格消防安全执法，火灾事故同比下降26%。严厉打击违法犯罪活动，立案率同比下降28.1%，破案率同比上升7.4%，圆满完成党的十九大等重大安保任务，荣获"全国平安建设先进区"。

（三）深化"放管服"改革

持续深化"石景山服务"品牌建设，深入推进"放管服"改革，颁发全市首张"多证合一、一照一码"营业执照，全市首个区级企业信用监管服务平台正式上线运行，京西首个商标注册窗口正式对外受理业务。

（四）推进政务公开

第一，全面执行人大及其常委会的决议决定，认真听取政协的意见建议，自觉接受人大工作监督、法律监督和政协民主监督，密切与各民主党派、工商联、无党派人士和人民团体联系，办理人大代表建议166件、政协委员提案163件，办成率达到64.4%，代表委员满意率达到100%。

第二，执行"三重一大"制度，召开区政府常务会议、区长办公会议48次，集体研究重要问题188个，完善重大决策合法性审查机制，落实政府法律顾问制度，推进政务公开，实施人大代表、政协委员、市民代表列席区政府常务会议制度，不断提高依法科学民主决策水平。

二、审判工作

2017年，石景山区人民法院围绕公正司法、司法为民工作主线，在区委的坚强领导、区人大及其常委会监督和市高级法院指导下，牢牢把握"稳、准、快、新、精、细、深、实"八字方针，为我区初步建成国家级绿色转型发展示范区提供了坚实的司法保障。截至2017年11月25日，我院受理各类案件30957件，同比增长32.3%；审、执结18 753件，同比增长12.2%；法官人均结案225件，位居全市法院第四位；服判息诉率93.6%，同比增长2个百分点。

（一）刑事审判工作

2017年审结刑事案件415件，判处刑罚495人。大力推进刑事案件全流程速裁工作，全年审结速裁案件占刑事案件结案数64.8%；稳妥审理我区首例非法获取计算机信息系统数据案以及涉案金额亿元以上的非法吸收公众存款案，依法审结涉毒、涉枪、以危险方法危害公共安全等重大敏感案件，维护安全稳定社会环境。持续加强未成年人司法保护工作力度，建立性侵害儿童案件防控机制，依托"青春护航基地"、"相伴青春观护站"及"法官工作室"，实现未成年人犯罪预防、惩治、教育、挽救全覆盖；以"少年法庭成立三十周年"法治宣传活动为契机，与区教委签署法治共建协议，将全区五十余所中小学校纳入防范校园欺凌工作成员单位；我院未成年人案件综合审判庭被授予"北京法院少年法庭工作先进集体"，青春护航帮教机制获评北京法院未成年人权益保护制度十大创新事例。

（二）民商事案件

审结民事案件 9978 件，同比增长 125%。妥善审理秋彤健身顾问有限公司消费者群体维权纠纷、奈伦房地产开发公司商品房销售合同纠纷等涉众型案件 1423 件，高效审结分家析产、物业供暖、劳动争议等涉民生案件 193 件，妇女维权合议庭审理反家暴、老年人权益保护案件 34 件，充分维护弱势群体合法权益，我院民一庭获评"全国维护妇女儿童权益先进集体"荣誉称号。依法公开审理"凶宅"索赔、以房养老等社会关注度较高案件，取得良好的裁判示范效应。创新"多元调解＋速裁""信息化建设＋速裁"办案模式，拓展小额诉讼程序适用范围，高效审结互联网金融、信用卡纠纷批量类案 5354 件，利用繁简分流与诉调对接工作机制提升小额速裁程序办案质效，截至 11 月 25 日，小额速裁庭结案 7875 件，法官人均结案 1575 件。

审结商事案件 3606 件，法官人均结案 360 件，商事法官人均结案数、一审服判息诉率均居全市第一位。创新"要素式审判＋表单式文书"办案模式，办理商事简易纠纷 1985 件；依托专业法官会议、典型案件文书学习交流制度，妥善审结公司设立纠纷、股东损害公司债权人利益纠纷、破产清算等疑难复杂案件 267 件，其中破产清算案件涉案标的高达 5 亿元，稳妥办理可可家里、欧可财富等涉众型金融类案件 500 余起。深化商事纠纷预警服务机制，定期深入大中型企业开展风险调研与纠纷预警，通过讲授公司治理法制课程、发出司法建议，促进驻区企业健康发展。

（三）知识产权审判工作

审结知识产权案件 1007 件，同比增长 32.5%，法官人均结案 252 件，同比增加 62 件，受理昌平、门头沟、延庆跨区知识产权案件 730 件，占比 58.4%。妥善审理全国首例阿里云服务器因存储网络游戏"私服"不作为被判著作权侵权案、北京市首例私人影院侵害信息网络传播权案等社会关注度较高的新类型疑难复杂案件 74 件，其中《中国好声音》被盗播案判决被告赔偿 606 万元，单期综艺节目赔额创北京地区历史新高，86 版《西游记》音乐作品著作权侵权案被评为 2016 年北京法院知识产权司法保护十大典型案例。深化知识产权特色审判工作机制，坚持深入科技园区通报案件审判情况，为驻区高新技术企业提供"定制化"司法服务，该项机制获评我区"创新工作室"。

（四）行政审判和监督依法行政工作

审结行政案件 104 件，妥善审理涉小区业委会等新型行政纠纷，圆满审结全市首例行政公益诉讼案件，促进行政机关依法全面履职；依法审查行政行为合法性，及时反映依法行政中存在的问题，全年向行政机关发出司法建议 9 份，召开行政案件通报会、座谈会 9 次，受邀为行政机关讲授法制课 6 次；强化行政机关负责人出庭应诉制度，全年行政机关负责人出庭 7 人次，积极参加行政执法研讨会，强化行政机关依法行政意识，从源头化解行政争议。

（五）案件执行工作

执结案件 3486 件，执结标的 34 亿元，实际执结率同比上升 27%。以"两到三年基本解决执行难"为工作主线，制定出台《关于"基本解决执行难问题"暨执行案款清理工作的实施方案》并部署开展"飓风行动"，快速稳妥执结融景城西部拆违、德义兴市场升级、北辛安地铁口开工等重点工程案件 71 件，为区域经济发展保驾护航。执结涉"三费"、劳动争议等民生案件 1359 件，集中向追索工资报酬的农民工发还案款 150 余万元，案款发还平均时间仅为 13 天，有效保障困难群众合法权益。强制执行结案 830 件，同比增加 37%，依法对拒不履行生效判决裁定的被执行人司法拘留 25 人次，限制出境 14 人次，曝光失信被执行人名单 5712 人，罚款 7 件次，罚款金额累计 57 万元，移送并判决 1 起拒不执行判决罪，强化执行强制措施，树立司法权威。承担执行改革试点工作，设立执行裁判庭、执行指挥中心和 4 个执行事务团队，深化审执分离；强化执行规范化建设，制定实施《关于开展规范执行行为专项整治行动的工作方案》《执行人员岗位职责规范》《评估拍卖工作实施细则》等规范性文件，严把执行各流程节点规范关，严抓案款发放管理廉政关，着力提升执行工作规范化水平。

（六）接受人大、政协等各方面监督工作

坚持季度工作报告和重大问题专题报告制度，搭建代表、委员"多元驿站"，建立"1+2+3"全覆盖式层级督办工作机制，邀请代表、委员 245 人次参加法院开放日、新闻发布会、旁听案件审理，坚持每周短信推送工作动态、每月寄送普法杂志、每季度邮寄季度工作报告，通过党组成员上门走访、电话联络、发放征求意见函、召开座谈会等形式征求意见建议 24 条，全部办结，代表联络工作获时任市高级人民法院院长杨万明的批示肯定并获评"联络工作先进法院"；定期与区检察院召开联席会议，针对检察院民事、行政诉讼监督情况通报中提出的问题认真整改；积极开展人民陪审员制度改革，随机抽选人民陪审员参审案件

885 件；全年网上公开裁判文书 8542 例，依法应当公开的文书全部公开；报刊、电台、电视台等新闻媒体宣传报道司法举措及案件审理 2587 次，实现多渠道司法公开、全方位阳光司法。

三、检察工作

2017 年，石景山区人民检察院认真贯彻落实市第十次检察工作会议、区委第十二次党代会、区委政法工作会议精神，深入开展"双一流"创建活动，牢牢把握检察工作两个主基调，紧紧围绕"三首"标准定位，较好地完成了全年工作任务。

（一）法律监督工作

第一，加强立案监督和侦查活动监督。派驻区公安分局执法管理办案中心检察室正式成立，初步完成与分局执法办案管理中心信息系统对接，通过场所巡查、观看同步讯问、询问录音录像、查询信息管理平台等方式，对在执法办案管理中心办理的案件进行监督，共审查刑事案件 286 人、行政处罚案件 77 人。针对公安机关移送审查逮捕、审查起诉案件数量与刑事立案数量差距悬殊问题，跟踪不批捕、不起诉案件的后续处理情况，重点开展监督撤案工作，保障当事人合法权益。在城区院率先开展提请批准逮捕案件同步审查工作。年内，受理立案监督类案件（不含行刑衔接案件）线索 10 件。其中，控告人申请的立案监督线索 6 件，涉及拆违治乱、虚假诉讼、过失致人死亡等敏感问题。其他检察院移送的立案监督线索 1 件，受理其他部门移送撤案监督线索 3 件。受理侦查活动监督案件 7 件，向公安机关制发《纠正违法通知书》3 份、《检察建议书》2 份，收到回函 3 份。受理行刑衔接立案监督类案件线索 12 条，其中 9 件为涉及食品药品安全及环境资源保护的重点案件，现已立案 1 件。向其他院移送犯罪线索 7 条。

第二，加强刑事审判监督。以同步审查未生效刑事判决为依托，通过对类案定期分析总结的方式及时发现和纠正法院审理问题和瑕疵。如对一年来法院受理的介绍容留卖淫案判决的分析中，发现公开审理和不公开审理混用问题；在分析冒充军人招摇撞骗案时，发现相同案件被以诈骗罪定罪处罚，及时向审判机关进行通报，避免类似情况再次发生。利用办案系统，对近年来生效判决案件进行复查，梳理出法院在审理中存在的适用法律方面的问题。如在复查妨害公务案件中，发现区法院在《刑法修正案（九）》实施后，未对暴力袭警案件依照新增加的条款从重处罚；在盗窃案司法解释实施后，未对曾五年内受过刑事处罚而降低入罪数额的犯罪分子认定累犯从重处罚等适用法律方面存在的问题，及时与法院召开联席会通报纠正，促进审判水平提升。

第三，加强民事诉讼监督。加强同级民事政诉讼监督工作力度，2017 年 1—9 月，民事检察部共受理民事诉讼监督案件 6 件，其中自行受理案件 4 件，比上年同期增长 100%，协助调查案件 2 件。上述案件均为对生效判决、裁定监督案件。审结案件 9 件（含上年存留案件），其中 1 件因原审认定案件基本事实的证据缺乏证明力，向市院提请抗诉并得到市院支持，其余案件均作不支持监督申请处理。

（二）刑事检察及公益诉讼工作

第一，坚决严惩各类犯罪活动。截至 10 月中旬，共受理审查逮捕案件 329 件 393 人，批准逮捕 220 件 264 人，占 67%，其中附条件逮捕 1 件 1 人，提请延长羁押期限案件 4 件 4 人；不捕 109 件 129 人，占 33%。其中，证据不足不捕 61 件 78 人，无逮捕必要不捕 42 件 45 人，不构成犯罪不捕 6 件 6 人，不捕复议案件 11 件 13 人。

第二，开展公益诉讼工作。调整公益诉讼工作理念，在案件办理过程中不强调起诉案件的数量，而是注重与行政机关形成维护公益合力。初查公益诉讼案件线索 30 件，28 件作终止审查处理，2 件向行政执法机关发出检察建议。

四、司法工作

2017 年，石景山区司法局在区委、区政府的正确领导下，深入推进"两贯彻一落实"，主动融入区委、区政府中心工作，紧紧围绕"法治石景山"建设和"疏解整治促提升"专项行动，充分发挥司法行政职能作用，扎实落实法律服务和法治保障各项工作，在服务全区建设国家级绿色转型发展示范区中做出了新的贡献。

（一）人民调解工作

人民调解工作稳步推进。与区法院深化诉调对接，规范立案庭人民调解员值班咨询工作，积极引导当事人以和解方式解决纠纷，聘任 12 名公证员参与诉前调解，有力补充了专业力量。充分发挥特色、品牌调解室引领作用，制定本区《培育和孵化符合地区发展需要的特色调解工作室项目实施方案》，组织五百余名人民调解员和党员调解志愿者全面参加全区 151 个社区"老街坊议事会"，安排社区法律顾问为"老街坊"开设法律知识讲座，有效融合了"老街坊"与人民调解力量，提升了基层共享共治能力和水平。与区卫计委、公安局建立信息互通机制，定期通报医疗纠纷等类型的纠纷调解情况，积极培育五里坨"老街坊"调解队等调解组织，石景山人民调解委员会被评为"北京市特色调解室"。狠抓人民调解队伍建设，补充扩容人民调解专家库，面向社会招募人民调解志愿者 505 名，采取菜单式培训方式开展骨干轮训，邀请"第三调解室"主持人、调解员为我区骨干调解员讲授人民调解实用技巧，提高了调解人员业务能力。全年通过人民调解组织调解矛盾纠纷 3916 件，调解成功 3788 件，成功率 97%。人民调解组织较好地发挥了维护地区和谐稳定的"第一道防线"作用。

（二）律师工作

律师行业管理和服务不断深化。强化行政许可事项审查，年内共完成各类律师行政许可和备案事项 62 件。严格把好律师队伍"入口关"，对申请执业的律师全部履行谈话提醒程序，对申请变更负责人的律师事务所新变更负责人及时谈话提醒，进行执业纪律和执业道德教育，共实施许可约谈 11 次。严格律师行业监督管理，对全区 37 家律师事务所、202 名律师实施年度考核，参加考核的律师考核结果均为称职，律师事务所考核结果均为合格。落实双随机抽查制度，加强对全区律师行业的执法检查，按程序办理律师投诉事项，截至 9 月 30 日，共开展律师行业执法检查 126 次，对 2 起律师事务所和律师违规执业案件进行立案处罚，有效促进了广大律师依法诚信规范执业。加强律师协会建设，指导律师协会成立维权中心和投诉中心，配备专门工作人员和工作设施，建立律师值班制度，有效促进了维护律师执业权利、规范律师执业行为。指导区律师协会积极参与全区社会组织公益行活动，与社工委协调，推出律师协会公益法律服务项目，参加区社会组织公益鹊桥会，较好地提升了律师公益服务的知晓度，促进了律师服务社会贡献社会责任意识的提升。3 月，召开妇女维权律师团工作总结推进会，总结推广律师妇女维权经验，扩充维权律师团成员。4 月，以整治"开墙打洞"为契机开展非法律师清查工作，联合区工商、城管等部门共同行动，对位于区内"开墙打洞"行为进行清理整顿，对十余家非法成立的律师事务所及"黑律师"等商户进行拆除和封堵，有效净化了区律师执业环境。

（三）公证工作

公证行业管理和服务稳步推进。落实公证质量定期检查，及时检查整改存在的问题。积极拓展业务领域，扩大服务范围和服务对象，更广泛地服务于民。加强公证队伍建设，5 月，在公证行业开展专项教育整顿活动，传达学习司法部关于公证违规违法行为处罚情况的通报，深入开展依法执业教育，检查纠正业务工作中存在的问题隐患，全面规范公证业务程序和执业纪律。积极服务区重点项目建设，参与区查处违法建设指挥部、有关街道办事处和法院等部门组织的京源粮油市场、衙门口纸库等拆除违法建设行动 30 余次，出动公证人员 60 余人次。今年以来共办理各类公证事项 10 115 件，其中国内民事公证 4389 件，涉外民事公证 6026 件，为老年人免费办理遗嘱公证 55 件。

（四）法律援助工作

法律援助制度进一步完善。规范细化"12348 法律咨询综合服务平台"建设，招募调整 35 名社会律师参加法援值班，完善《值班律师管理办法》《值班律师守则》等制度，规范值班律师的选拔、咨询接待，保障了平台高效平稳运行。积极推进社区法律援助示范联系点建设工作，制定《石景山区社区法律援助联系点建设工作方案》，全区共建立 13 家社区法律援助示范联系点。推进法律援助工作站建设，在区法院设立法律援助工作站，每个工作日安排一名律师值班。不断完善"点援制"，继续推行首问负责制、服务承诺制，对符合法律援助条件且行动不便的人员，实行电话预约上门服务。简化法律援助申请审批程序，对于符合援助条件、申请材料齐全的受援人，当日受理当日审批当日指派援助律师。积极落实刑事案件认罪认罚从宽制度工作，联合区法院、区检察院、公安分局等部门召开专题研讨会，制定我区《刑事案件认罪认罚从宽制度工作实施办法》，全年办理认罪认罚案件 28 件。依托石景山普法微信平台，每月定期推出法援动态、法援案例、法援事迹、法援律师等法援宣传内容，法律援助社会知晓率和认知度进一步提升。5 月，携手区残联开展全国助残日主题宣传活动，发放宣传资料 3000 余份，解答残疾人法律咨询 200 余人次。今年以来共办理援助案件 179 件，比去年同期增长 61.2%，其中，民事案件 123 件，刑事案件 56 件，共接待群众法律咨询 6951 人次，其中来访 1261 人次，来电 5690 人次。

（五）特殊人群管理工作

矫正帮教工作扎实落实。召开区综治委特殊人群专项组工作会议，通报工作情况，就信息报送、情况通报、个案会商、重点敏感期间排查稳控等工作进行部署，促进了公、检、法、司、监所等部门的协作配合。深入开展社区矫正执法督察工作，全方位规范社区矫正执法。认真落实走访、谈话等措施，全面掌握"两类"人员思想动态、行为轨迹和对外交往情况。充分利用电子监管设备，扎实推进罪犯视频会见工作，全面落实社区服刑人员分类分阶段集中教育，强化身份意识、悔罪意识、法律意识，对不能参加集中教育的社区服刑人员，编制教学大纲，使其通过中途之家教育课程、网络课程等形式完成相应的教育学习。强化"两类"人员帮教与衔接、就业与社会保障措施，妥善解决"特殊老病残"刑释人员的重点、难点问题。"三八"节前夕，组织女性社区服刑人员开展"关注引导、激发爱心"专题讲座和技能培训，聘请心理咨询师、种植培训讲师等专兼职人员进行课程制作和讲授，通过法规学习、法治教育、心理疏导和技能培训等课程，激发了女性社区服刑人员的主体意识。今年以来，开展社区服刑人员集中教育和分类教育 170 人次，心理辅导 127 人次，进行个别谈话教育 1000 余人次，组织社区服刑人员参加社区公益劳动 1011 人次。全年社区矫正、刑满释放在管人数近千人，总体稳定，没有发生严重违法违纪问题。

五、石景山区 2017 年法治建设特色和亮点

（一）扎实开展"法律十进'七五'行"活动

第一，加强国家工作人员法治教育，注重党内法规宣传与国家法律宣传的衔接和协调，教育引导广大党员模范遵守党章党规党纪和国家法律。组织开展"石景山区法治宣传教育四季行"活动，区、街、社区三级按照四季主题，因地制宜开展形式多样的法治宣传活动。主动融合精神文明创建工作，深入推进"司法大讲堂"宣讲活动，组织社区法律顾问围绕社会热点和群众关心的问题定期开展法治宣讲，营造人人知法守法的法治氛围，促进培育和践行社会主义核心价值观。

第二，坚持落实中小学法治副校长工作制度，对全区 23 所中小学校法治副校长重新进行调整，选调优秀律师和司法干警担任法治副校长。在校园安全和青少年普法方面，开展校园法治宣讲 20 余场次，受教育师生 5000 余人次。与区工商、消协、教委和物美集团等多家单位连续第十五年举办"物美杯"青少年维权知识竞赛，累计 5 万余名中学生接受了消费维权知识培训，提高了青少年的运用法律自我保护的意识，成为我区青少年法治教育的优质品牌。

第三，在"法律六进"基础上，积极推动法律进商务楼宇、进交通枢纽、进景区、进军营活动，组织 12 家区属律师事务所结对我区 37 幢商务楼宇，建立商务楼宇法律服务工作站，为楼宇企业提供法律咨询、法律知识培训、法律风险防控等服务，并协助企业开展现代企业治理、诉讼代理、非诉法律事务等业务，帮助化解企业与企业、企业与员工、员工与员工之间的矛盾纠纷，促进企业和谐发展。

（二）深化法治宣传教育阵地建设

第一，对法治家园部分硬件设施进行维护完善，对法治家园特色法治活动进行具体指导。

第二，主动融合基层文化建设，围绕"六聚石景山"创新法治文化品牌，在全区各相关单位征集法治文艺作品，利用石景山区法治宣传教育网平台长期征集法治文艺作品，汇总全区文艺队伍情况，建立文艺队伍库。

第三，以司法行政开放日和节假日重要节点法宣活动为契机，联合有关街道、社区举办各类法治艺术展览和文艺演出 20 余场次。与专业传媒公司合作，投资拍摄 4 部普法栏目系列剧，第一部剧《社区那些事儿之老寇的烦恼》已经制作完成并投放到石景山电视台，第二部剧《真假律师》已经投入拍摄。与专业创作团队合作创新法治相声、小品、快板、山东评书、鼓曲等不同的法治曲艺形式，于每月最后一周定期在社区表演，深受居民喜爱。

（三）加强普法，着力推进依法行政

第一，推进行政机关负责人出庭应诉，提高行政机关依法行政意识。2015年，制定《石景山区行政机关负责人出庭应诉工作规则》，要求各承办单位按照《行政诉讼法》相关要求，充分重视出庭应诉工作。2017 年，区政府负责人一审诉讼案件出庭率 13%，充分体现对应诉工作的重视，通过组织各委办局负责人参与案件旁听，有效带动了全区各级行政机关负责人提高依法行政意识，强化应诉工作水平。

第二，推动全区政府法律顾问制度建设，进一步防范法律风险。制定《石景山区人民政府法律顾问工作暂行办法》，指导各行政机关通过自主选择或资源共享的方式，配备本单位法律顾问，以按需分配、合理配置、重点推进、普遍覆盖为原则，努力实现"普遍建立法律顾问制度"的任务目标，并将落实情况纳入依法行政考核。

第三，以区法学会为平台，举办"在疏解非首都功能中依法行政"专题培训；开展"4·15全民国家安全教育日"宣传活动，进一步提高广大群众维护国家安全、荣誉和利益的意识。为更好开展行政复议应诉工作，对法律关系复杂或存在较大法律风险的重大决策、重要合同、重大执法等事项，法制部门提前介入，参与研讨，确保重大决策及执法行为的合法性。

（四）积极推进司法体制改革

认真贯彻落实中央和市委部署的司法体制改革任务，积极推进警力前置，公安分局机构编制优化调整在全市16个分局率先完成；深化落实警察公共关系建设，全年妥善解决群众咨询、举报、求助等各类问题300余件。建立检察官评价体系，确保检察权依法、规范、高效、有序运行；检察院与区纪委密切配合，有序、顺畅地完成相关部门、人员转隶到区监察委员会工作。组建以员额法官为核心的审判团队47个，制定多样化团队内部成员权责清单和绩效考评办法，激发团队办案活力；制定《诉调对接工作流程实施细则》《多元化调解和速裁工作规范》，以立案阶段为关口，对婚姻家庭、民间借贷等传统民商事纠纷试行调解前置。

（五）全力为区域经济发展提供司法保障

第一，为"疏解整治促提升"专项行动提供司法保障。针对专项行动中的重点点位和市场疏解等难点问题，政法委建立专题会商机制，组织政法单位、属地街道和相关单位，共同分析研判涉稳风险、法律风险、社会风险、舆情风险，针对预判可能出现的风险点，采取工作前置、提前谋划、正面宣传，做好有效化解和应对处置。在全区选调20名知名律师组成"疏整促"专项行动法律服务团，入驻41个项目点，提供法律咨询，开展法治宣传和矛盾纠纷化解工作。

第二，积极推进社会矛盾纠纷化解工作。组织召开协调、会商、联席等会议170余次，牵头成立专项工作小组，对涉及征地拆迁、重大项目建设、历史遗留问题、涉众型经济案件、涉军群体、疏整促利益群体等重点矛盾，进行社会稳定风险评估，制定化解方案，推进事要解决。建立区、街道（委办局处）、社区三级网上信访信息系统，推进快速解决问题机制建设，打造信访事项解决绿色通道，努力实现网上与网下融合、网上向"掌上"延伸。进一步完善人民调解、司法调解、行政调解联动工作体系，组织 500 余名人民调解员和党员调解志愿者参加全区 151 个社区"老街坊议事会"，有效融合了"老街坊"与人民调解力量，提升了基层共享共治能力和水平。石景山人民调解委员会被评为北京市特色调解室。

第三，制定《关于进一步规范和加强重大决策社会稳定风险评估工作实施意见》，细化评估范围、评估流程、评估要求，全年对衙门口棚改、医药分开改革方案等 12 个项目重大政策项目和 100 余个中小项目进行了风险评估，最大限度地消除了影响"三重"进程的不稳定因素。

门头沟区法治建设报告

2017 年是门头沟区实施"十三五"规划、努力实现转型发展的重要一年。在市委市政府、区委政府的领导下，门头沟区以推动发展为重点，高度关注民生，不断推进法治建设工作取得新进展、新成效。

一、人大法治保障和监督工作

2017 年，门头沟区共组织召开常委会会议 8 次，主任会议 12 次；听取、审议"一府两院"专项工作报告 17 项，提出审议意见 3 件，开展专项视察 6 次，形成专题调研报告 5 篇；依法作出决议、决定 8 项；依法任免国家机关工作人员 86 人次；按照市委、市人大和区委的工作安排，组织召开 2 次人代会，选举产生了区监察委员会主任 1 人、门头沟区出席市第十五届人民代表大会代表 22 人，圆满完成了区十六届人大一次会议确定的各项任务。

（一）组织机构建设工作

第一，坚持党的领导。维护区委总揽全局、协调各方的领导核心地位，坚持向区委请示报告工作制度。

第二，思想建设进一步强化。区人大认真落实"两学一做"学习教育常态化制度化，在机关建立每半月一次的学习论坛制度。全年共组织开展研讨活动 16 次，形成各类交流文章 48 篇。

第三，组织建设进一步推进。结合区人大专门委员会的设立，进一步加强机关组织建设，强化各办、室人员和专业力量，实行干部轮岗。

第四，制度建设进一步完善。制定、修订了《区人大常委会议事规则》等 7 项规章制度，进一步推进了人大工作的制度化、规范化和程序化建设。

第五，支持和推动专门委员会开展工作。制定《区人大专门委员会工作规则》，从制度层面对专门委员会的履职方式和工作程序加以规范，保障专门委员会依照法定程序行使职权。

第六，进一步规范基层人大的工作。加强对镇人大和区人大街道工委工作的调查研究，推进镇人大和区人大街道工委工作的制度化、规范化建设。协助镇人大进行了 5 次专题辅导讲座、召开 4 次镇人大工作会议。

（二）人大代表工作

第一，有效推进代表密切联系群众。听取群众的意见和建议，充分发挥市、区、镇三级代表和 99 个"代表接待站"的平台作用，推进代表"进农村、进社区"活动，归纳整理代表建议台账 266 条，提出闭会期间代表建议 25 件，全年共有 620 人次代表参加了接待活动。

第二，广泛开展闭会期间代表履职活动。组织市、区、镇三级人大代表对全区法律法规贯彻实施情况和产业转型发展、科技创新、社会事业、环境保护等方面工作进行检查、视察和调研，充分吸纳基层代表的意见和建议。全年共有 750 人次代表参加了履职活动。

第三，采取多种形式对代表进行履职培训。加大了培训力度，强化代表意识，提高政治素质和履职能力。区委书记张贵林同志为全体代表作了专题辅导报告。围绕如何依法履行职责这一主题，通过专题讲座、集中培训、代表培训微课堂、微信群和公共邮箱定期推送等多种形式展开学习，全年共为 660 人次代表进行了履职和专业知识培训。

第四，加强代表建议、批评、意见办理。在区十六届人大一次会议期间提出的 93 件代表意见建议中，已经解决、正在解决的 26 件；暂时不能解决，做好解释说明的 34 件；内容宏观、属于长期目标的 33 件。在闭会期间提出的 25 件意见建议中，正在解决的 8 件；做好解释说明的 9 件；属于长期目标的 8 件。

（三）法治保障工作

第一，听取了区政府信息和政务公开情况的报告。建议区政府严格贯彻执行相关法律规定，强化统筹管理，不断深化重点领域信息公开和政务公开，主动接受群众监督。

第二，积极推进以司法责任制为核心的司法体制改革的落实。专题调研了区法院未成年审判工作；听取了区检察院关于司法改革推进情况的报告。

第三，落实《立法法》的相关规定。修订了《门头沟区人大常委会规范性文件备案审查办法》，加大主动审查力度，进一步推进我区规范性文件备案审查工作，全年对 3 项规范性文件进行了备案审查。

第四，认真做好信访工作。全年受理群众来信来访 42 件次、32 人次，进一步推动各类矛盾的化解，维护了社会和谐稳定。

（四）监督工作

第一，加强转型发展监督。围绕服务首都建设"四个中心"的大局，推动产业转型升级和全区经济社会发展。推动区政府加强疏解整治与优化提升的统筹管理工作，对旅游文化产业与科技创新产业开展实地调研与考察。

第二，加强预算审查监督。推进全口径预算审查监督，促进区政府加强预算管理。审查批准了2016年决算、预算执行和其他财政收支审计工作报告，听取了上半年预算执行情况的报告，批准了2017年地方政府债务限额的报告和预算调整方案的报告，初步审查2018年预算编制情况。结合实际制定了《门头沟区预算审查监督办法》，全面加强对区级预算的审查监督。

第三，加强环境保护监督。加强对环境保护和生态治理工作的监督力度，促进中央和市环保督察要求以及各项压减指标的落实。

（五）民生工作

第一，把棚户区改造作为全区头等民生大事来抓。建议区政府坚持以人民为中心，高标准严要求，全力以赴加快棚改安置房建设；综合考虑群众生活需求，大力推进公共配套设施建设进度；完善棚改新区社会管理服务，促进城市建设和谐发展。

第二，持续关注教育事业发展。听取了全区教育资源布局情况的报告，视察了何各庄、小园等地块配建中学、幼儿园的情况。要求区政府坚持教育优先发展战略，加强教育的软硬件建设和管理，提高教育质量和水平。

第三，不断推进医疗卫生事业发展。围绕加快推动国务院和北京市医疗改革政策的贯彻落实，主任会议对分级诊疗和医联体工作的开展情况进行了视察。开展《北京市全民健身条例》实施情况的执法检查联动，进一步促进我区全民健身工作蓬勃开展。

第四，高度重视低收入村和低收入农户的增收工作。听取了农村低收入帮扶工作情况报告，推进"六个一批"帮扶措施和"六个一"结对帮扶机制在全区低收入精准扶贫工作中的落实，做到脱真贫，真脱贫。

（六）指导规范基层工作

常委会认真落实中发〔2015〕18号文件和京发〔2016〕9号文件精神，加强对镇人大和区人大街道工委工作的调查研究，修订了《区人大常委会党组关于加强和改进镇人大工作的指导意见》《区人大常委会街道工作委员会工作通则》，对镇街人大的工作目标、内容、方式、组织架构等进行规范，围绕基层人大职权、镇人代会及闭会期间代表如何行使权力，协助镇人大进行了5次专题辅导讲座。密切工作联系和指导，召开4次镇人大工作会议，指导各镇结合推进"疏解整治促提升"专项行动和"打造美丽乡村、构建和谐社区"专项行动等重点工作开展视察和评议。

二、法治政府建设

2017年，门头沟区各级行政机关深入学习贯彻党的十九大精神，落实中共中央、国务院《法治政府建设实施纲要（2015—2020）》，着力在促进行政机关依法全面履职、健全科学民主依法决策机制、深化行政执法和监督体系、强化对行政权力的制约监督、有效化解行政争议、提升行政机关工作人员依法行政能力等方面取得积极进展，为建设现代化生态新区提供了有力的法治保障。

（一）疏解整治工作

区政府严格执行《非首都功能调整疏解工作方案》和禁限目录，加强企业登记注册和新增投资产业项目的前端审查。大力承接引进首都核心区外溢高端产业，沙东科技等一批优质企业成功落户。协助京煤集团做好煤矿退出及转型工作，向458名解除合同职工提供精准服务。落实疏解整治促提升专项行动各项任务，清理整治"散乱污"企业42家，拆除违法建设581处31.3万平方米，超额完成占道经营、无证无照经营和"开墙打洞"整治任务，整改浅山区161宗违法违规用地问题。

（二）保障安全工作

区政府推进"平安门头沟"建设，圆满完成全国两会、"一带一路"国际合作高峰论坛、党的十九大等一系列重大安保维稳任务。严格落实安全生产责任制，深入开展安全隐患大排查大清理大整治，完成迎接北京市安全生产督察工作。修订完善各级应急预案，开展多层次应急演练，建立与交界市区县联动协防工作机制，实施下安路、黑江路、二斜井、卧龙岗等应急除险工程。

严格落实安全生产责任制，加强重点领域、重点行业安全管控和隐患排查治理，坚决防范和遏制重特大事故发生。高度重视消防安全，深入开展"三合一""多合一"违法经营场所、群租房等重点场所排查整治。实施"全民消防安全培训"计划，新建军庄消防站，真正把火灾"灰犀牛"关进笼子。强化食品药品安全管理，创建食品安全示范区，构建覆盖从源头到消费全过程的监管格局。加强综合防灾减灾救灾能力和应急体系建设，做好救灾物资储备管理。

（三）深化"放管服"改革

区政府继续精简行政许可事项，取消调整了34项行政许可；加大对中介服务事项的清理规范力度，分两批次清理规范中介服务事项206项，按要求落实全市152项中介服务事项保留清单，中介服务事项在办事大厅、门户网站等场所和平台进行公开，接受社会监督；深入推进证明事项清理，落实两批市级取消调整的151项各类证明，开展了区级自设证明的清理工作；健全权责清单制度，对权力清单进行了动态调整，公布了我区2017版权力清单，行政许可及"7＋X"行政职权事项涉及32个区级部门，共计993项（不含垂管部门），2017版行政处罚职权事项共计5568项。制定并公布了《门头沟区政府部门行政职权运行通用责任清单》和《门头沟区环境保护职责分工》；全面推广"双随机一公开"监管方式，严格落实双随机抽查事项目录制度和年度抽查计划，推动开展联合抽查；推进区政务服务中心"一站式"办理，搭建统一的线上服务平台，目前社会保障、医疗服务等589项事项已纳入平台系统。

（四）推进政务公开

全年区政府主动公开政府信息数17 844条。主动公开行政规范性文件3条，制发行政规范性文件3条。重点领域公开政府信息数2911条。通过不同渠道和方式公开政府信息的情况，包括政府公报公开政府信息数2期共78条；政府网站公开政府信息数17 721条；政务微博公开政府信息数2620条；政务微信公开政府信息数3818条；其他方式公开政府信息数2668条。

三、审判工作

2017年，门头沟区人民法院共受理案件10 998件，其中新收案件10 305件，同比上升1.8%；办结案件10 308件，同比上升1.6%，审判质量效率、队伍能力素质和司法公信力进一步提高，人民群众的获得感不断增强。

（一）刑事审判工作

依法严惩犯罪，审结刑事案件161件，判处罪犯188人。其中，审结故意伤害、强奸、盗窃、贩卖毒品等侵犯公民人身和财产权利、妨害社会管理秩序的犯罪案件共97件，不断增强人民群众的安全感。审结贪污、贿赂等职务犯罪案件6件，组织区相关部门70余名党员干部旁听案件审理，促进反腐败斗争持续深入开展。审结门头沟区首例监察委调查终结的刘某贪污案，助力国家监察体制改革试点工作。严厉打击污染环境犯罪，审结蒋某、苏某非法采矿案，追回赃款154余万元，保障生态环境安全。

（二）民商事案件

妥善审理涉安置房屋买卖、租赁合同纠纷案件333件，融资租赁合同、民间借贷等纠纷573件。妥善化解涉旅游相关纠纷，依法审理涉珍珠湖景区的合同纠纷案件和首例户外骑行引发的人身损害赔偿纠纷案件。适用简易程序和小额诉讼程序简便高效审结物业纠纷、供暖纠纷等案件2150件。坚持劳务纠纷、抚养赡养纠纷、医患纠纷等重点民生案件快立、快审、快执"绿色通道"，全年化解相关案件328件。审结婚姻家庭、继承案件758件，落实《反家庭暴力法》，依法签发人身保护令13件，维护婚姻家庭和谐稳定。开展涉民生执行案件系列活动，快速执结涉农民工工资案件90余件，发放执行案款1050余万元。

（三）行政审判和监督依法行政工作

充分发挥"北京市依法行政法制宣传教育基地"功能，为"门头沟区领导干部依法行政专题培训班"等7期培训班授课，通过行政案件审判白皮书、庭审观摩等多种形式，推动执法机关带头学法、模范守法。区长带头出庭应诉，具有重要示范意义，进一步推动了我区行政首长出庭工作。强化与行政机关的程序衔接，建立工商登记案件诉前协调机制，对涉诉案件较多的行政机关，定期梳理类案法律风险点，就行政文书制作、文书送达方式等提供有针对性的意见建议，促进相关行政机关转变工作方法、改进处理方式，消解潜在纠纷。2017 年，区法院受理涉区行政机关的行政诉讼案件为 116 件，同比下降 42.6%，行政纠纷实质性化解取得阶段性实效。

（四）案件执行工作

区委办公室、区政府办公室在全市各区首家联合发文支持解决执行难的问题；建立由区委政法委牵头，包含全区 31 家单位、乡镇街道在内的执行联动机制，合力破解执行难。不断加强执行威慑机制建设，开展"亮剑执行难"等专项行动，用足用好限制高消费、限制出境等强制执行措施，与淘宝、京东等建立合作关系，强化司法财产处置力度，共执结各类案件 3342 件，累计执结标的 4.87 亿元，有力地维护了当事人胜诉权益。

（五）对接疏解工作

对接非首都功能疏解，提供有力司法保障。区人民法院作为牵头单位，促成周边 29 家京津冀中基层法院共同签署司法合作协议，提升区域执行联动、异地案件审判效率，举办京津冀中基层法院司法合作暨《民法总则》前沿问题论坛，为京津冀协同发展提供智力支持与法律服务。该机制获评北京市第三届"我为改革献一策"十大 A 类创新项目。对照《门头沟区"疏解整治促提升"专项行动（2017—2020 年）实施意见》，依法妥善处理涉非首都功能疏解的商铺租赁、劳动争议、公司清算等案件 134 件，促进了相关疏解任务有序推进。妥善执结北京石龙某家具厂 7000 余平方米房屋场地腾退案件，助推辖区重点工作。

（六）接受人大、政协等各方面监督工作

向区人大常委会专项汇报内设机构改革、执行体制改革试点情况，以及推进解决执行难工作情况，主动接受人大监督。通过邀请人大代表、政协委员、特邀监督员视察法院诉讼服务中心、观摩庭审、参加典型案例新闻通报会、监督人民陪审员随机选任等方式，听取代表委员意见建议 46 人（次）。不断完善与人大代表、政协委员的常态化联络工作机制，主动接受区人大、区政协和社会各界的监督，不断改进工作。

四、检察工作

2017 年，门头沟区人民检察院受理审查批准逮捕案件 131 件 172 人，批准逮捕 113 件 149 人，人数较去年同期上升了 36% 和 52%；受理审查起诉案件 182 件 241 人，提起公诉案件 170 件 223 人。

（一）法律监督工作

2017 年，区人民检察院发出侦查活动监督文书 12 份，较去年增长了 30%，纠正了侦查机关 11 项不规范问题，监督引导侦查机关规范办案。向本市及外省市的审判机关、司法行政机关发出纠正违法通知书 6 份、检察建议 5 份，纠正了 13 项不规范问题，提升刑罚执行活动规范化水平。加大对审判机关一审刑事裁判同步审查力度，就某案中罚金刑适用法律错误提出抗诉并获改判。就某离婚纠纷案中错误认定婚前财产的判决，依法提请抗诉并获改判，最大限度地维护了妇女儿童老年人的合法权益。

（二）刑事检察及公益诉讼工作

第一，坚决打击各类犯罪活动。区检察院受理审查起诉案件 182 件 241 人，提起公诉案件 170 件 223 人。审查起诉案件二次退补率仅为 3.66%、办案效率为全市最优，结案率达 100%、位居全市第一。提起公诉后量刑建议获法院采纳率 100%，有罪判决率达 100%，全面确保办案质量。

第二，开展公益诉讼工作。依托行政公益诉讼破解地区转型发展中的难题。共发出诉前检察建议 9 份，提起行政公益诉讼 1 件，我院立案数和发出诉前检察建议数均位居全市第二。共督促行政机关恢复国家生态保护林 4 亩、补种生态林木 1130 棵、追回重点拆迁项目中国有资产损失 120 余万元。

五、公安工作

2017 年，门头沟区公安分局在市局党委和区委、区政府的坚强领导下，牢牢抓住全面深化公安改革的有力契机，不断推动公安工作创新发展，从严从实从细抓好保稳定、护安全、促和谐工作，圆满完成了各项安保维稳任务，确保了全区政治稳定、社会安定。

（一）重大安保工作

面对错综复杂的安保维稳形势，分局党委变压力为动力，开展安保典型风采展示、创建政工专刊《身边》读物、设立警意快线，加强战时表彰奖励，鼓舞士气激励斗志。重大安保、重要活动期间启动每日会商，牵动全区各部门落实主体责任。持续深入开展内部单位、危爆物品、寄递物流清理整顿行动，区分局会同行业主管部门，开展联合执法 95 次，出动警力 326 次，有效降低了各类安全风险。落实大型活动风险评估，严格行政许可审批，出动警力 1180 人次，加强现场治安、交通秩序维护和周边区域巡逻防控，确保了潭柘寺观香祈福、第八届北京国际山地徒步大会等 23 项、48 场次大型活动的安全有序。

（二）公共安全秩序工作

区分局坚持"治堵、治乱、治祸"相结合，项目化推进优化交通信号设施、畅通道路微循环、整治违法停车等交通缓堵措施，全区交通拥堵报警量在全市始终保持较低水平。依托"三整顿两提升""一口两线""一控两防"等专项行动，严厉查处大货车、酒驾、涉牌等各类交通违法行为 23.5 万起，交通事故起数、亡人数同比分别下降。以防火委平台实体运行为纽带，落实消防网格化常态排查，积极探索建立军地消防联动、隐患排查等工作机制，配齐专、兼职消防检查员队伍，采取"大兵团"集中清查、多部门联合执法、日常滚动排查等方式，最大限度压减火灾事故。全区未发生亡人火灾事故。

（三）社会治安工作

结合门头沟治安特点和"疏解整治促提升"工作要求，区分局配合政府开展"开墙打洞"治理、问题隐患清零、"清查、归零、保安全"、大排查大清理大整治等专项行动，加大对内统筹、对外联动，会同各镇街成立 14 个执法检查队，2017 年全年，累计出动警力 6006 人次，开展联合整治、捆绑执法 359 次，检查各类行业场所 5317 家次，协助拆除违章建筑面积 6.9 万平方米，疏解人口 2.1 万余人。

（四）执法规范化工作

主动适应以审判为中心的刑事诉讼制度改革要求，深入开展"公正执法护平安"专项行动，充分发挥执法办案中心牵动引领作用，通过强化受立案监督、刑事办案靠前介入、组织开展执法培训、主动对接检察机关、设立引导侦查取证办公室和侦查监督办公室等多项举措，为一线执法提供有力支撑。针对接处警、受立案、调查取证等重点环节，开展了 22 次执法培训，提升了民警规范执法能力水平。

（五）队伍建设工作

第一，加强思想政治建设。积极推进"两学一做"学习教育常态化制度化，全面掀起学习宣传贯彻党的十九大精神热潮，引领全警筑牢忠诚警魂。

第二，强化民警队伍管理。组织学习各项纪律规定，按计划分批次组织观看系列警示教育片 26 部、开展警示教育活动 58 场次。开展网上监管和日常督导，持续开展战时谈心谈话活动 750 人次，实时掌握队伍思想动态。

六、司法工作

2017 年，门头沟区司法局围绕区委、区政府和市司法局中心工作，不断强化法治宣传、法律服务、法治保障职能发挥，为促进门头沟区成为宜居、宜业、宜游的现代化生态新区建设做出了积极贡献。

（一）人民调解工作

全区各级人民调解组织共调解纠纷 5353 件，涉及当事人 11 242 人，调解成功 5345 件，成功率为 99.85%，协议涉及金额 1046.26 万元。防止民间纠纷转化为刑事案件 54 件 220 人。组建"疏解整治促提升"法律服务团，组织各村居开展"拉网式"矛盾纠纷大排查。专项行动工作开展以来，我区矛盾纠纷排查 518 次，各基层调解组织、调解员、志愿者参与调解 262 件，通过人民调解手段化解成功62件。

（二）律师工作

依托"村居法律顾问"开设法律服务站点，提供法律咨询2199人次，举办法律讲座268场，代写法律文书170份。加大执法检查力度，实现"双随机、一公开"工作常态化。成立维护律师执业权利中心和投诉受理查处中心，优化律师执业环境。深化村居公益法律服务，完善村居法律顾问考评机制，实现村居公益法律服务工作从"有形覆盖"到"有效覆盖"。

（三）公证工作

全年共办理公证案件2541件，其中民事1676件、经济204件、涉外661件。为回迁房选房、农转非名额分配等主动提供综合性、全方位的公证法律服务。

（四）法律援助工作

积极构建"3＋N"法律援助工作体系。截至目前，全区共建有法律援助工作站31个，法律援助联络点278个。全面推行刑事法律援助全覆盖，畅通刑事法律援助申请渠道。为残疾人、老年人等特殊群体开展专项维权，截至12月底，共接待来电来访咨询8245批次，受理法律援助案件721件，其中，受理刑事案件61件，受理民事案件660件，办结案件846件，为受援人挽回经济损失1293.48万余元。加强农民工维权站建设，全年受理农民工讨薪援助案件55批次，涉及556人次，为农民工讨回薪资579.27万元。

（五）特殊人群管理工作

针对罪错"六大类"社区服刑人员，分类编制指导性的"专业课"教案，丰富日常教育形式，编印《社区服刑人员日常教育读本》，作为社区服刑人员"公共课"通识教材使用。建立社区服刑人员违法犯罪危险性心理评估筛查机制，全年对264名社区服刑人员进行违法犯罪危险性心理筛查评估。

积极落实监所视频会见视频帮教惠民政策，通过提前介入、主动作为，在全区各司法所及阳光中途之家建立固定视频会见场所，配备会见专用设备，明确专人负责并集中开展岗前培训。目前，全区已顺利完成视频会见14例。2017年，我局矫正帮教工作先进经验被邀请在市局矫正帮教工作会上作典型发言介绍。

七、门头沟区2017年法治建设特色和亮点

（一）创新执行工作方式，切实解决执行难题

借助执行信息化建设成果，确立"以执行指挥中心为中枢，以信息化手段为依托，以团队化运行为基础，以执行工作公正、规范、高效、透明为目的"的改革思路，实行"1＋N＋X"信息化执行团队工作模式。"1"是指执行指挥中心，通过支撑、管理、保障、服务功能的发挥，为领导提供管理平台，为执行团队提供后台支持和服务。"N"是组建若干个执行团队办理实施案件。"X"是指执行

团队的内部人员配置。通过"执行指挥中心—执行团队""员额法官—执行团队"两个维度运转，实现执行实施工作的高度协调和有机管控。运行以来，执行规范度、廉政风险防控效果、执行质效、当事人满意度均明显提升。

（二）深入推进司法合作，提供有力司法保障

第一，加强审判业务合作。门头沟区人民法院积极促成周边 29 家京津冀中基层法院共同签署司法合作协议，明确立案、审判、执行等方面的具体合作方式，提升区域执行联动、异地案件审判效率。

第二，开展法治论坛。举办京津冀中基层法院司法合作暨《民法总则》前沿问题论坛，为京津冀协同发展提供智力支持与法律服务。该机制获评北京市第三届"我为改革献一策"十大 A 类创新项目。

第三，加强跨区域检务合作。门头沟区人民检察院与河北省张家口市人民检察院签订《服务和保障京津冀协同发展合作协议》，为地区发展营造和谐稳定的司法环境。

（三）深入落实司改精神，推进改革举措落地生根

第一，建立高效、便捷诉讼服务体系。加强诉讼服务中心转型升级，利用信息化手段为诉讼群众提供电子文书模板多功能自助查询一体机、诉讼流程指引图、自助立案设备，坚持为老年人、残疾人等特殊群体开启绿色立案通道。

第二，深入推进"互联网＋审判"工作模式。门头沟区人民法院作为北京法院首家适用道路交通案件"网上数据一体化处理平台"的法院，利用互联网优势，为当事人提供在线损失确定、赔偿调解和保险赔付等一键理赔服务，大幅降低群众诉讼成本。

第三，打造"互联网＋考核"模式。依托"移动检务平台"，门头沟区人民检察院对全院、全员、全过程实时动态管理，实现综合部门及业务部门干警在全院全市范围内横向、纵向评比，为客观评判、科学考核提供依据。

（四）深入推进法治宣传工作，营造良好法治氛围

第一，试点"法治宣传服务预约点派相结合模式"。提高法治宣传服务效率，为百姓提供及时、精准的宣传服务。

第二，探索"以案释法"新模式。依托《门头沟法治季风》，开办"拍案看法"栏目，以图片构建静态电影，讲述法律故事，探索一条低成本、可视化的静态电影普法道路。出台法官、检察官、行政执法人员、律师等"以案释法"制度，新组建法官、检察官、行政执法人员"以案释法"宣讲团，分别制定年度实施方案，明确宣讲侧重点和时间安排等。

第三，开通"门头沟普法"微信公众号。定期推送普法动态、法律常识、法律知识有奖竞答等，以"新媒体＋法治宣传"的方式打造百姓指尖的法治小

教员。公众号自上线运行以来，年内粉丝数基本维持六七千人，推送在线有奖竞答活动 8 期，并自主策划了"我为优秀法治书法作品打 call"线上投票评选活动。

（五）加强法治政府建设，提升依法行政能力

第一，完善社会治理体制机制。全面推行"参与式协商"社区治理模式，开展了"社区自治＋社区多元共治"治理模式，社区自治氛围日益浓厚；推进"一刻钟社区服务圈"建设，依托"智慧社区"推动精准化服务，完善社会动员联动机制，公共服务水平持续提升；以 61696156 为民服务信息平台为依托，以社会服务管理网、城市管理网、社会治安网"三网"为载体，创建完成"三网一体化运行平台"，并以此平台为依托融合各类网格服务，实现了"3＋1＋N"多网融合运行模式。

第二，积极构建"3＋N"法律援助工作体系。纵向上，不断夯实三级法律援助服务体系，积极推进村居法律援助示范联系点创建工作。横向上，在军人军属法律援助工作站、区教委法律援助工作站等工作站点的基础上，新成立区检察院、区法院法律援助工作站。

第三，推进行政纠纷实质性化解。充分发挥"北京市依法行政法制宣传教育基地"功能，通过行政案件审判白皮书、庭审观摩等多种形式，推动执法机关带头学法、模范守法，树立法治意识。强化与行政机关的程序衔接，建立工商登记案件诉前协调机制，对涉诉案件较多的行政机关，定期梳理类案法律风险点，就行政文书制作、文书送达方式等提供有针对性的意见建议，促进相关行政机关转变工作方法、改进处理方式，很大程度上消解了潜在纠纷。

 # 房山区法治建设报告

2017年，房山区在市委市政府、区委、区政府的坚强领导下，深入学习贯彻党的十九大精神，紧紧围绕"中心工作"，进一步凝心聚力、扎实工作，圆满完成了法治建设的各项任务。

一、人大法治保障和监督工作

2017年，房山区人大及常委会主动适应新形势新任务要求，切实强化责任担当，主动工作，积极作为，确保市、区委重大决策部署落地生根。

（一）组织机构建设工作

第一，健全代表活动机制。为便于闭会期间开展活动，组建了5个专业代表小组和14个区域代表小组，规范了活动要求、活动内容。各小组围绕社区建设等主题开展了活动，为做好常委会、专委会各项工作发挥了重要作用。

第二，健全代表工作制度。制定出台专委会工作职责，为开展专业性较强的代表活动打牢了制度基础。坚持代表列席常委会会议和参加视察、执法检查制度，不断完善代表履职通报制度，为提升代表工作质量提供了重要保障。

第三，健全代表联系方式。进一步深化常委会委员、代表、群众的联系工作，针对密切人大代表与人民群众联系开展了专项调研，着力提高联系工作质量，更好地发挥人大代表的桥梁纽带作用。

（二）人大代表工作

第一，提升代表履职能力。针对新一届代表的具体情况，组织开展了对区、乡镇两级代表的业务培训，邀请相关领导、专家针对代表履职进行了详细讲解，着力提升新代表的履职能力和水平。

第二，服务代表知情知政。依托代表小组集中开展代表年中活动，传达市、区委重要会议精神，通报区人大常委会、区政府工作情况，确保代表及时了解经济社会发展新形势。

第三，拓展代表履职渠道。组织代表参与区法院、区检察院的行政案件庭审

旁听、明察暗访等一系列活动，参加市、区两级统计部门开放日活动，遴选近20名代表分别作为区检察院、区城管执法局、区质监局的特邀监督员，进一步拓展了代表履职新渠道。此外，按照市人大常委会工作部署，选举产生了42名房山区出席市十五届人民代表大会的人大代表；依法做好区人大代表补选工作，完成了6名代表的补选任务。

（三）法治保障工作

第一，加强统筹协调。分别成立了议案和建议办理监督检查小组，强化了常委会领导牵头、专委会分类监督、代表联络室协调组织、人大代表参与的工作机制，形成全方位、立体化监督格局，促进了办理工作有效落实。

第二，加强督促检查。出台监督检查工作方案，把议案建议的监督检查与听取工作报告相结合，使议案建议的监督检查融入常委会其他监督工作中开展，进一步提升了监督检查工作的整体效能。针对部分代表对答复不满意的情况，采取召开督办会议、实地视察等方式进行了二次督办，促进了办理工作取得实效。

第三，加强跨年跟踪。对七届人大五次会议关于基金小镇等金融产业发展的议案办理工作开展跟踪检查，推动区政府大力支持技术创新、互联网金融、基金产业发展，努力使议案办理转化为促进发展的重要成果。

（四）监督工作

第一，加强法律落实情况监督。常委会把执法检查作为推动法律实施的重要抓手，开展了对《律师法》《全民健身条例》《北京市生活垃圾管理条例》等法律法规的执法检查。在执法检查过程中，代表们提出，法律的生命力在于实施，执法部门要严格执法、确保落实，彰显法律法规的价值和权威。

第二，加强对司法工作的监督。听取区检察院司法改革试点及监察体制改革相关工作的汇报，对区法院司法改革情况进行了调研，针对司法改革面临的新情况、新问题，就增强目标意识、规范审务工作、加强作风建设等方面提出了意见建议，推进了司法改革向纵深发展。

第三，加强规范性文件备案审查工作。制定出台《规范性文件备案审查实施办法》，2018年1月1日正式实施，为我区规范性文件备案审查工作规范化、制度化奠定了坚实基础。

第四，认真落实《信访条例》，畅通信访渠道。2017年，共接到来信53封、来电69次，接待来访10批18人次，转交领导批办信访13件，并及时督促相关部门做好办理工作，依法推动了相关问题的有效解决。

（五）民生工作

第一，努力提升文化教育发展水平。着眼京津冀协同发展和"一区一城"新房山建设的需要，听取和审议良乡高教园区建设情况报告，督促高教园区深化政、校、企合作，加快科技成果推广应用，提升高校人才、技术等要素对区域发展的贡献率。对我区文化活动、文物保护等工作进行视察和调研，督促相关部门进一步提高专业管理水平和文化设施使用率，不断满足群众的精神文化需求。

第二，努力保障医改工作顺利实施。医疗改革直接关系广大群众的切身利益，在我区落实北京市医改新方案过程中，常委会围绕群众关心、社会关注的这一热点问题开展了专项调研，深入了解医改运行情况，推进医改工作有序落实，满足群众不断增长的医疗卫生服务需求。

第三，努力增进人民群众生活福祉。围绕提高人民群众生活品质，对我区棚户区改造进展情况进行了视察，针对棚改工作的重点难点提出了意见建议，进一步推进了棚改工作进程。围绕我区低收入增收情况，听取了区政府的专项工作汇报，并就低收入村发展和低收入户增收结对帮扶工作开展了专项调研，确保低收入增收各项措施落到实处。围绕做好老龄工作，对我区居家养老体系建设情况开展了重点调研，为进一步加强我区养老服务体系建设奠定了基础。

（六）探索创新

第一，深入落实疏解整治促提升要求，优化提升发展空间。聚焦城乡环境综合整治。多次对西潞、城关、长阳等乡镇的拆违现场及青龙湖、周口店等乡镇的环境建设现场进行视察，强调要在坚决拆除历史违法建设的同时，确保新增违法建设零增长。聚焦生态环境治理。听取和审议了我区《2013—2017 年清洁空气行动计划》落实情况的报告，听取了我区国土资源管理情况的汇报，开展了对京津风沙源治理、生态建设等工作的一系列视察和调研。聚焦非首都功能疏解。常委会结合"疏解整治促提升"工作部署，深入分析相关人大代表的具体情况，号召代表"打头阵、当先锋、做表率"，从自身做起，主动疏解非首都功能，并组织相关企业代表到邢台产业园考察，为代表所在企业搭建疏解平台，助推疏解工作顺利推进。

第二，深入落实监察体制改革要求，积极推进试点工作。常委会按照《全国人大关于在北京市、山西省、浙江省开展国家监察体制改革试点工作的决定》要求，以及市、区委的安排部署，召开了区八届人大二次会议，选举了区监察委员会主任，并根据主任提名，在第五次常委会上任命了区监察委员会副主任和委员。

二、法治政府建设

2017 年，房山区政府在市委、市政府和区委的正确领导下，坚持稳中求进工作总基调，按照高质量发展的要求，开拓创新、埋头实干，加快推进房山法治建设，努力为建设国际一流的和谐宜居之都做出新贡献。

（一）疏解整治工作

第一，市级疏解任务超额完成。10 项市级任务全部大幅超额完成，其中拆除违法建设 345 万平方米，完成任务的 125%，对腾退空间"留白增绿"1622 亩。

第二，污染治理力度加大。深入推进农村地区煤改电、改气和"清煤降氮"工程，平原地区实现无煤化，PM2.5 累计平均浓度为 57 微克/立方米，排名全市第七；同比下降 31.3%，排名全市第二。全面落实"河长制"，8 段黑臭水体全部消除。

第三，脏乱现象得到有效治理。深入开展背街小巷专项整治，全面推行街巷长制，顺利通过国家卫生区复审。集中整治 4 个市级挂账点，实施 5 项疏堵工程，3 处堵点和 6 处秩序乱点明显好转。

第四，美丽乡村建设全面启动。启动农村地区"百村整治"和"达标大街"创建工程，加强"六网"基础设施建设，创建了大石窝辛庄、周口店黄山店等一批示范村。

第五，生态容量持续扩大。实施京津风沙源治理、太行山绿化等工程，人工造林 3 万亩，废弃矿山生态修复 1.5 万亩。建成代征绿地和小微绿地 25.8 万平方米，播草覆绿 1.3 万亩。琉璃河湿地公园、长沟湿地公园加快建设，青龙湖森林公园二期基本完成。

（二）保障安全工作

加强精细化服务和网格化管理，全面开展安全隐患大排查大清理大整治专项行动，深入排查化解矛盾纠纷，社会局面保持了政治安定、社会稳定。圆满完成党的十九大、全国"两会"、"一带一路"国际合作高峰论坛等重大活动安保任务。体制机制改革不断深化。完成农委系统改革，组建区城市管理委员会，环保、城管部门实行执法力量下沉。

（三）深化"放管服"改革

取消行政审批事项 52 项、各类证明 110 项，编制专项责任清单 6 个，办理"一照一码"营业执照 2.23 万户。设立区政务服务中心，为企业提供精准服务。

（四）加强制度建设

坚持会前学法常态化，落实就职宣誓制度。修订区政府工作规则，出台加强财政资金、国有资产监督协调机制建设的意见，制定加强政府投资项目管理的规定。严格落实中央八项规定精神及市、区相关实施办法，严禁"四风"问题反弹回潮，确保作风建设取得实效。

三、审判工作

2017 年，房山区人民法院共受理案件 38 338 件，结案 36 379 件，结案率 94.9%，审判质效排名全市法院前列，呈现"五升两降一保持"的良好态势，圆满完成了全年审判任务。

（一）刑事审判工作

审结我区首批污染环境罪案件和涉嫌骗取"减煤换煤"国家补助金的刘某贪污罪一案，为我区生态文明建设保驾护航；妥善审理"两抢一盗"、涉众型经济犯罪案件296件，签发首张拒不执行判决裁定罪自诉案件逮捕令，依法保障群众生命财产安全；落实认罪认罚从宽制度，推广刑事案件全流程速裁模式，适用刑事速裁程序结案664件，速裁适用率52.8%，服判息诉率100%，多次应邀就刑事速裁和拒执罪审理经验到国家法官学院授课。

（二）民商事案件

审理涉农村土地承包经营权益纠纷案件89件，向涉案村集体及相关部门发送司法建议函10余份，促进规范农村土地流转；依法审理"垫富宝"、慧聪小额贷款公司等涉众型民间借贷纠纷案件140余件，促进金融服务实体经济健康有序发展；妥善化解大量劳动者维权、消费者权益保护、房屋买卖等涉群众切身利益的矛盾纠纷，相关案例在央视《生活提示》栏目连续多期播出，首例反家暴人身安全保护令案件获央视《感受公正——2016中国法治进程年度突破》专题报道。

（三）行政审判和监督依法行政工作

结合我区重点工程涉案类型，组建专业化审判团队，稳妥审理涉拆除违法建设类、征地拆迁裁决类、行政赔偿类案件210余件；依托行政诉讼指导中心，就防范不动产登记、拆除违法建设等案件执法风险到区国土资源局、区住建委、拱辰街道办事处等单位授课交流10余次；发布《行政审判季报》《行政审判白皮书》，促进依法行政；调研政府信息公开类案件，形成的论文成果获"北京市法治政府建设论坛"一等奖。

（四）案件执行工作

打造"执行指挥中心＋"工作格局。以执行指挥中心为中枢，推行"1＋3"分段集约执行模式，根据案件执行难易程度，分别由划转团队、速执团队、骨头案攻坚团队办理，并实行"三全四化五员"执行管理机制，执行工作效率和规范化水平大幅提升。加大执行工作力度，多措并举破解执行难，开展"涉行为类执行案件亮剑行动"和"打击拒执专项行动"，办理拒执罪刑事自诉案件11起；与区内10家银行建立冻结、扣划案款联动机制，开通房山法院执行局微信公众号，及时发布执行工作动态，曝光失信被执行人名单；积极推动执行转破产程序，对鸿都混凝土公司和碧溪温泉饭店率先启动破产债权申报工作；创新公益基金参与执行救助新模式，陆续帮扶救助近200名生活困难的执行申请人，被中央政法委和最高法院调研推广。

（五）深化以审判为中心的诉讼制度改革

制定《落实以审判为中心、推进庭审实质化改革的实施意见》。严格证据标准性，出台《刑事案件证据收集指引》，推动刑事案件证据收集、固定、审查、质证、认证标准化。强化庭审实质性，严格落实"三项规程"，设立法律援助工作站，实现刑事案件律师辩护全覆盖。提高程序规范性，推动证人、鉴定人、侦查人员出庭作证，确保"案件事实查明在法庭，证据审查认证在法庭，裁判结果形成在法庭"。建立公检法司四方联动会议，举办"天平论坛——以审判为中心的诉讼制度改革交流研讨会"，推动侦查、起诉、审判各环节办案标准统一，分工协作，推进刑事诉讼制度改革。

（六）接受人大、政协等各方面监督工作

第一，积极接受人大监督，"三个一"提升代表联络工作成效。我院将接受人大监督、人大代表联络工作列为"一把手"工程，每月开展一次主题联络活动，党组班子、中层干部与人大代表"一对一"联络。向区人大领导报告司法改革工作进展情况，接受《律师法》实施情况执法检查，开展代表联络活动30场，邀请市、区两级人大代表参加庭审观摩、执行监督、审务督察等活动170余人次，发送《房法简讯》40期，被市高院评为"联络工作先进法院"。

第二，深入落实司法民主，推进"一体两翼六员"人民陪审员制度改革。制定《人民陪审员选任方案》《人民陪审员自主管理实施细则》，拟通过组织推荐、个人自荐和随机抽取三种方式选任新一批人民陪审员。探索事实审与法律审相分离，采用多人陪审的大合议庭模式审理两起疑难复杂案件，邀请人大代表旁听，庭审效果良好。

第三，畅通司法公开渠道，打造"八微两端"法治宣传平台。不断完善审判流程公开、执行信息公开、裁判文书上网、庭审网络直播的司法公开"四大平台"建设，上网公开裁判文书18 409例，公开率100%，进行庭审网络直播92次、视频直播98次，在腾讯网发布网络公开课21期。

四、检察工作

2017年，房山区人民检察院主动跟进平安房山建设，为区域经济社会发展营造良好法治环境，全年批准逮捕543件708人，提起公诉1023件1264人。

（一）法律监督工作

第一，加强立案监督。依法通知公安机关立案3件。派驻公安机关执法办案中心检察室积极开展监督工作，口头纠正公安机关执法不规范25人次，提供案件取证、法律适用等方面的咨询意见21次。开展"维护打工者合法权益"专项行动，建议区人力资源和社会保障局移送拒不支付劳动报酬案件8件，涉及125名打工者、欠薪款达165万余元，公安机关均立案侦查。扎实开展破坏环境资源和危害食品药品安全两个专项立案监督活动，办理的某铝业公司涉嫌污染环境案，被评为2017年市检察机关"两个专项"立案监督活动精品案件，该案的办理有效服务了区域生态宜居建设。

第二，深化刑事审判监督。房山区人民检察院深入落实构建以抗诉为中心的刑事审判监督体系的要求，对 1234 份未生效的一审刑事判决书进行同步审查，提出抗诉意见 5 件，已获上级院支持抗诉 3 件，法院改判 2 件。开展涉及《刑法修正案（九）》适用问题的案件专项复查，对发现的判决书适用法律错误等问题发出纠正审理违法意见书，做法得到市院领导批示并作为经验在全市推广。规范开展对法院庭审活动的监督，对 32 件一审刑事案件跟庭监督，切实做到诉讼程序监督与实体监督并重。

第三，深化民事法律监督。办理民事同级监督案件 12 件，提请民事抗诉 1 件。发出民事执行检察建议 1 份，为更好地了解案件执行情况，针对 7 件案件向法院发出要求说明理由通知书，均获法院书面回复。

（二）刑事检察及公益诉讼工作

第一，严厉打击影响社会稳定和群众安全感的刑事犯罪。审查起诉"两抢一盗"犯罪 238 件 291 人、故意杀人等其他严重暴力犯罪 27 件 33 人、"村霸"恶势力犯罪 3 件 10 人。办理的作案近三百起的张某某抢劫、盗窃案，叶某某伙同他人杀害亲属案，某村原书记任某某伙同他人故意伤害案等一批案件令群众拍手称快。

第二，突出惩治侵犯知识产权等破坏社会主义市场经济秩序的犯罪。按照市院《知识产权刑事司法保护白皮书》等文件精神，深入参与打击侵犯知识产权和制售假冒伪劣商品专项行动，审查逮捕涉嫌生产、销售假药罪 6 件 7 人，假冒注册商标罪 13 件 26 人。突出打击涉众型经济犯罪，办理非法吸收公众存款案 9 件 38 人，涉案被害人达 450 余人，结合案件在相关街道、社区开展多场普法宣传教育活动，切实维护群众合法权益。

第三，严厉打击危害未成年人刑事犯罪。依法办理社会广泛关注的某幼儿园教师针扎幼儿案，克服被害人年龄小、固定证据难等因素，积极引导公安机关取证，获法院判决支持，取得良好社会效果。

第四，推进公益诉讼工作。向区委政法委汇报并在区政府常务会会前学法活动中通报公益诉讼试点工作情况，我院立案的 4 件涉及环境污染的民事公益诉讼案件，2 件已由市检四分院提起公益诉讼。办理非法采矿类行政公益诉讼案件线索 5 件，针对多起文物被盗案件，发出 2 份诉前检察建议。

五、公安工作

2017 年，市公安局房山分局在区委、区政府和市局党委的正确领导下，立足"以面保点，以外围护中心"的职责定位，扎实推进各项重点工作，持续保持了全区的政治稳定和社会安定。

（一）重大安保工作

圆满完成全国"两会"、高峰论坛、党的十九大等重大安保维稳任务，持续保持了全区的政治稳定和社会安定。

（二）社会稳定工作

有效防控风险，维护稳定能力显著增强。紧紧围绕维护政治安全的根本任务，坚持守土有责、守土尽责，敢于担当，主动作为。

（三）队伍建设工作

坚持严管厚爱，队伍整体素质显著进步。紧紧围绕队伍正规化建设方向，将政治建警、从严治警、素质强警、科技强警、真情爱警一以贯之，推动"两学一做"学习教育常态化制度化，牢固树立"把值班当过关"理念，细化推进暖警爱警措施，为圆满完成各项工作任务提供了坚强保障。

（四）社会治安工作

积极创新治理，立体防控成效显著提升。紧紧围绕群众满意的第一追求，坚持立体防控、合成打击、波次清整、精细管控，深入推进系列平安行动，创新完善围点核录等机制模式，同比实现"一降三升"，即发案下降 14.5%、破案上升 19.7%、刑拘上升 0.4%、治拘上升 17%，命案侦破率持续保持 100%。

（五）警务转型工作

力推警务转型，改革驱动效应显著释放。紧紧围绕深化公安改革总体部署，坚持"做精机关、做专警种、做强基层、做实基础"，全面推进职能部门整合、派出所"两队一室"、"7×24 小时"警务运行、"执法办案管理中心＋"等项目落地实施，有力推动了现代警务转型。

六、司法工作

2017 年，在市司法局和房山区委区政府的正确领导下，房山区司法局充分发扬"厚德崇法、务实创新"的房山司法行政精神，紧紧围绕"一区一城"新房山建设的工作大局，主动作为、攻坚克难，整体工作有序推进、重点项目顺利实施，各项工作均取得了跨越式发展。

（一）人民调解工作

第一，完善机制，加强调解组织和多元调解体系建设。2017 年，全区已建各类调委会 672 个，其中乡镇（街道）级调委会 27 个，村（居）级调委会 577 个，企业调委会、物业调委会、医疗纠纷调委会、市场类调委会等共计 62 个。专、兼职人民调解员 2934 人，其中专职调解员 62 人。今年，调解各类矛盾纠纷 5477 件，调解成功 5400 件，调解成功率达到 98.6%。

第二，协调联动，圆满完成"矛盾纠纷多元调解中心"创建工作。2017 年 5 月 10 日，我局隆重举行了"房山区矛盾纠纷多元调解中心"成立揭牌仪式，这也是全市成立的首家区级层面的"矛盾纠纷多元调解中心"。"矛盾纠纷多元调解中心"成立近5个月，就已化解矛盾纠纷1000余件。市委常委、政法委书记张延昆和市政协副主席李长友、市司法局副局长马燕等领导先后到"矛盾纠纷多元调解中心"调研，对我区的人民调解工作给予了充分肯定，并提出了更高的工作要求。

第三，加强法律服务，推进和谐疏解。在西潞街道"北三村新型城镇化建设项目"中，依托区矛盾纠纷多元调解中心、区人民调解协会、区律师协会、区法律援助中心等部门，共同组建了由12名律师、10名调解员组成的"房山区司法局服务保障'疏解整治促提升'法律服务团"，在三个村分别建立一个工作站，全程介入该项目工作中，在事前、事中和事后提供全程法律服务工作，并及时摸排矛盾纠纷进行调解。

（二）律师工作

强化律师服务意识，积极承担社会责任。积极引导律师等法律服务工作者为"燕房线"轨道交通、长沟和河北等乡镇棚户区改造，以及西潞街道"北三村新型城镇化建设"项目等多个区级重点工程建设，提供高质量法律服务。在"北三村新型城镇化建设"项目中，博维律师事务所为西潞街道的安庄村、詹庄村、固村3个行政村派驻律师，积极为百姓答疑解惑、提供法律咨询，仅工作一个月时间就参与调解矛盾纠纷31件、提供法律咨询34人次，针对党的第十九次全国代表大会和"一带一路"国际合作高峰论坛、全国"两会"等重要安保活动，区司法局还成立了由48名律师组成的法律援助专业志愿团和法律援助案件领导小组，对不稳定事件"第一时间介入、第一时间化解"，共参与区领导信访接待64次，接待来访群众8批次、42人次，为群体访、越级访的下降做出了贡献。

（三）公证工作

加强公证工作管理，发挥服务保障民生作用。坚持"以人为本、服务于民"的工作理念，不断加强对公证行业的监管。积极指导公证员和律师，服务河北镇、城关街道的"棚户区"改造，以及"燕房线"轨道交通等区级重点工程建设，先后参与了强制拆迁、处理违章建筑、强制拆除协调会4场次，现场监督指导3次，提供法律咨询2000余人次；为城关和长沟等乡镇街道的52户村民，办理保全公证260件，为我区重点工程的顺利开工建设做出了突出贡献。今年，我局共办理各类公证6059件（其中，涉外公证1708件，经济类公证864件，国内民事公证3487件），代写法律文书605件，有力地促进了社会公正。

（四）法律援助工作

强化法律援助力度，维护弱势群体合法权益。共办理各类法律援助案件420

件，接待来访群众 1600 人次，接听群众"12348"热线电话咨询 6000 人次，配合相关部门为 68 名农民工提供法律援助、追讨工资欠款 120 余万元。

（五）特殊人群管理工作

为做好"两类"人员的教育管理和帮扶工作，积极采取就业政策指导、生活困难帮扶救助等措施，为 20 人推荐解决了就业，实施临时救助 18 人次，发放临时救助款 25 000 元。组织了 6 批次 215 名社区服刑人员到大兴培训中心进行初始教育，在房山区司法局"阳光中途之家"举办了解矫前教育和分类教育培训共 17 批次 498 人。完善特殊人群专项组工作机制，牵头召开了"房山区综治委特殊人群专项组"工作会议，紧紧围绕"戒毒人员、精神病和艾滋病危险人群以及社区矫正和刑释解教人员"的稳控工作，安排部署 2017 年特殊人群专项重点工作，组织各成员单位对特殊人群进行了彻底排查，防止发生漏管失控的现象。

七、房山区 2017 年法治建设特色和亮点

（一）抓制度、强基础

第一，建立行政决策机制，落实《房山区人民政府重大事项依法决策制度》。出台《规范性文件制定与备案审查制度》；建立健全律师所和律师名录库和执法检查人员名录库，建立"双随机"抽查机制。

第二，加强信息化管理制度建设，全面推进司法行政政务公开工作。严格落实信息公开保密审查制度；打造"24 小时诉讼服务系统"；设立"京津冀"一体自助立案系统，方便跨域异地立案；加快智慧法院建设。

第三，加强监督机制建设，强化对行政人员的监督管理。成立区司法行政系统监督员队伍，主动接受区人大、区政协和社会各界的监督；建立分层级、多维度、全覆盖的案件督办体系，邀请市、区两级人大代表参加庭审观摩、执行监督、审务督察等活动 170 余人次；建立法律援助经费保障体系，对法律援助办案专款进行监督，全年，法律援助共办理案件 524 件。

（二）抓创新、促稳定

第一，创新发展，建立多元调解中心。2017 年 5 月正式成立了北京市首家区矛盾纠纷多元调解中心，开始受理调解案件，为解决"疏解整治促提升"纠纷案件提供助力。

第二，建立案前"多元调解 + 速裁"机制。整合组建速裁审判庭，聘任 75 名常驻人民调解员，加强与北京多元调解发展促进会、房山区多元调解中心诉调对接，形成立案、调解、速裁"三点连环"工作机制，诉讼前端矛盾化解率达 70%，排名全市第一，得到市高院杨万明院长两度批示肯定。

第三，积极稳妥处理重大敏感案件。强化重点敏感案件"一报告、一提示、三预案"机制，形成立案、审判、信访、宣传等部门共同参与的重点敏感案件联动处置模式，逐级上报重点敏感案事件47件，协调督办院长信箱、代表关注等各类重点案件75件。落实维稳工作责任，在"一带一路"高峰论坛、两会、十九大召开期间坚持日排查、日会商、日通报，实现涉法涉诉信访、舆情事件"全程追踪、全线稳控、全面化解"。

第四，推进重大项目涉诉案件妥善处理。妥善审理涉燕房线拆迁、京石二通道建设征地、服装产业园区招商引资等重点工程项目案件70余起，成功化解山区人口迁移、棚户区改造等涉拆迁安置群体性纠纷300余起，顺利执结磁家务水泥厂腾退等一批案件，为"疏解整治促提升"专项行动提供保障。

第五，搭建司法协作平台，服务保障京津冀协同发展。与门头沟法院、张家口中院、天津静海法院等京津冀29家中基层法院会签司法合作协议，建立健全跨区域重大敏感案件协调会商机制、委托送达机制、异地财产保全协助机制、执行联动协作机制等，获团市委"我为改革献一策"A类创新项目。

（三）抓改革、强业务

第一，深化以审判为中心的诉讼制度改革。制定《落实以审判为中心、推进庭审实质化改革的实施意见》，出台《刑事案件证据收集指引》，推动刑事案件证据从收集到认证的标准化。

第二，打造"执行指挥中心＋"工作格局。以执行指挥中心为中枢，推行"1＋3"分段集约执行模式。创新公益基金参与执行救助新模式，帮扶救助近200名生活困难的执行申请人，被中央政法委和最高法院调研推广。

第三，"三个统一"加强审判规范化建设。开展"审判工作规范化建设年"活动。统一裁判尺度，统一裁判要素，统一裁判流程。中标参与市高院民间借贷、国家赔偿、司法救助三类案件办理规范编写工作；成立北京市首家区级女法官协会，评选出首届房山法院审判业务专家10名，2名法官获评全市审判业务标兵，3名法官撰写的裁判文书荣获"北京法院优秀裁判文书百佳奖"，"五谷道场破产重整案"入选北京法院"首例"案件专题展览。

第四，"特色法庭"丰富审判专业化格局。在北京基金小镇设立基金业法庭，助力基金小镇及周边经济社会良性发展。坚持公休日、节假日派驻法官到"十渡旅游假日法庭"巡回审判，化解涉旅游纠纷40余件。总结少年审判机制经验，特色品牌"法制校本课"入选北京法院少年法庭十大创新事例。

（四）抓宣传、造氛围

第一，依法开展法制宣传工作。组织普法队伍培训，举办"七五"普法骨干培训班，邀请专家学者授课。建立健全互联机制，加强与普法责任制单位联系，探讨法治宣传教育工作的新思路，实现"大普法"的格局。

第二，畅通司法公开渠道，打造法治宣传平台。完善审判流程公开、执行信息公开、裁判文书上网、庭审网络直播的司法公开"四大平台"建设，上网公开裁判文书 18 409 例，公开率 100%，进行庭审网络直播 92 次、视频直播 98 次，在腾讯网发布网络公开课 21 期。积极拓展法治宣传阵地，实现热点节点创意普法、重大事件同步直播；创新"普法巴士""小乐说法"等特色品牌，推出"榜样力量""人民调解员的故事"等系列报道，讲述法治故事、弘扬法治精神。

通州区法治建设报告

2017 年，在市委、市政府和区委的正确领导下，通州区全面贯彻落实习近平总书记两次视察北京重要讲话精神和北京市第十二次党代会精神，深入学习贯彻党的十九大精神，紧紧围绕北京城市副中心建设大局，扎实推进依法行政和法治政府建设，实现了经济社会的平稳较快发展，法治建设取得新进展、新成绩。

一、人大法治保障和监督工作

通州区共筹备召开 2 次人民代表大会会议，召开 8 次常委会会议，审议 21 项议题。其中，听取和审议区政府专项工作报告 14 项，依法作出决议、决定 3 项。召开 12 次主任会议，听取"一府两院"专题工作报告 19 项，督办代表议案 1 件，建议、批评和意见 149 件，开展专题调研 7 项。

（一）组织机构建设工作

第一，切实加强常委会党组建设。坚持重大事项向区委请示报告制度，坚持研究人大重要工作、重大事项制度，提出了"关于新形势下加强和改进人大工作的意见"。坚持党组中心组理论学习制度，制定"党组工作规则"。

第二，开拓创新，强化基础保障。举办常委会组成人员学习班，加强人大理论和法律法规的学习。改进调研方式，以调查研究推动人大工作创新。注重推进信息化发展，扎实做好内部协同办公系统建设，为密切与基层人大的联系提供保障。

第三，塑造团结进取新风尚。成立机关团支部和妇委会，开展丰富多彩的学习教育活动。完善干部选拔任用、轮岗交流机制，加强对常委会街工委和乡镇人大的联系和指导。

（二）人大代表工作

第一，完善机制，议案办理成效显著。制定并实施"代表议案和建议、批评、意见"办理工作规程，首次实行区人大专委会督办代表议案。

第二，完善体系，代表建议办理取得新突破。区六届人大一次会议期间代表提出建议 147 件（含议案转建议办理 29 件），闭会期间提出建议 2 件，全部依法办复。其中，本行政区域内办理的 137 件建议，97% 得到了解决。

第三，强化专题培训。组织代表开展集中培训、实地考察培训，为代表履职奠定坚实基础，围绕加强和改进人大工作、代表小组活动、代表联系选民等开展座谈交流，促进相互借鉴提高。

第四，强化服务保障。扎实开展代表会前集中视察、专题询问，注重代表履职成果的转化。强化代表小组作用，积极推动代表小组活动常态化。

第五，完善代表联系网络机制。坚持代表小组活动与全区中心工作、人民群众关切的问题相结合，畅通民意诉求表达渠道。密切代表之间的联系，推动代表小组工作高效有序进行。

（三）法治保障工作

区人大及常委会优质高效地承担了国家监察体制改革试点任务，率先推进、生动实践、旗帜鲜明地支持监察体制改革。在全市率先召开了区人民代表大会会议，全票选举产生了区监察委员会主任。在随后召开的区人大常委会会议上，全票通过了区监察委员会副主任、委员的任命，国家监察体制改革在通州迈出了坚实的第一步。区监察委员会成立以来，大刀阔斧推进改革，在全市第一个行使留置权，加快推进纪检监察组派驻进程，实现了对所有公权力行使的监察全覆盖，为监察体制改革积累了经验。

（四）监督工作

第一，加强财政收支管理方面监督。听取和审议了 2016 年财政决算报告和审计工作报告，审查批准了 2016 年财政决算；听取和审议了 2017 年上半年区政府工作、计划和预算执行情况、预算调整方案报告，批准调整了 2017 年财政预算；对 2017 年预算执行和 2018 年预算草案进行初审。首次组织代表参加预算事前绩效评估，研究制定了"预算审查监督办法"。

第二，坚持政府债务管理使用监督。精准把控资金投向，优化债务结构，加强绩效考核，切实防范化解风险。降低专项债务率，合理划分职能，做到财权、事权统一，积极向市级争取政策和资金。

第三，加强生态环境建设监督。在大气治理方面，坚决打赢"蓝天保卫战"，常委会切实承担责任，统筹协调、强力监督。

（五）民生工作

第一，在医疗卫生方面。着力推动"十三五"医疗卫生规划有效实施，大力引进优质医疗资源。着力推动优化环境，提高医疗水平，提升医德医风，方便百姓就诊。

第二，在教育发展方面。引进与提升并重，满足城市副中心发展需要，满足百姓在家门口享受优质教育资源的需要。创新管理体制机制，加大人才引进，完善考核评价体系，加强师资队伍建设。

第三，在居家养老方面。完善保障机制，加大支持力度，推动品牌建设，促进连锁发展。

第四，在全民健身方面。大力推动民俗体育发展，高标准建设体育场馆，加快发展全民健身社会组织。

第五，在广电事业方面。加强主题宣传策划，着力打造精品栏目，切实增强影响力和吸引力。要抓好硬件设施设备建设，打造适应城市副中心发展的高素质人才队伍。

第六，在食品药品安全监管方面。构建严密、清晰的责任体系，推进长效机制建设，充分发挥乡镇、街道、行业协会、社区组织作用，形成共治格局。

（六）探索创新

一是建章立制，改革创新。制定并实施"代表议案和建议、批评、意见"办理工作规程；制定"议案办理五年计划"，每年立项，有计划、有重点地推动办理，首次实行区人大专委会督办代表议案。

二是充分发挥主观能动性，切实履职、大胆作为。积极把握市级机关将入住通州的新需求，主动争取增加了 4 名市人大代表名额。客观评估市人大代表履职情况，对连任代表人选提出建议。

三是各乡镇人大、区人大常委会各街工委在工作中探索创新。以饱满的热情、担当的精神，融入大局、勇于实践、推动基层人大开创新局面、取得新成就。

二、法治政府建设

2017 年，在市委、市政府和区委的正确领导下，在区人大、区政协的监督支持下，通州区政府紧紧抓住疏解非首都功能这一"牛鼻子"，加强全面安全体系建设，深化放管服，全面强化政府自身建设，不断促进法治政府建设取得长足进展。

（一）疏解整治工作

坚持把实现非首都功能疏解作为建设城市副中心的"牛鼻子"，全力打好服务市级搬迁这一疏解硬仗。行政办公区及周边区域搬迁全面完成，创造了"通州速度"。全区共计拆除违法建设 1102 万平方米，清理占道经营 1.94 万起，整治无证无照经营 5945 户，整治"开墙打洞"1236 处，疏解一般性制造业 445 家，完成"散乱污"企业清理整治 1310 家，疏解改造区域性市场 11 家，整治群租房 588 处，新建便民网点 70 家，完成市、区级挂账重点村的整治 26 个，重点区域整治提升面积 36.2 万平方米。专项行动共涉及人口 17.6 万人，人口、资源、环境的矛盾初步缓解，城市秩序有效改善。

（二）保障安全工作

加强安全体系建设，建设区、镇、村三级综治中心，建设智能化安保体系。深入推进安全生产领域改革，持续深化隐患排查治理，强化食品药品监管及行业质量监督，做好信访维稳和应急管理工作，确保社会和谐稳定。深入开展安全生产大检查，规模企业安全生产标准化三级达标率等指标超额完成任务，顺利通过国务院安委会安全生产督查及"回头看"检查。圆满完成"一带一路"国际合作高峰论坛、党的十九大等重大会议活动的安保维稳任务。加大矛盾纠纷排查调处力度，社会保持和谐稳定。荣获"2013—2016 年度全国平安建设先进区"称号。

（三）深化"放管服"改革

持续推进"放管服"改革，不断扩大"一会三函"试点范围，加快了 141个项目的落地开工。在全市率先搭建行政审批"一张网"办理平台。开通市级企业登记服务平台、企业档案全市通查、全程电子化登记等一系列网上服务。全力开展投融资体制改革，推动组建区域统筹开发载体。大力推进创业创新，制定出台高层次人才创新团队引进、创新创业平台扶持、知识产权（专利）促进等政策，启动"灯塔计划""运河计划"两大人才工程，推进国家知识产权试点城区建设，发展 9 家区级以上规模化的众创空间、10 家优秀科技创新团队。

（四）全面强化政府自身建设

区政府紧紧围绕"两学一做"学习教育常态化、制度化要求，牢固树立"四个意识"，作风建设进一步加强。深入落实"一岗双责"，加强行政监察和审计监督，启动全区政府系统绩效管理。进一步规范国资系统履职待遇、业务支出等管理制度，制定实施《违规经营投资责任追究办法》。强化议案、建议、提案办理，建立每年第一次政府常务会专题研究部署等制度，形成常务副区长定期议商调度等推进机制，全年办理市区两级代表议案、建议和委员提案 370 件，办复率 100%。

三、审判工作

截至 2017 年 11 月 10 日，通州区法院共受理各类案件 56 408 件。审结 45 836件，同比上升 7.78%；未结案件 10 572 件，同比下降 19.57%。法官年人均结案358 件，连续六年位居全市第一。

（一）刑事审判工作

2017 年，区法院共审结刑事案件 1008 件，同比上升 20%，判处罪犯 1111人，同比上升 12.32%。依法严惩多发性侵财犯罪等严重影响群众安全感的刑事犯罪，对 30 名被告人判处 5 年以上有期徒刑。妥善审理并当庭宣判全国首例监察委移送审查起诉的李华职务侵占案。顺利审结 2 起法轮功破坏法律实施案，通过周密部署，粉碎40多名法轮功分子妄图利用庭审"弘法"的阴谋。依法审结涉案金额11.4亿元的隆尊公司非法吸收公众存款案，接待安抚来访投资者1000余人次。依法从宽处理，判处缓刑、管制、免予刑事处罚及单处罚金394人，非监禁刑适用率35.46%。完善未成年犯帮教机制，建立2家刑事社会观护基地，开展33次心理辅导和亲情会见。举办全市首次罪错少年集中法治教育活动，14名罪错少年幡然悔悟，走出迷途，重新回归校园，《人民日报》等主流媒体广泛报道。

（二）民商事案件

审结民商事案件36 758件，同比上升4.7%。妥善审理因玩具押金退还引发的群体性租赁合同案件64件，为后续大量潜在纠纷确立审判思路。在家事案件中引入社工组织开展社会调查，调解案件占比62.51%。首次为遭受家庭暴力的当事人发出人身安全保护令，申请当日即作出裁定。审理的全市首例婚内撤销监护权案件被最高法院评为反家庭暴力十大典型案例。针对民间借贷案件成倍增长和职业放贷问题突出的趋势，研判经济背景并制定应对措施，维护正常资金融通秩序。审理买卖合同案件1550件，探索制定职业打假人甄别标准，制约牟利打假。设立专业化破产合议庭，推动"执转破"工作，助力产业结构升级。

（三）行政审判和监督依法行政工作

在行政审判中共审结案件392件，其中诉讼案件193件，非诉审查案件199件。努力解决行政诉讼背后的民事权益争议，实质性化解行政纠纷59件。成功化解潞城棚改项目A片区滞留户胡某诉区住建委行政许可案，胡某主动撤回5起诉讼并送来锦旗表示息诉。针对今年大棚房拆违可能引发的数百起纠纷，与区相关部门及乡镇密切配合，在立案前成功协调、化解。发布年度行政审判白皮书，开展法治培训12次，召开联席会议8次，向行政机关提出合理化建议6次，帮助行政主体规范执法行为。积极推动行政机关负责人出庭应诉，张力兵区长率先垂范，17名行政机关负责人出庭应诉。

（四）案件执行工作

2017年区法院执结各类案件7639件，同比上升22.64%，执行到位金额19.65亿元，同比增长251%。组建"1+3+3"速执团队，集约管理，统筹力量。小额速执团队执结案件约2400件，占比31.4%，90%的速执案件在30日内执结。组建12组"1+2+2"执行团队，强化效能，提升合力。快速执行31件拖欠农民工工资案，立案次日即足额冻结被执行人财产。集中开展周末、夜间执行50余次，顺利执结被执行人多次传唤不到的积案100余件。司法拘留124名失信被执行人，判处1名拒不执行判决的被告人有期徒刑。限制乘坐高铁、飞机3000余人次，提高拒执违法成本。持续曝光失信被执行人1000余人次，113名失信被执行人被曝光后主动到法院清缴欠款。

（五）对接疏解工作

将专项行动与副中心建设一体谋划、一体保障，区法院共审理执行涉专项行动案件2395件，占全市法院审执案件总数的30%，腾退土地、房屋77万余平方米，腾退面积位列全市法院第一。构建三级法院纵向会商机制，确保审级无缝对接。完善与行政机关横向联络机制，实现信息互通互享，促成矛盾多渠道化解。专门组成13个合议庭，重点办理涉专项行动案件。稳妥处理涉鑫隆市场租赁纠纷等案件20余起，为"开墙打洞"专项整治提供保障。先予执行新华大街15间房屋腾退，为长安街东延景观工程节约用时半年。

（六）接受人大、政协等各方面监督工作

第一，夯实人大依法监督、政协民主监督新基础。制定《联络工作规定》，着力健全联络工作机制。领导班子带头联络、走访市区两级代表委员170余人次，代表委员来院旁听庭审、监督执行36场、82人次，畅通监督渠道。设立"代表来信+关注案件登记落实"双报告制度，精心办理并实时反馈4起关注案件。

第二，探索舆论监督、社会监督新维度。召开新闻发布会3次，开展网络直播58次、视频直播36次，参与录制广播、电视专题节目200期，发布官方微博299条、微信公众号文章94篇。筹建律师工作室，邀请市律协派驻30名资深律师，深度参与诉前调解工作。优化陪审队伍，保障监督实效。会同区司法局公开招录并经区人大常委会任命104名人民陪审员，加大监督力度。

四、检察工作

（一）法律监督工作

第一，强化刑事立案、侦查监督。开展专项立案监督，定期跟踪回访，加强对公安机关立案后的跟踪监督、催办，防止和纠正"立而不侦、侦而不结、立案后违法撤案"等行为。

第二，强化刑事审判监督。建立以刑事抗诉为核心的多元化刑事审判监督体系，综合运用检察建议、纠正违法通知书等手段，坚决纠正定罪不当、量刑严重失衡、审判程序违法等问题。

第三，强化刑事执行法律监督。巩固和深化刑事执行专项监督成果，形成预测预警预防机制和体系。推进刑事执行监督"案件化"办理模式，健全刑罚变更执行同步监督机制。

第四，大力推进民事、行政法律监督。坚持把公益诉讼作为法律监督新的增长点和发力点，聚焦生态环境和资源保护领域，守护好副中心绿水青山。强化生效裁判监督，打开同级监督工作局面。

（二）刑事检察及公益诉讼工作

第一，严厉打击危害国家安全的各类犯罪。严厉惩治各种危害国家政治安全案件，依法打击传播网络政治谣言、非法"结党结社"及"法轮功"邪教组织犯罪活动，确保国家主权、安全、发展利益。

第二，严厉打击危害社会安全的各类犯罪。针对影响社会大局稳定、威胁群众安全的黑恶势力、涉爆涉枪、制贩毒品、拐卖妇女儿童等犯罪，提高精准打击能力。依法惩治醉酒驾车、超员超速、交通肇事等危害道路交通安全的犯罪。深入推进"三打击一整治"专项行动，严厉打击传统盗抢骗犯罪、电信网络诈骗犯罪和网络贩枪犯罪，积极构建副中心公共安全司法保护屏障。

第三，推进公益诉讼工作。重点办理公益诉讼案件，增强公益保护实效，聚焦生态环境和资源保护领域，守护好副中心绿水青山。

五、公安工作

2017年，通州区公安分局在市局党委和区委、区政府、区委政法委的坚强领导下，坚持"四个第一"理念，全面强化打防管控各项工作措施，核心指标实现"三上升"，其中破案2107起、刑拘1503人、治拘5496人，同比分别上升65%、0.8%、34.6%。群众安全感、满意度始终保持全市前列，并荣获"全国优秀公安局"称号。

（一）重大安保工作

区公安分局将党的十九大安保作为重中之重，精心组织部署、持续加压推进，圆满完成习近平总书记来通视察警卫、"两节两会"安保、"一带一路"国际合作高峰论坛、党的十九大等重大安保任务。对大红门肉类、希杰食品等5家特供单位提前摸排调查，对548名服务保障人员逐人背景审查，建立集中管理、集中换装和集中住宿"三集中"机制，落实专用场地、专人采购、专人加工等"十专"制度，实现了零纰漏、零差错。

（二）社会稳定工作

区公安分局梳理细化7116个大防控点位，429名社区民警深入辖区，45个公交线路率先配备乘务管理员2186名。加大社会面夜间巡逻车辆、警力投入，增设巡逻卡点和便衣蹲守点，延长巡逻检查时间，主动发现可疑、加强盘查核录、认真比对分析。今年以来，共核录1245万余人，同比上升33.9%，达到历史峰值，街头刑事案件和社区可防性案件同比分别下降31.8%、6.0%。同时，外围防线11个检查站、6个治安卡点、27条进京路口，全面强化查控力度，查获各类违法犯罪嫌疑人885人，违禁品687件，同比分别增长7.9%和8.5%，切实发挥了"过滤网"作用。

（三）反恐工作

区公安分局严格落实"六住""七控"工作措施，将国保、涉恐、精神病等

12 类 2877 名重点人稳控在当地，网上网下搜集情报线索 372 条，100% 第一时间预警处置，确保不出问题。同时，对 120 家危险物品使用、25 家民用管制刀具销售、4 家"低慢小"销售、95 家加油站、359 家物流寄递行业等重点单位，全面启动"四停一封"、"两个一律"、"禁售禁飞"、散装汽油"禁销"、"三个100%"等超常规管控措施，确保了绝对安全。

（四）社会治安工作

区公安分局针对涉恶、经济、毒品、两盗、涉枪等五类重点案件，集中力量、重拳狠打，始终保持高压严打态势。今年以来，全区刑拘、破案同比分别上升 0.8% 和 65%，打掉追债涉恶、抢劫等团伙 54 个，快速侦破了李某等人盗窃文物案、腾某等人故意杀人案、12·16 系列盗窃汽车案等大案要案，命案破案率连续五年保持 100%。依托市局"天天清"行动，以环境秩序、消防隐患、出租房屋等 3 类隐患为重点，对涉访滋事、涉恐涉暴、精神病人、流浪乞讨、"三非"外国人等重点人员，中小旅店、地铁站点、桥梁涵洞、涉黄涉赌、物流寄递、厂房仓库等重点部位，涉危涉爆、管制刀具、"低慢小"等重点物品，实行昼夜双查，天天清、持续清、滚动清。

（五）科技助警工作

以"雪亮工程"建设为龙头，加强视频巡控、大数据整合、实战应用，部署车辆卡口 3521 个、人脸识别 298 个、WIFI 围栏 2089 个，建设摄像头 1.59 万路，搭建"一域、三圈、百线、千点"的大数据布防通州模式。同时，突出人员、车辆、手机三个管控重点，加大人像识别系统建设力度，推进天网卡口、检查站智能通关、ETCP 车辆全流程管控机制，整合 WIFI 围栏、无线上网审计、移动定位车、手机智能终端采集等系统，提升了公安工作核心战斗力。

六、司法工作

2017 年，通州区司法局始终围绕中心大局，充分发挥司法行政法律服务核心职能，积极开展人民调解、法律援助与法制宣传等工作，深入推进全区法治建设。

（一）人民调解工作

2017 年，区司法局建立诉调对接机制，为区法院选聘 16 名专职调解员上岗 8 个月，调处纠纷 5800 余件。建立"人民调解＋司法确认"机制，共有 70 份调解协议获司法确认。经过通州、武清、廊坊三地司法局多轮协商同意，2017 年 8 月 2 日，三地成功签署《通武廊司法行政合作框架协议》，并召开了第一次联席会议。

（二）律师工作

推行"驻镇律所"制度，15 个镇（街）司法所与 11 个律师所全部完成对接并签订服务协议，驻镇的 113 名公益律师解答法律咨询 1000 余人次。

（三）公证工作

建立"金证合作"机制，潞洲公证处与区属 29 家金融机构全部对接，业务领域得到新拓展。从近 7 个月的运行情况看，公证服务在业务量大幅增长的情况下，群众满意率始终保持在 100%。

（四）法律援助工作

继续深化法律援助"点线面"工作机制，计划全年法律援助案件量比 2016 年翻一番。组建"流动法律服务团"，深入市级重点村小圣庙村、区级挂账点八里桥市场、张家湾棚户区改造区域等 60 余个项目驻点开展法律服务，累计解答法律咨询 600 余件，办理公证 3000 余件，受理法律援助案件 60 余件，发放宣传册 20000 余册。

（五）特殊人群管理工作

社区矫正工作有新亮点。社区矫正视频会见系统硬件建设基本完成，信息化系统计划年底前完成。届时，对特殊人群的管理将实现由"人防"向"技防"转变。

七、通州区 2017 年法治建设特色和亮点

（一）创新机制，推动政府法治建设走向新高度

第一，构建市区两级法治直通机制，"市区联动"实现效益最大化。为支持和保障副中心的法治工作，通州区政府、区法制办与市政府、市法制办建立法治直通机制，利用"市区联动"这一契机，积极服务市级专班，深入开展工作对接，全力推进政策集成创新，编制完成《通州区行政区划调整总体规划》和《通州区推进街道、社区管理体制改革实施方案》。两级法制办在人才培养、全业务领域对接方面取得了显著成效，并与市法制办共享法律专家库，启动"北京城市副中心城市管理条例"立法调研工作，共同起草立法调研报告。

第二，构建符合区情的政府法律顾问体系。通州区法制办起草并以区政府名义下发《通州区人民政府关于加强法制机构建设落实法律顾问工作的实施方案》，形成以政府法制机构人员为主体、吸收专家律师参与的政府法律顾问队伍和区、乡镇（街道）两级政府法律顾问工作体系，实现法律顾问全覆盖。

第三，修订《通州区行政应诉规则》，提高行政复议应诉质量。修订《通州区行政应诉规则》，《规则》规定了应诉承办单位确定原则，细化行政负责人出庭制度。全年受理行政复议案件 180 件，以区政府为被告的案件 101 件，办案质量进一步提高。

第四，不断完善服务工作机制，持续推进"放管服"改革。在全市率先搭建行政审批"一张网"办理平台。开通市级企业登记服务平台、企业档案全市

通查、全程电子化登记等一系列网上服务。大力推进创业创新，制定出台高层次人才创新团队引进、创新创业平台扶持、知识产权（专利）促进等政策。

第五，全面强化法治政府自身建设。紧紧围绕"两学一做"学习教育常态化制度化要求，牢固树立"四个意识"，主动按照区委提出的"建设副中心，向前站一步"要求，政府系统作风建设进一步加强。主动向人大报告、向政协通报重大事项，自觉接受人大法律监督、工作监督和政协民主监督。

第六，做好规范性文件清理工作。首次系统清理了以区属委办局名义和乡镇政府名义制发的行政规范性文件。共清理区政府文件 115 件；清理以区属各工作部门制发的规范性文件共 270 件；清理以各乡镇政府名义制发的规范性文件共计23 件。

（二）依法有序推进重点工作，城市治理进入新阶段

第一，开展区环保执法绩效评估。以依法行政理念和法治思维为引领，以优体系、提效能为重点，开展区环境保护执法绩效评估考核，有力地提升了环境保护监管工作科学化、精细化、持续化、长效化水平。

第二，疏解整治促提升成效显著，始终遵循有序、依法的理念、程序。坚持在"疏"上持续用力、在"舍"上保持定力、在"优"上集中发力，圆满完成年度疏解整治促提升专项行动目标，多项任务超额完成。

第三，大气治理力度持续加大，有序推进环境保卫战。成立了散乱污企业整治、散煤整治、扬尘治理、机动车管控四个专项指挥部，持续开展蓝天保卫战，大幅降低氮氧化物排放，制订实施全市标准最严的扬尘治理量化标准"双十条"，施工工地扬尘污染得到有效控制。

第四，水环境建设持续推进。启动 2017—2019 年污水治理三年行动方案，按照污水收集处理设施全覆盖、污水全收集、全处理要求扎实推进。海绵城市试点建设、河道综合整治和水网建设等工程进展顺利，严格落实水资源管理制度。

第五，园林绿化水平持续提升。高标准完成北京城市副中心绿地系统专项规划编制，明确了全区"一环、两带、两区"和城市副中心"一带、一心、多廊、多园"的园林绿化生态格局。

第六，成功获得全国文明城区荣誉称号。充分践行"利民惠民"的创建宗旨，坚持把全国文明城区创建作为推进城市副中心建设的重要载体和有效抓手，在政务、法治、人文等环境建设和长效常态的创建工作机制等方面成效显著。

（三）深入落实普法责任制，推动法宣工作由"大水漫灌"到"精准滴灌"

第一，将法宣工作纳入综治考核，制定"七五"任务分解、法宣考评细则、组织全区普法责任制大检查。案例编写专项组编写案例 200 余件、试题 415 道；征集视频、剧本、书画等作品 300 余件。开展法治宣传大型活动 30 余场次，发

放宣传材料、宣传品 20 余万份，与司执法相结合的"以案释法"深入开展，全年全区共开展 584 场。

第二，努力促进法宣工作品质化、实效化、深入化，创新法宣路径与方式，法宣媒体阵地空前壮大。依托"法律十进'七五'行活动"，积极推进具有区域特色"新十进"。2017 年全区共开展"法律十进"1050 场，各街乡镇制作大型普法公益广告万余平方米。"法治通州"微信公众号全年推送图文 500 篇，截至目前，微信公众号粉丝达 4.2 万，比去年同期增长 7 倍；15 个街乡镇全部开通普法微信，8 个街乡镇开通独立普法微信公众号。全年播放电视普法新闻 10 条、公益广告 28 期 2190 次。公众对区法宣工作的满意度上升至 92.5%，高于全市平均水平 3.8 个百分点，位居全市前列。

第三，各普法单位主动参与，大力推进法宣工作专业化建设，助推法宣工作不断打开新局面。各普法单位组织开展全区性大型主题活动 20 余场，落实重大项目 30 余项。承办、协办市级活动 2 场。2 村 1 社区法治文化精品正式启动创建，11 个街乡镇新上报精品创建计划 16 个。

顺义区法治建设报告

2017 年，顺义区深入贯彻落实习近平总书记系列重要讲话精神，认真落实"七五"普法规划大力推行依法行政、建设法治顺义。各部门认真履职、主动作为，有效推动了顺义区的法治建设工作。

一、人大法治保障和监督工作

赋予的职责，法治建设。2017 年，顺义区人大共召开常委会会议 8 次，主任会议 20 次；听取和审议"一府两院"专项工作报告 11 项，提出审议意见 30 余条；开展工作视察、执法检查、专题调研 48 次，备案审查规范性文件 6 件，任免国家机关工作人员 213 人次，顺利完成区五届人大一次会议确定的各项任务。

（一）组织机构建设工作

第一，认真学习贯彻党的十九大精神。全面把握、准确领会十九大精神的深刻内涵、思想精髓、核心要义，用以武装头脑、引领方向、指导实践，始终在思想上政治上行动上同以习近平同志为核心的党中央保持高度一致。

第二，发挥常委会党组的领导核心作用。研究制定常委会党组议事规则，加强常委会及机关党建工作，保证区委对人大工作的领导，保证区委的主张通过法定程序成为全区人民的意志，保证区委推荐的人选通过法定程序成为地方国家政权机关的领导人员。

第三，发挥党建对人大工作的引领作用。按照区委"大抓党建，抓大党建"的工作要求，将人大党建纳入区委党建工作绩效考核体系，以委室为单位建立党支部，推进"两学一做"学习教育常态化制度化，以党建工作新成效促人大工作新发展。

（二）人大代表工作

第一，抓培训，提高代表综合素质。常委会加强代表思想作风和能力建设，精心制定代表学习培训计划并认真组织实施，把学习贯彻党的十九大精神、加强代表作风建设、提高履职意识纳入培训内容。全年共集中培训人大代表 1000 余人次，切实提高了代表的综合素质与履职水平。

第二，搭平台，保障代表依法履职。在相关镇街新建"人大代表之家"15个，制定关于进一步加强"人大代表之家"建设的工作意见，确立标准，落实场地、完善设施、规范管理；坚持基层代表列席常委会会议、参加执法检查与专题调研等制度；建立人大代表、人大主席、人大秘书微信群，促进信息交流、学习沟通。

第三，建制度，加强同代表日常联系。健全完善常委会、专门委员会组成人员联系代表和代表联系群众制度，以区委深改组文件形式印发了《顺义区人大常委会关于进一步加强人大代表密切联系人民群众工作的指导性意见（试行）》；制定下发代表履职手册，加强对代表的管理，推动代表履职制度化、规范化；落实常委会领导直接联系代表制度，通过多种方式听取和反映代表的意见建议。

第四，创机制，提高建议办理实效。常委会认真总结以往经验，完善了领导牵头督办、各专门委员会分类督办、代表联络室综合协调的督办工作机制；制定代表建议提交及办理工作流程，推进代表建议交办工作规范化；专题听取审议区政府关于代表建议办理情况报告，加大对代表建议办理的督查力度。在区政府及相关部门的努力下，105件代表建议全部办复完毕。部分建议转化为政策措施，有力推动和改进了政府相关工作。

（三）法治保障工作

第一，推动法律法规贯彻实施。先后对《北京市全民健身条例》《生活垃圾管理条例》《建设工程质量条例》等法律法规的实施情况进行检查。执法检查组通过听取汇报、召开座谈会、走访群众、实地查看等形式，全面了解法律法规实施情况，提出改进意见，充分发挥人大的监督职能和政府主管部门的监管职能，形成落实法律法规的强大合力。

第二，加强规范性文件备案审查。规范性文件备案审查工作是宪法和法律赋予人大的重要监督职权，也是人大开展法律监督的主要途径之一。加强机构建设，常委会设立法制办公室，加挂备案审查办公室牌子，备案审查机构和人员得到落实；健全工作制度，及时修订规范性文件备案审查办法，进一步明确审查范围、审查责任、审查流程等；发挥外脑作用，积极发挥法律顾问的参谋助手作用，推动备案审查工作规范化、制度化，维护了全区法制统一。

第三，营造法治氛围。坚持常委会会前学习法律法规，按照"一会一法"的原则，聘请法律专家学者或相关部门负责同志为参会人员"会前补课充电"，先后邀请市人大有关领导、中国政法法学、国家行政学院知名教授等专家学者就《宪法》《组织法》《立法法》等有关法律进行系统学习和培训。恢复任前考试制度，在区人大网站建立考试题库及线上学习、练习答题系统，采用上机考试，提交后自动生成考试成绩的信息化手段，保证法律考试的可操作性和客观有效性。先后对由区人大常委会任命的领导干部 4 批次 11 人次进行了任前考试，提高拟任干部在今后工作中的依法办事、依法行政能力，增强依法办事自觉性。加大宪法和法律的宣传力度，以宪法日为依托，开展多层次的宣传活动，营造全社会学法、守法、用法的良好氛围。

（四）监督工作

第一，推动计划和财政预算的执行。专题审议了区政府上半年财政预算执行、国民经济和社会发展计划执行、上年度财政预算执行和其他财政收支审计、国有资产经营管理等专项报告；审查批准了区级财政年度决算和财政预算调整报告，推动计划和财政预算任务顺利完成。根据《监督法》和《预算法》有关规定，研究制定《顺义区预算审查监督办法》，为规范预算审查及监督工作提供了依据。

第二，加强对"两院"工作的监督。专题听取"两院"推进司法体制改革工作情况汇报，听取和审议区法院关于执行工作的情况报告、区检察院关于"加强侦查监督 维护司法公正"的情况报告，召开法官职业保障及"两法"衔接情况调研座谈会，积极推动司法体制改革，规范司法行为，完善监督机制，提高司法公信力，确保公正司法。

第三，认真做好信访工作。常委会把群众来信来访作为了解社情民意、促进社会和谐、增强监督实效的抓手，积极探索改进信访工作方式，加大信访案件的转办督办力度；通过与"一府两院"信访机构建立沟通协调机制，促使一批信访问题得到妥善解决，为维护群众合法权益、化解社会矛盾、促进社会和谐稳定发挥了积极作用。全年共受理群众来信来访 109 件（次）。

（五）民生工作

第一，推动重大项目、重点工程建设。常委会年初听取了重大项目、重点工程安排情况报告，年中组织代表视察全区重大产业项目暨转型升级、创新创业工作推进情况。代表们就加快重大产业项目落地、推进工业区转型升级、加强产城融合等提出建议，为重大项目、重点工程顺利推进发挥了积极作用。

第二，推动全区协调发展。区五届人大一次会议，将杨镇代表团提出的《关于加快全区协调发展 重点推进河东地区建设的议案》作为大会议案。区五届人大二次会议就落实议案作出决议。区委区政府对此高度重视，区政府根据区委《关于推动河东河西协调发展的意见》，研究制定《促进河东地区重大项目建设发展行动计划（2018 年—2020 年）》并着手落实。常委会通过专题调研和代表视察等方式，深入了解河东地区短板需求、群众呼声，积极推动议案办理。

第三，推动生态环境建设。常委会通过专题调研、执法检查、工作视察等多种方式，对疏解整治促提升、农村地区清洁能源替代、生活垃圾处理、河道及水环境治理、河长制落实情况、建筑工地扬尘治理等工作进行监督，并针对工作中存在的问题提出建议。

第四，推动社会事业与民生改善。2017 年，先后对老旧小区改造、居家养老、新农村建设、整建制拆迁村集体资产处置、健康顺义建设等工作进行调研、视察，促进了社会事业发展，维护了群众切身利益。

（六）探索创新

第一，建章立制。先后健全完善了常委会听取和审议专项工作报告、执法检查、专题调研、专项视察等履职制度；修订常委会议事规则和组成人员守则，制定专门委员会工作规则；改进机关办文、办事、办会流程。

第二，加强调研，着力改进工作作风。一年来，人大各专门委员会和常委会各工作机构围绕审议、视察、检查等各项议题，深入开展调研，充分了解情况，为区人大及其常委会依法履职、推进工作提供依据；常委会组成人员在深入调研的基础上，结合自身实际，每人完成一篇年度调研报告。

第三，加强宣传，着力增强人大影响力。常委会高度重视宣传工作，着力讲好人大故事、传递人大信息、提升人大影响力。研究制定了信息宣传工作办法，组建了全区人大通讯员队伍，并组织开展业务培训；利用区内新闻媒体，对人大制度、人大工作、代表履职情况进行充分报道。

二、法治政府建设

2017 年，顺义区政府以疏解整治促提升为中心，依法行政，加快政府信息化建设，深化"放管服"改革，推进政务公开，法治政府建设深入有效。

（一）疏解整治工作

疏解整治促提升成效显著。区政府提前 3 个月在全市率先完成市级 8 大项 12 小项工作任务。共拆除违法建设 400 万平方米，相当于之前两年的总和；疏解一般制造业企业 81 家、商市场 6 家，整治"开墙打洞" 370 家、"散乱污"企业 494 家、出租大院（公寓） 435 个，薛大人庄整村式专项整治经验在全市推广。1939 宗、11 943 亩国家土地督察和国土卫片问题整改到位。统筹腾退空间"留白增绿"，全区拆后还绿 6 万余平方米，新增停车场 24 处、科教文体服务场所 39 处，群众获得感、满意度大幅提升。全区常住人口控制在 113.4 万人以内。

（二）保障安全工作

城乡社会治理更加精细。智慧城市建设全面启动，八大领域率先推进，卫生云平台投入使用，无线网络全覆盖项目立项，一卡通实施方案编制完成，政务管理流程梳理完毕，区级网上办事大厅及行政审批业务平台进展顺利。网格化体系不断完善，明确区、镇（街道）网格化工作专门机构，气象服务、环境监管、消防安全等工作有序进入网格。社区服务治理水平持续提高，新增 60 个八型社区。综合交通水平稳步提升，完成顺平路缓堵改造主体工程、六环南环路出入口信号灯改造、城区停车诱导系统升级、马坡地区交通拥堵治理工程，新建城市学院客运站，新增停车位 5480 个、公共自行车 2000 辆、公共候车亭 50 座，市民出行更加智能、高效、便捷。

（三）深化"放管服"改革

简政放权力度不断加大，取消或调整政府部门权力事项 36 项。积极开展"多证合一、一照一码"登记制度改革，完成全部应换照登记数量的 84%。完善街道经费保障和管理机制，内设机构、所属事业单位和人员编制调整到位。实施城市管理体制改革，组建区城管委、区城市管理指挥中心，有序推进城管执法重心下移。国资国企改革持续深化，区属国有建筑板块、商业板块组建完成，国企投资监管制度逐步完善，负责人薪酬制度改革稳步实施，发展活力得到进一步激发。

（四）推进政务公开

加大招投标、环境质量、城市安全等信息的公开力度，不断推进政务公开规范化、制度化。

三、审判工作

2017 年顺义区人民法院全年新收案件 35 934 件，同比上升 33.8%，办结案件 36 230 件，同比上升 32.3%，未结案件 2496 件，同比下降 11%，结案率 93.6%，同比上升 2.9 个百分点。新收案件数量位列全市基层法院第 8 位，结案率位列全市基层法院第 6 位。

（一）刑事审判工作

判处罪犯 1743 人，同比增加 48.5%，其中判处五年有期徒刑以上刑罚 33 人。审结聚众斗殴、寻衅滋事、非法采矿、强迫交易等严重破坏社会安定的团伙犯罪案件 71 件，惩处罪犯 149 人，充分运用追缴、罚没、财产刑等手段摧毁犯罪经济基础，防止死灰复燃。依法惩治醉酒驾车危害公共安全的犯罪，审结危险驾驶犯罪案件 448 件，严厉打击利用他人酒驾进行敲诈勒索的犯罪，坚决遏制酒驾和"碰瓷"酒驾现象蔓延势头。加大职务犯罪惩处力度，审结自来水公司原经理刘某等三人贪污、挪用公款案，起到惩处一案、教育一片的廉政警示效果。落实宽严相济的刑事政策，依法从宽处理情节较轻、危害较小的犯罪，对 472 名被告人适用缓刑。建立未成年人社会观护、帮教回访、心理疏导等机制，教育挽救涉罪未成年人 17 人，帮助 165 名未成年人解决监护问题。

（二）民商事案件

审结民商事案件 24 320 件，同比增长 30.9%，涉案标的额 42.4 亿元。充分发挥司法审判惩恶扬善的功能，组建"家事调解员"队伍，实行"婚姻考验期"制度，审结婚姻家庭类案件 4792 件，激励人们向上向善、敬老爱亲，荣获"全国维护妇女儿童权益先进集体"称号。依托全院成熟的多元化解机制，推动供暖纠纷实质性解决，切实让人民群众感受到司法的"温暖"，相关纠纷同比下降30%。平等保护劳动者和用人单位合法权益，维护和谐劳动关系，审结劳动争议案件 1497 件。审理的名校毕业生李某获得北京户口后毁约一案，引发社会广泛关注，经我院释法说理，李某主动撤诉。依法稳妥审理破产清算案件 23 件，涉及职工千余人债权 3.6 亿元，推动"僵尸企业"有序退出市场。针对农村土地承包纠纷同比增长 2.7 倍的情况，尽最大可能查清土地多次流转产生的复杂事实，结合政策背景准确适用法律，促进农村经济发展，保障社会稳定。建立交通事故案件"直赔"机制，涉案保险公司在判决生效后直接将理赔款汇至受害人，免除当事人后续执行诉累，赔偿金额达 1.2 亿元。成立司法救助委员会，对无法获得有效赔偿且生活困难的当事人进行救助，发放救助金 260 万元，同比增长30%，依法减、缓、免交诉讼费 65 万元，尽可能帮助他们渡过难关。

（三）行政审判和监督依法行政工作

审结行政案件 292 件，在庭审中设置行政机关负责人发言环节，全区 20 个部门 41 名负责人出庭应诉，真正实现"出庭、出声、出效果"。与区政府法制办成立顺义区行政争议化解中心，对行政机关败诉风险较高的纠纷尝试立案前协调解决，成功化解 23 件，实现行政案件数量、行政机关败诉率、原告信访率"三下降"。针对村民申请责令村委会公开财务的案件逐年增多但乡镇政府应对不足的情况，主动延伸审判职能，在判决书中指明败诉原因，提出对策建议，提升基层政务公开水平。针对乡镇政府在拆违工作中重实体、轻程序导致的诉讼隐患，及时发出司法建议，得到有关单位的高度重视和积极回应。发布行政非诉执行十大典型案例，强化司法监督效果，推动行政机关规范执法。

（四）案件执行工作

创新开展执行体制改革，全力攻克执行难题。作为执行体制改革试点法院，抓住症结，深化改革，执行效率和执行标的到位率位于基层法院首位。

第一，推进执行工作信息化。借助网络执行查控系统，着力破解查人找物难题，执行人员不用四处奔波即可对存款、房屋等重要财产"一网打尽"。加大网络司法拍卖力度，拍卖溢价率 47.4%，成交率 70%，位于全市法院前列。

第二，加强联合信用惩戒。充分运用限制出境、限制高消费等措施，加大制裁力度，形成高压态势，让'老赖'寸步难行。创新形式，通过"今日头条"，在"老赖"居住活动范围 15 公里内精准推送失信信息，提高执行威慑力。

第三，完善执行工作体制机制。改变过去执行法官单枪匹马、包案到底的执行方式，推行执行团队化模式。成立执行指挥办公室，为执行团队提供集约化服务。

第四，积极构建综合治理执行难的工作格局。与公安机关建立协作查找被执行人工作机制，在4个月内成功查找并拘留11人次，促使24起长期未结案件顺利执结，执行到位金额500万元。1名逃避执行长达7年的"老赖"最终落网，彰显了执行协作机制的威力。

第五，加大执行信息公开力度。建立执行进展主动反馈机制，努力避免由于沟通不畅导致主观感受上的执行难；拍摄执行公益广告，积极争取全社会对执行工作的理解和支持。

（五）夯实硬件基础，加快智慧法院建设

2017年，在区委区政府的大力支持下，顺义区人民法院加快建设步伐，开工扩建近1万平方米审判业务用房，租用建设4000平方米诉调对接中心，研究确定4个人民法庭新建工作方案，制约法院长远发展的基础设施问题正在逐步解决。加快信息化建设步伐，推广"智慧云""睿法官"等审判辅助系统，为实现审判动态管理、裁判文书智能生成提供支撑。推进电子卷宗随案同步生成，为当事人网上查阅卷宗、全面及时掌握审判动态信息提供便利。上线庭审语音识别系统，庭审发言自动转化为书面笔录，正确识别率达95%，极大解放了人力，提高了庭审效率。

（六）接受人大、政协等各方面监督工作

主动接受人大及其常委会监督，先后就司法改革、法官职业保障、执行工作等议题向区人大常委会作专题汇报。健全代表委员联络机制，积极邀请人大代表、政协委员旁听庭审、参与执行、监督检查，认真听取意见，及时改进工作。主动适应监察体制改革需要，在全市法院率先聘任党风政务监督员，构筑立体监督网络。依法接受检察机关的监督，通过召开联席会议、邀请检察长列席审委会等形式实现监督常态化、平台化。公开招录并经区人大常委会任命60名人民陪审员，发挥陪审监督功能，普通程序案件陪审率达91.4%。

四、检察工作

2017年顺义区人民检察院紧紧围绕"两贯彻一落实"和迎接党的十九大这一主线，努力做好审查办案工作，为创造和谐稳定的社会环境提供司法保障。充分发挥捕诉职能，严厉打击刑事犯罪。全年共受理各类审查逮捕案件832件1109人，审查起诉案件1582件2069人，其中批准逮捕580件718人，提起公诉1275件1558人。

（一）法律监督工作

第一，加强立案监督。全年共受理立案监督案件63件75人，其中监督公安机关立案 36 件 40 人；监督撤案 22 件 28 人。开展危害食品药品安全犯罪和破坏环境资源犯罪专项立案监督活动。

第二，加强侦查活动监督。全年共受理侦查活动监督案件 39 件，发出《纠正违法通知书》4 份。

第三，加强刑事审判监督。全年共审查一审裁判文书 1580 份，按照二审程序提出抗诉案件 7 件 11 人，均获上级院支持，其中 5 件 7 人已被改判；按照审判监督程序提请上级院抗诉案件 3 件 3 人，系多年来首次按照审判监督程序提请抗诉，其中 2 件 2 人已被改判。加强对同类问题的分析，针对多份裁判文书中刑期折抵表述不规范的问题，依法提出检察建议。在注重庭审实质化的改革背景下，定期组织庭审旁听，加强对庭审程序的监督，实现书面监督和庭审监督并重。

第四，加强刑事执行监督。针对看守所监管活动不到位、存在安全隐患等问题，依法提出检察建议。开展社区矫正监督检察 68 次，与社区矫正对象谈话教育 132 人次。

第五，加强民事、行政法律监督。办理民事诉讼监督案件 25 件，建议提请抗诉 2 件，发出再审检察建议 2 件。办理行政诉讼监督案件 2 件。

（二）刑事检察及公益诉讼工作

第一，充分发挥捕诉职能，严厉打击刑事犯罪。全年共受理各类审查逮捕案件 832 件 1109 人，审查起诉案件 1582 件 2069 人，其中批准逮捕 580 件 718 人，提起公诉 1275 件 1558 人。

第二，积极推进公益诉讼工作。重点关注环境资源、食品药品安全等领域严重损害国家和社会公共利益的案件，审查公益诉讼案件线索 25 件，发出诉前检察建议 2 件，相关问题得到及时整改。

五、司法行政工作

2017 年，顺义区司法局着力推进司法行政各项工作，为建设"港城融合的国际航空中心核心区、创新引领的区域经济提升先行区、城乡协调的首都和谐宜居示范区"提供强有力的法律服务和法治保障。

（一）人民调解工作

继续推进规范化人民调解委员会创建活动。全面更新区、镇（街）两级社会矛盾多元调解专家库建设，建立健全区级人民调解志愿者队伍，实现纵向覆盖"区—镇（街）—村居"、横向辐射企事业单位、社会团体的志愿网络，有效推动人民调解员队伍专业化和职业化建设。

（二）律师工作

深化村居法律顾问工作。完成全区 533 个村（居）委会与 118 名律师签订结对服务协议，实现区内村居法律顾问配备率100%。

（三）公证工作

深化公证服务工作。深入开展"规范执业行为，提升公证公信力"教育整顿活动，认真贯彻落实司法部"五不准"要求和市局专项督查工作精神，深入开展公证案卷质量评查工作，合格率为100%。

（四）法律援助工作

深化法律援助工作。建立"法律援助服务平台系统"和法律援助微信公众号，实现网上咨询、申请、办理、监督、投诉、统计"一条龙"服务。新建法律援助示范点25个，构建区、镇（街）、村（居）三级法律援助网络，实现零距离法律服务。推出法律援助绿色通道、点援制、上门服务等便民举措，群众满意度不断提升。

（五）特殊人群管理工作

"两类"人员教育管控有条不紊。严格落实社区矫正六项创新机制及"三必访""五必谈"工作要求，认真执行社区服刑重点人"七包一"管控措施和刑满释放重点人"3＋X"管控措施，圆满完成"两会""一带一路"高峰论坛以及党的十九大等重要时期维稳安保任务。充分发挥中途之家"以教代管"的职能，共开展教育22期、社会适应指导16期、团体心理辅导14期、就业指导8期，为"两类"人员融入社会发挥积极作用。

六、公安工作

2017年，全局上下在市局、分局党委坚强领导下，紧紧围绕"走在全市第一阵营"奋斗目标，围绕中心、服务大局，锐意进取、扎实工作，强力推动分局执法规范化水平，为维护全区社会大局稳定提供了坚实的法治保障。

（一）执法办案工作

第一，强化专案攻坚。立足保障发展大局，为专案攻坚提供法律保障，全程跟踪督办"3·11""3·29""4·07""4·15"四大专案，确保依法高效办理。

第二，突出打击合力。立足"强化打击、服务一线"，全年审核各类违法犯罪嫌疑人7791人，同比上升31.5%；刑拘2606人，同比上升22.9%；治拘3971人，同比上升60.6%，为净化全区社会治安环境提供了保障。

第三，畅通互联渠道。持续推进检法联席机制。年内，主动沟通检法机关25次，进一步统一执法标准，不断促进打击处理效能新上升。

（二）侦审一体化工作

在全市率先实现预审人员分流，全面实现一办到底办案模式；出台办理案件侦审一体化工作流程，明确职责任务；组织开展10余次集中培训及40余次视频培训。年内，刑拘同比上升22.9%，特别是批准逮捕和决定起诉同比上升5%、

31%，收到检法机关司法监督文书同比下降18%，实现了打击力度和效能的双提升。

（三）执法规范化工作

第一，全力推动案管组建设。构建"执法办案管理中心＋案管组"两级执法监督管理体系，在全市率先完成23个派出所、3家职能部门案管组硬件建设，出台两级监督管理工作规范，并先后开展专项培训、现场指导20余次，逐步实现了执法源头有效管理。

第二，全面加强执法办案中心建设。过渡性执法办案中心投入使用，全年收押违法犯罪嫌疑人870人，接待全局19个单位入区办案，为1096人次办案人员提供流程引导、人身检查、信息采集等工作。全年未发生一起安全和投诉事件。

第三，推动涉案财物管理规范化建设。积极协调市局、区财政局和第三方处置机构，畅通了涉案财物流转渠道。截至12月底，已对历年积压的20案1954件涉案财物完成了上缴国库工作。

（四）社会稳定工作

第一，深化涉法涉诉信访改革。畅通信访渠道，强化信访发现纠正执法问题能力，提升服务群众水平。年内，共办理各类信访问题6052件次，同期上升26%，办结率达98%以上。

第二，强化行政案件办理。年内，分局共发生复议、诉讼、国赔案件20件。通过开展大量工作，未发生一起行复议撤销、诉讼败诉案件，进一步维护了分局执法形象。

（五）队伍建设工作

第一，坚持常态学。围绕"侦审一体化"改革、受立案制度改革、案管组建设等改革重点、业务难点、执法盲点，组织开展各类执法培训20余期，累计参训3100余人次。

第二，坚持常态训。每季度组织旁听庭审活动，并针对执法办案中的突出问题和典型经验，通过以案说法讲透法理、法条，有效指导实际办案工作。

第三，坚持常态考。强化以考促学，每季度组织1次执法能力抽考抽测，全年共组织26个执法单位200余名民警参加考试，有效提升了办案民警核心战斗力。

七、顺义区2017年法治建设特色和亮点

（一）依托实体平台，盘活阵地资源，开启法治宣传多样化新篇章

顺义区共有法治宣传实体阵地10个，总体呈现三大特点：

第一，分级推进有格局。以区、镇、村三级为基础，通过部门合作，逐步形成区级有主题、镇级有特色、村级有亮点的法治宣传实体阵地格局。

第二，科学设计有特色。在区级，建设了以宪法为主题的宪法广场；在镇级，建设了以交通安全为主题的法治一条街；在村级，建设了以方便生活为主题的法治长廊。

第三，盘活阵地有新意。注重普法内容的针对性、法治文化的品牌性、法治创建的实效性、法律服务的公益性四大特性，整合区内运营成熟、游客量大、文化氛围浓厚的公共场所资源，实现了"入园即受教育，客流量即受众量"的宣传效果。

（二）规范法律服务站点管理，深化便民措施，法律援助展现优质化新成效

第一，构建线上线下双路径。一是建立线下"3＋N"法律援助工作体系。纵向上，夯实区、镇、村（居）三级法律援助服务体系；横向上，在公检法等区属部门建立法律援助工作站点，实现纵向到底、横向到边的法律援助工作格局。二是线上平台投入使用。法律援助服务平台系统和法律援助微信公众号投入使用。其中，法援服务平台率先在全市实现网上咨询、申请、办理、监督、投诉、统计"一条龙"服务。

第二，严把案件规范化管理工作。一是在提高援助队伍上下功夫。招募政治素质过硬、业务素质精湛的律师102人参加"12348"热线值班。二是在提高援助质量上下功夫。制定案件质量同行评估实施方案，成立法律援助案件质量监督管理小组，组建同行评估专家团。

第三，深化援助便民服务举措。一是推出上门式服务方式。为行动不便的老年人、残疾人等特殊群体推出电话预约上门服务。二是推出农民工绿色通道。实现农民工群体案件当天申请、当天受理、当天指派、当天签协议"急诊式"法律援助，提供代写法律文书、讲解救济渠道、参与沟通调解等"跟进式"法律服务。三是加强专项维权力度。依托重要时间节点，开展妇女、残疾人、未成年人、军人等专项维权月活动，用心做好弱势群体关爱工作。

（三）精准发力，整合辖区资源，构建综合治理执行难格局

第一，整合政法资源，严厉查堵打击老赖。组织公、检、法等相关单位召开全区协作推进解决执行难工作座谈会，建立定期联络通报长效机制，为构建全区综合治理执行难工作格局夯实了制度基础；在查堵老赖方面，区法院与区公安分局建立执行联动机制，协调公安机关有效查找被执行人；在打击拒执罪方面，区法院与区公安分局、区检察院全面协作，互相支持、互相监督，实现打击拒执罪的全流程提速，有力维护了执行权威。

第二，整合行政资源，妥善处理司法腾退。抓住"疏解整治促提升"专项行动快速推进的有利契机，各相关部门与镇街建立了长效协作机制。通过召开执行预备会等工作部署和应急处置方案，妥善处理安全保卫、应急处置、疏导谈

判、舆情监控等多项工作，取得了良好的社会效果和法律效果。

第三，整合社会资源，做好执行释法宣传。利用辖区高校优势，引入高校专业心理咨询团队，及时疏导当事人情绪，争取当事人理解和支持，引导当事人通过合法途径维护自身合法权益。与此同时，与北青社区报顺义分社深入合作，通过开展网络视频直播的形式开展执行宣传，展示执行体制改革成果。利用贴近群众、本土特色明显的今日头条 APP、北青社区报顺义版等新媒体平台，区法院与相关单位建立合作机制，在平台上定期发布失信被执行人信息，精准覆盖失信被执行人 15 公里生活圈，进一步发挥了失信惩戒功能，让失信被执行人处在一种无形的、充满公众舆论的环境氛围中，从而促使其主动履行债务。

（四）积极探索，注重实效，推动行政执法与刑事司法"两法衔接"工作深入发展

第一，加强内外合力，深化重点领域行政执法与刑事司法衔接工作。对外，区检察院、区法制办、区公安分局以及区食药监局、区动监局、区国土分局、区环保局、区工商分局等单位，建立健全了信息联络员机制及联合开展专项检查机制；对内，坚持"一盘棋"思路，密切本部门的工作联系，确保信息互联共享。通过内外部合力，强化了对危害食品药品安全、破坏环境资源以及侵犯知识产权等重点领域内犯罪的打击力度。

第二，增强产权司法保护意识，提高运用法治方式保护知识产权的水平，切实维护本地区经济安全。加强区检察院、区工商分局、区文化委员会的工作衔接，开展了对侵犯知识产权类行政处罚案件的专项督查。以审查平台报备案件信息与审查卷宗相结合的方式，加大对侵犯知识产权类处罚案件的审查力度，进一步强化对知识产权案件的法律监督，确保全区市场经济秩序平稳健康运行。

第三，将司法办案融入社会管理创新，服务区域经济社会发展。主动参与相关单位开展的专项执法检查，为专项行动的有序开展提供有力法治保障。

大兴区法治建设报告

2017年，大兴区在市委市政府、区委区政府的坚强领导下，深入贯彻落实习近平总书记两次视察北京重要讲话精神，凝聚人心、凝聚力量、凝聚智慧，全面深化改革、推进经济社会发展，不断推动法治建设工作迈上新台阶。

一、人大法治保障和监督工作

2017年，大兴区共召开常委会会议9次，主任会议17次，主任专题会议和代表专题会议5次，组织代表开展执法检查、视察20次、专题调研6项。大兴区人大常委会听取审议"一府两院"工作报告16项，提出审议意见80余条，依法作出决定15项，任免国家机关工作人员172人次。

（一）组织机构建设工作

2017年是区五届人大开局之年，区常委会的工作定位是"基础年"，针对组成人员新、当选代表新、专委会组建新的客观情况，把"打基础、提能力、强实效"作为全年工作重点，着力强化自身建设。

第一，强化履职培训，夯实工作基础。通过采取专家授课、交流研讨、实地视察等多种形式，精心组织了履职学习培训班7期，提高了全体干部的政治素质和履职能力，为新一届人大开好局、起好步，奠定了坚实基础。

第二，健全组织机构，完善制度保障。大兴区人大常委会制定专门委员会议事规则，建立专门委员会向区人民代表大会及其常委会报告工作、专门委员会组成人员列席常委会会议等工作机制。成立区人大法制监督服务中心，充实区人大常委会机关法制工作力量。对区人大及其常委会现行规章制度进行了全面梳理，修正11项、废止6项、新制定3项。

第三，改进方式方法，提高工作水平。2017年区人大常委会制定实施《聚焦持续监督计划》，在政府投资绩效管理、老旧小区综合治理、全民健身、农产品质量安全、交通秩序管理等方面选题立项，综合运用执法检查、审议报告、跟踪督办、调研视察等多种手段，持续发力，务求实效。

第四，狠抓作风建设，加强工作调研。区人大常委会坚持把强化作风建设贯穿始终。班子成员 10 多次深入镇街，强化调研，围绕全局性重点工作和人民群众关注的热点问题，确定了农产品质量安全、老旧小区物业管理等 6 个调研课题，为区委、区政府决策提供有益参考。

（二）人大代表工作

2017 年，大兴区人大常委会以强化服务保障、发挥代表主体作用为着力点，健全完善工作机制，代表工作取得新进展。

第一，完善服务体系，提高代表服务保障水平。通过寄送学习资料、组织代表活动等形式，大兴区人大常委会及时向代表提供区情、政情、社情，拓宽代表知情知政渠道，为代表更好地依法履职创造条件。2017 年，选举产生了出席北京市第十五届人民代表大会代表 36 人。全年共邀请 50 余名代表列席区常委会会议，200 多人次参加了区常委会组织的检查视察、专题调研等工作。

第二，创新联系渠道，发挥代表闭会期间作用。维护创建了"大兴人大"微信公众平台，设置了代表园地、选民找代表等版块，收到群众反映的各类问题 178 件，均按工作程序，交由相关部门办理，维护了群众利益，改进"一府两院"工作。

第三，加大督办力度，增强代表建议办理实效。坚持区常委会领导牵头重点督办、各专委会分类督办、代表联络室统筹督办的工作机制，加大代表建议督办力度。坚持把听取办理情况汇报和检查视察相结合，着力加强办后跟踪复查。区五届人大一次会议期间，人大代表共提出意见建议 60 件，已按法定时限全部办复，推动民生问题的解决。

第四，保障代表履职，依法有序补选出缺代表。2017 年，根据代表职数出缺的实际情况以及相关法律研究制定了《关于适时补选区人大代表的实施意见》，明确了每年度的补选时间、人员范围和环节程序，2017 年下半年集中补选依法补选了 13 名区人大代表。

（三）法治保障工作

2017 年，大兴区人大常委会把推进民主法治建设作为根本任务，积极推进依法治区，努力为全区建设发展提供良好的法治保障。

第一，立足监察体制改革，提供组织保障。区五届人大二次会议选举产生了区监察委员会主任，区五届人大常委会二次会议选举任命了区监察委员会副主任 3 人、委员 4 人，为区监察委员会成立提供了组织保障，有力支持了监察体制改革试点顺利实施。

第二，立足司法体制改革，促进公正司法。区常委会听取审议了区检察院《深化司法体制改革工作情况的报告》，要求检察机关以司法责任制为关键点，完善检察权力运行机制，提高司法办案和检查监督效能；以强化法律监督职能为着力点，切实加强诉讼活动的法律监督；以完善改革配套措施为支撑点，加强科技强检和检察队伍建设，确保司法体制改革整体协同推进。

第三，立足破解执行难题，促进司法为民。大兴区常委会听取审议了区人民法院《推动基本解决执行难问题的工作报告》，要求审判机关加大执行力度，加强执行联动，形成执行合力；严厉打击妨碍和干扰执行的各类违法行为，提高对被执行人的震慑力；充实配强执行力量，提高执行水平和执行效率；深入推进"七五"普法，增强公民法治意识，促进社会诚信。

第四，立足专项执法检查，促进依法行政。区常委会对区政府贯彻落实《北京市全民健身条例》情况进行执法检查，要求区政府建立健全统筹协调工作机制，加快全民健身基础设施建设，加大对体育社会组织的扶持力度。此外，区常委会还对大兴区贯彻执行《北京市生活垃圾管理条例》进行了执法检查，对《食品安全法》执法检查意见和未成年人审判工作审议意见的落实情况进行跟踪检查，研究制定了《规范性文件备案审查办法》。

第五，立足信访维稳，促进和谐稳定。以解决群众合理诉求为目标，完善人大信访工作机制，畅通信访渠道，积极受理群众来信来访，督促解决群众反映的实际困难和问题，2017 年共接待群众来信来访 118 件，全部妥善办复。

（四）经济监督工作

2017 年，大兴区人大常委会紧紧围绕区委战略部署，适应把握引领经济发展新常态，着力加强经济工作监督。

第一，加强经济运行情况监督，推动经济平稳发展。大兴区人大常委会认真听取审议了区政府 2017 年上半年计划执行情况的报告，对 2017 年年度计划执行和 2018 年计划安排情况进行了初审，肯定的同时提出加强经济运行情况动态监测和综合分析、深化投融资改革、强化创新驱动等意见。

第二，加强政府投资项目监督，推动投资科学决策。大兴区人大常委会修改了《大兴区政府投资项目监督办法》，以投资方向、投资规模、投资结构为重点，加大对政府投资 42 个重点项目的审议力度，要求区政府强化责任落实，加强政府投资项目监管体系建设，强化项目绩效审计和责任主体考核。

第三，加强财政预算决算监督，推动预算有效执行。大兴区人大常委会听取审议了区政府 2016 年财政决算报告和审计工作报告及 2017 年预算执行情况的报告，审查批准了区政府 2016 年财政决算，对 2018 年财政预算（草案）报告进行了初审，对区政府提出强化预算执行刚性、加强执行审计、强化审计整改落实的监督等要求。

（五）环境监督工作

大兴区人大常委会综合运用听取审议专项工作报告、检查视察、代表座谈等形式，加大监督力度，优化发展环境。

第一，加强环境保护工作监督，推进生态文明建设。按照《环境保护法》规定，区常委会听取审议了区政府《关于环境状况和环境保护目标完成情况的报告》，并提出加强执法队伍建设、畅通环保监督投诉举报通道、推进环保网格化建设等要求。区常委会还对区政府农业产业结构调整审议意见的落实情况进行了跟踪检查，对新机场绿色廊道建设和大兴区施工扬尘及渣土运输车辆管理进行了视察和代表座谈，提出了多项意见建议。

第二，加强河道治理工作监督，推进河长制贯彻落实。区常委会专题听取审议了区政府《河道治理工作的情况报告》，并对区政府提出完善基础设施建设、严格考核问责、建立健全河道水环境监督举报机制、加强政策宣传等要求。

第三，加强清洁能源工作监督，推进无煤化全面覆盖。区常委会以主任专题会议形式，听取了区政府煤改清洁能源情况报告，共同研究推进无煤化工作，并对区政府提出积极争取市级资金政策支持、降低农民成本、健全后期管理长效机制，同时建立燃煤复烧管控机制、确保实现无煤化等要求。

第四，加强拆违控违工作监督，推进非首都功能疏解。区常委会听取审议了区政府《严厉打击违法用地违法建设工作情况的报告》，并对区政府提出加强部门联动、加快出台违建拆除土地区级整体发展规划、抓好拆违控违普法宣传等要求。

（六）民生工作

区常委会紧抓人民群众普遍关心的社会热点难点问题，加大对区政府相关工作的监督、支持、督促力度，提高人民生活水平，提升百姓获得感。

第一，着力推进学前教育发展，提高幼儿教育水平。针对学前教育三年行动计划贯彻落实方面存在的薄弱环节，建议区政府加强师资队伍建设，提升保教队伍整体素质；逐步提高合同制教师待遇，提高教师队伍的稳定性和工作积极性；加强统筹协调，扩大学位总量，保证新建小区学前教育配套设施同步。

第二，大力推进古老果树保护，维护果农切身利益。针对古老果树经济效益较低、保护措施缺位、数量急剧减少的现实情况，区常委会领导班子多次深入镇村实地调研，专委会召开专题座谈会，提出了制定标准明确范围、加强监管严格审批、深挖特色打造品牌等建设性意见。

第三，持续关注交通秩序管理，推进交通安全工作。把强化交通秩序管理和交通安全，列为本届人大常委会持续跟踪监督议题之一，围绕交通执法、管理机制和安全宣传等方面工作，组织了2次专项视察。建议相关职能部门，严厉整治各类道路交通违法行为，完善交通管理齐抓共管的体制机制。

第四，扎实推进乡村旅游建设，推动农业结构调整。发展乡村旅游是推动农业产业结构调整和促进农民增收的重要途径。为了进一步提升乡村旅游软硬件建设水平，建议区政府要持续加大资金投入和政策扶持力度，推动乡村旅游基础设施建设。

第五，重视其他群众关心的医疗住房问题。2017年，区常委会就群众关心、代表关注的优质医疗资源下沉、农村土地"三权分置"改革、棚户区改造等工作，进行了专题视察和座谈。对保障性住房审议意见的落实情况进行了跟踪检查，推动了政府公共服务工作。

二、法治政府建设

2017年，大兴区政府大力推进依法行政，加快建设职能科学、权责法定、执法严明、公开公正、廉洁高效、守法诚信的法治政府，为全面深化改革、推进经济社会发展提供了有力的法治保障。

（一）疏解整治工作

2017年，大兴区政府全面推进疏解整治促提升各项行动。全年累计拆除违法建设1028万平方米，清理占道经营行为2万余件，集中封堵"开墙打洞"252处，取缔无证无照经营9027户，调整退出一般性制造业企业79家，治理"散乱污"企业1490家，城乡接合部拆除腾退273万平方米，疏解专业市场和物流中心83个。深入推进工业大院清零、环境保护攻坚、执法亮剑等九大行动，六环路以北工业大院基本清零，"留白增绿"489万平方米。

（二）保障安全工作

第一，维护食药、产品安全，维护人民群众的生命健康。2017年，大兴区完成了党的十九大和"一带一路"高峰论坛服务保障工作，坚决打击各类治安、刑事犯罪行为。加大社会矛盾纠纷排查和调处力度，信访工作有序开展。同时，加强食品药品安全监管执法力度，有效保障全区食品药品安全。坚守安全生产红线，建立区、镇街、村居、企业四级责任体系。

第二，重视消防安全，排除安全隐患。全面强化社会面火灾防控和消防综合应急救援能力建设，高强度开展隐患集中区域整治、消防管网建设等专项行动。健全预警与应急机制，妥善处置"11·18"重大火灾事故，以"三合一""多合一"、高风险密集居住场所重大安全隐患为重点，推进安全隐患"大排查、大清理、大整治"，集中排查治理各类安全隐患1.4万余处。

（三）深化"放管服"改革

2017年，大兴区政府进一步深化"放管服"改革，依法全面履行政府职能。大兴区政府健全权责清单制度，清理规范行政审批中介服务，梳理保留52项。深入推进证明事项清理规范工作，编制公共服务目录。推出模块化、场景化服务，打造"互联网＋政务服务"创新型服务中心。推动政府信息系统互通互联，开展审批和服务事项梳理，优化业务流程，积极推动一站式、全覆盖的服务体系。推进落实"双随机一公开"监管方式，细化工作任务，明确全覆盖工作目标。

（四）推进政务公开

2017年，大兴区政府全面推进政务公开。大兴区政府印发《大兴区2017年政务公开要点》《大兴区政务公开绩效考评细则》，明确政务公开工作的主要任务、形式和时限要求及工作标准。积极探索推动政务公开工作新方式，聘请第三方评估公司开展全区政务公开测评工作。针对重点领域政务公开清单、权力清单、责任清单和2017年政务公开工作重点任务等要求，大兴区政府不断推动各单位政务公开任务落实，并将测评结果作为政务公开绩效考评依据。

三、审判工作

2017年，大兴区法院全年新收各类案件38 053件，办结38 773件，同比分别上升23.04%、17.80%；结案率91.3%，同比上升3.1个百分点；法官人均结案317.8件，同比上升35.11%。

（一）刑事审判工作

大兴区法院全年共办结刑事案件1684件，同比上升15.03%。依法审理危害公共安全、破坏社会管理秩序犯罪案件882件，审理故意杀人、故意伤害、绑架等侵犯公民人身权利犯罪案件331件，审理盗窃、诈骗等侵犯公民财产权利犯罪案件368件，审理非法吸收公众存款、电信诈骗等破坏社会主义市场经济秩序犯罪案件88件，维护人民群众切身权益，维护市场经济健康发展。

（二）民商事案件

大兴区法院全年共办结民商事案件25 281件，同比上升16.31%。依法审理婚姻家庭、析产继承案件3669件，注重释法析理加大调解力度。依法审理劳动争议、人事争议案件2028件，房屋买卖、不动产租赁纠纷案件1942件，金融借款、民间借贷等借款合同纠纷案件2600件，农村土地承包、土地租赁等涉农案件172件，维护当事人权益。大兴区还积极探索网上立案、网上开庭模式，便利当事人诉讼，推行电子送达方式，以信息化手段破解"送达难"。2017年9—12月，共发出电子送达727件，成功685件，成功率达94%。

（三）行政审判和监督依法行政工作

大兴区法院全年共办结行政案件275件，同比下降23.18%。行政机关败诉案件40件，占办结全部行政案件的14.55%。既注重支持行政机关依法行政，又注重保护行政相对人合法权益。落实行政机关负责人出庭应诉制度，全年负责人出庭应诉50人次，助力法治政府建设。通过协调方式解决行政争议12起，促进行政纠纷实质性解决，营造和谐官民关系。积极延伸审判职能，向行政机关发送司法建议 6 份，召开联席会议 15 次，开展法制培训 16 次，促进行政行为规范化。

（四）案件执行工作

大兴区法院全年共办结执行案件 11 533 件，执行标的到位金额 39.25 亿元，同比分别上升 23.28%、28.23%。

第一，推动综合治理解决"执行难"。大兴区法院进一步推动形成综合治理执行难工作格局，与多家单位建立信息共享及协查机制，加强对失信被执行人的联合信用惩戒。开展"夏季风暴""暖冬行动"等涉民生案件专项执行活动，对 60 人采取司法拘留措施，将 1044 人纳入失信被执行人名单，对 2110 人限制高消费及有关消费。

第二，注重执行规范化。大兴区法院制定《保全流程规范》《评估、拍卖流程规范》等 10 余项工作制度，实现对执行流程中 136 个关键节点的立体监控，防止执行不作为、乱作为。

第三，注重执行信息化。大兴区法院实现了对房产、车辆、存款等重要执行线索的网络查控，66.2% 的案件通过网络查到了财产。同时完善司法网络拍卖工作，全年网络拍卖 147 场，成交金额 7.48 亿元，溢价率达 42%。

（五）对接疏解工作

全年新收涉疏解整治各类案件 1039 件，办结 731 件。出台为"疏解整治促提升"行动提供司法保障的具体意见，建立专项管理制度，保证案件办理效果。建立报告通报机制，对重点案件和重大事项，及时向区委、开发区工委报告，并通报相关部门。成功腾退旧宫两万平方米大型商品城，顺利办结安定镇百亩土地交付、魏善庄镇数万平方米物流园场地返还等执行案件。

（六）接受人大、政协等各方面监督工作

大兴区法院拓宽司法公开渠道，强化接受监督意识，确保工作水平不断提升。

第一，以司法公开促进司法公正。全年区法院共召开人民群众关心的网络购物纠纷、银行卡纠纷、房屋租赁纠纷等主题新闻通报会 16 场，上网公布裁判文书 13 321 份，应上网文书上网率达到 100%。开通官方微信公众号，实时发布 82 条法院图文动态，阅读量突破 5 万人次，便捷一键查询诉讼指南、法律文书、司法拍卖等信息。

第二，以接受监督促进工作发展。大兴区法院向区人大常委会汇报"用两到三年时间基本解决执行难"工作，并认真落实常委会的审议意见。提请区人大任命增补人民陪审员 58 名，现任陪审员人数达到 114 人。支持、配合检察机关依法履行诉讼监督职责，认真办理并及时回复检察建议。

四、检察工作

2017 年，大兴区人民检察院紧紧围绕区域经济社会发展大局，坚持规范司法，积极履行检察职能，深入推进司法体制改革，不断提高检察工作法治化水平和检察公信力。

（一）法律监督工作

2017 年，大兴区检察院行使法律监督职能，切实加强诉讼活动监督。全年共受理立案监督案件 21 件，侦查活动监督案件 8 件，依法向侦查和审判机关制发检察建议 28 份，违法通知书 12 份，发出口头纠正 20 次。

第一，加强立案和侦查监督。区检察院努力畅通诉讼监督线索移送、流转途径，实时动态监督北京市行政执法信息平台。

第二，加强审判监督。大兴区检察院稳步开展一审刑事裁判文书同步审查，重点案件生效判决复查工作，综合运用检察建议、纠正审理违法等加强审判活动违法监督。全年共办理不服一审生效裁判刑事申诉案件 5 件，审结 5 件。通过对 200 余件公文、证件、印章类案件生效判决专项复查，发现 2 件法律适用错误案件并提请审判监督抗诉，获得二审法院依法改判。开展民事诉讼法律监督，向二分院提请抗诉 1 件被采纳，向区法院发出再审检察建议 1 份被采纳。

第三，加强刑事执行监督。2017 年，大兴区检察院全年共办理 6 类刑事执行检察案件 82 件，共制发纠正违法通知书 9 份，检察建议书 3 份。区检察院主动调查社区服刑人员违法离京出行记录，办理撤销缓刑收监执行案件 2 件，纠正脱管 2 人，促使司法行政机关出台了加强对社区服刑人员监管的措施 4 项，核查纠正漏管 2 人。通过制发书面监督意见，监督区看守所升级了出入门等安全防护设施，与公安机关达成了通报社区服刑人员涉嫌再犯罪信息机制。

（二）刑事检察及公益诉讼工作

第一，切实打击各类犯罪。大兴区检察院全年共受理各类案件共计 3129 件 3627 人，其中受理审查逮捕案件 1113 件 1431 人，不批准逮捕 490 人；受理提请批准延长羁押期限案件 14 件 18 人；受理审查起诉案件 1837 件 2145 人，不起诉 59 件 80 人。大兴区检察院共办理涉及"疏解整治促提升"专项行动案件 64 件 97 人，提起依法批准逮捕非法吸收公众存款达 2900 余万元的案件，依法批准逮捕"11·18"火灾事故案犯罪嫌疑人 15 人。

第二，切实推进公益诉讼工作。大兴区检察院制订了关于土壤污染防治、大气污染防治、环境资源保护专项监督活动的实施方案，共摸排行政公益诉讼线索 16 件，已对其中 3 件立案调查。针对高米店公园用地被违法占用案、魏善庄镇前苑上村园地被违法占用案，区检察院向相关行政机关发出诉前检察建议 3 份。同时，区检察院已将全市首例大气污染类民事公益诉讼案移送审查起诉，法院已依法先行发布"禁令"，禁止涉案公司继续排放废气。

五、司法工作

2017年，大兴区司法局开展各类培训及法治讲座1300余场，提供法律咨询29 000余人次，代写法律文书780余份，参与纠纷调解3600余件，培训民调员、村居干部8500余人次，提供法律援助239件，建议、修订完善村规民约1700余条，发放法律宣传资料85 000余份。

（一）疏解整治保障工作

第一，积极引导律师服务疏解整治工作。全面落实律师代理重大、群体性案件报备制度，及时了解律师代理疏解整治地区案件情况，指导协调重大敏感性、群体性案件。通过开展律师以不正当方式承揽业务或"调词架讼"违法违规代理案件专项摸排行动，指导律师和律师事务所严格依法依规代理案件，形成疏解整治良好的法律环境。

第二，积极引导公证处服务疏解整治工作。组织公证处为违法建设拆除、城乡结合部整治改造、疏解区域性市场等专项行动提供证据保全类公证法律服务67件，为旧宫镇、亦庄、瀛海、西红门、礼贤、榆垡、北臧村等镇，现场办理疏解整治相关内容协议书3000余份，分发宣传材料20 000余份。

（二）村居法律顾问工作

2017年，大兴区司法局充分发挥村居法律顾问作用，开展法律服务。依托已建立的"一村一居一法律顾问"基层法律服务网络，区司法局从进入区法学会公益法律服务资源库的律师事务所中，挑选出18家律师事务所、129名律师提任村居法律顾问，为承担重大工程、重点项目的镇党委、政府提供法律指导。

区司法局要求每名法律顾问每月至少深入一次村居为村居委会、村居民提供以"顾讲询调训"为主要内容法律服务，充分发挥村居法律顾问贴近生活、贴近群众、贴近基层的优势，围绕疏解整治各项重点任务定期组织开展有针对性的法律咨询、法治宣传和矛盾纠纷化解工作，引导当地群众依法理性表达诉求，在事前、事中和事后提供全程法律服务工作。

六、大兴区2017年法治建设特色和亮点

（一）形成制度机制合力，依法有效化解矛盾纠纷

第一，做好行政复议应诉工作。全区共接待当事人170余人次，办理行政复议案件142件，已结案129件，未结13件，以区政府为被告的行政诉讼案件127件，审结56件。发挥复议监督作用，纠错31件，制发行政复议意见书1份。

第二，加强行政调解工作。落实《北京市行政调解办法》，加强业务培训和宣传引导。大兴区各行政调解主体共处理行政调解案件3789件，与去年基本持平；涉及10 753人次，比去年减少39%。成功化解矛盾纠纷3313件，调解成功

率为87.4%。将行政调解贯穿行政复议办案始终，在审理复议案件过程中，被申请人通过释明行政行为、解答质疑等方式，主动与申请人进行调解的案件达到39件，实际化解矛盾纠纷。

第三，提升信访工作能力。全区48家单位接入市网上信访信息系统，实现信访事项全部纳入、信息应录尽录。强化初信初访办理，强化部门属地责任，深入推进依法逐级走访。突出法治引领，健全完善涉法涉诉信访工作机制。修订完善《大兴区信访办信访事项督查督办制度》，明确具体督查事项28项，细化流程标准。

第四，积极开展人民调解。全区各级调解组织受理案件5881件，调解成功5602件，调解成功率为95.3%。其中达成口头协议3000件，达成书面协议2602件，涉及当事人14 390名。同时，加强人民调解品牌建设，北京新机场建设调解工作室、张燕玲调解工作室、区诉前人民调解委员会等特色调解组织充分发挥实效，调解成功案件近2000件。

（二）深化行政执法体系建设，规范公正文明执法

第一，完善行政执法监督体系。大兴区政府逐项组织清理行政执法主体和受委托执法组织，配合推进全市行政执法信息服务平台二、三期项目建设衔接工作。全区加强执法人员资格化管理，坚持行政处罚数据"月统计、季分析、定期通报"机制，坚持行政处罚案卷评查，开展评查督查活动，对全区30家行政执法单位的案卷评查工作检查核实。

第二，进一步加大执法力度。2017年，大兴区加强了对拆迁拆违、城市管理、大气污染防治等重点执法领域的指导，组织开展"执法亮剑"行动，强化"疏解整治促提升"行动，以及针对安全生产、消防隐患、违法用地违法建设、"散乱污"企业等违法行为开展行政执法集中整治活动。

（三）深化国家监察体制改革，确保转隶顺利

根据市院和区委相关要求，大兴区检察院严格执行改革方案，明确转隶人员范围，确保人员身份按时转变，确保转隶人员及时到位。一方面，做好院内交接工作，做好财物交接、办公办案装备处置、涉密设备回收等工作；另一方面，加强与区纪委、区监察委的沟通，在业务衔接、办案程序和操作规程等方面形成共识，建立案件移送受理衔接机制，审查办理、强制措施衔接机制，线索相互移送机制，办案协助配合机制等。全今，大兴区检察院共评估职务犯罪案件线索20件，受理区监察委移送审查起诉案件3件3人，其中批准逮捕1人，对1件1人已提起公诉并获有罪判决。

（四）构建三级法律服务网络

区法学会充分利用统筹区内法律服务资源的优势，成立了包括律师、法律服

务工作者、公证员在内的区级法律服务团，镇街司法所长、司法助理员组成的20 支法律服务队，以及 169 个由涉及疏解整治任务村（社区）的村居法律顾问、人民调解员和村居主任组成的法律服务工作组，初步形成了以区法学会为纽带，区级法律服务团为基础，镇街法律服务队为依托，村居法律服务工作组为根本，全区法学法律工作者积极参与的组织体系和工作格局，通过"区级有团、镇街有队、村居有组"的"三级法律服务网络"，为疏解整治地区群众提供全天候、无死角的法律服务。

昌平区法治建设报告

2017年，在市委市政府和区委区政府的坚强领导下，昌平区全区上下认真学习贯彻党的十九大精神，紧紧围绕市第十二次党代会、区第五次党代会总体部署，撸起袖子加油干，全力以赴促转型，较好地完成了法治建设的各项工作。

一、人大法治保障和监督工作

2017年，昌平区共召开常委会会议7次，审议议题36项，作出决议决定7项，任免国家机关工作人员和人民陪审员149人次；筹备召开了区五届人大二次、三次会议，选举产生了区监察委员会主任和35名市第十五届人民代表大会代表。

（一）组织机构建设工作

第一，强化党建引领作用。常委会党组突出政治建设，加强思想建设、组织建设、作风建设、纪律建设，将制度建设贯穿其中，健全完善了党组工作规则、"三重一大"事项决策规则，认真落实重要工作、重大事项向区委请示报告制度。重视机关党建工作，以"两贯彻一落实"为主线，深入开展"强党性、敢担当、出实效"主题活动，严格落实"三会一课"制度，认真履行全面从严治党主体责任，扎实推进"两学一做"学习教育常态化制度化，切实增强"四个主动"意识、强化"四个保证"能力，有效发挥了党组在人大工作中把方向、管大局、保落实的核心作用。

第二，夯实各项基础工作。把加强学习作为常委会及专门委员会组成人员和机关干部队伍能力建设的重要抓手，通过举办培训班、设立读书会和工作讲坛等方式，加强学习型机关建设。重视人大制度理论与工作实务研究，认真做好区人大制度理论研究会立项课题的组织实施，全年完成了市区两级立项课题18项，积极考察借鉴浙江省温岭市、上海市黄浦区等外省区人大先进经验，为常委会改进工作提供智力支持。加强对镇（街）人大工作的联系指导，促进镇（街）人大工作规范化建设，增强人大工作整体合力。认真做好信访工作，全年接待处理群众来信来访 103 件（次）。重视信息宣传工作，通过报纸、电视专栏、微信等媒体广泛宣传人大制度和人大工作，使人大制度更加深入人心，全社会的人大意识得到进一步增强。

（二）人大代表工作

第一，强化代表履职服务保障。采取集中培训、委托培训、为代表订阅报刊和寄送学习资料等形式，组织引导代表学习《代表法》《监督法》等法律法规和人大制度理论，不断提高代表的政治意识、履职意愿和工作能力。强化对代表履职行权的管理和约束，稳步推进代表履职登记、接待选民、向选民述职工作。加强常委会工作与代表履职的衔接，丰富闭会期间代表活动，全年邀请代表参加集中视察、执法检查、专题调研、建议督办、列席常委会会议等 600 多人次。在相应选区和驻军单位组织补选了 8 名区人大代表。积极通过市区新闻媒体和微信公众平台宣传代表履职事迹，营造良好社会氛围。

第二，加强代表建议督办工作。坚持把代表建议督办工作作为促进政府工作、回应群众期盼、增强代表获得感的重要途径。进一步完善了代表建议督办"六办"机制，改进建议督办方式方法，促进镇（街）人大发挥作用，扩大代表参与广度和深度，开展"集中督办月"活动，将办理重心下沉到镇（街），由镇（街）人大主持召开督办会 28 场、参加代表 170 多人次，代表与承办单位面对面沟通情况，对 71 条建议进行了督办，建议督办工作更接地气、更有实效。常委会第六次会议听取审议了区政府办理代表建议工作情况的报告。区五届人大一次会议上代表提出的 319 件建议，当年办结率达到 48%，一批群众关心关注的问题得到了较好解决。

（三）法治保障工作

常委会强化主动作为意识，改变近年来以协助市人大开展执法检查为主的做法，按照《中共中央国务院关于推进安全生产领域改革发展的意见》的要求，成立了区人大常委会执法检查组，就我区贯彻实施《中华人民共和国安全生产法》《北京市安全生产条例》情况进行了检查。执法检查组历时两个半月，先后听取了区安监局、住建委等 9 个部门和城北、南口等 6 个镇（街）贯彻实施安全生产法律法规情况汇报，查阅了区市政委等 3 个部门的制度文件、履职资料和执法记录等，实地检查了热力保障、危化品储存使用、建筑施工等行业领域落实安全生产法律法规情况，委托人大城北街工委和回龙观镇人大开展了相应的执法检查活动，全面了解了全区安全生产法贯彻实施情况，形成了执法检查报告。常委会第六次会议听取审议了执法检查情况报告，针对我区在安全生产法律法规贯彻实施方面存在的问题，要求区政府尽快制定安全生产专项规划、明确安全生产监管责任、重视宣传教育培训工作、加大法律法规贯彻实施力度。通过执法检查，促进全区进一步增强贯彻实施安全生产法律法规的自觉性，强化安全生产责任的落实。此外，各专门委员会协助市人大开展了《种子法》《全民健身条例》《生活垃圾管理条例》等执法检查活动，就推进相关法律法规的贯彻实施提出了意见建议。

（四）监督工作

强化绩效管理理念，加强财经工作监督，推动财政资金管理上水平。为落实《预算法》和《北京市预算审查监督条例》，加强和规范区预算审查监督工作，常委会结合我区实际研究制定了《北京市昌平区预算审查监督办法》，对预算的初步审查、执行监督，预算调整的审查和批准，决算的审查和批准等作出了详细规定，为提高预算监督工作水平，推进预决算全口径、全过程监督，监督政府部门提高财政资金使用绩效提供了制度保障。

常委会第五次会议听取审议了区政府关于2016年度决算、2016年预算执行和其他财政收支情况审计工作，以及2017年上半年计划和预算执行情况的报告，审议了2017年政府性基金预算和一般公共预算调整方案的报告，结合区人大财经委员会的初步审查结果报告，作出了批准昌平区2016年度决算的决议，批准2017年政府性基金预算和一般公共预算调整方案的决议。

（五）民生工作

常委会第六次会议听取审议了区政府关于养老服务业发展情况的报告，并听取审议了区政府关于推进低收入户增收及低收入村发展情况的报告。针对工作中存在的低收入户识别不够精准、分类施策有待加强、低收入村缺乏产业发展规划、低收入户就业增收渠道窄等问题，要求区政府加强统筹协调，提高精准帮扶力度，强化产业帮扶实效，切实增强低收入村和低收入户发展能力，确保全面建成高质量小康路上每一村、每一户、每个人都不掉队。

（六）探索创新

第一，健全制度规范。根据相关法律的修改和区人大专门委员会的设立，及时修订了常委会议事规则、听取审议专项工作报告办法等制度，制定了专门委员会工作规则（试行）、规范性文件备案审查工作办法等工作规范，完善了监督议题确定、会前调研初审、会上集中审议、会后跟踪落实等工作细节，努力实现靠规矩推进工作、用制度提升质量、以细节确保实效，提高工作的制度化规范化水平。加强专门委员会与常委会工作衔接，指导专门委员会制定了工作细则，实现了专门委员会工作的良好开局。

第二，深化"两层联系、双向知情"。认真落实常委会组成人员联系代表、代表联系选民工作制度，做好常委会主任、副主任接待代表日工作。年初，区五届人大二次会议上安排区政府通报了"疏解整治促提升"专项行动情况；年中，向代表书面通报了全区上半年经济运行情况。支持"一府两院"及其部门向代表寄送相关资料，通过短信和微信平台定期向代表推送有关信息，帮助代表上知政情区情、下解社情民情。为畅通民意反映渠道，按照"全覆盖、制度化、常活动、有成效"的要求，在马池口等9个镇（街）推进代表联络站和选民接待站建设试点，规范"两站"职能设置、工作制度和建设标准，促进了镇（街）代表工作规范化，搭建了代表密切联系选民的工作平台。

二、法治政府建设

2017年，昌平区政府坚持把政府法治建设摆在突出位置，更加注重依法行政，自觉接受人大、政协和社会监督，大力推进法治政府建设，并取得积极成效。

（一）疏解整治工作

2017年全年拆除违法建设761万平方米，相当于之前两年总和；关停一般制造业企业70家，摸排整治市、区挂账"散乱污"企业1292家；疏解升级区域性专业市场9家；治理群租房1135处、地下空间14处、占道经营12 037起、无证无照经营9531户、"开墙打洞"454处；24个城乡接合部重点村综合整治全面完成，同步清理整治集体土地出租大院985个；西沙屯—满井西等棚户区改造项目取得实质进展。坚持自我加压，全面启动工业大院清理整治，25个大院基本完成清退，腾退土地6651亩；取缔未经审批幼儿园62所、"黑诊所"58家。高标准制定了街巷胡同及道路空间整治提升三年行动计划，先期完成192条整治任务。实施了京藏、京承、京新、六环路沿线等18项环境建设提升工程。积极探索推进疏解腾退空间后续利用，实现拆违增绿157万平方米，新增便民服务设施124处、文体活动场地1.9万平方米、停车位1.6万个。持续加大新增产业禁限力度，不予办理企业登记业务64件。坚决落实市级部署的功能承接任务，借势引入优质资源，回龙观1818街区配套设施基本建成，北京化工大学昌平新校区、中国矿业大学（北京）沙河校区正式启用。全区常住人口控制为206.6万人，增速在五个新城中继续保持最低，连续四年超额完成全市下达的调控任务。

（二）保障安全工作

调整组建城市管理委员会，整合成立昌平传媒中心，设立"环食药旅"警察队伍，即昌平公安分局治安支队环境食品药品和旅游安全保卫中队，这是一支打击环境、食品药品和旅游领域违法犯罪的专业执法队伍，并参与配合联合执法活动，为行政执法提供法律保障。

（三）深化"放管服"改革

取消调整基层开具的各类证明115项，清理规范行政审批中介服务57项；"双随机一公开"实现全覆盖，市场主体信用监管平台上线试运行；全面推行

"多证合一、一照一码",国家工商总局商标注册受理窗口落户昌平,全区市场主体接近 15 万户;与华为公司合作建设综合政务云服务平台,开通中小企业公共服务平台微信版、昌平园企业服务直通车。对接市级"一会三函"新政,出台了政府投资项目审批改革方案。健全国资国企改革"1 + N"制度体系,区属国企重组整合步伐进一步加快。积极探索多元化投融资渠道,设立了总规模 500 亿元的城市建设发展基金,向市政府申请政府债券 39.8 亿元。建立全口径预算管理体系,财政资金使用绩效进一步提高。扎实开展集体经营性建设用地改革试点,4 个集体土地建设租赁住房项目获得批复。完成国企和事业单位公车改革,配套出台了加强公车规范管理的意见。

（四）推进政务公开

全面推进政务公开,确保权力始终在阳光下运行。完善公众参与、专家论证、风险评估、合法性审查等法定决策程序,虚心听取群众和社会各界的意见。

三、审判工作

2017 年,昌平区人民法院紧紧围绕"让人民群众在每一个司法案件中感受到公平正义"的工作目标,协调推进各项工作,为昌平区建设国际一流科教新区提供强有力的司法保障。

（一）刑事审判工作

2017 年新收刑事案件 1174 件,审结 1175 件,判处各类罪犯 1555 人。严厉打击各类犯罪,依法审结故意伤害、强奸、抢劫、盗窃类案件 506 件,保障人民群众生命健康和财产安全;加大职务犯罪惩治力度,依法审结左权等人经济犯罪案、刁俊超受贿及滥用职权案等重大敏感案件,在全市首次适用速裁程序审结由区监察委员会调查终结的挪用公款案;以污染环境罪、非法占用农用地罪对 4 起案件 12 名被告人判处刑罚,促进绿色发展,维护民生权益。准确把握宽严相济刑事政策,以依法定罪量刑为前提,根据犯罪事实和被告人的具体情况,做到宽严有据、罚当其罪,判处 10 年以上有期徒刑 37 人,有力震慑了犯罪分子;判处缓刑、单处罚金、免予刑事处罚及宣告无罪 342 人,非监禁刑适用率 25.9%。做好未成年人权益保护工作,坚持教育感化未成年犯,积极回访被判处缓刑的未成年人,制作《关爱寄语》,通过"亲情相聚"使 6 名未成年犯与家人团聚;"驻校法官工作室"机制入选"北京法院未成年人权益保护制度十大创新事例",我院被评为"全国维护妇女儿童权益先进单位"。

（二）民商事案件

全年新收民商事案件 20 440 件,审结 21 137 件。妥善解决民事纠纷,依法审结婚姻家庭、继承类案件 1969 件,维护家庭和睦,弘扬社会主义道德风尚;依法审结劳动争议、劳务合同案件 1370 件,制定《劳动争议审判白皮书》,推动构建和谐劳动关系；积极贯彻《民法总则》，依法审结北京法院首例当事人直接申请指定监护人案件。合理化解商事矛盾，依法审结买卖合同、借款合同类案件4406件，促进诚信履约；在"一带一路"高峰论坛期间妥善化解公共自行车项目合同纠纷，保障了数万群众每日正常出行；积极推动诉讼保全责任险适用，50%以上保全案件适用该方式提供担保，降低保全门槛，为后续执行奠定良好基础。坚持繁简分流，完善速裁模式，集约送达、排期，简化诉讼程序，制作制式法律文书，11名员额法官共结案6715件，人均结案610件。

（三）行政审判和监督依法行政工作

2017年新收行政案件365件，审结377件，其中非诉执行案件101件。认真履行司法监督职责，依法纠正违法行政行为，行政机关败诉率12.3%；严格非诉执行审查标准，4起案件裁定不准予强制执行；以附带审查方式认定行政机关规范性文件违法一案，入选北京法院"首例"案件。支持行政机关依法行政，对94起非诉执行案件准予强制执行，对20起行政行为存在轻微程序瑕疵但对相对人合法权益不产生实际影响的案件，依法支持行政行为效力的存续。坚持司法与行政良性互动，组织庭审观摩10次，开展法治讲座4次，召开专项调研、联席座谈会30余次，发送司法建议3篇，推进法治政府建设。

（四）案件执行工作

2017年新收执行案件9714件，执结9798件，执结标的总额11.2亿元。全面推进执行机制创新，成立执行指挥中心，切实发挥"统一管理、统一协调、统一指挥"职能；组建"金字塔型"执行团队，优化资源配置；制定《终结本次执行程序管理规范》《收款账户确认书》等制度，开展规范执行行为专项整治行动，理顺工作流程，完善执行机制。加大执行力度，通过执行网络查控系统查询被执行人财产19 365次，反馈房产、存款、车辆等信息25 896条；严厉打击拒执行为，司法拘留37人，移送公安机关追究拒执罪案件4起；开展网络司法拍卖124次，成交金额1.9亿元；强化速执机制，快速执结1300余件，执结标的金额6300余万元，全力提升执行质效，确保基本解决执行难取得决定性进展。强化执行联动，与17家京津冀基层法院签署执行联动机制协议书，委托其他法院执行80件，受托执行117件，共同为京津冀协同发展和冬奥会举办营造良好的法治环境。

（五）对接疏解工作

制定专项意见，提出19条具体举措，在院网开辟"区情专栏"，进行具体部署和宣传；开通绿色通道，建立专门台账，对重点案件进行全程跟踪、指导，发布业务要点提示，统一裁判标准；建立重大案件请示汇报协调制度，构建重大敏感腾退拆除案件执行联动机制，在区委政法委领导下，与相关职能部门、镇街联动，形成执行合力，仅用 8 小时就将北郊七里渠渔场地块 8.6 万平方米涉案场地全部腾退完毕。妥善处理好依法保障疏解整治工作与维护当事人合法权益的关系，全年新收涉专项行动案件 905 件，审结 815 件，取得了良好社会效果。3 篇案例入选北京法院为"疏解整治促提升"专项行动提供司法保障优秀案例，入选案例数量位居全市第一。妥善处理涉军案件，积极创新涉军维权工作模式，畅通司法维权渠道，健全法律援助机制，加强涉军司法服务与案件裁执工作，注重与基层单位协同配合，保障军队全面停止有偿服务工作顺利推进，促进军民融合。我院被评为"昌平区双拥模范单位"。

（六）接受人大、政协等各方面监督工作

畅通监督渠道，自觉接受人大及外界监督。认真听取并落实人大代表意见，领导班子带头联络、走访市区两级人大代表 60 余人次，21 名人大代表及政协委员来院旁听庭审、监督执行现场；主动邀请人大代表、政协委员参加"效率与公正——认罪认罚从宽制度的司法实践"主题论坛、视察山区巡回审判工作，召开征求人大代表意见建议座谈会，对代表委员来信及关注案件及时登记，听取代表委员意见建议，做到事事有回音，件件有着落。昌平区人民法院被评为"北京法院联络工作先进法院"。主动接受检察院的法律监督，认真办理检察建议 10 件，邀请检察长列席审判委员会 10 次，认真听取检察院对案件的处理意见，共同维护司法公正。充分发挥人民陪审员的参审和监督作用，新增 35 名人民陪审员，现有 163 名人民陪审员中，19 名人大代表、政协委员共参审 408 次。

四、检察工作

2017 年，昌平区人民检察院牢牢把握全面提高检察工作法治化水平和检察公信力两个主基调，依法履行检察职能，扎实推进司法改革，努力为北京"四个中心"建设和昌平建设国际一流科教新区提供良好司法保障。

（一）法律监督工作

第一，深化刑事立案和侦查监督。立足促进严格执法、规范办案，办理立案监督案件 153 件，监督立案 40 件 45 人，已提起公诉 6 件 7 人。依托行政执法与刑事司法衔接机制，排查 700 余件行政处罚案件，深入区烟草专卖局等行政执法单位开展专项培训，帮助执法人员提高证据收集、案件移送的意识和标准。主动开展"破坏环境资源犯罪"和"危害食品药品安全犯罪"专项立案监督活动，建议行政执法机关移送案件 48 件 55 人，公安机关立案 42 件 45 人，已提起公诉 5 件 8 人；针对非法倾倒、处置危险废物和有毒物质等突出问题，与区环保局确立专项打击活动，环保局先后查处污染环境类案件 35 件 41 人。在审查逮捕和起诉阶段，对发现符合犯罪构成而未按犯罪处理的，依法纠正漏捕和纠正漏诉，全年追捕 41 人，追诉 24 人。其中，追捕的一名涉嫌合同诈骗的犯罪嫌疑人被法院判处有期徒刑 12 年。积极引导侦查，全年提前介入 18 件重大、疑难、复杂案件的侦查活动，就侦查方向、固定证据等方面提出法律意见。更加注重对侦查活动合法性、规范性的监督，针对制作辨认笔录不规范等问题，发出纠正违法通知书 4 份。

第二，加强审判监督。稳步开展刑事审判监督，检察长列席法院审判委员会会议 10 次，公诉人出庭支持公诉 1111 件，发表量刑建议 1328 份，采纳率达到 96%；制定办案规范指引和标准卷宗，办理一审刑事裁判同步审查案件 1125 件，跟庭监督 36 次。探索开展民事审判监督，改变以监督生效裁判案件为主的传统办案模式，对裁判结果、审判程序和执行活动实行全面监督，与区信访办、区司法局共同完善监督线索发现和移送机制，加大民事监督力度。依法开展行政审判监督，强化对行政违法行为的监督，采用调取执行案件基本信息汇总表等方式，重点对执行程序终结和自动履行的案件进行排查，构建多元化监督格局。在依法监督的同时，注重维护法院的司法权威，对裁判正确的申诉案件，认真做好释法说理、服判息诉工作。

第三，强化刑事执行监督。积极推动刑事执行检察工作从办事模式向办案模式转变，进一步加强监外执行法律监督，开展社区矫正人员监督检察 300 余人次，保障监外执行工作依法有序开展。与区法院建立刑事裁判涉财产部分执行监督协作机制，审查监督财产刑执行案件 767 件，维护刑罚执行严肃性。充分运用信息化手段，对羁押期限、交付执行等情况实时开展法律监督，发出检察建议 3 份，维护在押人员的合法权益。

（二）刑事检察及公益诉讼工作

第一，依法严惩刑事犯罪。全年办理提请审查逮捕案件 1128 件 1458 人，比上年同期分别上升 37.6% 和 46.8%，其中，批准逮捕 805 件 977 人；办理审查起诉案件 1213 件 1491 人，比上年同期分别上升 11.9% 和 13.3%，其中，提起公诉 1148 件 1384 人。深化平安建设，依法惩治危害人身安全和财产安全的严重刑事犯罪，依法起诉抢劫、盗窃、诈骗等多发性侵犯财产案件 338 件 457 人，起诉故意杀人、涉爆涉枪、强奸、放火等危害公共安全和严重暴力犯罪案件 58 件 65 人，突出打击生产销售假药劣药、有毒有害食品等危害食品药品安全犯罪案件 13 件 20 人，服务和保障民生。全面贯彻宽严相济刑事政策，对初犯、偶犯、民间纠纷引发的轻微犯罪，充分运用简易程序、刑事和解等机制，实行宽缓的刑事政策，依法不批准逮捕 323 件 481 人，不起诉 40 件 74 人。

第二，稳步开展公益诉讼改革。办理民事、行政公益诉讼案件 19 件。聚焦群众反映强烈的环境资源、食品药品、国有财产等领域公益受损的突出问题，深入摸排案件线索，在履行职责中持续、有效发现公益诉讼线索 24 件，积极运用公益诉讼手段解决城市治理难题。将公益诉讼制度作为法治政府建设的重要举措，在加强跟踪研判和调查取证的基础上，准确把握时机和内容发出诉前检察建议 2 份，形成严格执法和公正司法的良性互动。

五、昌平区 2017 年法治建设特色和亮点

（一）司法领域改革成效明显

2017 年，我区有序推进了以审判为中心的刑事诉讼制度和检察机关提起公益诉讼改革。积极支持国家监察体制改革，如期完成了 38 名检察人员整体转隶、线索移送、卷宗归档等工作。全面落实了派出所"两队一室"、侦审一体化等改革措施，警务效能得到新提升。大力推进警企警校共建"DNA 实验室"、空地联合勤务合作机制建设，夯实重大安保和专项维稳科技支撑，拓展打防增长点。扎实做好认罪认罚从宽制度试点工作，累计办理认罪认罚从宽案件 550 余起，审结 490 余起，占同期结案数一半以上，司法质量、效率显著提升。不断完善多元化矛盾调解体系，做好诉调对接工作。区法院与区总工会联合搭建了劳动争议纠纷专项调解平台，与中国政法大学合作建立了专家调解室，在全市法院中首创委托企业联合会建立调解专项机制。积极打造"在线法院"平台，实现了诉调案件资源共享。截至 2017 年底，已有 40 名调解员进驻法院，派出法庭调解员实现了全覆盖，年度成功调解各类纠纷 6019 件，其中，在线成功调解纠纷 22 件，成效明显。

（二）依法治区建设成绩突出

认真履行司法监督职责，依法纠正违法行政行为，全年法院共审结行政案件 377 件，其中，非诉执行案件 101 件，行政机关败诉率 12.3%；以附带审查方式认定行政机关规范性文件违法一案，入选北京法院"首例"案件。积极运用公益诉讼手段解决城市治理难题，将公益诉讼制度作为法治政府建设的重要举措，年度办理民事、行政公益诉讼案件 19 件。大力推进治安重点地区的综合整理，依法深化治爆缉枪、禁毒扫黄、安全隐患整治等专项行动，有效防范化解了重点人群、行业、领域安全。大力推进雪亮工程，着力打造"互联网＋新型平安社区"，建立"火眼"预警系统，期间，接入整合各类视频资源 9000 多路，通过视频监控系统抓获各类违法犯罪嫌疑人 2500 多人，破案 900 多起，提高了打击犯罪服务群众的科技化水平。进一步加强综治中心、派出所、人民法庭、司法所和街道"一委两中心"建设，推进镇街实体化执法平台建设，基层依法行政水平进一步提升。

（三）专项行动司法保障有力

2017 年加大了对"疏解整治促提升"专项行动的司法保障力度。坚持法律服务先行，区司法局组织开展了"四航"行动，即法治宣传"引航"、法律服务

"护航"、矛盾纠纷化解"守航"、法治保障"助航"行动。通过组建律师、人民调解、公证、法治宣传服务团，专业法律服务组，镇（街道）法律服务队，村（居）法律服务工作组等机构，开展法律咨询、专题论证、出具法律意见书、提供法律支持等法律服务活动。坚持"政府说事，公安说法"工作原则，区公安机关积极配合做好拆迁、拆违过程中的不稳定因素排查、大规模群体性事件应急预案制定、矛盾纠纷化解。对在拆迁、拆违工作中勾结黑恶势力进行暴力拆迁引发的刑事案件，以及内外勾结、以非法手段谋取非法利益的案件，及时立案侦查；对组织煽动被拆迁人，不接受政府补偿标准，阻挠抗拒政府依法征地拆迁、拆违，严重扰乱社会秩序的，予以严厉打击。针对涉专项行动案件，区检察院、区法院建立"快立、快审、快执"绿色通道，期间，共审结专项案件815件，其中，8小时完成了七里渠渔场8.6万平方米的拆除任务，作为北京市首个司法强拆大规模违建案，受到社会广泛关注，有力地推动了昌平区"疏解整治促提升"专项行动的顺利开展。

（四）法治文化建设形式多样

全面推进"七五"普法活动，开办了"法治昌平"和"普法直通车"电视栏目，目前共制作播出电视片19期；出版《昌平政法》杂志2期；"昌平政法"电视栏目播出"春节""全民国家安全教育日""一带一路"高峰论坛、"十九大""12·4"等重要节日和重大活动法治专题节目52期。打造司法公开新模式，在今日头条、腾讯等新媒体平台开通昌平法院头条号，通过官方微博、微信公众号发布消息860条。建立了区级法治文化公园3个、镇街级法治文化公园9个，制作安装法治文化板1000余块。成立了退休干部"以案释法"宣讲团、"七五"普法讲师团，法律"十进"（进机关、进单位、进农村、进社区、进学校、进企业、进军营、进景区、进商务楼宇、进交通枢纽）活动不断向纵深发展，年度累计开展法律宣传活动300余场次，受教育群众10万人次。

平谷区法治建设报告

2017年，在市委市政府和区委区政府的坚强领导下，在区人大和区政协的监督支持下，在全区人民的共同努力下，平谷区扎实推进法治建设工作，坚持深化改革，坚持转变工作作风，依据宪法和法律履行职能，全区法治建设稳步进行。

一、人大法治保障和监督工作

2017年，平谷区共召开常委会会议9次，听取和审议"一府两院"工作报告21项，依法作出决议、决定6项，召开主任会议20次，听取和审议"一府两院"落实常委会审议意见情况报告6项，组织代表视察10批次，任免国家机关工作人员246人次，圆满完成了区五届人大一次会议确定的各项工作任务。

（一）组织机构建设工作

第一，加强机关党的建设。认真组织开展"两学一做"学习教育和"勇于担当"主题实践活动，自觉把坚持党的领导贯穿于人大依法履职的全过程和各个方面。

第二，加强常委会建设。加强常委会建设，五届人大常委会组成人员由四届的27名增加到35名，专职人员比例达到51.4%，较上届提高3.3个百分点，法律、财政、经济专业人员力量得到明显加强。

第三，加强专门委员会建设。设立了人大法制、财经、农村、教科文卫体、城建环保5个专门委员会。研究制定了《专门委员会工作规则》《专门委员会组成人员守则》，以及各专门委员会工作细则等一系列工作制度。

第四，高度重视乡镇人大工作。建立了乡镇人大主席、人大街工委主任联席会议制度，邀请乡镇人大主席和基层人大代表定期列席常委会会议、参加视察等活动。

（二）人大代表工作

第一，重视人大代表培训工作。为了全面提高新一届区人大代表的履职意识和履职能力，我区邀请市人大有关领导作了"人大代表如何开展调查研究工作"的报告，常委会主要领导向全体区人大代表宣讲了党的十九大精神。

第二，进一步丰富闭会期间代表活动。制定并实施了《关于邀请区人大代表列席有关会议和参加有关活动的办法》，一年来，邀请代表列席区人大常委会会议、"一府两院"相关会议和参加有关活动 500 余人次。

第三，认真做好汇聚和反映民意工作。认真落实《关于进一步发挥人大代表作用、更好地做好反映民意集中民智的工作意见》，年中以代表小组为单位，开展了无主题征求选民意见建议活动。

第四，深入开展代表述职评议工作。2017 年共有 43 名区人大代表向选民进行了述职，接受了 1549 名选民代表评议，满意率为 99.9%。

（三）法治保障工作

第一，加强依法行政工作监督。2017 年主任会议专题调研了区政府及相关职能部门依法行政工作情况，提出了加强普法宣传教育，提高执法人员依法行政的意识和能力，形成监督合力、提升整体监督效能等审议意见。

第二，加强公正司法的监督。听取和审议了区法院《关于解决执行难问题情况的报告》，提出了优化人员素质和结构、加强执行信息化建设、建立综合治理"执行难"工作格局等审议意见。听取和审议了区检察院《关于刑事速裁工作推进情况的报告》，提出了凝聚刑事速裁工作合力、完善刑事速裁案件办理机制、加强刑事速裁工作宣传等审议意见。

（四）监督工作

第一，加强经济和社会发展监督。听取和审议了区政府《2017 年上半年国民经济和社会发展计划执行情况的报告》，提出了认清发展形势、增强经济发展紧迫感，坚持规划引领、调整提升区域功能定位，优化产业布局、促进产业结构转型升级等审议意见。

第二，加强预算监督。建立预算初审制度，聘请的预算监督顾问，对 2016 年、2017 年上半年预算执行情况以及社会保险基金预算管理情况三个报告进行了初审，并研究制定了《平谷区预算审查监督办法》。加强审计工作监督。听取和审议了区政府《2016 年预算执行和其他财政收支的审计工作报告》。

第三，加强生态建设监督。2017 年 11 月，常委会听取和审议了区政府《关于落实区人大常委会生态文明建设审议意见情况的报告》，提出了继续建立完善生态文明建设工作机制、加强生态环境保护、解决环境突出问题、继续推进绿色转型发展等意见。

（五）民生工作

2017 年，常委会听取和审议了区政府《关于落实〈平谷区振兴教育事业三年行动计划〉审议意见情况的报告》《关于落实老旧小区和城中村改造审议意见情况的报告》。听取和审议了区政府贯彻落实《北京市全民健身条例》《北京市居家养老服务条例》、实施《平谷新城建筑风貌设计导则》等法律法规情况的报告。此外，常委会还听取和审议了区政府《关于我区机动车停车服务与管理情况的报告》和《关于农村公益事业管理情况的报告》。

（六）党建工作

2017年，常委会切实增强政治意识，自觉坚持党的领导，保持了人大工作正确的政治方向。

第一，坚持重大事项向区委请示报告制度。一年来，常委会党组向区委提交了关于区人大常委会2017年工作要点、上半年党建工作情况、落实党风廉政建设主体责任制情况、开展"勇于担当"主题实践活动情况四项报告，关于召开区五届人大二次会议、三次会议和四次会议三项请示。

第二，切实发挥常委会党组领导核心作用。及时修订了《党组议事规则》，明确党组成员分工，认真学习和坚决执行《中国共产党党组工作条例（试行）》，制定并实施了《关于加强和改进机关党建工作的实施意见》《机关党支部"三会一课"制度》等一系列文件，使人大机关党建工作逐步走上了经常化、制度化、规范化的轨道。

第三，认真贯彻落实党的各项决策部署。2017年，常委会重点抓了党的十九大精神的学习宣传贯彻工作。

二、法治政府建设

2017年，平谷区政府深入学习贯彻党的十九大精神、习近平总书记视察北京重要讲话精神、市十二次党代会精神，落实北京城市总体规划（2016年—2035年）要求，扎实推进各项工作，法治政府建设取得新进展。

（一）疏解整治工作

持续开展"疏整促"专项行动，坚持依法依规、标本兼治，稳步推进各项工作任务，拆除违法建设110万平方米，腾退土地110公顷，疏解一般制造业8家以上，疏解提升区域性批发市场11个。编制六大园区产业发展规划，明确产业功能定位。加快"腾笼换鸟"，疏解"三高两低"企业，全面清理"散乱污"企业。

（二）保障安全工作

深化落实安全生产专责专章，压实各方各级责任。建立分类管控机制，抓好交通、消防、防火、防汛、防疫等领域安全生产工作，持续推进安全隐患大排查大清理大整治专项行动，严格挂账督办、动态清零，消除安全隐患，建设"平安平谷"。加强食品药品安全监管，积极创建北京市食品安全示范区，做好出口食品农产品质量安全示范区（扩项）国家级考核验收工作。抓牢安全稳定工作。继续实施"强警计划"，推进"雪亮工程"，加强队伍建设和执法建设，提升社会治安防控能力。促进社会服务网、城市管理网和综治维稳网"三网融合"。加大对"黑拐枪""盗抢骗""黄赌毒"等违法行为打击力度，净化社会环境。加强和改进信访工作，建立社会矛盾预防和化解机制，着力把矛盾纠纷化解到位、把社会治安维护到位、把区域安全保障提升到位，确保社会安全稳定和谐。

（三）深化"放管服"改革

推进各领域"放管服"改革，建立"五下""三在一听"等机制，完成城管执法体制改革，环保、农业等部门率先实现50%的机关干部下沉一线治水；组建城市管理委员会、金海湖管理委员会，强化重点领域和地区的统筹管理。推动国资国企重组，探索国有企业混合所有制改革。建立"总体统筹、总体规划，分类实施、分时推进"的工作原则，统筹使用土地、资金、编制等资源和要素。依据部门"三定方案"、行业法律法规，全面梳理和编制各部门"9＋X"权力清单和专项责任清单10 928项。建立"乡镇吹哨、部门报到""一门主责、其他配合""部门要求、乡镇落实"的"三协同"联合执法链，并延伸到"行刑衔接、检法联动"，有效破解执法难题。

（四）推进政务公开

主动公开政务信息2.57万件，及时向社会公开部门审计结果、财政预决算等事项。强化信息公开，主动向社会公开政策、审批、执法等行政事项。

三、审判工作

2017年，平谷区人民法院共受理各类案件19 292件（同比上升11.6%），办结各类案件18 089件（同比上升14.2%），未结案同比下降16.7%，群众满意度不断提升。

（一）刑事审判工作

2017年区法院共受理刑事案件375件，结案350件。

第一，围绕区委中心工作，全面落实"双安双打"行动要求，妥善审理全区首例涉小产权房非法经营案，涉案金额3000余万元，严厉打击违法建设，有效遏制新增违建。对"5·13金海湖矿难案"依法公开宣判，从严处理非法采矿类案件4件10人，严厉惩处环境违法犯罪，有效杜绝盗采、盗挖行为，保护家乡的青山绿水。

第二，审理故意伤害、抢劫等危害群众人身安全案件61件，判处罪犯69人；审理盗窃、诈骗等侵害群众财产安全案件76件，判处罪犯88人；审理贪污、贿赂等职务犯罪案件5件，判处罪犯9人。

第三，持续推进以审判为中心诉讼制度改革，在全市法院介绍落实证人、鉴定人出庭制度经验；积极贯彻认罪认罚从宽制度，设立法律援助工作站，启动刑事案件律师辩护全覆盖试点工作，律师参与辩护82人次、法律援助157人次，被告人获得律师辩护和法律援助比例达68%。

（二）民商事案件

2017年区法院共受理民商事案件11 776件，结案11 124件。

第一，充分发挥民事审判职能作用，办结医疗纠纷、人身损害等侵权案件1416件，切实保障人民群众健康及财产权益；办结婚姻家庭、继承类案件1089件，促进家庭和睦、社会和谐；办结劳动争议类案件331件，维护正常用工秩序。

第二，充分发挥商事审判职能作用，办结合同纠纷、民间借贷案件1092件，促进社会诚信体系建设；办结金融借款、信用卡类案件139件，努力保障金融安全；办结公司纠纷、破产清算类案件78件，助力区域产业结构调整。

第三，设立专门速裁审判机构，办结案件2952件，占比民商事结案26.53%，速裁法官人均年结案787件，大幅提高审判效率。

（三）行政审判和监督依法行政工作

2017年区法院共受理行政案件459件，结案424件。

第一，坚持以保护行政相对人合法权益为出发点，完善层级化解机制，以协调方式化解案件73件，协调化解率20%。

第二，稳妥审理征收补偿、房屋拆迁行政案件204件，就拆迁工作中有关政府信息公开、拆迁许可证发放等问题与区政府法制办、区住建委等相关部门会商沟通，确保重大建设项目如期开展。

第三，积极探索行政公益诉讼案件审理机制和方法，在全市首次开庭审理涉环境资源保护的行政公益诉讼案件；加强与行政机关良性互动，行政机关负责人出庭应诉率达66%，为全区行政机关进行法治授课11场，受众人数达千余人次。

（五）案件执行工作

2017年区法院共受理执行案件6682件，结案6191件。

第一，加大涉民生案件执行力度。妥善解决"林荫三期"小区百余户业主产权登记案件，开展38次专项活动，对追索劳动报酬、"三费"等案件开通绿色通道，执结案件1021件，发放案款1243万元。

第二，建立健全网络查控机制。自觉接受区人大及其常委会监督，认真落实区五届人大常委会六次会议审议法院《关于解决执行难工作专题报告》的意见建议，积极建立信用惩戒平台，形成强大执行合力，全年实施执行查控4万余次，涉案5849件近8000人；开展网络拍卖30次，涉案金额7160万元。

第三，创新执行工作方法。公开曝光失信被执行人名单1676人，限制高消费 1999 人，实施财产保全案件 198 件，对拒不履行生效判决裁定的被执行人决定司法拘留 25 人次，促使 780 起案件成功执结。

（五）司法公开工作

第一，深挖平台效能。依托"三大平台"，全年网上公开裁判文书 3889 份，发布审执流程节点信息万余条，不断提高审判执行工作透明度。

第一，发挥自媒优势。全年进行网络直播 112 次，平法官微、今日头条等平台共发布信息 496 条，阅读量突破 10 万人次，引导公众树立正确价值导向。

第三，丰富公开形式。全年开展巡回审判 30 余场，围绕践行核心价值观等主题召开 6 场新闻通报会，开展法治教育、传播法律知识、增强法治观念。

（六）接受人大、政协等各方面监督工作

第一，积极接受人大和政协监督。向区人大、政协等机构报送信息 42 篇。邀请代表委员来院调研 5 次，参加旁听 12 次，参加重要会议和活动近 20 次。进行专题走访 10 余次，与人大信访部门共同约谈、化解信访案件，与人大法制委、政协提案委共商破解执行难举措。全年共有 5 件区人大常委会关注案件、1 件区人大代表关注案件。

第一，建立法律职业监督机制。审委会充分讨论，研究采纳区检察院再审检察建议。重视参审监督，新任命 133 名人民陪审员。保障律师权利，专设律师工作室，特聘律师代表加入新一届特邀监督员队伍。

第三，拓展新闻媒体舆论监督。组建媒体记者微信群，及时发布开庭公告，全年新闻媒体报道平谷法院开庭信息 100 余次，接受记者采访 200 余人次。拓宽宣传途径。充分发挥审判流程、执行信息、裁判文书、庭审公开平台宣传作用。加强网络阵地管理，通过各类媒体平台与网友在线交流 300 余次。

四、检察工作

2017 年，平谷区检察院依法履行"监督、审查、追诉"职责，全面深化司法体制改革，大力开展"双一流"检察院建设，监督立案 14 件、撤案 2 件，审查逮捕案件 305 件 405 人，审结审查逮捕案件 325 件 425 人，逮捕率为 72.52%。受理一审刑事案件 377 件 464 人，审查起诉 385 件 475 人，公诉部门人均办案 59.6 件。

（一）法律监督工作

第一，强化侦查监督和审判监督。针对公安机关发出口头纠正违法通知 4 件、制发书面检察建议 2 份，追诉漏犯 5 人，改变侦查机关指控罪名 7 件 7 人。强化刑事审判监督，同步审查一审未生效刑事判决案件 324 件，提出二审抗诉建议 1 件并获改判，向市检察院第三分院移送再审抗诉线索 5 件，向区法院提出诉讼监督类检察建议 8 份。

第二，强化民事和行政法律监督。分设民事检察部和行政检察部，努力构建同级监督新格局。受理民事检察案件 14 件，办理去年结转案件 15 件，审结 27 件，提出再审检察建议 1 件并被法院采纳。受理行政诉讼监督案件 3 件，向法院发出检察建议 3 件。

第三，强化刑罚执行监督。建立社区矫正常态化检察工作模式，巡回检察全区司法所、派出所 300 余次，及时通报突出问题。加大社区矫正检察力度，对辖区内 8 个司法所的社区矫正工作进行抽查监督，向法院发出纠正违法通知 6 次均得到回复。加强对刑罚执行的监督，对在押人员进行谈话 360 余次，受理申诉控告 14 件，开展交付执行检察 19 次 230 人，留所服刑检察 5 人次，出入所检察 210 次，捕后告权 290 人次，伙食和采买检察 13 次，向看守所发出检察建议 1 份，向平谷公安分局发出检察建议 3 份，均得到整改回复。

（二）刑事检察及公益诉讼工作

第一，严惩各类刑事犯罪。全年区检察院共受理审查逮捕案件 305 件 405 人，审结审查逮捕案件 325 件 425 人，逮捕率为 72.52%。受理一审刑事案件 377 件 464 人，审查起诉 385 件 475 人。

第二，稳妥推进公益诉讼工作。以全国人大常委会修改民事诉讼法、行政诉讼法为契机，全面开展公益诉讼工作，巩固提升工作成效。

五、司法工作

2017 年，平谷区司法局在区委区政府的正确领导下，在市司法局的全面指导下，认真学习习近平总书记系列重要讲话精神，紧紧围绕全区"一二三四五"发展战略，全面履行工作职能，为全区社会和谐稳定、经济健康持续发展提供了有力的法治保障。

（一）人民调解工作

2017 年，全区共调解矛盾纠纷 5250 件，成功化解纠纷 5106 件，调解成功率达 97.3%。区司法局在峪口镇试点建立"说事评理中心"，试点成立以来已调解纠纷 135 件 293 人次，初信初访案件调解成功率达 100%。积极创建精品调委会，至 2017 年底，在全区打造了 209 个区级精品调委会，促进了基层调解组织规范化建设。招募人民调解志愿者，在原有村级调解组织的基础上，每村招募 3 名以上志愿者，协助村调委会开展工作。

（二）律师工作

第一，公共法律服务工作进一步推进。年初，区司法局对全区律师资源进行合理调配，保证了 303 个村（居）全部有业务熟练的专职律师担任法律顾问。全年，顾问律师共进村服务 2700 余次，为村居委会提供意见建议 192 条，解答法律咨询 5000 余人次，调解矛盾纠纷 113 件。在疏解整治工作中，组织 15 名优秀律师成立专项法律服务团，每周入驻乡镇面对面为群众提供法律咨询，服务群众千余人次。

第二，公证律师管理进一步增强。组织律师参与"司法行政开放日""消夏夜市""法韵书香"等公益法律服务活动，举办法治讲座 26 场次。积极引导律师参政议政，全区律师现有区人大常委 1 人、区政协委员 1 人，全国律师代表 1 人。2017 年，全区 14 家律师事务所，45 名专职律师共代理案件 954 件，业务收入 1017.7 万元。

（三）公证工作

在疏解整治工作中，为 17 300 平方米的违建拆除提供了公证服务。全年对公证律师行业开展巡查检查 137 次，处理公证、律师投诉各 1 件。公证机构办理公证 2480 件，业务收入约 200 万元。

（四）法律援助工作

新建驻区法院法律援助工作站，并建立 19 个社区（村）法律援助联系点。截至目前，全区共建有法律援助工作站 27 个，联系点 23 个，实现了法律援助网络的全面覆盖。同时，大力提升法律援助工作质量，对急需申请援助的农民工，推出"急诊式"法律援助，实现案件当天申请、当天受理、当天指派、当天签协议，帮助其解决燃煤之急。2017 年区法律援助中心共办理法律援助案件 1484 件，其中办理农民工案件 1090 件，为其挽回经济损失 317 万元。

（五）特殊人群管理工作

第一，积极创新提高教育矫治质量。在全市首先开通"平谷区社区矫正网上学习教育平台"，通过线上线下双重学习教育模式，增强了社区服刑人员教育矫治效果。创先建立了"方舟启航"微信公众号，为社区服刑人员提供网上互动式心理咨询，全年共开展心理评估 180 人次、心理讲座 20 期 400 人次、个体咨询疏导 100 人次。

第二，积极开展"两类"帮扶救助工作。在司法局机关、阳光中途之家及 18 个基层司法所建立视频会见室，帮助服刑人员与其亲属进行远程视频会见 17 次。针对特困"两类"人员共开展各类救助活动 5 次，累计救助 90 人次，发放救助资金 81 500 元。

第三，加大安保维稳力度。在"两会""桃花节""一带一路高峰论坛""金砖会晤""十九大"等重点时期，对全区"两类"人员进行普遍性的排查 9 次，进行重点时期专项排查 5 次。通过启动日会商机制，"双随机"检查、联防联控等工作，保证了全区"两类"人员在各项安保工作期间未发生影响社会安全稳定事件。

第四，建立"平蓟三兴"四地矫正帮教工作新机制。截至目前，我区共有

"两类"人员 1606 人，其中：社区服刑人员 130 人，刑满释放人员 1476 人。"两类"人员脱管、漏管率为零，安置帮教率 100%。

六、平谷区 2017 年法治建设特色和亮点

（一）制定三张清单

将问题清单、权力清单、效果清单三张清单，贯穿"三协同"综合执法链始终。制定问题清单，整合镇、村和各部门力量，进行全面摸排。2017 年平谷区在开展重大问题综合执法工作中，梳理出有关砂石盗采、过境大货车治理、街面秩序治理等全链条问题清单 98 项，确保底数清、情况明、有的放矢。制定权责清单，根据"9＋X"权力清单，理清各部门职责，并在"9＋X"权力清单基础上，根据问题属性进一步分解责任，编制专项权力清单。制定效果清单，综合执法一旦确定，要求各部门半个小时之内迅速到位，各司其职，联合查处。综合执法的工作情况及时通过日工作报告、周工作汇报、区专项领导小组办公室书面通报等形式，及时反馈督促，列出执法效果清单，通过运用权力清单对问题清单销账方式，体现问题解决的进度和效果。通过实施清单式治理，砂石盗采违法行为彻底铲除。打击"四抢"行动中（抢栽、抢种、抢养、抢建），清除抢栽树木 8 万棵，控减财政损失超过 5 亿元，社会公平正义彰显。占道经营投诉举报量下降 40%，降幅率全市排名首位。

（二）构建三重保障，推进力量下沉

建立"五下"工作机制，城管部门 90% 以上执法人员下沉乡镇，成立城管执法分队，接受乡镇统筹调度。针对在乡镇没有派出机构的环保、农业、水务等部门，重组执法力量，50% 以上执法人员步入一线，积极响应乡镇"哨声"。优化考核体系。改变之前的党政两套考核体系，实行党政一套考核标准，在落实"一岗双责"的同时，提升行政执法考核指标权重至 40%。坚持"三在一听"，在赋予乡镇"吹哨权"的同时也赋予基层"评价权"，由乡镇对部门履职情况进行考核评价，实现权责匹配。将部门与乡镇绑定考核，追究属地责任的同时也追究部门监管责任。加强督查问责。从"帽子""票子""位子"入手，坚决处理执法乱作为、不作为和选择性作为等问题。邀请第三方对垂直和一线执法部门的综合执法情况进行评估，客观了解群众对综合效果的满意度。创新模拟问责机制，2017 年，37 个部门的 44 名执法人员被模拟问责，唤醒干部履职意识。

（三）强化行刑衔接

公安机关参与行政执法并直接侦办涉刑案件，由之前的"在家等"行政部门查获移送的案件，改为提前介入侦办。2017 年，在治理砂石盗采行动中，各行政执法部门移送涉及行刑衔接案件 40 起，区公安分局立案查处 33 起，刑事拘留 23 人，上网追逃 9 人，公安强制力保障行政执法顺利推进的作用凸显。区检

察院积极履行立案监督职能，提升公诉效率，区法院加快案件审判节奏，"非法采矿罪"近十年来第一次被适用，犯罪分子得到了严惩。

（四）固化常态机制，提炼综合执法经验

出台《平谷区综合执法工作规则》，以"四创新"对综合执法工作进行全面制度设计：创新"党建引领"新方式，列明重大问题警示清单，将党内法规转化为党对每项具体行政监管执法工作的底线要求；创新固化"三协同"综合执法链，提炼固化现有"三协同"综合执法链，形成执法—管理闭环；创新管理清单，推进清单式管理常态化，以问题为导向，用活"9＋X"权力清单；创新建立重大问题综合执法目录，推进综合执法程序化，现已梳理重大综合执法事项37项，汇总基层社会治理重点、难点问题清单197项、权责清单1750项。加强综合执法平台建设。制定《关于进一步加强乡镇街道实体化综合执法平台建设的实施方案》，在市级要求基础上，结合平谷综合执法实践，以乡镇（街道）实体化综合执法平台为基础，从组织机构、制度建设、硬件要求及移动执法机制等多个角度打造综合执法平台，推进"三协同"机制运行的制度化、规范化、常态化。

（五）注重转化提升

将基层执法逐步提升至基层管理、基层服务、基层发展等多个方面，深化"三协同"作用。深入落实"五下""三在一听"工作机制，统筹资源、管理、服务，围绕"打击、保护、发展、提升"八字工作法，按照"两总两分"的原则，形成全链条、全环节、全要素服务发展理念，破解在管理、服务、发展等领域的难题。坚持整治与提升同步，平谷正处于转型发展的关键期，要更高质量地推进生态建设、落实区域功能定位、实现产业转型升级，必须充分整合各方力量，形成合力推动的局面。把"三协同"机制复制运用到编制分区规划、打造平谷区"生态桥"工程等重点工作中，发挥了良好效果，综合执法模式逐步向强化联合管理链、提升联合服务链、构建联合发展链方面转化提升。

怀柔区法治建设报告

2017 年，怀柔区贯彻落实习近平总书记系列重要讲话精神，在市委市政府、区委区政府的坚强领导下，齐心协力，稳中求进，严格依法全面履职，法治建设工作不断取得新进展。

一、法治政府建设

2017 年，怀柔区政府坚持依法行政，在精治、共治、法治上下功夫，全力以赴调结构、转方式、治环境、补短板、惠民生，各项工作取得了新进展、新进步。

（一）疏解整治工作

2017 年，怀柔区政府深入开展疏解整治促提升专项行动，全面完成 8 项市级任务、35 项区级任务。

第一，坚定不移疏解非首都功能，退出一般制造业 22 家，清理整治"散乱污"企业 520 家，实现任务存量动态清零。持续用力解决环境痼疾顽症，实施北斜街、杨雁路沿线综合整治。全区拆除违法建设 50 余万平方米，治理"开墙打洞" 186 户，清理整治无证无照经营 261 户，整改"大棚房" 270 栋。

第二，着力提升城市功能品质，拆违建绿 13.7 万平方米。新建提升便民服务连锁网点 60 家，基本便民服务网点社区覆盖率达到 80%。建立"疏整促"专项行动与人口调控挂钩机制，完成市政府下达 40.8 万人的调控任务。

（二）保障安全工作

2017 年，怀柔区政府圆满完成党的十九大、"一带一路"国际合作高峰论坛服务保障任务，不断提升社会治理能力，保障怀柔区安全。

第一，加强组织机制建设。2017 年，怀柔区政府组建区城市管理委员会，完成行政区划变更和 12 个"城中村"划转，成立镇乡街道综合执法中心，推动管理重心和执法力量下沉。构建安全生产监管长效机制，全面开展安全隐患大排查大清理大整治专项行动，创建北京市食品安全示范区，食品、药品抽检合格率分别为 98% 和 100%。

第二，运用信息化技术保障安全。2017 年，怀柔区政府进一步推进"网格化＋"城市服务管理行动计划，解决各类诉求 9.1 万件。区政府加快"智慧怀柔"建设，加紧推进空间地理信息系统、怀柔通、智能交通和雪亮工程，始终保持对违法犯罪高压严打态势，运用信息化手段提升防恐反恐能力，不断完善社会治安防控体系。

（三）深化"放管服"改革

2017 年，怀柔区政府不断深化"放管服"改革。怀柔区全面启动了"多证合一"商事登记制度等改革，调整完成 14 项区级权力清单，实现了区级审批平台与市级审批平台对接。同时，加紧筹建怀柔科学城政务服务中心，共 12 家单位、255 个事项确定入驻；向社会购买服务项目 5 个，加强政府与社会资本合作；出台深化国资国企改革的实施意见，完成国资公司公司制改制。

（四）完善社会保障工作

2017 年，怀柔区全部落实 33 项民生实事，5 项保险收缴率均达到 98% 以上，社会救助、慈善帮扶、残疾人就业受益面进一步扩大。积极做好就业工作，实现城乡劳动力就业 6500 人，城镇登记失业率控制在 3.3% 以内；落实居家养老服务条例，建成养老服务指导中心和 26 家社区养老服务驿站；完善住房保障体系，制定利用集体土地建设租赁住房实施方案，加快推进新城 04 街区、京粮地块共有产权房项目建设，新建保障性住房 2200 余套，不断满足城乡居民基本住房需求。

二、审判工作

2017 年，怀柔区法院共受理各类案件 14 993 件，同比上升 17.6%；审结 13 913 件，同比上升 20.4%；结案率 92.8%，同比上升 2.2%；未结案 1080 件，同比下降 9.8%。员额法官人均结案 189 件，同比上升 30.3%。上诉案件发回改判率从 2016 年的 0.35% 下降到 2017 年的 0.2%。

（一）刑事审判工作

怀柔区法院全年共受理刑事案件 335 件，审结 314 件，判处被告人 344 名。法院对其中 19 名被告人判处五年以上有期徒刑，对 117 名罪行较轻、主观恶性较小、确有悔罪表现的被告人依法适用非监禁刑罚，切实做到宽严有据、罚当其罪。全年审结 16 件未成年人刑事案件，172 件涉未成年人民事案件，对 8 名未成年犯进行判后回访、心理疏导 22 次，切实维护未成年人合法权益。

（二）民商事案件

怀柔区法院全年受理各类民商事案件 9585 件，审结 8920 件。面对 23.2% 的增长率，民三庭、庙城法庭、汤河口法庭等加大调解力度，68.1% 的案件以调解撤诉方式结案。民一庭妥善审结"疏解整治促提升"专项行动推进过程中引发的劳动争议案件 415 件，依法保障劳动者合法权益。雁栖法庭立足服务会都，积极稳妥审结一批涉重点工程案件。民二庭严格适用法律，维护市场交易秩序，全年审结买卖合同纠纷 485 件，审结涉北汽福田、中联重科公司等区重点企业案件 85 件，解决标的额 1.4 亿元。民四庭积极应对借款合同纠纷同比增长 10% 的高发态势，妥善处理借款合同案件 1345 件，规范借贷行为，促进民间金融健康有序发展。

（三）审判监督与司法救助工作

第一，审判监督工作。怀柔区法院全年受理审判监督案件 68 件，审结案件 64 件，审监庭依法履行审判监督职能，审理了李爱国相邻纠纷案等再审发回重审案件 8 件，改判 5 件。

第二，司法救助工作。怀柔区法院全年审查司法救助案件 44 件，救助人数 57 人，发放救助金额共计 168 万元，让人民群众感受到司法的温暖。

（四）行政审判和监督依法行政工作

怀柔区法院全年受理行政案件 218 件，非诉行政审查案件 88 件，分别同比上升 87.9% 和 83.3%，审结 286 件，其中涉重点工程行政案件 178 件，上升 137.3%。面对严峻形势，行政庭一方面大力推动行政负责人出庭应诉，行政机关负责人出庭应诉率上升 43.34%；另一方面加大行政协调力度，强化与上级法院、相关单位以及当事人的沟通，确保案件得到稳妥处理。

（五）案件执行工作

怀柔区法院全年受理执行案件 4767 件，执结 4394 件执行标的到位金额 3.27 亿元。

第一，建立工作机制，完善方式方法。怀柔区法院推动建立了"党委领导、人大监督、政府支持、政法委协调、法院主办、部门配合、社会参与"的工作格局，综合治理执行难。同时，深度开展"执行飓风行动"，采取"六度工作法"，组织集中强制执行活动 12 次，多起涉怀柔科学城建设的"骨头案"顺利执结。

第二，加大联合信用惩戒力度。2017 年，共 603 名被执行人被纳入失信名单，刑事追责 1 人，1621 名被执行人慑于执行威慑力主动履行了法律义务。

（六）接受人大、政协等各方面监督工作

2017 年，怀柔区法院认真开展代表联络工作，邀请人大代表、政协委员参与法院活动 110 余人次，走访代表近百余名，办理代表委员意见建议 15 条。同时，多次组织人大代表、政协委员旁听庭审、监督执行、视察工作、建言献策，为法院工作稳步推进提供了有效的监督和真诚的支持。

三、检察工作

2017 年，怀柔区检察院以服务大局为根本，各项检察工作在改革中发展、在创新中前进，营造了安全稳定的社会环境。

（一）法律监督工作

第一，严把立案阶段"入口关"。2017年，怀柔区检察院共受理立案监督12件12人，建议行政执法机关向公安机关移送案件5件5人。转变书面化审查的办案方式，以派驻公安分局执法办案管理中心检察室为依托，共实地巡查93次、调阅卷宗415册、实时监督讯问200余次，将监督触角延伸至执法办案一线；以深入推进立案监督活动为抓手，主动走访23家行政执法单位。

第二，严把侦查阶段"质量关"。2017年怀柔区检察院落实宽严相济刑事政策，坚持罪刑法定和证据裁判原则，依法不批捕100人、不起诉15人；深化"一案双审查"，共审查刑事案件441件，对违法取证、消极侦查等情形，提出书面或口头纠正意见12份，促进侦查机关规范执法；充分发挥检察机关在审前主导和过滤作用，规范引导侦查、协作配合工作机制，构建"大控方"格局；牵头与全区13个派出所建立"一人一所联系人"制度，就办案程序和证据问题进行沟通协调。

第三，严把审判阶段"出口关"。怀柔区检察院坚持以抗诉为中心加强审判监督，建立一审裁判同步审查机制，全面审查法院刑事判决271份，对1件量刑不当的案件提起抗诉，并获得改判，确保法律统一正确实施。为破解财产刑执行难问题，监督审判机关将110件财产刑案件移送立案执行，涉案金额48万元，相关做法被最高人民检察院刊发推广。

第四，严把民事、行政诉讼"效果关"。2017年，区检察院对裁判正确的民事行政申请监督案件做好释法说理、服判息诉工作，对审判程序和执行活动中的违法行为进行纠正，形成审判行为监督、执行监督、调解监督的多元化工作格局。

（二）刑事检察及公益诉讼工作

第一，严厉打击犯罪活动。2017年，怀柔区检察院共批准（决定）逮捕各类刑事犯罪嫌疑人275人，提起公诉343人。区检察院严厉打击"法轮功""全能神"等邪教组织破坏活动，坚定维护国家政治安全；依法办理伤害、抢劫等暴力犯罪和盗窃、抢夺等多发性侵财犯罪128件158人，维护人民群众人身财产安全；对涉案金额8.6亿元的虚开增值税专用发票案，提前介入并引导侦查取证，依法批准逮捕25名犯罪嫌疑人，维护市场经济秩序；依法保障人民群众健康安全和用药安全，打击滥用食品添加剂、销售假药等问题，维护百姓"舌尖上的安全"。

第二，进一步探索公益诉讼。紧紧围绕"公益"这个核心，针对九公山4万平方米林地被损毁问题，充分发挥诉前程序功能，依法审慎提起公益诉讼，督促涉案单位进行生态恢复，建植苗木 5 万余株，努力为"绿水青山"保驾护航。

四、司法工作

2017 年，怀柔区司法局立足司法行政新常态，紧紧围绕全区重点中心工作，牢牢把握稳中求进的工作总基调，严格依法全面履职，为全区经济社会发展提供优质法律服务和坚强法律保障。

（一）人民调解工作

2017 年，怀柔区司法局为适应新形势，预防和化解矛盾探索新机制。

第一，加大培训力度。2017 年，怀柔区司法局继续开展区、镇两级人民调解员分级分类培训，实现区级骨干调解员培训全覆盖，将心理咨询课定为常设课程，缓解调解员在日常调解工作中积聚的压力和不良情绪。全年区镇两级组织开展培训 123 次，组织旁听庭审 28 次。

第二，继续实施各项保障机制。怀柔区司法局坚持为人民调解员投保人身意外保险，2017 年共有 15 位调解员出险，10 名已理赔调解员获赔 5.5 万元；按照大村 2000 元、小村 1500 元的标准，为每个基层调委会提供办公经费补助；将镇乡人民调解保障机制、配备专职调解员纳入综治考核。严格调解卷宗补贴发放，将多次调解未成功案件和司法确认案件的奖励性补贴纳入补贴范围。

第三，深化多元调解联动机制建设。通过增加专项组成员单位、组建成员单位联络群，司法局推动了"诉调对接"工作有序开展，加大各成员单位的沟通，保障各项重点工作的有效落实。2017 年，新成立婚姻家庭人民调解委员会、驻怀柔区人民法院汤河口法庭人民调解组织两家行专调委会。

第四，重视排查化解。2017 年，全区各级调解组织共排查调处各类纠纷 3829 件，调解成功 2905 件，调解成功率 75.87%，协议涉及金额 94.85 万元，司法确认 26 件。其中，村居调解组织调解纠纷占调解总数的 51%。

（二）律师工作

2017 年，区司法局加大行政处罚力度，对所有举报线索均立案调查，认真开展"双随机"抽查检查工作，平衡行政执法履职率和执法均衡度。司法局严格开展律师事务所年度检查考核和律师年度考核工作，推进律师代理重大敏感案（事）件的报备和监管，加强对律师事务所和律师执业活动的日常监督与管理，共对 1 名律师作出行政处罚。同时，司法局通过分析律师辩护意见采纳情况来评判案件质量，进一步突出法律援助案件质量监管。

（三）公证工作

2017 年，怀柔区司法行政机构严格规范公证行为，扎实推进公证改革，着力提高公证质量，指导公证处制定体制改革机制创新方案，激发公证发展活力。国泰公证处全年办证 4035 件，同比增长 21%。同时，以贯彻落实全市"公证服务质量建设年"活动为契机，怀柔区司法局通过季度抽查、半年评查、年度考核等方式，加强对公证行业内部管理规范化和公证质量的监督管理，拓展公证为民延伸服务项目。

（四）法律援助工作

2017年，怀柔区法律援助机构共受理法律援助案件983件，为当事人挽回经济损失1044万余元。区司法局积极推进刑事案件律师参与辩护全覆盖试点工作，落实公职律师跟案制，每名公职律师每年承办法律援助案件不少于2件，评估法律援助案件不少于全区已结援助案件的1/3，年内法律援助案件评估率要达到100%。同时，区司法局新建区妇联法律援助工作站，赋予村居法律援助联系点的顾问律师法律援助初审权，进一步畅通法律援助受理渠道。

（五）特殊人群管理工作

2017年，怀柔区司法局进一步强化矫正质量，实施特殊人员管控新举措。积极推进社区矫正"六项试点工作"，强化"'人防'＋'技防'"监管模式。

第一，进一步完善区司法局人员工作措施。2017年，怀柔区司法局严格落实居住地核实、社会调查、合适成年人到场、社区评议等工作措施，坚持非京籍户籍地走访调查和拟适用社区矫正的被告人刑事案件庭审旁听制度，进一步完善社区矫正工作。区司法局全年共办理收监执行3人，给予警告处分4人7次，全年开展6次督察，下发社区矫正执法督察建议书要求限期整改188项。

第二，进一步运用技术方法完善社区矫正。2017年，怀柔区司法局进一步完善社区矫正工作共享平台，建立59名社区服刑人员电子档案，各矫正工作机构实现信息共享。同时，加大心理辅导力度，继续与专业心理咨询机构合作，开展心理测评8次70人次，组织团体心理辅导和心理讲座6次89人次。做好安置帮教工作，作为全市首批试点区，开展监所视频会见52次，视频帮教2次。

五、怀柔区2017年法治建设特色和亮点

（一）聚焦战略定位，大力推进普法

第一，完善"大普法"工作格局。区委、区政府高度重视普法工作，区委常委会、政府常务会专题研究审议了全区"七五"普法规划，高规格召开"七五"普法启动大会，区政府多次召开专题会议，研究解决领导干部提职考法和街道普法经费保障等重点难点问题，区领导带头参加"12·4"国家宪法日主题宣传活动，有力推动全区"七五"普法工作深入开展。区法宣办积极发挥组织协调、检查指导作用，将普法工作纳入区政府绩效、依法行政、全区综治和"五好"党委四项考核，定期通报各部门工作进展情况并督促改进，有效推进普法责任制落实。全区各镇乡街道、各部门、各单位按照区"七五"普法规划要求和责任分工，积极落实"谁执法谁普法""谁主管谁负责"的普法责任制，认真做好普法宣传各项工作，"党委统一领导、人大政协监督、政府组织实施、各部门齐抓共管、全社会广泛参与"的"大普法"工作格局日趋完善。

第二，围绕大局做好法律保障工作。聚焦全区中心工作，积极开展各项法律服务，有力保障了重点工作开展。紧紧围绕疏解整治促提升专项行动和棚户区改造等重点工作，充分发挥法治宣传教育、法律服务保障作用。设立怀柔科学城司法所，抽调具有法律职业资格的司法助理员、司法行政业务骨干、村居公益律师充实到工作一线，广泛开展"服务保障科学城建设"等法律宣传咨询、以案释法等专项活动，现场解答村民拆迁、分家析产等方面的法律问题，引导拆迁户增强大局意识、服从国家战略、合理表达诉求、依法维护权益，向介入拆迁的代理律师明示拆迁政策，为创造"怀柔速度"做出贡献。深入开展"疏解整治促提升法治引航行动"，积极对接相关部门和镇乡街道，主动参与违建拆除、"开墙打洞"整治、"散乱污"企业退出等重点任务推进过程，整合律师、公证、法律援助、人民调解力量组成"法律护航"服务团队，提供跟进式法律服务，对重点疑难纠纷攻坚调解，有效保障了疏解整治促提升专项行动开展。

（二）针对重点人群，实施精准普法

第一，抓住"关键少数"。党员干部是法治宣传教育工作的关键少数，为切实提升领导干部的法律素养，增强依法办事能力，率先出台《关于完善国家工作人员学法用法制度的意见》，全区各级理论中心组和区政府常务会、镇乡长办公会"会前学法"常态化、规范化。建立"怀柔区提职考法在线答题平台"，将全区科级以上干部和村居两委干部全部纳入考法范围。举办"国家工作人员以案释法"演讲比赛和"普法讲稿"征集活动、领导干部和国家公职人员法治培训66场次1002人，关键少数在尊法学法守法用法方面发挥了较好的示范带动作用。

第二，关注青少年。我区"七五"普法规划把青少年作为法治宣传教育的重中之重。全区各中小学增设法治课程，建立青少年法治宣传教育实践基地，开展宪法知识竞赛、拍摄法治教育专题片等青少年喜闻乐见的法治实践活动。完善中小学校"青春船长"和"法制副校长"进校园工作，将法律送到学生身边，"家庭、学校、社会"三位一体的青少年法治教育模式成效初显。

第三，覆盖城乡居民。建立普法需求调查机制，委托专业机构对400名普法对象进行调查，征集实际普法需求。开展有针对性的"送法下乡"、法治文艺基层巡演等主题宣传活动200余场次，发放《宪法》读本等普法宣传品近20万份。加强普法阵地建设，新建汤河口交通枢纽普法阵地，更新公交站亭的普法宣传栏，制作宪法宣传专题片在全市万余辆公交车移动电视上循环播放，打造"普法宣传交通线"。各镇乡街道结合地区实际，均建立主题鲜明、特色各异的法治公园、法治文化墙等普法阵地，进一步营造法治宣传的社会氛围。

（三）繁荣法治文化，推动法治实践

第一，打造"互联网＋法治宣传"新模式。积极应对新形势，将传统媒体与新兴媒体相结合，构建起线上线下互联互动的普法新模式。健全以法治时刻、行风热线、法治专刊等传统媒体为核心，"一网两微"等新媒体为补充的立体化、全方位的大众法治宣传教育传播体系。

第二，推进依法治理实践。继续开展"民主法治示范村"和"民主法治文化示范村"创建评比工作，怀柔镇芦庄村获评第八批全国"民主法治示范村"。完善村居公益法律顾问工作，选派执业律师担任各村居法律顾问，每月深入到服务村居，开展顾（问）、讲（座）、（咨）询、调（解）、（培）训，在及时为群众解决法律困惑、化解矛盾纠纷的同时，宣传法律知识、传播法治理念、培养法治习惯。

第三，壮大专兼职普法队伍。充实区"七五"普法宣讲团，推进法官、检察官、行政执法人员和律师、公证员开展"以案释法"工作200余次，指派执业律师长年在区法律服务大厅坐班、每周到司法所坐诊，今年共解答群众咨询1万余人次，执法司法活动中对抗情绪明显缓解。加强对民间文艺团体的扶持和培育，连续举办7届法治文化作品征集评选表彰活动，展映法治微电影，进一步充实和丰富基层法治文艺生活。

（四）科学城建设法律服务与法律保障模式创新亮点

怀柔科学城作为国家科学研究中心，承担国家创新发展战略。建设怀柔科学城，是怀柔区承担首都四个中心建设的重要任务之一，法律服务保障科学城建设是怀柔政法系统担负的历史使命。2017年8月30日，怀柔科学城核心区住宅搬迁涉及三镇四村880户221小时内全部签约，比原计划整整提前了11天，创造全市拆迁工作的"怀柔速度"。

第一，下先手棋，整体布局。半年来，聚焦怀柔科学城建设，区委常委政法委书记刘久刚同志带队先后四次与科学城筹备办进行工作对接，筹划法治服务保障国家战略工作机制，压实政法各单位责任，全面担负起科学城建设的各项服务保障职责。在区编办的支持下，成立了怀柔科学城司法所等基层队所。创新动态用警机制，根据实际需要，在保持拆迁所涉地区政法工作力量基本稳定的基础上，抽调警力下沉到科学程建设工作一线。

第二，打主动仗，全程服务。举全局之力深入拆迁现场开展各项法律服务。将拆迁所涉四村作为排查调解重点，共组织开展大排查活动17次，调解纠纷75件，达成调解协议45件，涉及人数243人，涉及金额360余万元，并成功参与某村最后三户的攻坚调解，实现奖励期内全部签约。组织开展"服务保障科学城建设"等主题法治宣传及法治文艺演出活动12次、发放《给全体拆迁村民一封信》、《怀柔区律师事务所名录》、法律援助联系卡以及法律服务监督举报电话名片等5000余份。深入一线加大法律服务专项执法检查力度，检查监督介入拆迁工作的律师代理活动，及时化解了个别拆迁户心理预期过高、拖延签约的行为。担任四村法律顾问的执业律师入村51次，解答法律咨询618人次、代写法律文书29份、审查合同16份，参与调解疑难纠纷43人次。强化涉拆四村"两类人员"管控力度，加大日常走访、个别谈话频次，最终实现"无脱管、无漏管、无重新犯罪、无阻碍拆迁进展事项发生"的"四无"工作目标。

第三，总结经验，复制模式。科学城项目进行过程中，区委政法委牵头组织多次座谈会，找出不足，改进措施，并最后总结梳理出成功经验，区委政法委书记要求政法各单位进行学习借鉴。复制科学城建设法律服务保障模式，在后续的怀柔镇刘各长村、怀柔新城03街区下元、钓鱼台及东关等棚户区改造工程中，整合公安干警，法官、检察官、律师、公证、法律援助、人民调解力量组成"法律护航"服务团队，有效保障了"疏整促"专项行动开展，实现法治保障工作由分散服务到组团服务，事后服务到事前服务，被动服务到主动服务，真正体现了法治保障工作在解决源头性、根本性、基础性问题方面的优势和强项，全力为重点工程项目顺利推进提供优质高效的法治服务和法律保障。

密云区法治建设报告

2017年，密云区在市委市政府和区委区政府的坚强领导下，深入学习贯彻党的十九大精神，坚持以人民为中心，真抓实干、攻坚克难，法治建设取得新实效。

一、人大法治保障和监督工作

2017年，密云区共召开常委会会议8次，听取和审议"一府两院"专项工作报告16项，作出决议决定20个，开展视察检查16次、专题询问2次、专题调研7项，任免国家机关工作人员76人次，筹备召开人民代表大会会议2次，选举产生区监察委员会主任1人、市十五届人大代表25人，落实宪法宣誓制度，较好地发挥了地方国家权力机关作用。

（一）组织机构建设工作

第一，深化常委会、专委会建设。坚持学习论坛制度，加强人大理论和法律法规的学习，提高履职能力。根据党的十九大精神，又对常委会、专委会议事规则等20项制度进行修订。严格制度执行，提高工作质量和效率。

第二，密切与镇街人大的联系。健全常委会组成人员联系镇街人大和代表小组机制。坚持镇街人大主席（主任）列席常委会会议制度。完善镇街人大工作会议、学习培训、经验交流、参观考察、调查研究制度，促进镇街人大工作不断完善。

第三，加强对镇街人大工作的指导。坚持在区委领导下，推动镇党委领导和支持人大工作制度化，确保镇人大在同级党委领导下依法行使职权，构建决策科学、执行坚决、监督有力的权力运行机制。继续深化镇人大组织建设，规范主席团成员构成和大会召开程序，推进镇街人大办公室设立。指导镇代表评议工作，科站办所年初作出履职承诺、年中接受代表检查、年底报告工作，接受满意度测评。镇人大将综合评议情况向镇政府反馈，监督政府部门依法行政、解决问题、改进工作。镇街人大围绕环境保护、社会治理、经济建设，积极融入大局，创新履职工作，在镇街党（工）委领导下，不断推动基层人大开创新局面、取得新成效。

（二）人大代表工作

第一，强化履职服务，激发履职活力。强化学习培训。通过经济形势报告会、专家讲座、代表工作站学习、专委会和专业代表小组学法讲法等，集中与分散相结合的形式，培训代表1357人次。精心为代表选购履职读本，定期通报区委、区政府阶段性工作部署和进展。扩大活动参与。公开年度工作安排，围绕常委会全年33项议题，市区代表累计参加1200人次，基本实现代表参与年度活动全覆盖。对社会普遍关注的问题，及时组织代表与专委会、镇街人大研究方案，形成高质量的调研和建议。搭建履职平台。组建专业代表小组，开展专业领域或议题的调研、论证和审议；将常委会、专委会工作与镇街160个代表工作站对接，搭建市区镇三级代表联系互动平台；密切与选民的联系，参与走访接待选民、述职、评议活动的代表达1391人次；人代会前，组织市代表与有关部门分专题开展座谈，对交通路网建设、库区周边群众生产生活等地区重大问题深入调研。

第二，健全工作制度，规范履职行为。修改制订代表大会议案建议处理办法、代表调研视察办法等10项工作制度；探索建立代表报告履职情况登记制度，建立代表履职档案，推进履职情况公开；施行代表兼任社会职务备案制度，加强代表执行职务监督。

第三，推动建议办理，务求履职实效。构建常委会、政府、建议承办单位及代表"四方"互动的议案建议办理格局。完善主任会议集中督办、专委会重点督办、代表参与督办、联络室统筹督办的工作机制。建立办前沟通、办中协商、办后交流机制，让提出建议的代表全程参与。常委会联络室建立督办工作台账，专委会抓住代表集中反映的问题，与专项监督工作同步推进。全年提交的111件建议，已办结和列入计划60件。调整农村居民"煤改电"峰谷电价时间、在临近校区道路设置交通安全警示牌等一批建议得以迅速落实。

（三）法治保障工作

第一，优化营商环境，推进依法行政。常委会与各专门委员会、镇街人大横向联合、镇街联动，通过召开执法部门、企业人士等10个层面的座谈会，组织代表旁听区法院行政案件审理、360微信公众平台发放调查问卷等多种形式，深入开展依法行政调研，广泛听取各方面意见。将镇人大评议科站办所结果与听取审议区政府专项报告相结合，针对18个问题，与政府共同剖析、共同破解，为深化"放管服"改革，打造营商环境，推动区经济发展大会政策措施的贯彻执行，提供法治保障。对政府21件规范性文件主动备案审查。

第二，助推司法改革，维护司法公正。听取法院、检察院关于司法体制改革工作情况的报告，组织代表对执法办案中心、看守所及检察室视察，旁听法院案件审理。提出科学完善的司法权力监督制约体系，实现对司法办案流程和质量全程监控等意见建议。区法院、检察院积极推动改革，完善配套措施，为推动全区生态保护、经济发展、社会和谐稳定提供了司法保障。此外，还与市人大常委会联动，对《北京市生活垃圾管理条例》《北京市全民健身条例》实施情况进行执法检查。

（四）监督工作

第一，推动和保障绿色发展。组织安排区二届人大三次会议，听取区政府关于当前经济社会发展情况的报告。听取和审议区政府计划执行、预算、决算、审计情况的报告，作出批准 2016 年度决算、2017 年度新增加政府债券及社会保险基金预算调整的决议。听取和审议生态涵养能力提升情况的报告，成立"密云水库库滨带水源保护与三农问题"专题调研组，与区政府合力探索保水与发展的深层次问题，坚决履行好"保水"首要政治责任。区委专题听取调研情况的汇报，给予充分肯定并作出重要指示和工作安排。

第二，推动和保障创新发展。围绕北京科技创新中心战略定位和科学城建设，常委会提高站位、主动融入，助力形成大众创业、万众创新的局面。抓住制约全民科学素质提升和科技创新的体制机制弊端，创新监督方式，与区政府深度协商、有效沟通，巧解难题。针对科技创新动力不足、高精尖产业缺乏、配套政策有待完善等问题，听取和审议区政府科技创新工作推进情况的报告，组织代表对中关村密云园、生态商务区对接科学城建设开展调研，与"两新组织"、科技企业深入座谈，共同协商研究，查短板谋良策。抓住影响全民科学素质总体水平在全市排名靠后的主要因素，对科学素质提升工作专题询问。区全民科学素质工作领导小组成员中的 8 个单位，针对 46 名委员和代表提出的 13 项问题，作了回答。专题询问，形成人大与政府良性互动的局面。

第三，推动和保障规划引领。积极推动"十三五"规划修订。提出要主动对接北京城市总体规划，聚焦科学城建设，加大密云新城总体规划、"十三五"规划、专项规划及镇村规划的统筹力度，实现区委提出的区镇村三级规划全覆盖。以督促旅游发展规划编制推动旅游产业发展。围绕发挥规划的保障引领作用、推动休闲旅游业发展、加快西线旅游开发、促进乡村旅游提档升级等内容，开展调研与跟踪视察，对区政府旅游发展规划编制情况专题询问。针对 21 名委员和代表提出的规划实施等四方面问题，旅游委、规划分局等 11 个政府职能部门做了详细说明和解答。区政府及时制定《乡村旅游发展贷款财政贴息实施办法》等一系列政策措施，加速规划编制、云蒙山区域整体开发和"十百千"工程的推进。对新城公共服务设施现状进行调研。从基础教育等八个方面提出意见建议。以传统村落保护提升调研为引导，推动长城文化带、美丽乡村和特色镇规划与建设，使规划更加科学，更贴近群众生产生活。

第四，推动和保障美丽密云建设。听取和审议清洁空气行动计划重点措施、任务完成情况的报告，组织代表对区政府执行烟花爆竹禁限放安全管理的决定、水库环保执法、美丽乡村和环境建设年情况进行视察检查。持续发力煤改清洁能源工作。提出坚决打赢"蓝天保卫战"等16条建议。区政府加大工作力度，增加资金投入，采取养殖业退出、减压燃煤、城区限行货运车辆、建立"河长制"、调整退出一般制造和污染企业等一系列措施。

（五）民生工作

第一，着力推进重点工程建设。组织代表以专题调研、视察等方式，持续跟踪垃圾综合处理中心、京沈客运专线、集中供热等重点项目建设，指出存在问题。督促区政府紧盯工程进度及相关工作。

第二，着力促进城市精细化管理。围绕"精致密云"目标，聚焦交通、环境、物业、市场"四大"秩序，引导代表深入开展调研，提出建立城市管理长效机制等意见建议，督促政府加快城市精细化管理步伐。

第三，着力推动农民持续增收。把专委会督办重点建议与审议低收入农户增收及低收入村发展情况有机结合，促进政府完善惠农政策，精准帮扶低收入村和低收入农户，努力实现农民收入持续增加。

第四，着力推进社会事业均衡发展。对乡村教师支持计划落实情况进行视察，组织开展居住区配套幼儿园规划建设管理工作调研。听取村级医疗卫生机构和乡村医生队伍建设情况的报告，落实乡村医生人员和政策，满足农村居民就医需求。结合办理"把幸福晚年驿站服务人员纳入公益岗位"的建议，组织代表深入开展养老服务情况调研，提出完善农村养老服务政策等建议。审议区政府土地利用与开发情况的报告。

（六）探索创新

第一，深化调研工作。将调查研究作为常委会、专委会履职的基础环节和必经程序，以调查研究推动人大工作创新。探索建立常委会主导、专委会实施、代表主体、社会力量参与、"一府两院"及其职能部门配合的调研新格局。年内，还完成了市人大理论研究会关于《人民代表大会制度在基层的实践创新》重点课题研究。

第二，深化信息宣传工作。对重点调研、审议意见书、代表重要建议等及时向区委汇报。创刊《常委会公报》，将常委会会议听取的专项报告、作出的决议决定集中刊发。区人大工作和代表履职风采多次被《北京人大》宣传报道，宣传了密云人大，展示了密云形象。

二、法治政府建设

2017 年，密云区政府主动加压，疏解整治促提升；主动担当，稳定首都安全。扎实推进生态文明法治建设，深化"放管服"改革，进一步推动法治政府建设。

（一）疏解整治工作

打出疏解整治促提升的"组合拳"，在市级 6 项"规定任务"的基础上，主动提出 18 项区本级"自选动作"。坚决拆除各类违法建设 44 万平方米。清除"大棚房" 675 栋 13 万平方米。大力整治建材市场、华远市场、沙河早市等地区的经营秩序，集中治理富民街、果园北街等重点街区的环境秩序，清理无证无照经营 321 户、侵街占道经营 4441 起，整治"开墙打洞" 158 户。疏解一般性制造企业 12 家。全面清退环境脏乱、隐患突出的山林丰废品回收市场。果断开展泡沫彩钢板整治工作，3 个月时间拆除整改泡沫彩钢板 138 万平方米。在全市率先取缔所有无证无照幼儿园。全区流动人口规模降至 5 年来最低。

（二）保障安全工作

全区干部忠于职守、连续奋战，在党的十九大、全国"两会"、"一带一路"国际合作高峰论坛等重大活动期间，为党中央站好岗、放好哨，筑牢了首都东北部的安全屏障。全区迅速落实市委市政府安全生产大检查和安全隐患大排查大清理大整治专项行动部署，始终把"发展绝不能以牺牲人的生命为代价"作为一条不可逾越的红线，排查整改各类安全隐患 1.3 万余项，重大安全生产事故保持"零"发生。推动城管执法重心下移，实现镇街（地区）城管执法力量全覆盖，一线执法人员比例达到 90%。

制定提升城市管理水平的实施意见，城市管理委员会和城市管理指挥中心正式挂牌成立。智慧密云建设扎实推进，智能交通科技工程建设进展顺利，密云便民服务频道开通，网格化管理不断加强，微信公众号和便民服务热线开通，群众反映事项办结率超过 99.5%，城市管理服务效能进一步优化。街巷长制全面实施，143 名街巷长上岗到位，精细化治理向背街小巷延伸。

在全国率先建立水库综合行政执法机构，区镇村三级保水体系进一步完善，北京首例因电鱼入刑案件宣判。库区 155 米高程以下和库中岛生产经营活动全部退出，新增库滨带绿化造林 7090 亩，300 公里围网全面竣工，实现库区全封闭管理。划定 867 平方公里畜禽禁养区，退出规模养殖场 282 家，清退畜禽 127 万头（只），保水向更大范围更宽领域扩展。建设生态清洁小流域 7 条，治理水土流失面积 77 平方公里。全面实施河长制，创新提出"十无"目标，63 条河道全部纳入管理范围，跨镇街河道断面水质考核正式启动，全域保水的格局初步形成。顺利通过全国水生态文明城市试点验收。

出台重型柴油车排放监管工作方案，加强对超载超限大货车的执法检查，处罚严重违法行为 372 起。实施烟花爆竹禁放限放措施，违规燃放烟花爆竹行为受到有效管控，烟花爆竹燃放量明显下降。秋冬季大气污染防治攻坚战成效明显，清理整治小煤炉 3 万余台，治理"散乱污"企业 1500 余家。

在全市率先开展区级环保督察，发现存在问题点位 3600 余个，全部限期整改。坚决完成中央环保督察整改任务。加强对水库周边 12 家单位的监管，相关问题整改到位。制定 3 家矿山企业转型升级指导意见，全面启动云冶矿业公司转型升级各项工作。完成宾阳垃圾填埋场一期封场和渗沥液处理扩容改造工程。

26 个试点村拆除私搭乱建 12.5 万平方米，清理乱堆乱放 28.6 万平方米，各项环境建设工程全面启动，村庄面貌焕然一新。蔡家洼村跻身"2017 年中国名村影响力排行榜"百强。

食品安全示范区创建工作全面启动。依法严厉打击违规"商改住"销售行为，稳妥化解社会矛盾。信访代理制全面推行，法治密云、平安密云建设深入推进，群众安全感满意度连续六年保持全市前列，获评"2013—2016 年度全国平安建设先进区"。

深入推进依法行政，自觉接受区人大及其常委会监督，密切与区政协的联系，认真办理人大代表建议 111 件、政协委员提案 81 件，办复率达到 100%。

（三）深化"放管服"改革

对《北京市密云区人民政府办公室关于开展行政规范性文件清理工作的通知》（密政办字〔2017〕19 号）文件下发以前以区政府、区政府办名义下发的 165 件规范性文件展开清理，最终保留 140 件、清理 25 件。出台了支持企业发展、重大项目绿色审批通道、区领导联系重点企业等一揽子优化营商环境政策文件，形成了"1＋5"政策框架体系。重大项目审批时限由 376 天压缩到 188 天，取消证明 29 项，行政检查事项"双随机一公开"实现全覆盖，区级 85 项审批事项开通网上受理。设立区金融办，组建区国资委，创设公安环境安全保卫大队。

（四）推进政务公开

全年依申请公开信息 1234 条，主动公开信息 14 745 条。组织"政务开放日"活动。

三、审判工作

2017 年，密云区法院收案 20 017 件，同比上升 19.9%，结案 18 459 件，同比上升 18.5%。

（一）刑事审判工作

审结刑事案件 345 件，判处犯罪分子 393 人。对故意伤害等暴力犯罪和多发性侵财犯罪保持高压态势。对破坏环境资源犯罪进行重点打击，依法审结全市首例水库电鱼引发的非法捕捞水产品案。加大对恶意欠薪行为的惩处力度，审结我区首例拒不支付劳动报酬案。加大对轻微刑事犯罪的宽宥力度，共对85名被告人适用缓刑、管制、单处罚金等非监禁刑。积极开展刑事附带民事案件调解工作，教育引导被告人真诚悔罪，主动赔偿被害人经济损失，刑事附带民事案件调解率达92%，共有29名被害人获得赔偿款287万元。

（二）民商事案件

审结民商事案件11 654件。审结婚姻家庭、物业服务合同、相邻关系纠纷等案件2943件。审结土地承包、农村房屋买卖纠纷等案件675件。审结民间借贷、买卖合同、金融保险纠纷等案件2090件。探索完善家事审判方式，对婚姻家庭案件进行分类疏导，建立庭前调查制度，与区妇联共同开展调解工作。在机动车交通事故责任纠纷案件中，推广要素式审判模式，精简庭审程序和文书制作。针对商品房预售合同纠纷激增的情况，与区住建委等部门建立协作共建机制，协调化解纠纷1800余起。依托六调联动工作机制，协调区劳动人事争议仲裁院、总工会等单位，妥善化解因企业经营放缓、落后产能退出引发的400余起群体性劳动争议纠纷。针对消费者维权案件中发现的问题，向物美、京客隆等多家大型商场发送司法建议，提出建立食品保质期预警机制、严格包装标识审查等建议。

（三）行政审判和监督依法行政工作

审结行政诉讼案件142件，审查非诉行政执行案件109件。积极推进行政机关负责人出庭应诉工作，行政机关负责人出庭应诉率达93%，同比提升19.8个百分点。针对审理中发现的行政执法问题，与区工商分局、国土分局等10家行政机关分别进行座谈交流，统一执法标准。加强与行政机关的良性互动，通过组织庭审观摩、专题授课、发送行政审判年度报告等形式，提升行政执法水平。

（四）案件执行工作

全年执行结案6131件。按照最高院部署，制定15项规章制度。主动争取党委领导和各方支持，区委办公室、区政府办公室首次以"两办"名义下发《关于支持人民法院解决执行难增强司法公信力的意见》，推动执行难问题解决。加大强制措施适用力度，对730名有能力履行而拒不履行的被执行人，依法采取纳入失信名单、罚款、拘留等措施。加大财产查控力度，加强网络司法拍卖工作，在淘宝司法拍卖平台上以5.3亿元起拍位于建材批发市场的一宗国有出让土地使用权，成交价16亿元，溢价率高达202%，创北京法院网络司法拍卖单个标的成交新纪录。

（五）对接疏解工作

认真贯彻落实区委区政府关于"疏解整治促提升"专项行动决策部署，建立相关案件专项识别机制，以对照任务表、列案由清单等方式逐案预警筛查。建立重大敏感案件通报制度，及时与党委政府沟通协调，形成矛盾排查、风险防范和多元化解的合力。建立案件全程快速处理机制，开通"快立、快审、快执"绿色通道，切实加快案件办理。对于数量较多的行政拆违案件，强化与行政机关联动配合，用足用好法律手段，坚持以点带面，形成"执行一户、触动一片"的示范效应。全年妥善处理因环境整治、市场清理、违建拆除、养殖业压减等引发的各类纠纷912起，保障了"疏解整治促提升"专项行动的顺利开展。

（六）接受人大、政协等各方面监督工作

向区人大常委会专项报告司法体制改革工作，高度重视常委会审议意见，召开专题党组会研究整改方案，制定了4大项23小项整改措施，并指定主管领导具体落实。加大了司法公开力度。认真做好代表建议办理工作，建立专门的督查督办制度，做到及时落实、及时回复，提高代表建议办理质量。建立"人大代表进法庭"常态化制度，邀请市、区人大代表调研视察、旁听庭审、见证执行，听取人大代表对法院工作的意见和建议，并进行针对性整改，推动法院工作不断改进完善。落实检察长列席审委会制度，听取检察机关对重大刑事案件的意见。依法审理抗诉案件，对检察机关提出的检察建议，予以积极反馈和妥善办理。加强与区检察院的业务交流，围绕行政公益诉讼、以审判为中心的刑事诉讼制度改革、认罪认罚从宽制度试点工作进行专题研讨，对证据认定、收监执行等问题进行沟通协调。凡是应公开的裁判文书全部网上公开，组织案件旁听1600余人次，开展庭审网络直播104期。利用电视、广播等传统媒体和微博、微信公众号等新媒体开展法治宣传，召开农村房屋买卖等主题新闻通报会，制作《追寻你的脚步前行》等微视频和微电影，集中宣传法院重点工作。

四、检察工作

2017年，密云区检察院依法审查并批准逮捕各类犯罪234件271人，依法审查并提起公诉341件385人。

（一）法律监督工作

审查一审刑事裁判320件，对认为确有错误的刑事裁判提出抗诉2件；有效开展类案监督，就妨害公务罪等准确适用法律问题依法向法院提出建议并获采纳。完善刑罚变更执行同步监督机制，依法及时监督纠正减刑、假释、暂予监外执行不当情形，确保有罪的人受到应有惩罚；加强社区矫正法律监督，累计纠正脱管漏管4人；严格法律监督各项法律文书，发出纠正违法通知书3份；深入开展财产刑执行法律监督活动，针对存在的问题，向本区公安分局发出检察建议书。侦查监督工作常抓不懈。纠正应当立案而不立案、不应当立案而立案的案件7件，书面纠正侦查活动违法5次，口头提出纠正意见9次；不断加强派驻区公安分局执法办案中心检察室建设，对执法办案中心办理的 470 件案件完成监督审查。全面拓展同级监督案件来源，及时受理民事申请监督案件，发出检察建议 2 份。对不服法院正确裁判和执行的 21 件民事申请监督案件，依法不予支持并在终结审查时同步做好当事人服判息诉工作。

（二）刑事检察及公益诉讼工作

第一，坚决打击犯罪活动。依法提起公诉 341 件 385 人。坚决维护国家安全，成立专业化办案组织，起诉"法轮功"等邪教组织犯罪案件 10 人。坚持以人民平安需求为导向，起诉"两抢一盗"、诈骗等多发性侵财犯罪 92 人。成功办理了巨各庄镇王某某等 5 人聚众扰乱社会秩序案，致多人伤亡的王某某交通肇事案等一批社会关注案件。努力为"一带一路"高峰论坛和党的十九大胜利召开营造安全稳定的政治环境、社会环境。

起诉合同诈骗罪、强迫交易罪、非国家工作人员行贿罪、集资诈骗罪、非法吸收公众存款罪等破坏社会主义市场经济秩序类案件 7 件 16 人。对社会关切的涉及 702 名事主，涉案金额达 2 亿余元的全区首例非法吸收公众存款案。依法起诉不老屯镇宋某某等非法采矿案 4 件 10 人。

第二，推进公益诉讼工作。将民事、行政公益诉讼作为检察机关服务和保障区域生态文明建设的新途径。整合全院力量，集中开展水源保护、森林资源保护和环境保护专项工作，摸排线索 30 余件，及时提出关于恢复受损生态环境的诉前检察建议 12 件，对履行职责不符合法律规定，公共利益继续受到侵害的，成功提起行政公益诉讼。依托诉前检察建议督促相关行政机关履行职责，推动拆除密云水库范围内违法建筑 6 万余平方米，恢复被改变用途的生态公益林地 8771 平方米，补种树木 2600 余株，恢复河道内被非法开采的砂石 4000 余立方米。

五、司法工作

2017 年，密云区司法局紧紧围绕"生态立区、绿色发展、规划引领、民生为本、深化改革、党建统领"等方面的法治建设问题，创新法治宣传教育工作，突出法律服务体系建设，充分发挥法治保障作用，全面推进我区司法行政工作创新发展。

（一）人民调解工作

2017 年，截至 10 月底，共有各类调解组织 454 个，其中村 327 个，居 76 个，镇街 20 个，行业及其他 31 个，全区共有调解员 1673 人。镇（街）、村（居）人民调解组织共调处纠纷 2161 件，调解成功 2096 件，成功率 97%。

加强镇街调委会建设，四个试点镇调委会已经建立相关制度。指导 20 个镇街建立矛盾纠纷排查化解工作制度。制定下发《密云区人民调解案件补贴办法》及修改意见。举办"人民调解工作培训会"，全局 40 余名司法助理员和法律服务社会工作者参加了培训。一年来各镇街司法所组织不同形式的调解员培训共 120 余场次。巩固 277 家规范化调委会的各项成效，定期进行检查和回访，全年共开展检查和回访 30 次，不断提升调委会各项工作规范化水平。

（二）律师工作

2017 年，完善村居法律顾问制度，选取 7 家律师事务所作为村居法律顾问的签约单位。同时，构建了以密云区村居法律顾问微信群、法润密云公众号和各镇街村居法律顾问微信群为基础的密云区村居法律顾问网络通讯体系。

（三）公证工作

2017 年，截至目前，共办理各类公证 1600 余件，其中民事类 1025 件，经济类 285 件，涉外公证 300 件。

围绕区委区政府的中心工作，渔阳公证处积极拓展业务领域，为棚户区改造、重点工程拆迁、违法建设拆除、密云水库一级保护区全面禁止禁养畜禽、城乡接合部整治改造、"京沈客专"占地拆迁等中心工作，及时提供优质专业的公证服务。同时，开通疏解整治工作中涉及公证事务的"绿色通道"，促进疏解整治工作的顺利开展。1—10 月份，公证处共办理证据保全、现场监督、人员转制等公证事项 210 件，深入行动现场 120 余次。

制订《关于全区公证行业开展"规范执业行为提升公证公信力"教育整顿活动实施方案》，并于 5 月 17 日召开部署会。主管局领导与公证处主任签订了《"规范执业行为提升公证公信力"教育整顿活动责任书》，3 名公证员与公证处主任签订了《责任书》。召开全区公证从业人员会议，学习我市"以房养老"相关案例，传达了司法部、市局的相关会议精神，对该处 2015 年以后办理的所有涉及 60 岁以上老人的公证事项进行梳理。同时，成立公证质量检查组对北京市渔阳公证处 2017 年上半年办理的继承、委托、遗嘱等公证事项进行了随机抽查，发现问题已责成公证处进行整改。

（四）法律援助工作

充分发挥"12348"法律服务专线作用，规范服务标准，为群众提供优质服务。

区法律援助中心完善法律援助受理、审查、指派、承办等各个环节的工作程序和行为规范。完善法律援助案件指派流程，推进"轮序制"与"点援制"相结合的指派模式；建立法律援助案件登记、结案、补贴、归档的纸质和电子台账"双台账"。制定下发了《关于加强村居法律援助联系点建设工作方案》，按照"四有一公开"标准，推进社区（村）法律援助示范联系点建设工作。区法律援助中心统一制作标牌，实现联系点的规范化。全区 28 个村居法律援助示范点已于 8 月底全部建成，区法律援助中心对部分示范联系点进行了抽检。明确村居法律援助联系点具有办理法律援助案件初审权，吸纳了村居法律顾问担任村居法律援助联络员，提供法律咨询、法律援助、法治宣传等巡回服务。法律援助中心驻法院工作站已经运行，檀州律师事务所 5 位律师定期到法院工作站值班，开展法律援助咨询，受理法律援助申请，并积极做好认罪认罚案件的法律帮助工作，自区法院法律援助工作站运行以来，累计办理认罪认罚案件 84 件，开展各类法律援助咨询服务 120 余人次。强化对重点人群的维权服务。开展了"助力妇女维权，推进法律援助""法律援助 助残维权""法律援助助力维护儿童合法权益"等主题维权宣传活动 20 余次，解答群众法律咨询 1000 人次，发放宣传资料 1 万余份，努力营造社会各界和广大群众关心支持法律援助工作的良好社会氛围。

（五）特殊人群管理工作

第一，加强两类人员监督管理和教育培训。严格两类人员监督管理，落实两类人员日常管控措施，加强"两会""一带一路高峰论坛""十九大"等重点时期的教育管控工作，启动重点时期日报告制度，做好重点时期两类人员教育稳控工作。加强教育，组织 20 名社区服刑人员到市监狱管理局清河分局清园监狱参加入监警示教育活动，组织 2 次社区服刑人员参加专题法治教育。

第二，加强执法督察工作，充分发挥督察队职能作用。矫正管理支队根据不同时期，采取实地和网上督察形式，先后对各镇、街司法所社区矫正和安置帮教工作开展了 8 次专项督查活动。对督察过程中发现的问题当场发出督察建议，限期上报整改措施并进行改进。

第三，认真开展社区矫正执法隐患专项排查整治活动。制定下发《密云区关于开展社区矫正执法隐患专项整治活动方案》，开展分类测评、筛查重点人、准确掌握"九清楚"、对照各季度督察通报的问题开展自查整改活动，并上报自查情况汇报。区社区矫正管理支队对全区 20 个司法所开展"专项排查整治活动"的进展落实情况进行检查。

第四，稳步推进社区评议和电子监管工作。制定《密云区社区矫正社区评议工作实施方案》。充分发挥村（居）委会监管作用，每个村（居）委会确立 3 名社区矫正社区评议员，协助司法所实时掌握社区服刑人员生活状况和行为动向，每两周对社区服刑人员的日常表现情况进行记录，作出书面小结后并交司法所，每月召开评议会，对应予评议的社区服刑人员进行社区评议，并将评议结果报司法所。区督察队通过督导检查司法所完成社区评议工作情况，督促司法所按时、按要求完成社区评议相关工作。制定下发《密云区视频会见视频帮教推进工作实施方案》。4 月底，在 20 个司法所、阳光中途之家，全部安装视频会见可移动终端，19 家单位已完成建设相对独立的视频会见室。2017 年密云区共计开展 6 次视频会见工作，帮助服刑人员树立改造信心，减少监狱和社会的不稳定因素。

六、密云区 2017 年法治建设特色和亮点

2017 年密云区司法局"法润密云"普法特色品牌亮点突出，有效助推法治政府建设。

（一）项目意义

密云区司法局充分发挥法治宣传教育基础性、先导性作用，着力塑造"法润密云"普法特色品牌，不断丰富内容、创新载体，在巩固传统媒体的基础上，利用新媒体广泛开展法治宣传，以品牌为引领，搭建平台，建立机制，统筹协调各执法单位落实"谁执法谁普法"责任制，向全区普及法治政府建设工作涉及法律知识，公开执法司法信息，促进群众监督，为法治政府建设营造了浓厚的法治氛围。2017 年"法润密云"普法特色品牌被评为"司法行政服务保障'疏解整治促提升'优秀项目"。

（二）项目创建

"法润密云"普法特色品牌主要由三部分组成，分别是："平面示法"、"荧屏演法"与"新媒体普法"。

1. "法润密云"法治宣传栏"平面示法"

自 2015 年起，密云区司法局陆续在城东法治公园设立 38 块"法润密云"法治宣传栏构成"法治步道"，在城西白河两岸依托密虹公园、奥林匹克公园、滨河公园设立 146 块"法润密云"法治宣传栏形成"法治长廊"，形成密云区东有法治公园、西有法治长廊的完整普法空间布局。2017 年，密云区司法局充分利用"法润密云"法治宣传栏开展法治宣传，为加强统筹协调，提升普法工作效果，以法宣办正式文件的形式，制定责任清单，划分"平面释法责任田"，要求法治政府建设涉及执法部门将相关法律知识进行梳理，以统一格式、统一时间段在法治宣传栏内公示，并要求宣传法律内容要以知识问答、案例解析、法治漫画等通俗易懂的形式进行展示，便于群众理解学习。

2. 电视专题节目《法润密云》"荧屏演法"

2016 年 1 月 9 日，由区法宣办、区广电中心和区司法局联合制作的法治专题节目《法润密云》在密云电视台正式开播，节目隔周六在密云新闻后首播，每期 15 分钟。栏目以"重在讲法、服务百姓"为宗旨，最大限度地发挥电视优势，每期邀请律师、法官、检察官和行政执法单位执法人员以案释法，对发生在百姓身边的典型案例和法律焦点问题进行深入剖析。自开播以来，受到了观众的广泛好评。2017 年，密云区司法局充分利用《法润密云》电视节目这一平台，统筹密云区法宣领导小组成员单位，将执法办案和普法宣传相结合，通过文明执法促进深度普法，注重在节目编排上结合依法行政、简政放权、政务公开、法律顾问制度等内容，同时邀请相关执法单位负责人及一线执法人员制作专题节目，对相

关法律知识及体制机制进行解读，以深入浅出、形象直观的方式引导群众理解、支持、监督法治政府建设工作。

3. "法润密云"微信公众号"新媒体普法"

2016年12月4日，由区法宣办、区司法局共同打造的微信公众号"法润密云"正式上线，以"弘扬法治精神，传播法治文明，树立法治观念，培育法治思维"为宗旨，集法治宣传、法律咨询、法律服务、法治活动为一体，突出互动性与服务性。"法润密云"微信公众号利用新媒体便捷高效、受众广泛等优势，每天推送2期群众关心的法律知识，2017年共推送普法文章近500篇，设置"公务员学法"固定栏目，每周一推送国家工作人员学法用法知识，及时跟进、展示法治政府建设工作中各部门的积极作为和涌现出的典型案例、优秀做法，促进执法、司法信息公开，并开放粉丝留言功能，加强与粉丝的互动，引导群众了解、监督、参与法治政府创建工作，同时利用微信公众号开展"12·4"国家宪法日"法润密云"法律法规知识有奖问答活动，调动群众了解法治政府建设工作涉及法律知识的积极性、主动性。

（三）项目效果

密云区司法局充分利用"法润密云"特色普法品牌，大力宣传依法行政相关法律法规，重点拓展国家工作人员学法用法渠道，全面展示司法行政职能，进一步公开执法、司法的依据、过程和重点等信息，取得良好社会效果。

1. 按照"谁执法、谁普法"责任制要求，发挥多部门联动作用，建立法治宣传推动法治政府建设工作机制

在法治政府建设工作中，以"法润密云"品牌为引领，搭建平台，建章立制，统筹密云区法宣领导小组成员单位，特别是工作涉及重点任务执法部门，突出执法办案、普法宣传与法治政府建设工作相结合，将法治政府建设工作渗透到执法办案、普法宣传教育的全过程，保障法治政府建设工作在法定程序、法治氛围内有序进行，有力地提高法治政府建设工作的社会满意度和群众支持率。

2. 扩大声势，促进群众了解、监督、参与法治政府建设工作

"法润密云"特色普法品牌通过文字、声音、画面等元素，将专项工作与群众日常生产生活相结合，向群众重点宣传与法治政府建设、与其日常生产生活密切相关的内容，增加了法治政府建设工作及其涉及法律知识的社会知晓率。没有群众的参与互动，法治政府建设就是无本之木、无源之水，"法润密云"普法特色品牌注重与群众进行互动，通过开放粉丝留言功能，开展有奖知识问答、法律专家线上接受咨询、群众投稿等方式，有效增强群众对法治政府建设的监督，强化建设法治政府的群众基础。

3. 实现"融媒体"立体式普法结构

以法治宣传栏、电视媒体等传统普法阵地为基础，向微信公众号等新媒体拓

展，实现各类媒体融合发展，构建立体化、系统化普法网络。通过"法润密云"品牌建设，拓展了法治政府建设工作宣传广度与深度。利用多种媒体全方位进行宣传，有效保证法治宣传教育不"一堂课"结束，"一阵风"吹过。充分发挥多种媒体优势，结合依法行政工作中的热点问题、典型案例进行及时、深入的宣传，引领社会正面舆论，引导群众以法律视角看待问题，通过合法途径解决问题。通过"法润密云"普法平台，将法律条文转变为形象、通俗的图像、视频语言，并由法律专业人士进行详细解读，使群众肯学、爱学、乐学，增加传播力和影响力，为法治政府建设工作开展营造浓厚法治氛围。

延庆区法治建设报告

2017 年，延庆区全面学习贯彻党的十九大精神，深入贯彻落实习近平总书记两次视察北京重要讲话精神，在市委市政府、区委区政府的领导下，围绕中心，服务大局，全面实施，扎实推进，全力服务保障世园会冬奥会筹办举办，加快建设国际一流的生态文明示范区，不断推进法治建设工作。

一、人大民主法治建设工作

2017 年，延庆区共召开 8 次常委会会议，审议了 39 项议题，作出了 6 项决定，任免了 78 人次国家机关工作人员，组织了 41 人次宪法宣誓。

（一）加强常委会自身建设，组织召开区人民代表大会

全年共组织常委会党组集体学习 12 次，举办常委会组成人员专题培训班 2 期，开展常委会机关周四学习日活动 37 次。常委会还出台了《区人大专门委员会工作规则》，加强对各专门委员会的领导。区人民代表大会共召开三次会议，分别选举产生区监察委员会主任、选举出席北京市第十五届人民代表大会代表、听取和审议"一府两院"和常委会 2017 年工作报告，对全区经济社会发展重大问题作出决定。

（二）人大代表及与市、基层人大的联系工作

第一，积极为代表履职创造条件。充分发挥"人大代表之家"的作用，组织代表学习党的十九大、市第十二次党代会、区委全会精神；组织开展法律法规和人大基础知识培训；为代表订阅了《中国人大》《北京人大》等报纸杂志；建立微信平台，印发《延庆人大信息》。

第二，密切常委会与代表的联系。一年来，有 27 人次代表受邀列席常委会会议，审议相关议题并作会议发言；有 108 人次代表参加了常委会或专门委员会组织的调研、视察和执法检查等工作；常委会还组织代表集中开展了视察活动。

第三，做好代表建议办理工作。区二届人大一次会议期间，人大代表共提出代表建议 110 件。其中，年内解决的建议 59 件；列入工作计划，预计两到三年

内可以解决的建议 37 件；受法规、政策、财力和物力等客观条件限制，目前难以解决的建议 14 件，已向代表作了解释说明。

（三）法治保障工作

第一，规范文件备案审查工作。区人大法制委员会结合本区实际，研究起草了《北京市延庆区人大常委会规范性文件备案审查办法（试行）》，规范性文件的备案审查工作得到进一步规范。

第二，法律实施调研工作。区人大法制委员会对《中华人民共和国妇女权益保障法》《中华人民共和国兵役法》的贯彻落实情况进行了调研。

（四）监督工作

第一，围绕区委中心工作开展监督。围绕冬奥会、世园会两件大事的筹办工作开展监督检查，有针对性地对区政府贯彻实施《中华人民共和国森林法》《北京市森林资源保护管理条例》及近期林业重点工程建设情况进行了检查，听取和审议了区政府关于环境状况和环境保护目标完成情况的报告。

第二，围绕推进"一府两院"严格执法、公正司法开展监督。听取和审议区政府关于依法行政情况的专项工作报告并提出意见。听取和审议区检察院关于开展公益诉讼试点工作情况的专项工作报告并提出建议。制定了《北京市延庆区人大常委会规范性文件备案审查办法（试行）》。

第三，围绕计划、预算的执行开展监督。常委会听取和审议了区政府 2017 年上半年国民经济和社会发展计划执行情况的报告、2017 年上半年财政预算执行情况的报告、2016 年度本级预算执行和其他财政收支的审计工作报告、2017 年财政预算执行情况和 2018 年财政预算草案的报告。审查和批准了区政府关于 2016 年财政决算的报告、关于 2017 年地方政府债务限额及预算调整方案的报告。

（五）民生工作

2017 年，区常委会着力推动解决教育、医疗、住房和低收入农户增收等重点问题，不断改善民生。对《中华人民共和国教育法》实施情况进行检查，对《北京市居家养老服务条例》实施情况进行检查。听取了区政府关于低收入农户增收工作情况的专项工作报告、关于保障性用房建设及棚户区改造工作进展情况专项工作报告、关于村卫生室全覆盖及村医队伍建设情况专项工作报告，以及区政府重点工作折子工程和为群众拟办重要实事工程安排情况的专项工作报告。

（六）与市、基层人大的联系工作

第一，配合市人大做好相关工作。受市人大委托，协助全国人大就《中华人民共和国人民法院组织法（修订草案）》《中华人民共和国人民检察院组织法（修订草案）》征求人大代表和群众的意见和建议；协助市人大常委会就《北京市院前医疗急救服务条例》落实情况到我区开展执法检查；协助市人大常委会工作部门，就发展居家养老服务、一二三产融合发展等开展调研。

第二，加强对基层人大工作指导。通过年中、年底集中下乡活动，密切与基层人大的联系。在开展视察、调研和执法检查中，注重与乡镇人大联动，形成工作合力。

二、法治政府建设

2017 年，在市委市政府和区委的正确领导下，延庆区政府深入学习宣传贯彻党的十九大精神，立足生态涵养区功能定位，以服务保障冬奥会世园会筹办举办为主线，深入推动转型发展，大力实施疏解整治促提升专项行动，推动城乡建设和各项民生保障事业发展，较好地完成了年度各项目标任务。

（一）疏解整治工作

认真制定疏解整治促提升专项行动方案，超额完成全年目标任务。坚决拆除王庄"小产权房"、广积屯"大棚房"等违法建设 33.1 万平方米，严厉打击"抢栽抢种"，对违法行为形成震慑。治理"散乱污"企业 850 家，退出一般制造业 3 家，取缔再生资源回收站点 265 家，关停南菜园建材市场，"留白增绿" 48.3 万平方米。按照全市百街百巷示范工程要求，编制 120 条背街小巷环境整治提升三年行动方案和设计导则，广兴街、东街等 31 条街巷和川北等 12 个老旧小区完成环境综合整治，规范提升便民服务网点 60 个，新增停车位 688 个。

（二）保障安全工作

全面推进城市管理、社会服务、社会治安、城管综合执法等多网融合，实施台账化管理，不断完善住宅小区物业服务。120 条背街小巷街巷长全部上岗，小巷管家管委会、街巷管理服务队作用有效发挥，3 个"社区之家"示范点、8 个老旧小区自我服务管理试点、20 个村级社会服务管理示范点完成创建，社会精细化治理迈出坚实一步。成立冬奥世园工程安全生产工作专班，构成全区安全生产"1+9"责任体系，深入开展安全隐患大排查大清理大整治专项行动，圆满完成"一带一路"高峰论坛、十九大等重大事件维稳安保任务，人民群众安全感在全市名列前茅。

（三）深化"放管服"改革

"放管服"改革持续深入，4 项行政审批和 206 项中介服务事项清理规范，24 个部门 216 项行政审批事项实行"一科制"改革，162 项基层证明和 156 项非行政许可审批事项清理完成，大气污染防治等 13 个专项责任清单编制完成，297 项执法检查事项实现"双随机一公开"，"五证合一、一照一码"登记制度全面施行。完成为民办实事 25 项。营商环境持续改革优化，税源建设工作机制运行顺畅，联系服务企业和支持企业发展的一系列机制办法出台实施，窗口队伍建设主题实践活动收效良好。

（四）推进政务公开

自觉接受人大监督，主动向政协通报工作，认真听取各民主党派、人民团体和社会各界人士的意见和建议，办理人大代表建议 106 件、政协提案 97 件，办复率 100%。将 15 项市级目标责任书整合形成"口袋书"，初步形成"决策—落实—督查—报告"闭环工作机制、副区长任组长的督查机制以及会议、批示、督查反馈制度。邀请人大代表、政协委员列席政府常务会，主动公开决策事项，高度关注社会舆情，系统梳理"12345"群众热线办理机制，问题回复率、解决率、满意率大幅提升。

三、审判工作

2017 年，延庆区法院共受理案件 14 346 件（不含旧存 890 件），同比上升 9.1%，审结 13 691 件，同比上升 14.7%，一审服判息诉率达 93.2%，法定审限内结案率达 99.9%。

（一）刑事审判工作

全年区法院共审结刑事案件 206 件，判处罪犯 312 人。

第一，严惩影响群众安全和社会治安的犯罪。依法严厉打击故意伤害、抢劫、盗窃等严重危害社会治安的犯罪，维护人民群众生命财产安全。

第二，稳步推进以审判为中心的诉讼制度改革。强化庭审实质化，严格贯彻罪刑法定、疑罪从无，准确区分罪与非罪的界限，加强对证据合法性的审查。完善法庭调查程序、法庭辩论规则，制作认罪认罚制度告知书，依法保障被告人行使权利。适用认罪认罚从宽处罚程序审结案件 79 件，占 38.3%。其中，适用速裁程序审结的案件占审结全部认罪认罚案件的 32%。

第三，加强未成年人案件审判工作。健全社会调查、心理干预机制，做好教育感化、判后回访工作，以防控校园欺凌为重点，开展送法进校园、进课堂活动 10 余次。

（二）民商事案件

全年区法院审结民商事案件 10 231 件，同比上升 14.4%。落实《反家庭暴力法》，依法签发人身保护令。维护妇女、儿童、老年人、残疾人合法权益，妥善审结涉养老服务合同纠纷案件 28 件。准确把握民间借贷合同有效与无效的标准，审结民间借贷、金融借款等案件 514 件。

民事审判全面推行"要素式"审判模式。制作了包含离婚纠纷、继承纠纷等常见案件审判要素表，极大提升了审判效率。依法妥善处理涉及京津冀协同发展、疏解整治促提升专项行动、世园会、冬奥会等重点项目中发生的纠纷。

（三）行政审判和监督依法行政工作

全年区法院审结行政案件 93 件，同比增长 102%。

第一，有案必立、有诉必理。依法审查行政行为合法性，维护行政相对人合法权益。

第二，大力支持行政机关依法行政。在疏解整治促提升专项行动中，依法审理涉及拆除违法建设、无证经营处罚案件，注重正面宣传，思想引导，引导行政相对人正确认识权利义务，努力推动行政纠纷实质性解决。

第三，加强司法与行政良性互动。深入行政机关开展法制讲座，邀请行政机关人员旁听行政案件的审理，助力提高依法行政水平。

（四）案件执行工作

全年区法院共受理执行案件 3421 件，执结 3161 件，同比分别上升 5.3% 和 15.4%。

第一，开展专项治理行动，加强执行规范化建设。完善执行办案网络平台建设，开展执行案款集中清理专项行动。开展"利剑行动促审判"专项活动，进一步加大执法办案工作力度。

第二，加强信息化建设，助力破解执行难。进一步完善具备网上查控、远程指挥、信息公开、信用惩戒等功能的执行指挥中心建设，完善统一管理、联动配合工作机制。开通最高人民法院"总对总"网络查控系统，通过网络查询执结案件 700 余件。

第三，重拳出击，形成打击"老赖"的高压态势。全年共移送公安机关 1 人，司法拘留或拘传 58 人，限制乘坐高铁等惩戒措施 607 人，限制高消费 607 人次。在今日头条等新闻媒体公布失信被执行人信息 45 例。慑于压力，全年共有 1000 余名被执行人主动履行生效裁判确定的义务。

第四，完善执行联动机制，形成破解执行难工作合力。与河北省张家口市辖区 17 家基层法院签订执行联动协议，签订京津冀中基层法院司法合作协议，加强司法协助，简化异地执行手续，推动网络查控一体化，形成三地执法办案的"同城效应"。

（五）司法体制改革工作

第一，落实审判责任制。制定《审判责任制管理办法》，明确独任法官、审判长、合议庭成员的审判职责和权限；制定《法官会议运行规则》，有效提升审委会运行效率，全年共召开法官会议 60 余次，研讨疑难案件 100 余件；制定院庭长权责清单，明确院庭长对重大疑难复杂案件履行监督管理职责。

第二，积极推进多元化纠纷解决机制建设。构建"三位一体"调解工作格局，确保调解员能够快速融入调解工作。加强诉调对接规范化建设，明确调解员的工作职能，实现了诉调无缝衔接。全年分流案件 3353 件，调解成功 3307 件。

第三，制定院庭长办案规定，院庭长办案常态化。制定了《院庭长办案规定》，要求院庭长带头审理重大、疑难、复杂、新类型案件，并明确了最低办案数量。定期将院庭长案件办理情况进行公示，主动接受监督。院庭长全年办理各类案件 3788 件，占结案总数的 27.7%。

（六）接受人大、政协等各方面监督工作

2017 年，区法院积极配合区人大常委会开展专题调研和集中视察活动，认真听取意见建议。加强与人大代表的沟通联络，邀请市、区两级人大代表 20 余人次参加我院两场新闻通报会。

进一步完善司法公开三大平台，全年共上网裁判文书 6193 份，公开审判流程信息累计 35 419 件，执行信息公开累计 1349 件。深化人民陪审员制度改革，随机选择人民陪审员参审，全年陪审案件 690 件。加大信息公开力度，全面运用互联网、微博、微信等发布社会关注的热点法律问题 650 余条，召开 2 场新闻通报会，及时将司法活动置于社会公众监督之下。

四、检察工作

2017 年，延庆区检察院围绕服务区域发展大局，以服务保障世园会冬奥会筹办，加快建设国际一流的生态文明示范区为目标，开展法治宣传教育工作取得初步成效。

（一）立足执法办案各个环节开展法治宣传教育

第一，以健全完善工作机制为抓手，强化组织领导。制定《全面推进"谁执法谁普法"实施方案》《开展法治宣传教育的第七个五年规划》等方案，成立"七五"普法领导小组，明确党组书记为普法第一责任人，严格考核评价和检查制度。

第二，以不起诉公开听证会为平台，向社会公众以案释法。针对多起案件，邀请专门机关、人大代表、政协委员、群众代表等 20 余人召开不起诉公开听证会，充分听取各界意见、建议。

第三，有效促成刑事案件和解，履行"谁执法谁普法"责任制。我院针对我区农村地区邻里之间因宅基地、相邻关系等纠纷而频频引发的刑事案件，多次深入各村委会，在村委会的协助下开展调解工作。

（二）立足区域绿色发展开展法治宣传教育

第一，紧紧围绕延庆区"生态涵养区"城市功能定位，立足公益诉讼职能，进行具有区域特色的普法、宣传工作。

第二，结合公益诉讼试点工作，坚持把"以案释法"作为有效督促行政机关履行职责的有力抓手，共向行政机关发出诉前检察建议 4 件。深入到区园林绿化局、官厅水库及相关行政执法机关召开十余次座谈会。

第三，调动社会参与环境保护积极性，加强对公益诉讼工作的立体宣传。针对"发挥公益诉讼职能，提出诉前检察建议，拆除两家无资质搅拌站违规生产案"，制作微信宣传片，以案释法，为生态涵养区的建设提供有力司法保障。

（三）立足未成年人犯罪预防开展法治宣传教育

第一，全面提升法治副校长整体素能。区检察院高度重视法治副校长的培养，"理论培训＋实战评比"相结合，开展优秀法治课评比活动，以评促学、以评促提升。

第二，构建"检察官送法进校园"法治教育品牌。通过对区域中小学的犯罪率、犯罪特征等情况进行案件分析和调研，启动了"拒绝校园欺凌""关注儿童保护，净化成长环境"等主题的系列校园法治课，教育对象累计达到 1 万余人。针对我区山区留守儿童防性侵教育不足的现象，首次将防性侵教育引入课堂，实现我区 28 所小学全覆盖。

第三，召开临界预防训诫会。针对一起盗窃案开展临界预防训诫会。通过现身说法，检察官深入浅出释法，对其他涉案未成年人展开了教育、挽救工作。

（四）立足"法治农村"建设开展法治宣传教育

第一，依托检察服务中心，进行常态化普法。我院将熟悉农村政策，具有丰富农村工作经验的人员配置到检察接待窗口，采用"一册、一片、三声、四心""法律政策配翻译"等工作法，为农民提供良好的法律服务。

第二，成立"普法讲师团"，吸收有丰富办案经验的老同志及对农村工作有热情的青年人员，定期到乡镇为村干部讲授法治课。针对世园会、冬奥会重点工程涉及的土地征拆迁安置的农村地区，提供法律咨询、风险评估等服务，确保两会各项工作的顺利推进。

五、公安工作

2017 年，延庆区公安分局以"法治延庆"建设为主线，紧密围绕建设首都法治公安目标，贯彻落实以审判为中心的诉讼制度改革要求，全面加强执法主体能力建设，有效提升延庆公安执法办案质量和水平，为圆满完成各项工作任务提供了坚实的法制保障。

（一）强化执法手段

区公安分局从办案程序、证据要求、取证方向等方面加大对一线执法工作的指导，对各类重大敏感案件，第一时间介入，全面掌握进展情况，全程跟进督办。同时主动、推进复议诉讼工作，2017 年度，案件当事人到区政府行政复议 6 起，其中维持 5 起，在审理中 1 起；到分局行政复议 4 起，均予以维持。到法院行政诉讼 7 起，维持 3 起，原告撤回 1 起，正在审理期间 3 起。无因复议工作不到位引发信访投诉情况。

（二）强化执法流程

区公安分局全面实行由办案单位"一办到底"办案模式，按照"谁主办、谁负责"的模式，确定主办民警和主责领导。为防止案件超期，分局制定并下发了《刑事强制措施人员打击处理时限统计台账》，严格按照办案程序和时限对案件发起相关呈请；并根据案件平台显示内容和进展阶段建立专门台账，提前下发通知提示办案民警。为确保办案民警熟练掌握侦审一体化办案流程，分局把办理刑事案件数字说明转化成流程图和办案口诀，并微缩成名片大小对折式口袋书600 余册下发全局。

（三）强化执法监督

区公安分局专门制定执法监督工作方案，建立执法监督管理委员会，每月召开一次办公室工作例会，每季度召开一次全体会议。采取日常积累、按月公布、年终考评、自动生成的方法，实行分局、职能部门、派出所三级考评工作机制。制定了《2017 年执法质量考核评议实施细则》，明确考核评议标准。同时，按照市局要求，将执法办案二期平台、执法培训、案件质量等纳入执法考评细则之中，细化考评范围、加大了考评力度，凸现了执法大监督工作成效。通过调整完善执法质量考评制度，科学引导全局执法工作，有效提升了全局执法质量水平。

（四）强化执法培训

区公安分局把提高民警法律素质和执法能力作为固本强基工程来抓，采取多种措施强化执法培训。举办了领导干部培训班，分局党委班子成员及局属各单位业务骨干和市局相关职能部门专家开展思想政治理论、公安业务知识专项培训，人均执法培训全部达到公安部要求的"15 天"硬性规定，切实提升了基层民警执法办案能力水平。先后组织开展了执法资格等级考试、执法办案二期平台应用等级考试、法制员业务技能竞赛等活动。

（五）强化执法宣传

区公安分局运用展板、横幅、电视、报纸以及微博等多种宣传方式，多渠道、多形式开展普法宣传教育。结合公安工作实际，大力宣传刑事、行政法律法规，引导广大群众自觉遵守法律规范和道德规范。加强《行政许可法》、《公安机关行政许可工作规定》和各项行政管理法律法规的宣传工作。治安、出入境、网安、户政等警种、部门把普法寓于执法中，为群众生产生活提供及时有效的信息和服务。深化宣传交通安全、消防安全等与群众生命财产安全密切相关的法律法规，加大对《物权法》《行政复议法》《行政诉讼法》《信访条例》等法律法规的宣传普及力度，使广大群众明确权利义务，依法维权，理性维权。

六、司法工作

2017 年，在区委、区政府的正确领导和市司法局的精心指导下，延庆区司法局扎实践行围绕"一个核心"，强化"两个建设"，落实"两个任务"，实现"两个提升"的工作思路，积极发挥司法行政职能作用，为区域发展稳定做出了突出贡献。

（一）人民调解工作

第一，多元调解体系建设得到进一步拓展。区司法局先后召开2次多元调解成员单位座谈会，不断巩固区物业纠纷、道路交通事故纠纷、私个协调委员会的建设，成立消费纠纷调委会，筹备建筑行业协会调委会。完善诉调对接，推动立案庭民调工作稳步发展。

第二，矛盾纠纷排查化解力度进一步增强。在全国"两会""一带一路"高峰论坛等重要时点，全面开展矛盾纠纷排查。全年，我区各人民调解组织共调解纠纷1741件，成功化解1458件，调解协议涉及金额1932万元。

第三，调解员队伍工作成效日益明显。成立"心悦"特色调解室，组织2次全区骨干人民调解员培训、1次人民调解知识竞赛，参与录制了2部北京市优秀人民调解员展播。指导各村居调委会建立人民调解志愿者队伍，全区人民调解志愿者达到1100余人。

（二）律师工作

第一，村居法律顾问在基层主动作为。区司法局与9家律所60名律师签订了"村居法律顾问"三方协议，确保全区村居专业法律资源全覆盖。全年，顾问律师共提供法律咨询服务2533人次，举办法治讲座93次，发放法治宣传资料6万份，代写法律文书54份，提供法律援助41次，受到基层群众的普遍好评。

第二，律师队伍日常管理不断升级。成立巡查检查小组，全年开展巡查检查113次，制定完善律师重点人教育管理工作实施方案，年度考核中，6家律所、11名注册律师全部称职。全年，全区没有出现因律师、律所违法违纪引发的投诉案（事）件。

（三）公证工作

第一，内部管理制度进一步健全。开展公证行业教育整顿，全体公证员接受了教育培训，公证处主任签订了《"规范执业行为提升公证公信力"教育整顿活动责任书》，制定了公证处教育整顿措施和公证便民利民法律服务工作方法，有效提高了公证人员的红线意识。

第二，日常工作机制进一步完善。开通微信城市服务和"涉老公证法律服务绿色通道"，开展以"送公证服务套餐温暖老人心"主题服务活动。全年，办理公证案件521件，同比增长50%，公证收费同比增长近115%，未发生公证投诉、信访、诉讼、赔偿等案件。

（四）法律援助工作

第一，法律援助联系点全面铺开。全区建成法律援助示范联系点21个。联系点覆盖儒林、百泉等3条街道和延庆、永宁等7个乡镇，光荣院等2家养老机构和 4 个团级以上部队，极大拓宽了援助覆盖面。

第二，法律援助便民渠道不断畅通。落实"12348"综合服务平台在线解答，全年接待咨询 3735 人次。完善未成年人案卷封存工作。开展了妇女、残疾人、青少年、军人军属、老年人维权周等宣传活动 91 场次。全年，法援中心接待咨询 5597 人次，承办法律援助案件 343 件，涉案金额 526 万元。

（五）特殊人群管理工作

第一，规范执法，社区矫正工作水平不断提升。制作下发社区矫正区级、司法所两级矫正机构权利清单、职责清单，社区服刑人员义务清单，规范社区矫正从宣告到解矫全程执法行为。制定社区服刑人员遵规守纪宣传折页，规范分类教育内容。

第二，突出重点，所管对象教育监管能力不断提升。在"一带一路"高峰论坛举办、十九大胜利召开等重要时间节点，严格落实"七包一"管控措施，实现了"两类"人员"四个不发生"的工作目标。

第三，创新思路，社区服刑人员分类教育不断拓宽。全区组织初始教育 8 次，受教育 67 人次，合格率为 100%，优秀率达 95% 以上。开展分类教育、社区服务 15 场次，解矫前教育 5 次，受教育 482 人次，均收到良好效果。视频会见、视频帮教工作稳步推进，全年共开展视频会见 67 次，涉及 43 人，极大方便了服刑人员与家属沟通联系。

七、延庆区 2017 年法治建设特色和亮点

由于"法治延庆"建设工作成绩突出，延庆区被全国普法办公室评为第四批"全国法治县（市、区）创建活动先进单位"，同时我区也是全市唯一一个连续四次被评为"全国法治县（市、区）创建活动先进单位"的区县。2017 年延庆区法治建设具有如下特色和亮点：

（一）以健全完善工作机制为抓手，强化"法治延庆"建设的组织领导

第一，进一步健全了法治建设的领导机构。制定出台《关于推进法治延庆建设工作的实施意见》，重新调整充实法治延庆建设领导小组及其成员单位。

第二，高规格召开法治延庆建设领导小组会。法治延庆建设领导小组召开会议，专门就深入推进法治延庆建设工作、贯彻落实《"谁执法谁普法"实施方案》以及《党政主要负责人履行推进法治建设第一责任人实施意见》等进行部署和动员。

第三，进一步完善了法治延庆建设的机制体制。及时制定《2017 年"法治延庆"工作要点》、《2017 年"法治延庆"建设工作考核办法》以及《延庆区全面推进"谁执法谁普法"工作实施方案》等，对全年重点工作进行部署。

（二）以法治创建为抓手，着力营造浓厚的法治氛围

第一，全面落实法治建设第一责任人职责。充分发挥"法治延庆"建设领

导小组办公室的职能作用，大力推动各乡镇、街道、相关处级班子单位将《党政主要负责人履行推进法治建设第一责任人职责规定》落实到位。

第二，严格规范公正文明执法。组织完成了全区行政执法主体和委托执法组织的清理工作，印发《关于进一步规范行政处罚自由裁量权行使的通知》，明确四个方面的重大处罚事项需报请区政府研究决策。

第三，全面推行政府法律顾问制度。在区政府层面，聘任 2 名法学专家、8 名知名律师，引进专业律师参与政府重大合同审查和重大复议诉讼案件代理等工作。在部门、街乡层面，采取个别聘任与集中聘任相结合的方式，目前 18 个街乡镇已全部配齐法律顾问。

（三）以广泛开展专项行动为抓手，全面加强依法治理力度

第一，深入开展服务保障世园会、冬奥会筹办专项行动。与朝阳区司法局、河北崇礼区司法局正式建立"奥运场馆所在地协作机制"，举办"CYC 携手迎冬奥法治宣传助发展"主题法治宣传活动。专门针对重点工程涉及的土地征拆迁安置等问题和隐患，先后在全区印发宣传折页 15 万份、海报 5 万份、普法扑克 4 万份。

第二，深入开展"疏解整治促提升"法治宣传主题活动。在各乡镇、街道开展"疏解整治促提升，法治宣传助发展"等活动 206 场次。

第三，深入开展矛盾纠纷排查化解专项行动。全年，全区各人民调解组织共调解纠纷 1741 件并成立"心悦"特色调解室调解组织发挥实效。

（四）以深入推进司法体制改革为抓手，大力促进司法公正

第一，落实审判责任制。制定院庭长办案规定，并定期将院庭长案件办理情况进行公示，主动接受监督。制定院庭长权责清单，明确院庭长对重大疑难复杂案件履行监督管理职责。建立法官会议制度，共召开法官会议 60 余次，研讨疑难案件 100 余件。

第二，积极推进以审判为中心的刑事诉讼改革。注重强化诉前主导和审前过滤，贯彻证据裁判规则，坚决排除非法证据。探索构建速裁程序、简易程序、普通程序相配套的多层次诉讼体系，办理适用认罪认罚从宽制度刑事案件共有 49 件 60 人、速裁程序刑事案件 53 件。

第三，加强司法规范化建设。进一步完善司法公开三大平台，依托统一业务应用系统实行办案全流程监控，每日对新受理或办理的案件进行网上巡查。

（五）以落实"谁执法谁普法"为抓手，开展法治宣传教育

第一，"法律十进"拓展精准普法。在原有的"法律八进"的基础上增加了"法律进交通枢纽"和"法律进商市场"，实现法治宣传教育全覆盖、更精准。2017 年，全区全年共开展法治宣传活动 1037 场次，发放宣传材料 49 万余份，累

计受教育人数达 37.7 万人次。

第二，"以案释法"活动蓬勃开展。全面建立"以案释法"制度，开展"以案释法"活动 200 余场次。

第三，法治文化活动形式丰富。2017 年，共拍摄普法微电影 20 部，编录"童律师会客室"以案释法视频 50 期，利用微信普法平台发送普法微信 48 期，开展"做讲法治守秩序的好市民"主题有奖竞猜，累计参加 2000 余人次。

调查报告

《2017 年北京市法治建设满意度调查报告》解读[1]

北京市法学会

一、概述

2017 年是经北京市委批准，由北京市法学会委托北京市统计局实施北京市法治建设满意度调查的第三年[2]，其旨在通过调查及分析，客观了解北京市公众对 2017 年北京市法治建设状况的主观满意程度，并形成调查报告，为评价本市法治建设状况提供有益参考。

（一）关于调查样本的选取

同 2016 年，本次调查采用随机抽样、计算机辅助电话调查（CATI）方式开展，调查样本 6400 份，涵盖北京市 16 个区，平均每区样本 400 份，并根据各区常住人口占全市人口的比例略作调整。调查对象为年龄在 18—75 岁之间，在北京现住地居住半年以上的居民，包括政府公务人员、人大代表、政协委员、各类企事业单位工作人员、专家学者、高校师生、农村人口等。同时，从市法学会会员库中随机抽取部分法律工作者进行补充，解决样本中法律工作者样本量过少的问题，并对普通民众与法律工作者的数据进行分别分析。

（二）关于调查问卷及指标设计

为提高调查科学性，进一步满足调查需求，在调查实施前，市法学会组织开展了多次专家讨论会，在 2016 年问卷基础上，以党的十九大精神为指引，遵循"科学立法、严格执法、公正司法、全民守法"十六字方针，通过增加主观题的比重、调整题目顺序和语言、精简问卷结构、完善题目设计、保留必要指标等方式，使问卷内容在保持连续的基础上，设计科学、主题鲜明、脉络清晰、贴近实际。内容包括公众对北京市立法、执法、司法和公民守法等领域的主观评价，其

---

[1] 执笔人：李慧敏，中国政法大学法学教育研究与评估中心副教授。王志勇，河南财经政法大学法学院讲师。

[2] 具体调查过程由北京市统计局下属的北京市精诚兴信息有限责任公司进行。

中满意度指标 14 个，分析判断指标 1 个。

表1　具体调查指标

满意度指标	1	立法工作的科学程度
	2	立法工作的民主程度
	3	依法立法工作
	4	行政机关的执法行为
	5	行政机关执法的实际效果
	6	司法机关处理案件的公正程度
	7	司法裁决的实际履行效果
	8	律师的法律服务工作
	9	党政领导干部遵守法律、带头依法办事的表现
	10	公众的守法情况
	11	政府信息公开状况
	12	社会治安状况
	13	反腐败工作
	14	法治建设状况的满意程度
分析判断指标	1	现阶段法治建设的重点是什么

二、2017 年北京市法治建设满意度评价情况

从调查情况来看，北京市 2017 年法治建设满意度得分为 77.75 分[1]，较上年（74.92 分）提高 2.83 分，法治建设状态稳中有升。

通过统计软件对调查数据进行分析，结果显示：同上年，民众对北京市总体法治环境满意度较高，对国家工作人员依法履职情况满意度较低。具体来看，在 13 项指标中，本市社会治安状况满意度得分排在首位，为 84 分；其后依次是依法立法工作、立法工作的科学程度、政府信息公开状况、反腐败工作和公众的守法情况，得分均在 78 分及以上。在与上年可作对比的 7 项指标中，除公众的守法情况得分略降 0.3 分外，其他 6 个指标得分较上年均有所上升。在所有指标中，法律工作者的评价得分均接近于平均分，但在司法机关处理案件的公正程度方面的评价、对社会治安状况方面的评价、反腐败工作方面的评价明显高于平均

---

〔1〕　本报告的满意度得分是通过因子分析法加权计算得出。

分，而对司法裁决的实际履行效果的评价、公众守法方面的评价则低于平均分。[1]

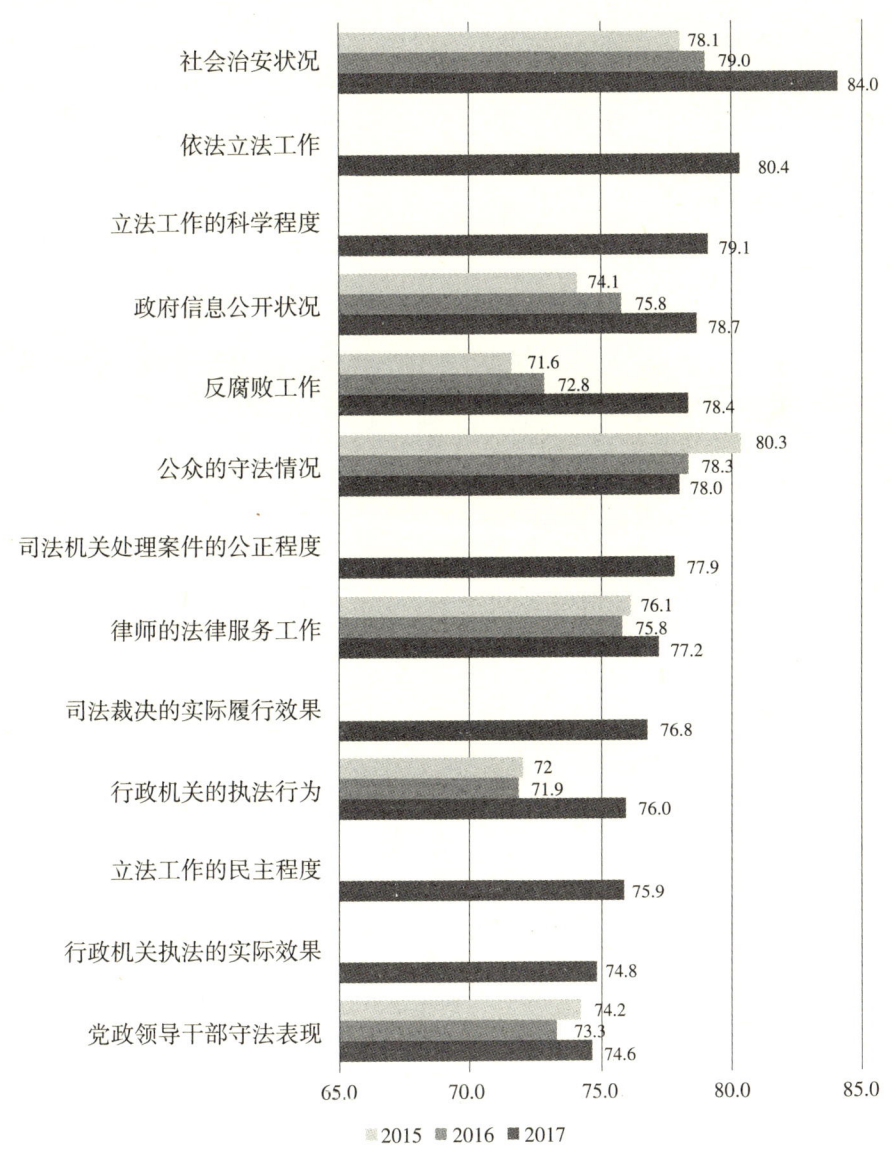

图1 2015—2017 年法治建设满意度各项指标测评结果

---

〔1〕 这可能与法律工作者自身的工作性质有关系。

（一）对科学立法工作的评价

"科学立法"在问卷中主要涉及立法工作的科学程度、民主程度以及依法立法工作3个指标。从调查结果看，立法工作的科学程度和依法立法工作两个指标得分排名靠前，立法工作的民主程度得分排名靠后。

第一，被访人对依法立法工作的满意度评价较高。调查显示，被访人对依法立法工作的满意度评价平均得分为80.4分，在13项指标中排名第二；其中评分在60分及以上的占91.7%，70分及以上的占72.8%。法律工作者评价得分80.2分，评分居中位。

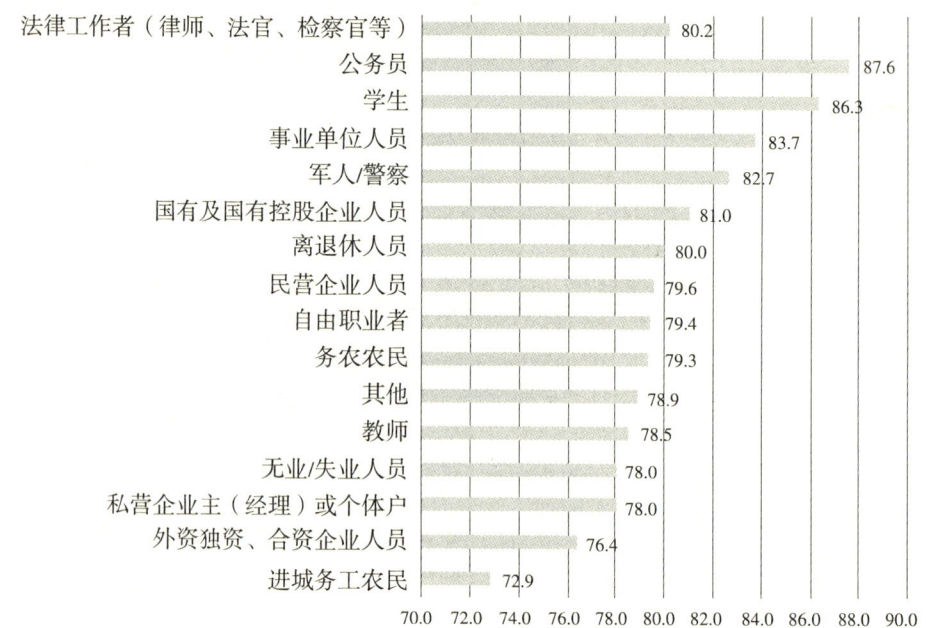

图2　不同职业被访人对依法立法的评价

第二，立法工作的科学程度受到多数被访人的认可。调查显示，被访人对立法工作科学程度的满意度评价平均得分为79.1分，在13项指标中排名第三；其中评分在60分及以上的占93.6%，70分及以上的占77.4%。法律工作者评价得分78.9分，居中位。

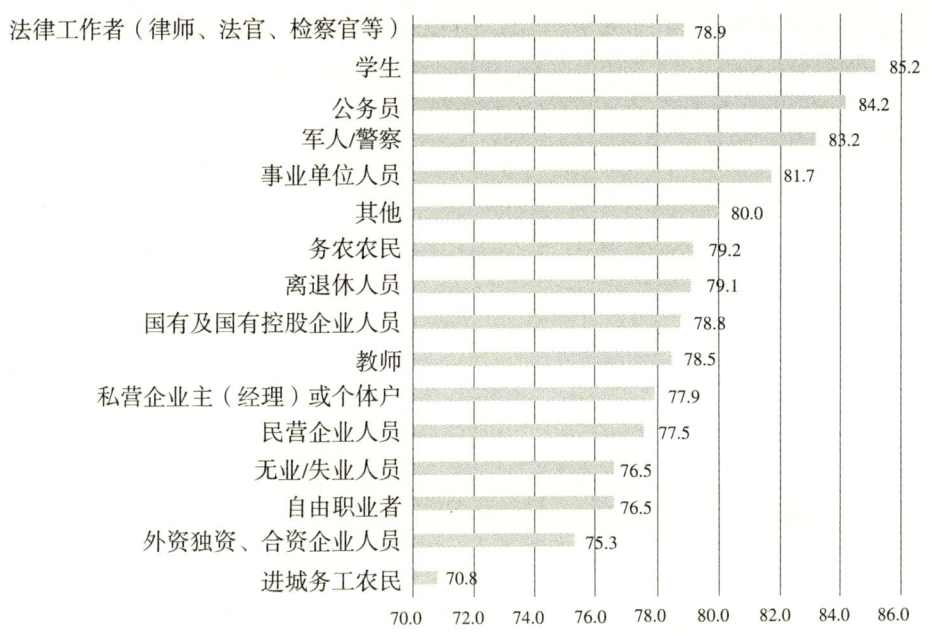

图3 不同职业被访人对立法工作的科学程度的评价

第三，被访人对立法工作的民主程度满意度不高。调查显示，被访人对立法工作民主程度的满意度评价平均得分为 75.9 分，在 13 项指标中排在倒数第三位；其中评分在 60 分及以上的占 87.7%，70 分及以上的占 70.6%。法律工作者评分为 75.1 分，居中位。

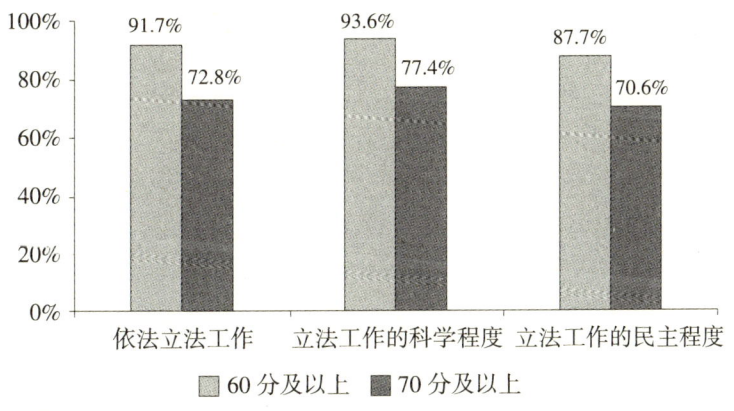

图4 被访人对科学立法各项指标的打分情况

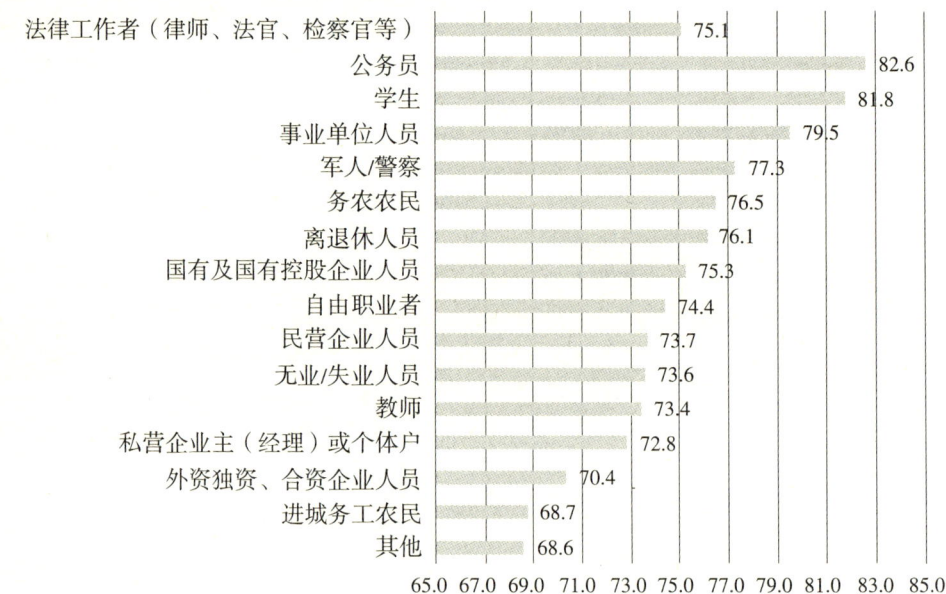

图5　不同职业被访人对立法工作的民主程度的评价

（二）对严格执法工作的评价

"严格执法"在问卷中主要涉及行政机关的执法行为和执法的实际效果两个指标。从调查结果看，民众对"严格执法"的总体评价较去年提高。

第一，被访人对行政机关的执法行为满意度较上年提高。调查显示，被访人对本市行政机关的执法行政评价平均得分为76分，较上年（71.9分）提高4.1分，但在本次调查的13项指标中仅排名第十；其中评分在60分及以上的占87.2%，70分及以上的占72.8%。法律工作者评分为75.8分，居中位。

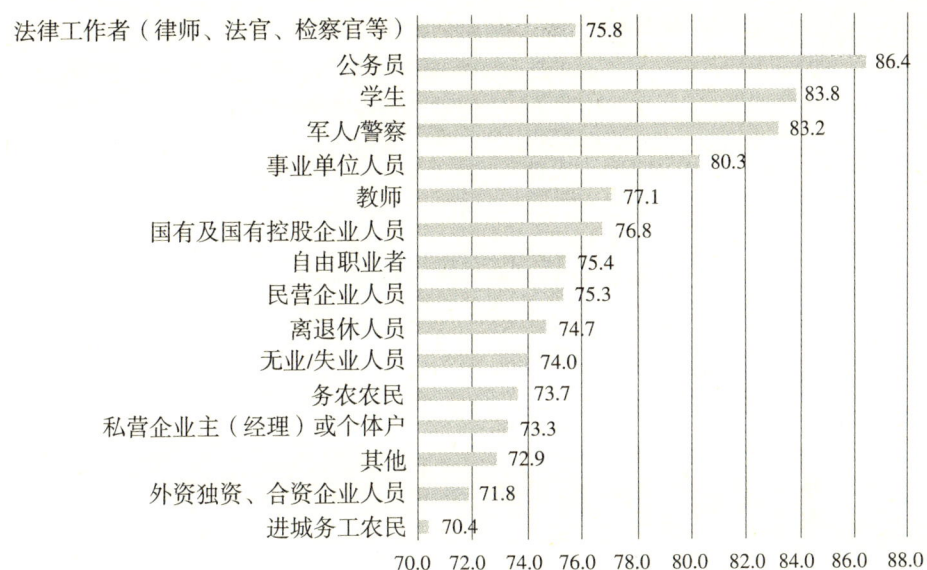

图 6 不同职业被访人对行政机关的执法行为的评价

第二，被访人对行政机关执法的实际效果满意度不高。调查显示，被访人对行政机关执法的实际效果评价平均得分为 74.8 分，在 13 项指标中排名倒数第二；其中评分在 60 分及以上的占 86.4%，70 分及以上的占 71.3%。法律工作者评分为 74.9 分，居中位。

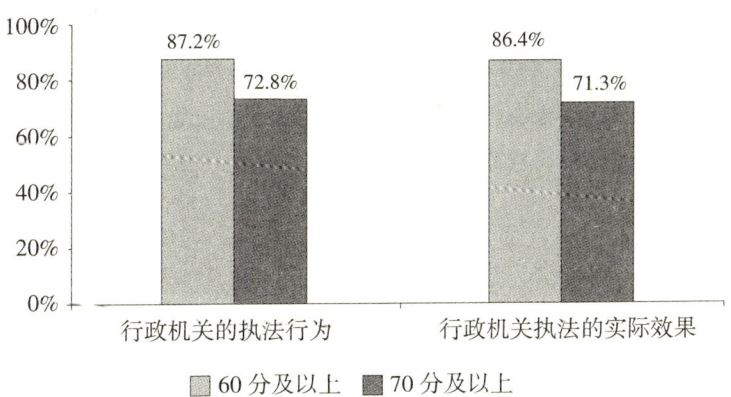

图 7 被访人对严格执法各项指标打分情况

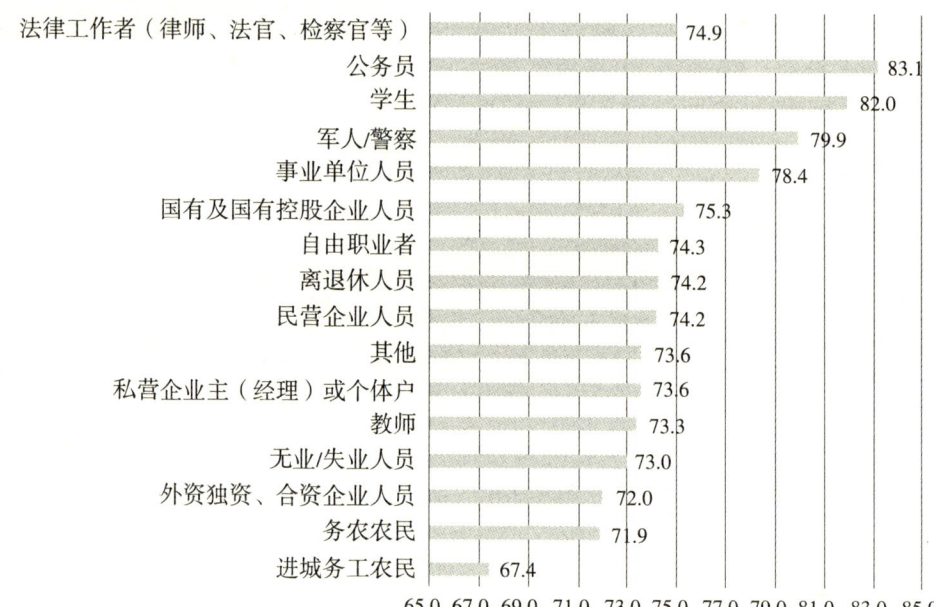

图8　不同职业被访人对行政机关的实际执法效果的评价

（三）对公正司法工作的评价

"公正司法"在问卷中主要涉及司法机关处理案件的公正程度、司法裁决的实际履行效果和律师的法律服务工作三项指标。从调查结果看，民众对"公正司法"总体满意。

第一，司法机关处理案件的公正程度受到认可。调查显示，被访人对司法机关处理案件的公正程度评价平均得分为77.9分，高于平均分，在13项指标中位列第七；其中评分在60分及以上的占88%，70分及以上的占76%。法律工作者评分为81.4分，评价明显较高。

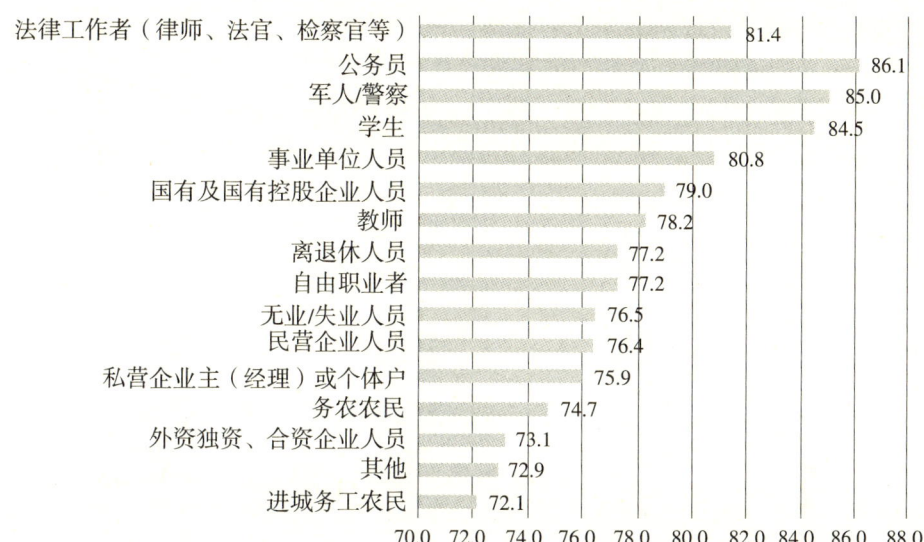

图9　不同职业被访人对司法机关处理案件的公正程度的评价

第二，律师的法律服务工作受到肯定。调查显示，被访人对律师的法律服务工作评价平均得分为 77.2 分，较上年（75.8 分）提高 1.4 分，在 13 项指标中排名第八；其中评分在 60 分及以上的占 86%，70 分及以上的占 72.7%。法律工作者评价为 78.7 分，居中位。

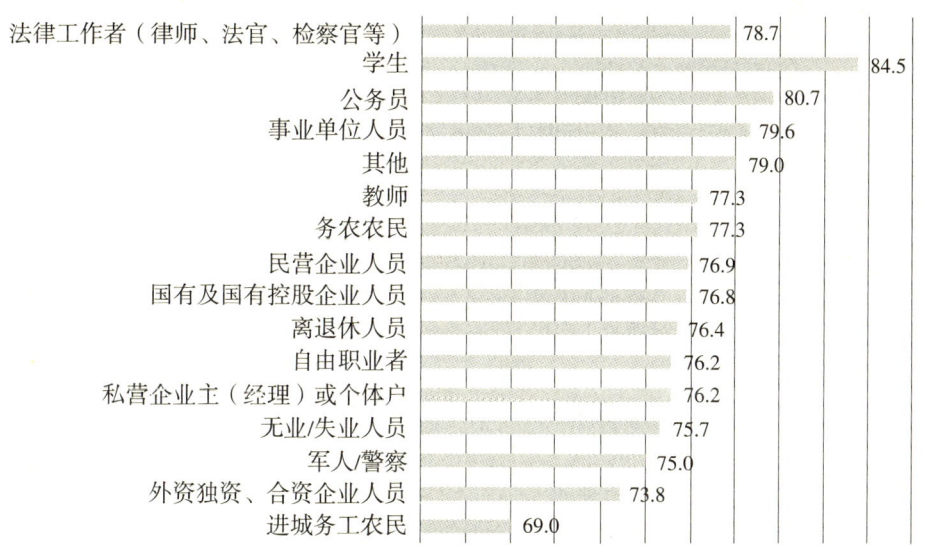

图10　不同职业被访人对律师的法律服务工作的评价

第三，司法裁决的实际履行效果满意度不高。调查显示，被访人对司法裁决的实际履行效果评价平均得分为 76.8 分，在 13 项指标中排名第九；其中评分在 60 分及以上的占 87%，70 分及以上的占 73.5%。法律工作者评价为 74.6 分，低于平均分。

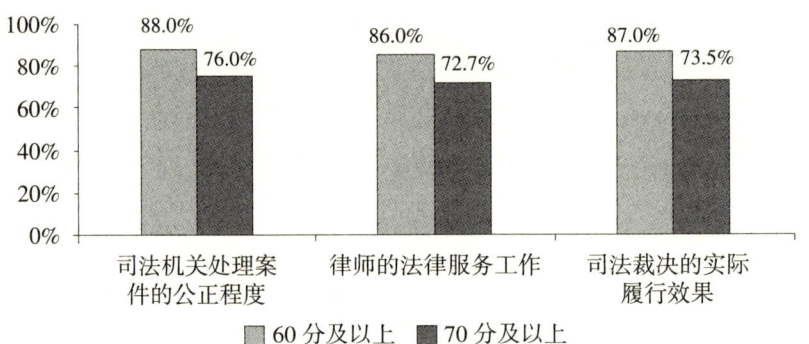

图 11　被访人对公正司法各项指标的打分情况

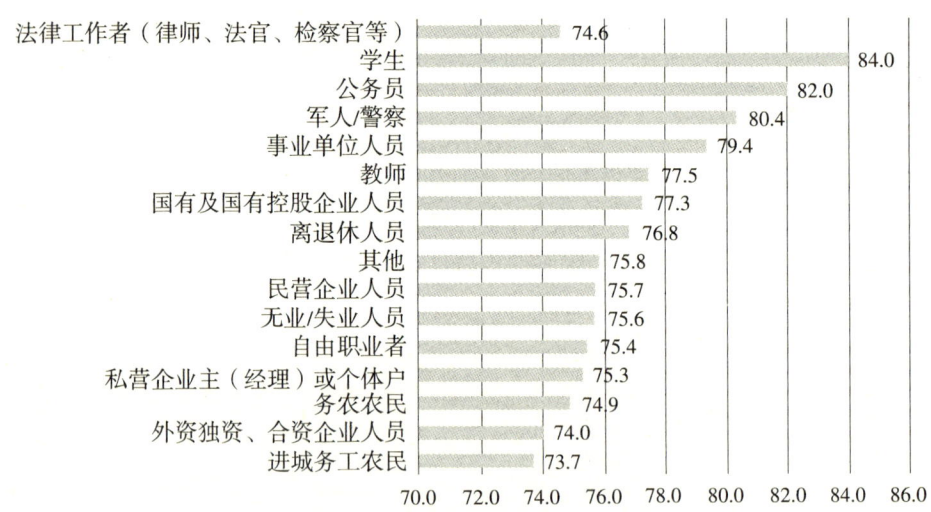

图 12　不同职业被访人对司法裁决的实际履行效果的评价

（四）对全民守法工作的评价

"公民守法"在问卷中主要涉及党政领导干部守法表现、公众守法情况和社会治安状况三个指标。从调查结果看，民众对社会治安和公众守法情况给予较高评价，对国家工作人员依法履职情况评价较低。

第一，公众对社会治安状况最为满意。调查显示，被访人对北京市社会治安状况评价平均得分 84 分，较上年（79 分）提高了 5 分，在 13 项指标中位列第一；其中评分在 60 分及以上的占 96%，70 分及以上的占 89.4%。法律工作者评价为 86.0 分，评价较高。

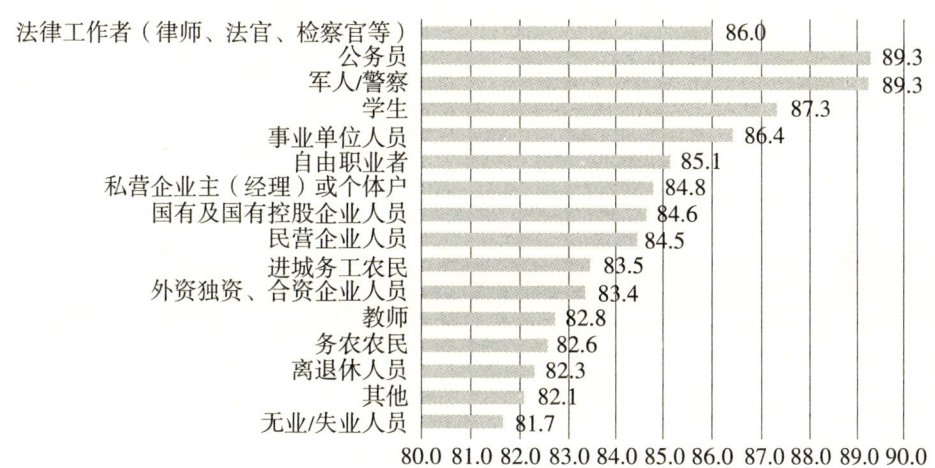

图 13　不同职业被访人对社会治安状况的评价

第二，公众的守法情况得到认可。调查显示，被访人对公众的守法情况评价平均得分 78 分，与上年（78.3 分）基本持平，在 13 项指标中排名第六；其中评分在 60 分及以上的占 92.8%，70 分及以上的占 79.6%。法律工作者评分为 76.4 分，低于平均分。

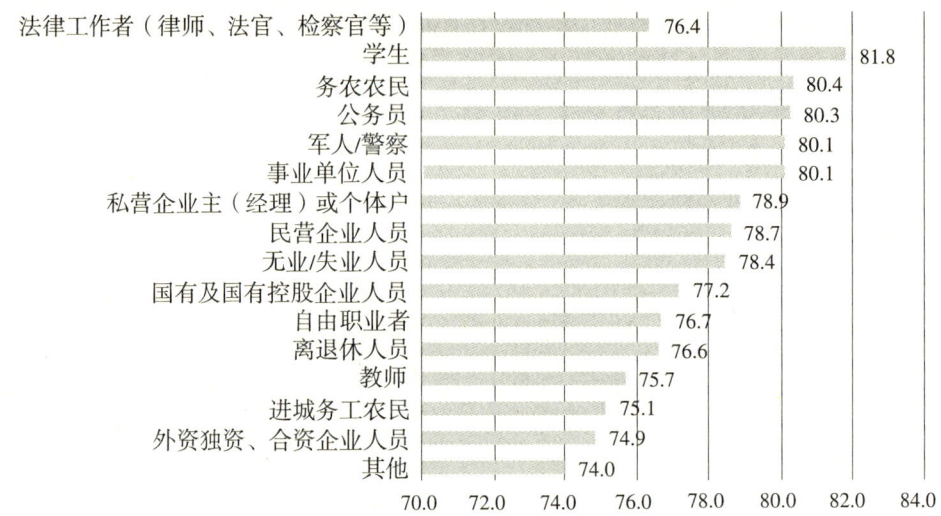

图14　不同职业被访人对公众守法的评价

第三，公众对党政领导干部守法表现的满意度有所提升。调查显示，被访人对党政领导干部遵守法律、带头依法办事的表现满意度平均得分74.6分，虽然在13项指标中排在末位，但较上年（73.3分）提高1.3分；其中评分在60分及以上的占83.8%，70分及以上的占70.6%。法律工作者评价75.4分，居中位。

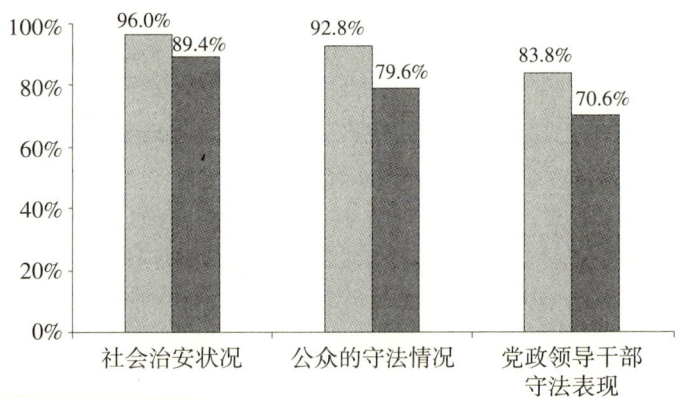

图15　被访人对全民守法各项指标的打分情况

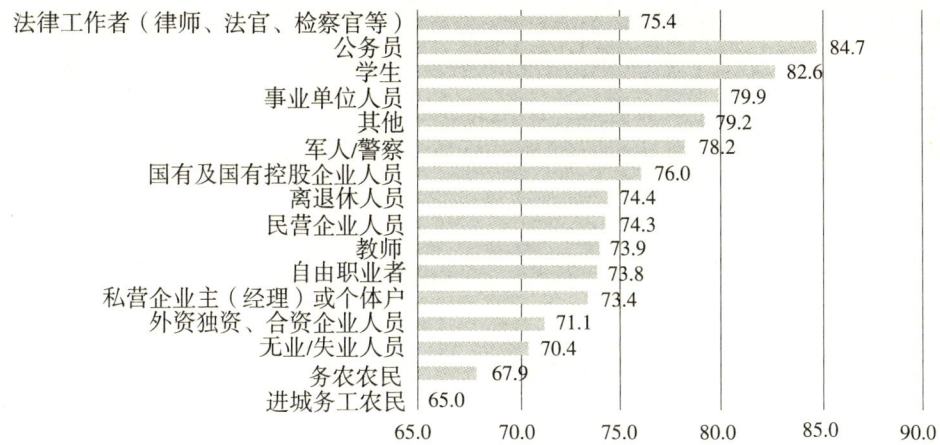

图 16　不同职业被访人对党政领导干部守法表现的评价

（五）对信息公开工作的评价

政府信息公开工作得到公众认可。调查显示，被访人对政府信息公开工作评价平均得分为 78.7 分，较上年（75.8 分）提高 2.9 分，在 13 项指标中位列第四；其中评分在 60 分及以上的占 88.3%，70 分及以上的占 77.1%。法律工作者评分为 77.9 分，居中位。

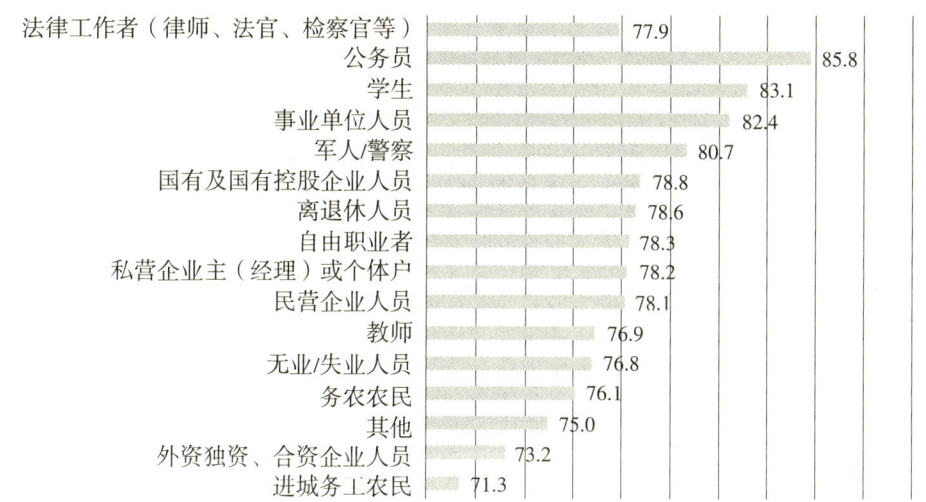

图 17　不同职业被访人对政府信息公开状况的评价

广播、电视新闻依然是公众了解本市法治信息的主要渠道。调查显示，59.8%的被访人表示其了解本市法治信息的主要渠道是"广播、电视新闻"，较上年增加1.8个百分点，并连续三年位居首位；其次是"网络"，比例为28.5%。法治宣传的主要渠道依然是传统媒体，新媒体、网络的应用相对薄弱。

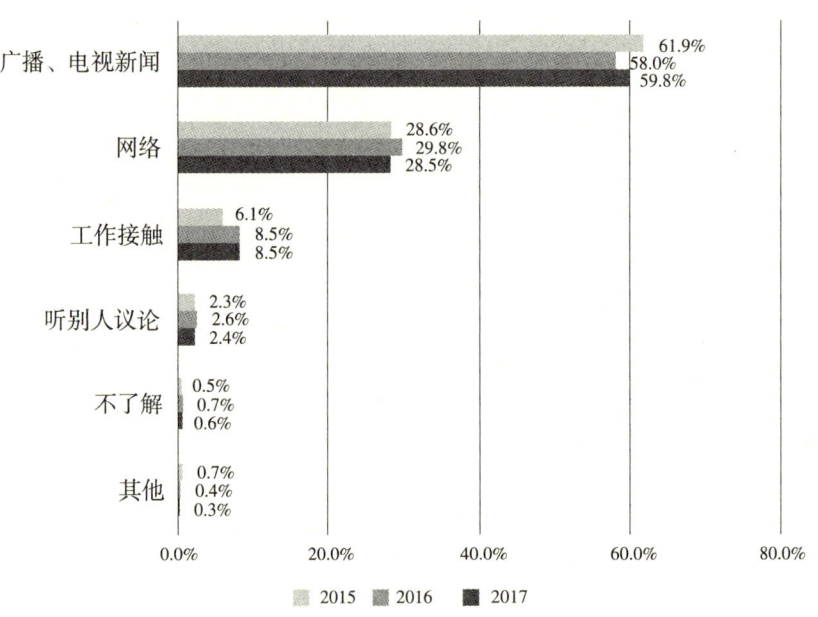

图18　被访人了解法治信息的主要渠道

（六）反腐败工作的评价

反腐败工作获得公众肯定，满意度评分较上年有明显提升。调查显示，被访人对反腐败工作评价平均得分为78.4分，较上年（72.8分）提升5.6分，在13项指标中排名第五；其中评分在60分及以上的占86.7%，70分及以上的占76.9%。法律工作者评分为80.6分，评价明显较高。

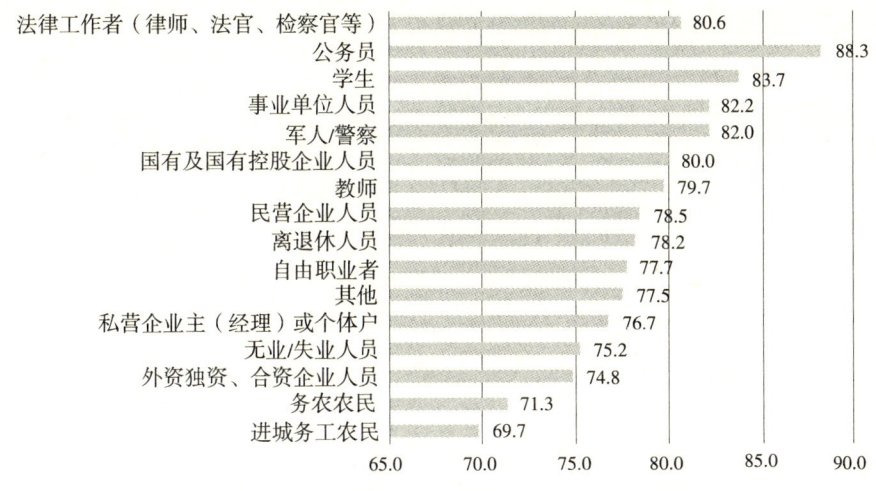

图19 不同职业被访人对反腐工作的评价

（七）对法治建设的重点领域

全民守法被认为是北京市现阶段法治建设的重点。调查显示，全部被访人中，33.6% 的认为北京市现阶段法治建设的重点是"全民守法"；其次是"司法公开公正"和"科学立法、民主立法、依法立法"，比例分别为 26.1% 和 21.9%；选择"政府依法行政"的比例为 17.5%。

普通民众与专业法律工作者的认识存在差异。在 320 位法律工作者中，选择"政府依法行政"是北京市现阶段法治建设重点的比例最高，为 41.6%；其次是"全民守法"，比例为 21.9%。

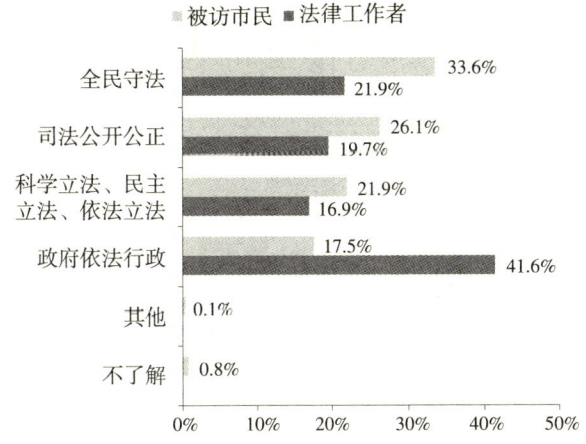

图20 被访人和法律工作者对北京市现阶段法治建设重点的认识

三、对满意度评价高低分布趋势的认识

（一）分类统计得出的分布趋势

本次调查除涉及满意度评分外，还对被访者的基本信息作了相应记录，包括户籍、受教育程度、收入、年龄以及相关经历等。通过对这些基本信息的分类测算统计，得出满意度评分的高低分布趋势。

第一，城镇居民评价高于农村居民，外地人口评价高于本地人口。

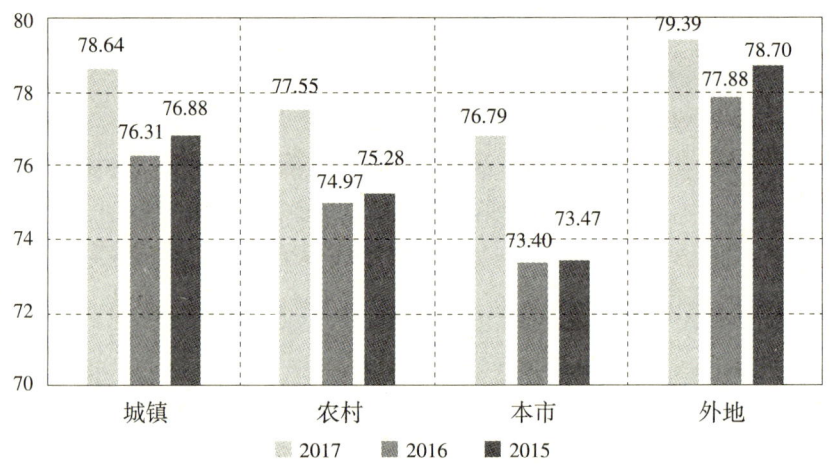

图21　不同户籍被访人对本市法治建设满意度评分

第二，居住时间短的居民对法治建设满意评价高于居住时间长的居民。

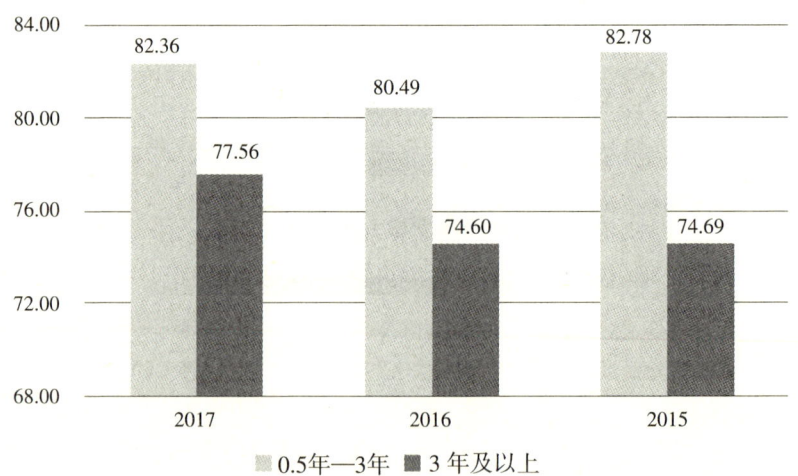

图22　不同居住时长被访者对本市法治建设满意度评分

第三，法治建设满意度评价大致随学历而走高。

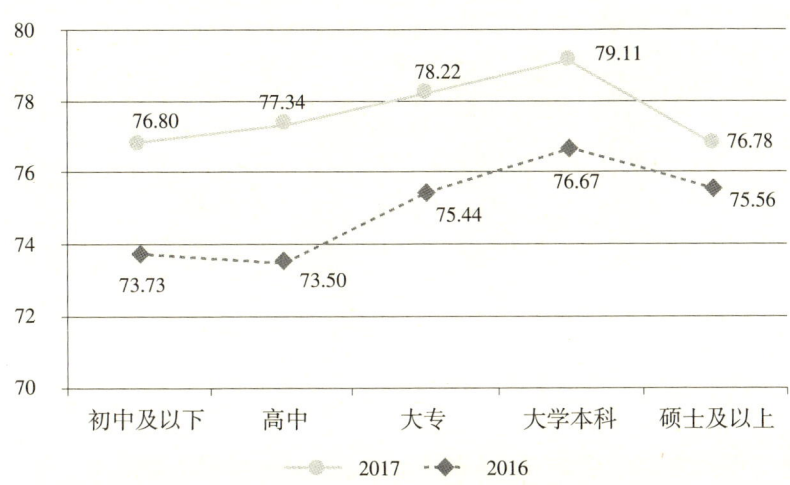

图 23 不同学历被访者对本市法治建设满意度评分

第四，不同收入阶层对法治建设状况的满意度评价呈现"两头低、中间高"的状况，月收入在 5001—10000 元之间的被访人评价最高。

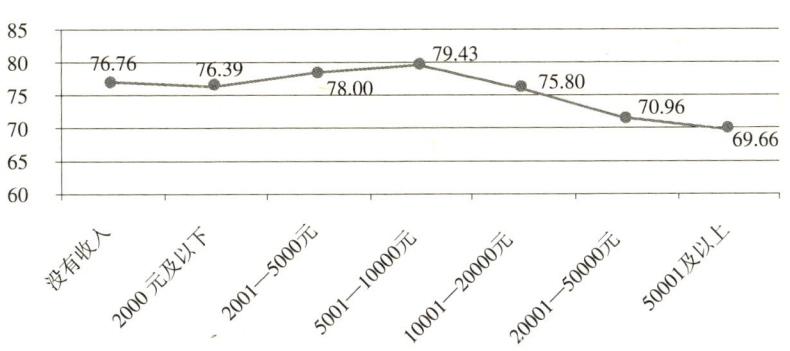

图 24 不同收入被访者对本市法治建设满意度评分

第五，法治建设满意度评价大致随年龄增长而走低，"90 后"评价较高，"60 后"评价较低。

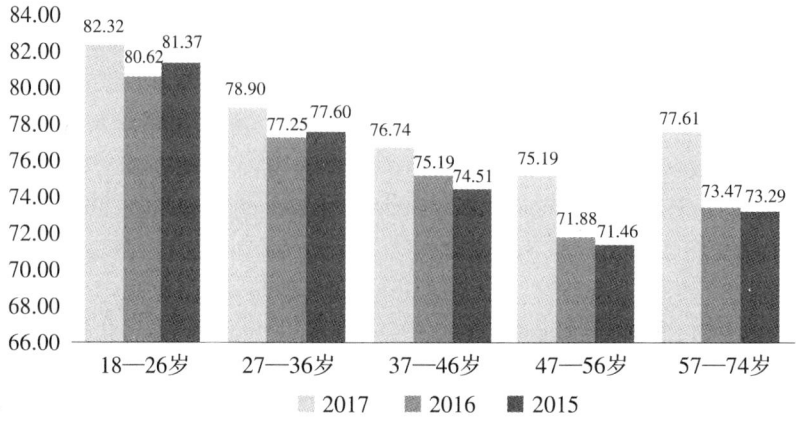

图 25　2015—2017 年不同年龄被访者对本市法治建设状况满意度评分

第六，法治建设满意度高低与被访人对法治相关事项的接触程度有着一定程度的关系。除参加过立法听证会的被访人评价高于没参与过的以外，其他经历的被访人均是未接触的评价较高。

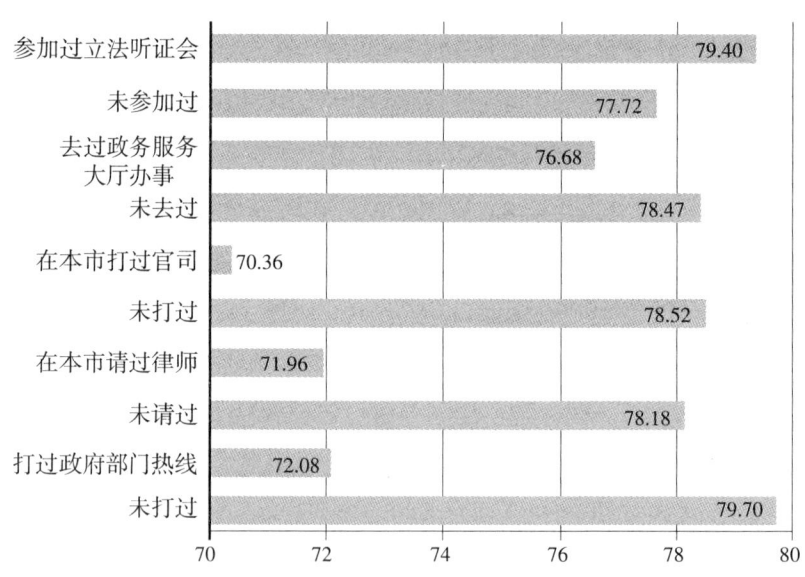

图 26　近三年不同经历被访者对本市法治建设满意度评分

（二）对上述趋势的认识

综合起来看，可比的指标中，上述这些趋势与 2016 年总体一致，简述如下：

1. 法治评价高低与经济收入并非正相关关系。

2. 法治评价高低与居住时间长短呈负相关关系。

3. 法治评价高低与学历并非正相关关系。

4. 法治评价高低与对法治建设接触的多少并非明显的相关关系。

5. 法治国家建设在经济社会建设中地位的提升及法治宣传教育的成果在年轻人中起到了显著效果。

6. 法治评价呈现体制内外差异。体制内群体评价较高（如公务员），体制外群体评价较低（如农民工）。

7. 低收入群体的社会获得感不强，法治评价低。

四、进一步提高法治建设满意度的建议

党的十九大报告深刻指出，全面依法治国是国家治理的一场深刻革命，必须坚持厉行法治，推进科学立法、严格执法、公正司法、全民守法。依照上述要求，结合北京市 2017 年法治建设满意度调查情况，就进一步提高北京市法治建设满意度，提出如下建议：

（一）立法方面的建议

善治首需良法，立法是法治的前提。立法工作千头万绪，最为关键之处在于要科学立法、民主立法、依法立法。调查显示，人民群众对北京市法治建设中的"依法立法"和"科学立法"满意度较高，但对"民主立法"满意度不高。在整体推进"科学立法"、"民主立法"和"依法立法"的同时，亟需增强立法的民主性。建议：

第一，继续推进科学立法。一方面，科学立法要求所立之法必须符合"科学性"，追求"立法结果"的科学性，即所立之法必须符合正义性、规律性和可行性。要加强重点领域的立法，及时反映党和国家事业发展要求、人民群众关切期待。要注重增强法律法规的及时性、系统性、针对性、有效性，提高法律法规的可执行性、可操作性。对涉及全面深化改革、推动经济发展、完善社会治理、保障人民生活、维护国家安全的法律法规抓紧制定、及时修改。另一方面，科学立法要求我们追求"立法过程"的科学性。要优化立法职权配置，健全人大主导立法工作的体制程序，发挥人大及其常委会在立法工作中的主导作用，健全立法起草、论证、协调、审议机制，完善法律草案表决程序。

第二，着重加强立法的民主性。民主立法既是科学立法的必要要求，也是人民当家做主的重要体现。坚持民主立法，务必拓宽公众参与立法的渠道和途径，广泛听取各种利益群体的意见，建立起事先和事后的立法评估机制。要完善立法工作机制和程序，扩大公众有序参与，充分听取各方面意见，使法律准确反映经济社会发展要求，更好地协调利益关系，发挥立法的引领和推动作用。立法民主离不开人民参与立法的主动性，要做好关于立法的宣传、引导工作，使人民了解参与立法的可能途径，知晓相关立法工作的进展情况，并且能够非常方便、有效地参与其中。尤其要做好相关立法情况的告知、反馈和问责机制的完善，使公众参与能够落到实处，真真切切起到作用。

第三，继续坚持依法立法。尽管宪法以及有关法律对立法权限的划分、立法程序、法律解释等问题作了原则性规定，但现实中仍存在法规、规章与法律相抵触、矛盾或冲突，也存在着立法过程中片面强化、扩大本地方部门权力的现象。这些问题损害了法律体系的统一和尊严，也严重地影响了法治社会的建设。要明确立法权力边界，从体制机制和工作程序上有效防止部门利益和地方保护主义。要完善相关立法协调机制，避免盲目立法、立法冲突等情况的出现。同时，做好立法草案的公布、宣传工作，广泛收集各部门、各界人士的智慧，从而确保立法本身的合法性。

（二）执法方面的建议

徒法不足以自行，法律的生命在于实施，权威也在于实施。法律的有效实施离不开行政机关的严格执法，这是全面依法治国的重点和难点。调查显示，公众虽然对北京市行政机关的执法行为满意度较之上年提高，但对北京市行政机关执法的实际效果满意程度不高，而且二者满意度排名均居后位。为推进依法行政，严格规范公正文明执法，建议：

第一，切实把严格规范执法作为前提。只有坚持严格规范执法，才抓住了依法行政的关键。行政执法事无巨细，与群众日常生活息息相关，也是群众感受最为细致入微的领域。行政机关能否严格规范执法，往往是影响群众对法治建设满意度的核心因素。实行严格规范执法，一方面要执法程序严格法定化。除了影响执法效果外，程序法定化本身具有内在价值。行政机关要树立程序法定的意识，在具体执法过程中严格按照法定程序执法。行政决策要依照法律法规的规定作出，在实施过程中更要依照特定的方式履行相关告知、送达等程序，由此从形式上保障严格规范执法。另一方面要执法内容严格法定化。行政机关始终要遵守法律优位原则，立法机关制定的法律的位阶高于其他行政机关，执法活动都不得与现行法律相抵触。要严格遵守法律保留原则，只有在法律明确授权的情况下才可以实施某种行政行为。

第二，真正把公正高效执法作为关键。地方保护主义和各种利益关系的作用，会导致执法不力、以言代法、重罚轻管、重利轻责等现象。克服地方保护主义及其利益因素的干扰对执法提出了公平公正的要求，执法行为不能因为当事人的社会地位、经济状况或者性别等原因而区别对待。执法主体在从事侵害公民权利的行为时，除了要有法律依据外，还必须选择对公民权利侵害最小的方式行使，行政行为应该合乎比例、正当裁量。行政事项本身的属性还要求执法主体主动积极履行行政职责，对行政相对人的各项请求及时作出反应，对各种行政事务以尽可能低的成本取得最大的收益，高效完成执法行为。

第三，坚持把文明执法作为保障。文明执法要内化于心、外化于形，这对执法者提出了更高的要求。文明执法在理念上要求，以人为本，树立"执法就是服务，执法就是维护人民群众利益"的观念。在具体行为上要求，以文明用语、真挚情感和温情行为消除"隔膜"，树立良好形象。从根本上讲，执法者要尊重执法对象作为"人"的基本尊严，真正树立为人民服务的宗旨意识。

（三）司法方面的建议

司法公正对社会公正具有重要引领作用。调查显示，公正司法工作在总体指标得分中处于中等偏后水平，其中司法机关处理案件的公正程度受到认可，律师的法律服务工作受到肯定，但司法裁判的实际履行效果满意度不高。对照"努力让人民群众在每一个司法案件中感受到公平正义"的目标，建议：

第一，深化司法体制综合配套改革，建立高素质法官队伍。从长远角度看，培养和造就一支高素质法官队伍是建设现代法治国家的关键环节，也是司法回应民众信任和期待从而提高司法公信力的核心内容。首先，通过严格的法官选任制度，让优秀的法律人才充实到法官队伍。其次，通过科学的法官管理制度，实现法官队伍的健康有序发展。最后，要以法官职业道德建设为重点，树立公正廉洁的良好公众形象。

第二，全面落实司法责任制，防止司法腐败。要使法官在办案过程中有所敬畏，防止司法权力的滥用。《刑法》《国家赔偿法》《法官法》等都明确规定了相应的司法责任制度，可以将这些法律中涉及司法责任的规定汇编成册，供司法人员学习自省警示。另外，在司法机关内部，针对不同违法情况，可以尝试建立完善相关纪律责任，使司法领域的违法行为与相应的责任处罚达到无缝对接。相关责任的追究，要注意到司法活动本身的规律，区别错案发生的原因进行分别处理。

第三，坚持司法公开，以公开促公正、树公信。在支撑司法权公正高效运行的各项制度中，公开审判无疑具有核心的地位。"正义不但要伸张，而且必须以看得见的方式伸张。"公开审判制度中的每一小步改革，往往都能成为推进法治进程的强大动力。涉及群众利益的案件，除非法律规定的情形之外，一般都要公开。充分利用信息科技，及时在相关载体平台上公开司法依据、程序和裁判文书。尤其对公众关注的热点案件，更要提高透明度，消灭暗箱操作，不给司法腐败留下藏身之地。

第四，实际履行司法裁判。司法判决的公信力与实际履行之间存在一定的互动关系，公信力会促进实际履行，实际履行也会加强公信力，反之亦然。所以，从根源上讲，提高司法裁判的实际履行要以司法公信力为基础，狠抓司法公信力建设，取信于民。另外，对于那些执行"老赖"、无端"缠诉"、"闹诉"者，也绝不姑息。可以建立相关执行协作机制、诚信档案机制，督促履行判决。拒不履行判决构成犯罪的，要依法惩处。真正构建促进司法判决实际履行的内外机制，使得相关负有履行义务的人"想履行"、"能履行"和"不敢不履行"。

（四）守法方面的建议

守法是法的实施的一种基本形式，这意味着一个国家和社会主体严格依法办事的活动和状态。守法主体既包括公民也包括国家工作人员，尤其后者对守法效果具有表率作用。调查显示，民众对社会治安和公众守法满意度较高，对国家工作人员依法履职情况评价较低。显然，在国家工作人员依法履职方面尤其需要加强。建议：

第一，进一步健全问责机制，加强法律监督，约束国家工作人员的公共权力，减少公权力滥用现象。各级党组织和全体党员要带头尊法学法守法用法，领导干部要以身作则。国家政权机关依照法律授权代为行使公权力，而各级领导机关、领导干部在实施法律、行使公权力的过程中起着模范作用，他们的一举一动往往具有放大效应，更要加强对他们的法律监督。要健全问责机制，使权力运行时刻有法治的约束，以防权力的滥用，真正做到任何组织和个人都不得有超越宪法法律的特权，绝不允许以言代法、以权压法、逐利违法、徇私枉法。

第二，营造良好的全民守法氛围，树立宪法法律至上、法律面前人人平等的法治理念。民众守法意识既是立法的精神源泉，又是法律实施的社会保障。运用现代化的高科技手段，采用群众喜闻乐见的方式，让老百姓听得懂、能接受、愿参与，激发广大群众学法用法的热情，增进广大群众对法律知识的了解、掌握和认知。要让实行法治、追求公平正义成为全体社会成员的共识。大力加强社会主义核心价值观教育，使之成为全体公民约束自身行为的共同准则，把宪法法律至上、法律面前人人平等的意识作为现代公民意识的重要组成部分进行培育，使之依照法律维权、履行法定义务和社会责任转化为自觉行动。

第三，完善财力保障机制，继续加强社会治安建设。市对区县党委政府、区县对乡镇党委政府和部门的社会治安进行任务分解，明确职责，做到牵头落实、共同推进。党政重视、部门联动、上下互动、社会齐动，横向发展、纵向延伸。完善保障机制，加大人、财、物、智投入，尤其要加大财力投入，保障平安北京的建设。

（五）其他方面的建议

民众对信息公开、反腐败的满意度和法治建设重点领域的认知也是本次调查的重要内容。调查显示，政府信息公开工作得到公众认可，反腐败工作获得肯定，全民守法和政府依法行政分别被普通民众和专业法律人士视为法治建设的重点领域。这些内容与立法、执法、司法和守法活动存在着重要的联系。建议：

第一，继续推行政府信息公开工作。政府信息公开是公众了解政府行为的直接途径，也是公众监督政府行为的重要依据。政府信息公开不仅要求政府事务公开，而且要求政府公开其所掌握的其他信息。要按照"公开为原则，不公开为例外"的要求整体推行政务公开工作。要按照"统筹规划、资源共享、面向公众、保障安全"的要求构建网上信息公开平台。要对当前涉及"三公"经费、环境保护、食品安全等重点领域的政府信息公开作出重点部署，回应民众最为迫切的关注和期待。

第二，扎实推进反腐败工作。腐败现象是影响法治建设满意度的重要因素。要厉行法治反腐，用制度制约和监督权力的运行，把权力关进制度的笼子。尤其是按照中央部署，在市县党委建立巡察制度，及时处理老百姓身边的腐败问题。同时，根据国家《监察法》，继续深化监察体制改革，实现对所有行使公权力的公职人员监察全覆盖。通过努力，真正建立不敢腐的震慑、不能腐的笼子和不想腐的自觉，实现海晏河清、朗朗乾坤。

第三，继续加强基层法治社会建设。全民守法被视为法治建设的重点领域，表达了公众的诉求。要继续加强基层法治社会建设，运用多种途径和方式，吸收多方面力量，打通法治建设"最后一公里"，有重点、分步骤地扎实推进北京法治建设，实现全面依法治理社会，提高人民群众对北京市法治建设的满意度。

专题报告

首都公安机关执法办案管理中心建设的理念与实践

北京市公安局法制总队〔1〕

公安机关办案场所建设是公安机关基础工作的重要一环，保障办案场所安全是公安机关的重要职责。根据 2014 年《公安机关执法办案场所办案区使用管理规定》，公安机关执法办案场所办案区，是指公安机关办理案件过程中，依法进行安全检查、信息采集、讯问、询问、继续盘问、辨认等办案活动的专门区域，以及公安机关设置的供两个以上执法办案部门共同使用的办案中心。本文讨论独立办案区或办案中心均是执法办案场所的一种。

2015 年前，北京市公安局使用各办案单位自管自用的执法办案场所，各单位分散办案，此种情况下的执法办案场所存在如下问题：一是部分办案部门因办公用地紧张，房屋老化等，硬件建设不达标；二是各办案部门自管自用，监管力度不够，仍存在安全隐患；三是办案区仅是一个羁押场所，未开发其他功能，对基层执法办案支撑不够，不能满足新形势下执法办案需求。因此，酝酿探索新型的、建设规范的、切实保障办案安全、满足当下法治社会期待的新型执法办案场所，已是大势所趋。2015 年以来，北京市公安局以破解基层执法办案瓶颈问题为切入点，突破以派出所等办案部门自管自用为代表的办案区模式，选择分局统一管理、各办案部门集中办案的执法办案管理中心，完成了全市 15 个单位 16 家执法办案管理中心的建设工作，本着"有效整合各警种资源，强化合成作战和源头管理"的"一站式"办案的总体建设思路，将执法办案管理中心作为"龙头"工程，全面深化执法办案管理体制机制创新，努力实现首都公安执法规范化建设整体提升。执法办案管理中心建设被誉为首都司法体制改革和公安改革的亮点工程。

---

〔1〕 执笔人：华列兵，北京市公安局法制总队党委书记。

一、坚持高标定位，着眼长远，深刻认识执法办案管理中心建设的重要意义

（一）执法办案管理中心建设是坚持党的领导，贯彻落实全面推进依法治国战略决策的客观要求

对党忠诚，应当体现在不折不扣地贯彻执行中央的决策部署。首都公安机关作为维护首都安全稳定的主力军，必须深刻领会、坚决贯彻党的十八大作出的全面依法治国的战略部署，以及习近平总书记一系列重要论述，以知促行、选准载体，着力提升执法规范化能力水平，在全面建设法治公安、深化执法规范化建设中作表率、有作为。执法办案管理中心整合各警种资源、强化合成作战的集约化、"一站式"办案模式，让基层民警从看押嫌疑人以及录入登记等繁重日常工作中脱离出来，集中精力开展执法办案工作，并强化专业警种同步指导监督，既有效支撑、服务基层一线执法办案，又切实加强对执法初始环节的监督管理，符合规范执法发展的方向和基层执法办案的实际，是引领、推动执法办案质量和规范执法水平持续提升的有效载体。

（二）执法办案管理中心建设是贯彻落实全面深化公安改革决策部署，不断提升规范执法水平的创新举措

全面深化公安改革是中央从党和国家事业全局出发，统筹推进司法体制和社会体制改革作出的重大决策部署。执法办案管理中心建设，实质上是强化执法管理的一项重大改革，是深化警务体制机制改革、提升规范执法水平的一项创新举措。推进执法办案管理中心建设，借助信息化手段，实现从接报警、立案到案件处理的全流程、闭环式管理，突出事前审核、事中监督、事后纠错，强化对执法办案的源头管控、全面覆盖、实时跟踪、异动预警，最大限度地保证如实受立案、依法办案，实现辅助、支撑、监督办案多效能的最大化，既是执法权力运行机制改革的创新举措，也是实现警务实战化和基础信息化的一个平台，是推进"四项建设"、深化公安改革的一个"切入点""发力点"。

（三）执法办案管理中心建设是主动适应公安工作新常态，积极回应人民群众新期待新要求的现实需要

习近平总书记指出：要"努力让人民群众在每一个司法案件中都感受到公平正义"。健全完善系统严密、规范高效的执法监督管理体系，是深化执法规范化建设的重点，也是源头上预防和减少执法问题发生的关键。执法办案管理中心建设，不仅仅是硬件载体的整合改造，更是执法理念、办案模式、监督方式的创新完善。通过硬件建设统一标准、案件办理统一流程、办案环节统一管理、合成作战统一保障，实现执法运行机制集约化精细化、执法流程监督全程化实时化、执法服务管理公开化规范化，能够最大限度地保障执法办案活动公正、高效、权威，从而有效提升公安执法公信力和群众安全感、满意度，是积极回应人民群众

对社会公正新期待新要求的实际行动和具体举措。

（四）执法办案管理中心建设是首都公安机关执法办案区突破发展瓶颈，自身提档升级的迫切需要

随着首都社会经济、法治建设的发展，对公安机关执法能力提出了更高的要求。与此同时，在工作实践中，粗放型警务管理模式浪费了大量的警力资源，有限的警力不能得到有效利用，基层执法效能不高。涉案人员看管、送押、审批等案件办理辅助环节耗费警力过多，刑侦、治安、网安等警种之间尚未形成有效工作合力，未发挥出支撑办案作用，基层民警常年处在超负荷的工作状态，执法程序不规范时有发生。表面上看，这些问题是公安机关执法过程中产生的单一、孤立事件，但实质上却反映了现实条件下，公安机关在工作方式、执法模式发展的不适应。建设办案中心的思路正是在此形势下应运而生，重建大的执法办案场所，集中办案，不仅能克服场地、空间限制，而且在具备羁押、讯问等基本功能的基础上，能够大力开发挖掘办案区辅助支撑办案、监督管理功能，进一步优化资源配置、节约警务成本，满足当下法治社会对公安执法的新期待。

二、坚持科学规划，统一标准，全面创新推进执法办案管理中心建设

执法办案管理中心建设是首都公安工作的一项重大改革措施，也是深入推进执法规范化建设一项重要的基础性工作，它不仅仅是硬件载体的整合改造，更是执法理念、办案模式、监督方式的创新转变。

（一）思路理念

执法办案管理中心建设，要聚焦司法体制改革和规范执法初始环节，牢牢把握"规范办案、方便基层、强化监督、提高效率"的总体要求，以及"贴近实战、科学实用、规范安全、集约高效"的基本原则，按照"有效整合各警种资源，强化合成作战和源头管理"的一站式、集约化办案的总体建设思路，创新建立案件集中办理、全程封闭、全程监督的执法办案新模式，努力实现"硬件建设标准化、组织管理精细化、案件办理集约化、执法行为规范化"的目标。

建设中，坚持"试点先行""因地制宜"的建设思路，即将海淀分局作为试点，在试点成功的基础上，组织各单位按照"硬件建设统一标准、案件办理统一流程、办案环节统一管理、合成作战统一保障"的"四统一"原则，结合辖区面积、职能分工、案件种类数量等实际情况，因地制宜、创新探索推进建设，坚决避免"一刀切"式的简单套用或照抄照搬，实现普遍性与特殊性的有机结合，努力形成自己的"品牌"和"特色"。

（二）基本职能

立足基层执法办案实际，执法办案管理中心具备辅助办案、支撑办案、监督办案三项基本职能，同时，为充分发挥自主警务优势，还可以根据自身工作实

际，进一步拓展监督管理相关职能，使中心最大化地发挥作用。

第一，辅助办案职能。辅助办案部门职能包括对违法犯罪嫌疑人进行安全检查、信息采集，对随身附物、涉案赃证物进行台账登记、暂时保管，以及对违法犯罪嫌疑人进行不间断看管等工作。

第二，支撑办案职能。刑侦、治安、禁毒、网安、情报、预审、法制等专业警种根据职责分工，在调查取证、审核审批、信息查询等方面为办案提供实时指导、服务和支撑，实现"一站式"办案。根据办案需要，提供必要的医疗救助服务。

第三，监督办案职能。按照相关规范，对进出办案区的人员全程登记，对办案过程进行实时监督和现场监控，并对所有登记台账、音视频录像资料进行管理；通过执法办案平台，实时监督和管理本级公安机关各办案警种、部门受案立案情况，及时发现、预警和纠正受案立案环节的执法问题；引入检察机关外部监督，对公安执法活动依法开展监督。

（三）建设特点

执法办案场所是公安机关开展执法活动的基础保障和重要支撑。与以往基层所队执法办案区相比，执法办案管理中心在办案机制、运行模式及监督管理方面突出了"四大特点"。

第一，一站式办案。围绕违法嫌疑人审查送案各个环节，精细设置工作岗位与项目流程，同步强化部门合成、功能拓展，形成环环相扣、有机衔接、闭环管理、全面覆盖的"流水线作业"式办案流程。集成专门力量管理。中心配备专职民警及辅警，负责入区登记、人身检查、信息采集、候问看管等日常管理工作，明确分工，细化责任，确保办案民警集中精力投入具体案件。集成专业部门支撑。法制、刑侦、治安、经侦、禁毒等专业部门进驻中心前置指导，与基层办案部门捆绑作战，提前介入、督办指导，有效构建密切协作、"一办到底"的办案模式。集成涉案财物管理。坚持"两位一体"，同步建设涉案财物管理中心，依托涉案物品管理信息系统，实现涉案物品的保存、移交等环节一站式网上办理。有条件的分局还为检法机关预留涉案物品移送专区，积极推动跨部门涉案物品集中管理。集成入所体检及收押。将"999"工作站前置到中心，24小时提供医疗保障救助，完成嫌疑人刑事拘留入所前的必要体检；建立"派出所向办案中心送人，看守所从办案中心接人"的嫌疑人押解对接工作机制，减少基层负担，提升执法安全。

第二，合成化作战。积极顺应"互联网＋"、大数据发展趋势，在执法办案管理中心设立合成作战室，由刑侦、技侦、网侦、情报等部门派驻专门人员，着力打造违法犯罪信息的"数据库"和"加工厂"，切实发挥对执法办案和打防管控的支撑作用。整合信息资源上突出"全"。打破各警种、各部门之间的信息壁垒，建立由公安内网数据、互联网数据、视频专网图像数据组成的云端数据库，赋予执法办案管理中心最高使用权限，实现嫌疑人综合关联信息实时查询，为实战办案提供警务大数据支撑。服务侦审办案上突出"快"。全天候对送审嫌疑人开展日常性背景筛查与深度轨迹关联分析，实时响应对嫌疑人基本信息、行动轨迹、供述情况等方面的查询需求，第一时间为办案民警提示审讯、侦查方向，提供证据支持。支撑治安防控上突出"准"。通过大数据平台，强化对各类案件信息的动态跟踪、深度分析，并与110警情碰撞比对，智能分析辖区警情变化，深度挖掘发案规律，预测犯罪活动发展趋势，及时对辖区高危人员、高发案件、高发区域预警提示，为实施精准打击和针对性布防提供可靠依据。

第三，智能化管理。充分借助科技信息化手段打造"智能中心"，为执法办案提供智能化服务和支撑。安装具有人脸识别功能的智能摄像头，将嫌疑人面部特征与信息系统相关数据比对，能够迅速、准确查验身份及前科；给嫌疑人佩戴具有GPS定位功能的智能手环，绑定嫌疑人基本情况、办案区内活动轨迹、审讯音视频以及案件相关信息，做到信息随时调取、办案全程监督；设立与手环绑定的红外电子周界自动报警系统，嫌疑人一旦超出限定区域或超过限高，管理系统就会自动报警，确保民警及时排除隐患、保障执法安全；办案区实现24小时全程监控无死角，讯问结束后，讯问过程录音录像会被同步刻录成光盘，随笔录进入案卷，倒逼民警规范言行、依法办案、文明办案。

第四，全流程监督。紧紧围绕前期调研和试点发现的安全隐患和管理漏洞，全面强化监督管理。强化制度建设。研究制定执法办案管理中心工作规范，明确办理案件的范围、设置标准、操作流程、运行机制等，在此基础上，推动各单位结合实际，进一步细化制度措施，切实抓好落地落实。强化源头管理。紧紧抓住"警、案、人、物、卷"等重点要素，从接处警、受立案等执法初始环节入手，严格落实所有非涉密案件"一律登记录入平台、一律开具回执、一律网上运转、一律公开进展"的刚性要求，并在执法办案管理中心专门设立受案立案监督管理办公室，通过执法办案平台巡查、110警情与受立案件逐一比对、网上受案立案预警提示、群众网上留言评价等多种形式，及时发现纠正执法前端存在的问题。强化全程监督。依托信息化管理系统及电子监控系统，全程记录嫌疑人基本情况、办案区内行动轨迹、审讯音视频及案件相关信息，做到信息实时更新、随时调取，实现了对办案民警从事后监督到同步监督、动态监督的全流程监督，以及对嫌疑人进入办案区直至离开办案区的全方位管控。

三、坚持中枢牵动，实战引领，全面规范执法办案管理中心运行应用

建设是基础，使用是关键。在完成中心建设的基础上，要以规范中心运行和深化应用为着力点，进一步强化资源深度整合、功能拓展应用，充分发挥执法办案管理中心"执法中枢"作用，在职能拓展、机制创新和科技支撑等方面做加法，有力带动规范执法水平和执法办案效能不断提升。

（一）完善制度，强化督导，在职能拓展上做加法，着力推动中心规范运行

坚持硬软件同步推进，积极探索执法办案管理中心资源深度整合和功能拓展应用，从严从细从实抓好规范运行。坚持完善制度立规范。结合中心实际运行情况，在广泛听取检法机关、专家学者、基层一线等多方意见，研究出台细化的操作规范，使"一站式办案、合成化作战、智能化管理、全流程监督"的执法办案管理新机制更加严谨、细致和规范。坚持常态督导促规范。严盯执法要素，注重精细管理，固化形成执法突出问题常态整治机制，定期深入办案中心及一线执法单位开展规范执法督导检查，并依托执法监督管理委员会，通报点评问题、跟进督导整改，确保中心规范高效运行。坚持拓展应用抓规范。在统一规范各执法办案管理中心12项必建职能[1]的基础上，各单位还可以根据自身实际积极探索职能拓展，如将涉案财物价格、人身伤情鉴定引入中心实行24小时运转；设立刑事速裁法庭，创新推出认罪认罚案件"48小时全流程流转"工作模式等。

（二）精准施策，紧密衔接，在创新机制上做加法，着力推动执法办案机制改革

坚持多策并举，深入推进执法办案管理中心与公安改革及司法体制改革有效衔接，最大化发挥实战效能。衔接推动受案立案制度改革。依托执法办案管理中心，健全完善接处警、受立案常态监督检查机制，并创新推行案件办理进展短信提示和群众满意度网上评价，确保"四个一律"要求落实到位。衔接推动侦审一体化改革。结合机构编制优化调整，合理安排一定比例的案审力量进驻办案中心，集成专业部门指导，构建"主办民警一办到底、案审民警介入指导、审核民警全程监审"的办案机制，实现对案件初始、侦办、审理等各环节的全方位、全流程的指导和监督。衔接推动基层所队案管组建设。配套中心建设，在派出所及刑警队等承担执法办案任务的基层所队设立案管组，构建运行"中心＋案管组"两级上下联动、对口衔接、立体监管的执法监督管理体系，切实将中心职能拓展延伸到基层，有效强化对执法前端"警情、案件、财物、场所、卷宗"的系统

---

〔1〕　执法办案管理中心12项必建职能，包括：①由中心工作人员负责嫌疑人安全检查、信息采集及看管工作；②由中心工作人员代为保管嫌疑人随身物品，并对涉案财物进行临时管理；③禁毒部门尿液现场检验；④案审力量前置指导；⑤法制部门案件审核；⑥驻中心医务人员负责嫌疑人刑事拘留入所前体检及医疗救助，各分局可视实际情况自定体检项目数量；⑦法制部门受案立案前置监督管理；⑧设置未成年人案件办案场所，既可单独设置，也可与其他办案用房整合使用；⑨未成年人社工帮教；⑩落实法律援助律师派驻值班制度；⑪健全完善派驻检察室工作机制；⑫办案部门在中心办案需聘请翻译或合适成年人到场的，由中心统一健全完善相关工作机制。

化、集约化、精细化管理，实现对基层一线执法办案活动的全流程监督。

（三）科技引领，实战导向，持续在科技支撑上做加法，着力服务保障一线办案

坚持用科技信息化手段推动执法办案中心的日常运行及管理，使中心更加智能、高效地服务基层一线执法办案工作。构建以执法办案平台和办案中心信息系统为核心的办案和管理平台。通过情报基础服务平台，实现全局办案数据向办案中心的实时推送，大力推进办案中心信息系统和执法办案平台的整合共享；同步研发网上案管工作模块，为全要素、全方位、全流程监督管控提供最大化的智能辅助。全面推广应用智能语音识别系统。在执法办案管理中心部署应用"语音高效转写、语义智能识别"的语音识别系统，努力将高科技手段转化为执法办案的战斗力，进一步提升执法效率。试点应用电子卷宗和智能证据审核系统。研发完成电子卷宗、重点案件智能证据辅助审核功能，通过电子案卷随办案环节网上流转、审批和监督，最大化提高质效，让民警"少跑腿"，让取证标准更明确，让指导监督更及时，实现减负增效、提高质量、规范执法。

四、坚持激发活力，持续发展，全面提升执法办案管理中心运行质效

执法办案管理中心建设运行以来，在规范执法办案、提升办案效率、保证办案安全、严格执法监督等方面取得了明显成效，实现了法治公安建设和深化公安改革的同步提升，得到市委、市政府、公安部的高度评价和检法及专家学者、律师代表等社会各界的普遍认可，一致认为：执法办案管理中心建设符合改革的精神，符合法治的要求，符合实战的需要。执法办案管理中心为一线民警提供了高科技、智能化、规范化的办案场所，相关部门合成作战，发挥警种专业优势，能够随时提供必要的办案服务和支撑，既确保了民警源头执法行为程序的正当性，又确保了搜集证据的真实性和合法性，从源头有效防范了冤假错案的发生。

党的十九大以来，中央围绕决战全面建成小康社会，开启全面建设社会主义现代化国家新征程作出了全面部署，为公安工作创新发展提出了新要求，下一步，首都公安将从以下三方面持续深化执法办案管理中心建设和运行，推动其在执法规范化建设提档升级过程中发挥出更大的实践价值，确保实现执法办案初始环节精细化、标准化管控目标。

（一）注重组织领导，强化统筹合力推进

执法办案管理中心作为首都公安机关改革和创新的品牌亮点，不仅是深化执法规范化建设的重要载体和抓手，也是推进公安机关"四项建设"的紧密结合点和连接点。各单位要把执法办案管理中心建设及运行作为深化执法规范化建设的一项重要内容，牢固树立"硬件是基础、制度是保障、运用是关键"的理念，始终保持高度重视，持续强化组织保障、强化统筹推进、强化常态督导、强化责

任落实，从人力、物力以及政策、机制等各方面给予充分支持，持续发力、常抓不懈，为执法办案管理中心健康发展提供强有力的组织保障。同时，相关部门、警种要切实提升服务基层、服务办案的意识和整体合力，在执法办案、合成研判、教育培训等方面主动加强与执法办案管理中心的对接，在政策、机制等方面为中心运行提供充足保障，共同推动中心可持续发展。

（二）注重机制运行，服务服从实战实效

执法办案管理中心是破解执法改革难题的支点，要从实战、实用、实效角度出发，狠抓执法办案管理中心的机制运行和深度应用，在不断健全完善"一站式办案、合成化作战、智能化管理、全流程监督"办案机制的基础上，要进一步强化资源深度整合、功能拓展应用，充分发挥执法办案管理中心"龙头"牵动作用，积极推进执法办案管理中心与严密接处警、受立案等执法源头管控，改革完善受立案制度相衔接，与推动侦审一体化改革、构建侦查员"一办到底"的执法办案机制相衔接，与推进认罪认罚从宽制度试点工作等司法体制改革相衔接，与整合执法前端监督管理资源，全面运行"中心＋案管组"两级执法监督管理机制相衔接，与开展规范执法实战培训，提升执法主体能力相衔接，最大化地发挥执法办案管理中心的实战效能，有力牵动首都公安工作创新发展。

（三）注重科技应用，提升智能管理水平

执法办案管理中心在建设和使用，要适应信息化时代发展要求，充分借助科技手段，着力转变靠口袋数据、口袋资料的工作模式，有效打通各网上办案环节，实现执法办案管理中心网上办案的智能升级和办案大数据的科学应用，并依托市局警综平台实现办案中心各项业务数据的汇聚联通，实现市局与分局、公安与检法的数据共享对接，推动办案机制和工作模式的创新。一方面，不断加强执法办案平台、办案管理中心信息系统的智能化建设，实现执法办案工作的全流程网上管理、全环节同步监督、大数据考评分析、智能化辅助指引，构建符合首都特色的智能、高效、便捷、安全的办案管理中心实战平台，不断强化对执法办案质量的整体把控和监督管理，有效辅助、支撑实战。另一方面，在市局办案管理全流程统一和全局数据高度共享的基础上，要充分鼓励各单位立足现有条件，自行开展办案管理中心信息系统的个性化建设，切实提升办案效率和监督效能。

关于诉前多元调解与速裁、审判衔接机制的调研报告

北京市高级人民法院审管办、立案庭课题组[1]

党的十九大报告明确提出要"加强预防和化解社会矛盾机制建设，正确处理人民内部矛盾。"之后，最高人民法院也要求，要完善多元化纠纷解决机制，推进诉调对接和案件繁简分流。北京法院认真贯彻落实中央、最高法院相关要求，立足首都实际和群众需求，坚持问题导向、注重全局谋划、协调各方力量、狠抓机制落实，以立案阶段繁简分流和调解速裁工作为重点，构建起了诉讼前端"多元调解＋速裁"分流化解大批普通纠纷，多数员额法官后端审理疑难复杂纠纷的审判工作新格局。为进一步推进北京法院诉前多元调解与速裁、审判衔接机制工作，推动该项机制在规范化、专业化和信息化的轨道上不断完善、不断发展，取得新的成效，北京市高院审判管理办公室、立案庭联合组成课题组对北京法院诉前多元与速裁、审判衔接机制运行情况进行了深入调研，形成以下调研报告。

一、北京法院诉前多元调解与速裁、审判衔接机制的运行情况

北京三级法院全面推行繁简分流和调解速裁工作，明确立案庭案件分流中心、简案快审中心的职能，由立案庭统一负责立案阶段"多元调解＋速裁"机制建设和业务指导、案件管理、数据统计等各项工作。市高级法院立案庭统一负责全市法院立案阶段"多元调解＋速裁"机制建设和审判业务指导，与民商事审判庭建立联席会议制度，确保前、后端裁判尺度统一。中级法院在立案庭设立速裁组，负责基层法院速裁上诉案件的审理。三中院适应中级法院收案特点，将

〔1〕 课题组主持人：吉罗洪，北京市高级人民法院党组副书记、副院长；马强，北京市高级人民法院党组成员、副院长。课题组成员：周晓滨，北京市高级人民法院审管办主任；杨艳，北京市高级人民法院立案庭庭长；范跃如，北京市高级人民法院审管办副主任；张华，北京市高级人民法院立案庭副庭长；段嘉芳，北京市高级人民法院审管办干部；蒋垚森，北京市高级人民法院审管办干部；高楠，北京市通州区人民法院诉前调解办公室审判员；丁宇翔，北京市第一中级人民法院民二庭副庭长；陈琳，北京市东城区人民法院审管办副主任；韦盈盈，北京市海淀区人民法院审管办干部；朱晋华，北京市昌平区人民法院民四庭审判员。

民商事审判庭划分为1个快审庭和4个精审庭，快审庭用30%的审判力量承担了全院60%的二审民商事案件。基层法院收案量不大的，在立案庭组建调解速裁组，开展分调裁工作；收案量较大的，设立独立编制的速裁庭，与立案庭紧密配合开展分调裁工作，切实将大量简单纠纷快速化解在诉讼前端。

　　2017年1—12月份，全市法院多元调解导出案件量303 649件，是2016年全年案件导出量（68 763件）的4.4倍，占同期一审民商事新收案总量的68%；多元调解成功和速裁结案总量175 989件，是2016年全年多元调解成功和速裁结案总量（20 994件）的8.4倍，占同期一审民商事结案总量的39%。其中，多元调解成功案件量71 271件，占同期一审民商结案总量的18%；速裁结案量104 718件，占同期一审民商结案总量的23%。全市法院仅用228名速裁法官就审结了全市法院39%的民商事案件。（具体情况见图2、图3）

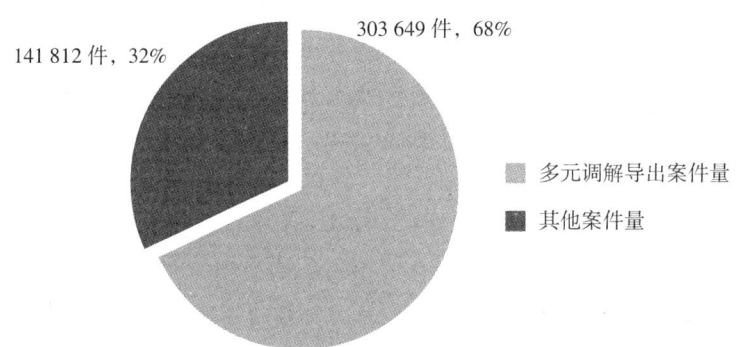

图1　1—12月全市法院一审民商事新收案件比例

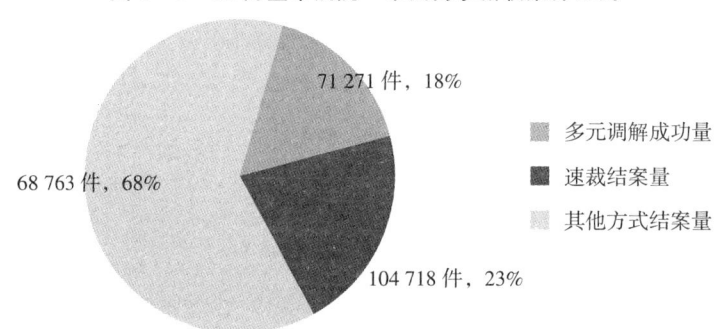

图2　2017年1—12月全市法院一审民商事结案总量比例

（一）工作成效分析

　　目前全市法院共有人民调解员669名，按照2017年1—12月多元调解导入量和调解成功量计算调解员工作成效，平均每人每月经手案件约38件，调解成功案件约 9 件。如果仅以常驻人民调解员（165 名）为基数计算，平均每人每月经手案件 153 件，调解成功案件约 36 件，人均调解成功率为 24%。

从速裁工作效率分析，全市基层法院共有速裁法官 228 名，平均每人每月结案 64 件（2016 年全市法院法官含部分未入额法官人均结案 198.9 件，月人均结案 16.6 件）。通州、石景山、海淀、朝阳、昌平五家法院速裁法官月人均结案超过了该平均值，其中通州法院速裁法官人均月结案达到 178 件。有 5 家法院因开展速裁工作较晚，速裁法官人均月结案数不足 30 件，速裁机制的作用尚未充分发挥出来。（具体情况见表 1）。

表 1　2017 年 1—12 月速裁法官人均结案排名统计表

序号	项目／法院	是否采取 1+N 办案模式	速裁法官人数（人）	12 月结案总数（件）	12 月人均结案数（件）	1—12 月结案总数（件）	1—12 月人均月结案数（件）
1	通州法院	是	13	3361	259	27 727	178
2	石景山法院	是	6	4179	697	12 382	172
3	海淀法院	否	11	2713	247	13 722	104
4	朝阳法院	是	37	4842	131	36 110	81
5	昌平法院	是	13	4293	330	10 251	66
6	延庆法院	否	5	699	140	3488	58
7	房山法院	是	25	2222	89	17 275	58
8	西城法院	否	26	2101	81	17 064	55
9	丰台法院	是	20	2232	112	13 125	55
10	大兴法院	是	8	944	118	4899	51
11	平谷法院	否	9	291	32	3970	37
12	密云法院	否	12	647	54	4611	32
13	顺义法院	是	15	1328	89	5233	29
14	东城法院	否	7	53	8	1793	21

续表

序号	项目 法院	是否采取 1+N办案 模式	速裁法 官人数 （人）	12月结 案总数 （件）	12月人均 结案数 （件）	1—12月 结案总数 （件）	1—12月人均 月结案数 （件）
15	怀柔法院	是	7	158	23	1702	20
16	门头沟法院	是	11	65	6	2450	19
17	北铁法院	否	3	9	3	167	5
合计			228	30 137	132	175 969	64

（二）案件类型分析

除了婚姻家庭继承、物业供暖、机动车交通事故、10万元以下的借款合同和买卖合同纠纷等五大类适宜调解的案件外，各法院扩大多元调解和速裁案件范围，信用卡纠纷、房屋买卖合同纠纷、房屋租赁合同纠纷、所有权确认纠纷、大标的额借款合同纠纷、金融借款合同纠纷等多种类型的案件被纳入多元调解和速裁案件范围。下表中，多元调解和速裁效果较好的前十五位案件类型导入量在总导入量中所占比例达到75%，多元调解成功和速裁结案量占多元调解和速裁结案总量的82%（具体情况见表2）

表2 2017年1—12月多元调解和速裁案件类型统计表

序号	项目 案件类型	多元调解导 入案件量 （件）	在总导 入量中 的占比	多元调解成功 和速裁结案量 合计（件）	在多元调解 成功和速裁 结案总量中 的占比
1	物业服务合同纠纷	39 434	13%	29 578	17%
2	民间借贷纠纷	35 440	12%	20 594	12%
3	供用热力合同纠纷	22 719	7%	16 939	10%
4	所有权确认纠纷	17 779	6%	14 396	8%
5	金融借款合同纠纷	16 055	5%	12 972	7%
6	买卖合同纠纷	15 058	5%	6404	4%
7	机动车交通事故责任纠纷	12 112	4%	6746	4%
8	借款合同纠纷	11 599	4%	6021	3%

续表

序号	项目 案件类型	多元调解导入案件量（件）	在总导入量中的占比	多元调解成功和速裁结案量合计（件）	在多元调解成功和速裁结案总量中的占比
9	侵害作品信息网络传播权纠纷	10 819	4%	213	0%
10	离婚纠纷	9175	3%	4722	3%
11	法定继承纠纷	8199	3%	4739	3%
12	合同纠纷	8130	3%	2085	1%
13	信用卡纠纷	8059	3%	13 473	8%
14	分家析产纠纷	7823	3%	3973	2%
15	房屋租赁合同纠纷	5846	2%	1506	1%
	合计	228 247	75%	144 361	82%

（三）多元调解成功和速裁案件适用程序分析

基层法院速裁结案 175 969 件中，适用简易程序的 114 322 件、小额程序的 22 026 件、普通程序的 32 411 件、调解协议司法确认程序的 6341 件、其他特别程序的 869 件（具体情况见图 3）。已结案件中，当事人提起上诉的案件为 3217 件，占多元调解成功和速裁结案总量比仅为 2%。不仅减轻了上诉审法院的压力，而且 98% 的案件速裁后即服判息诉。

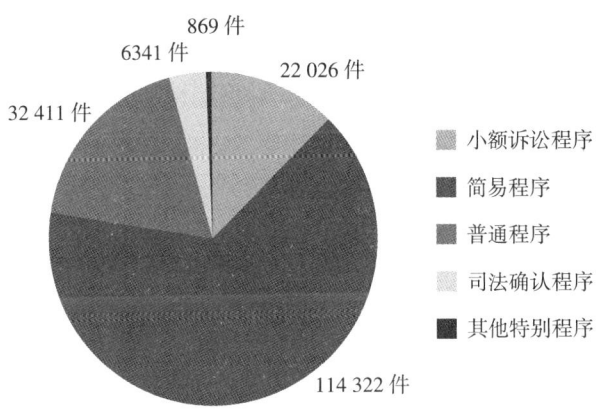

图3　17 家基层法院结案案件适用审判程序统计

二、诉前多元调解与速裁、审判衔接机制的成效及不足

经过近两年的探索实践，北京法院"多元调解＋速裁"诉讼前端分流化解大批普通纠纷，多数员额法官后端审理疑难复杂纠纷的审判工作新格局初步形成，成效初步显现。其中，通州法院通过推行立案阶段调解速裁工作机制，分流案件36 256 件，调解结案 15 940 件，速裁庭法官人均结案 2133 件，是全院法官人均结案量的 6 倍，案件平均审理时间仅为 14.23 天，一审服判息诉率 99.32%，已结案件无一发回、改判。西城法院打造出"疏、保、辅、调、裁"的"五字流程"新格局，最大限度发挥出诉讼前端平台纠纷疏导、诉求甄别、繁简分流和多元化解的作用，2017 年 1—12 月，诉讼前端化解民商事纠纷近两万件，立体化、规范化、集约化的前后端繁简分流格局逐步形成。房山法院优化立案、多元调解、速裁衔接机制，以调为主、调裁衔接，形成立、调、裁"三点连环"的工作模式。将 75 名人民调解员编入 18 个速裁团队，按照"1 ＋ 6"速裁格局，由速裁法官指导设立"辅助型"和"专职型"两种调解团队，以 15% 的审判力量在诉讼前端审结了全院 70% 的民商事纠纷。丰台法院挑选 41 名精兵强将，每组 6—8 人组建了 7 个速裁办案团队。形成以 7 名员额法官为核心，审判辅助人员、书记员、人民调解员、行业调解员等各类人员协同发力、审判力量与社会力量优化组合的团队化作战模式，每个团队月均结案达到一百余件，案件平均审理时间 10.4 天。具体成效体现在：

（一）立案阶段诉讼前端分流化解纠纷的优势逐渐显现

"多元调解＋速裁"放在立案阶段，符合纠纷"越早化解效果越好"的规律，实现了立案、调解和速裁职能的"三合一"，有利于诉讼前端优化整合社会力量和审判资源。一是多元调解前端分流纠纷量大幅提升。2017 年全市法院多元调解导出案件量 303 649 件，是 2016 年全年案件导出量（68 763 件）的 4.4 倍，占同期一审民商事新收案总量的 68%。二是"多元调解＋速裁"诉讼前端快速化解大批简单纠纷的作用显现出来。截至 2017 年 12 月，市基层法院平均每人每月结案 64 件，超过 2016 年全市法院法官月人均结案 16.6 件，体现了速裁工作快速化解纠纷的作用。已结案件中，当事人提起上诉案件为 3217 件，占比仅为 2%。不仅减轻了上诉审法院的压力，而且 98% 的案件速裁后即服判息诉。三是调解与速裁紧密衔接工作机制作用突出。速裁法官与人民调解员组建"1 ＋ N"办案团队，法官全程指导调解，对调解成功的案件及时予以司法确认；对于调解不成的简单案件，由法官利用调解过程中查清的事实和固定的证据，快速进行裁判，目的在于充分发挥多元调解辅助审判的积极作用，提高纠纷化解成效。2017 年 1—12 月速裁法官人均结案排名前两名的法院均采用"1 ＋ N"办案模式，通州法院速裁法官人均月结案达到 178 件，石景山法院速裁法官人均月结案达到

172 件，朝阳、海淀法院速裁法官人均月结案超过 80 件，高于全市法院速裁法官人均月结案，结案数量更是数倍于上年全市法院法官月人均结案。（具体情况见图 4、图 5）

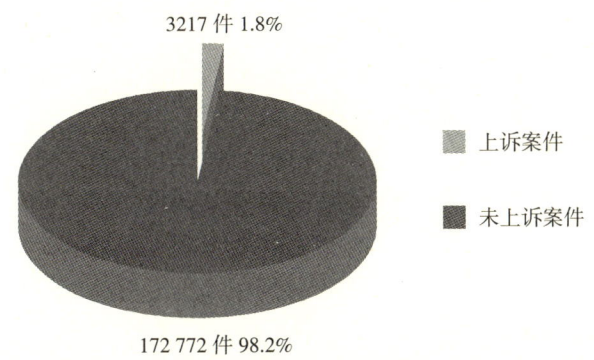

图 4　速裁案件上诉比例

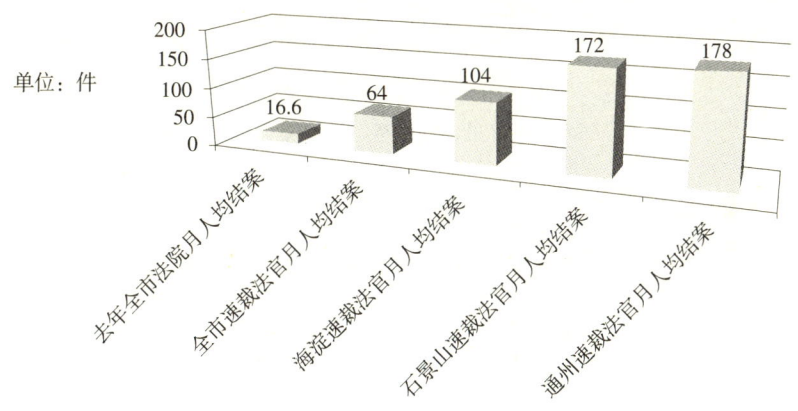

图 5　"1＋N"模式下速裁法官月结案成效对比

（二）建立了三大调解与诉讼紧密对接的机制

北京法院从推动实现社会治理体系和治理能力现代化的长远目标出发，积极整合、培育社会调解力量，不断创新、完善诉调对接机制，构建起了人民调解、行政调解、社会化调解与诉讼紧密对接的全网式、立体化矛盾纠纷化解工作格局。

第一，依托人民调解力量开展先行调解，处理大量民商事简单案件。17 家基层法院共选聘 669 名人民调解员，其中常驻法院的专职调解员 165 名，在立案阶段对一些亲缘性或地缘性较强的家事、相邻关系、物业纠纷，以及一些法律关系较为简单的交通事故、小额买卖和借款合同纠纷等进行先行调解。丰台、西城等法院加强对区域内人民调解工作的指导和司法保障，服务非首都功能疏解工作，促成北方世贸鞋城、和义五金机电城、万荣市场2000余商户与市场方达成标的额超过15亿元的调解协议，并及时出具司法确认裁定，保证协议有效履行。

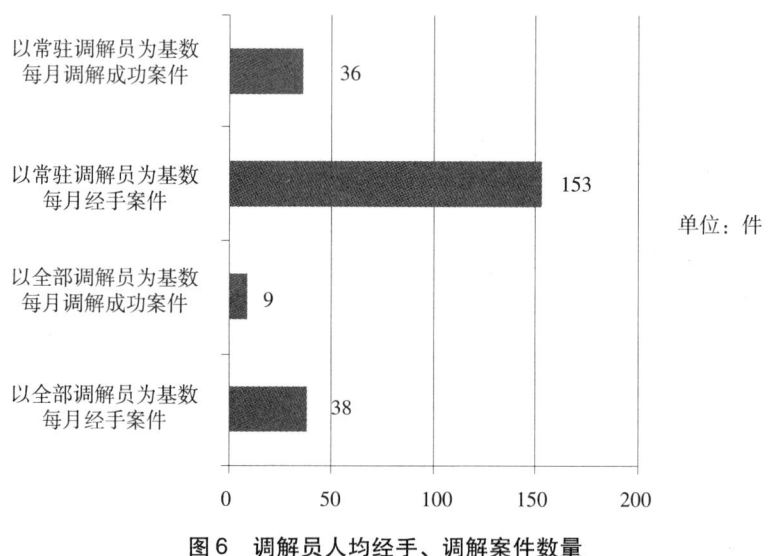

图6　调解员人均经手、调解案件数量

第二，探索社会化调解行业管理模式，化解疑难复杂案件。依托北京地区行业性专业性调解组织的行业协会——北京多元调解发展促进会，将知识产权、医疗、保险、房地产等行业性、类型化纠纷委托给其会员调解组织（目前共43家）进行调解，满足了市场主体对调解的专业化需求。同时，多元调解促进会下设退休高级法官服务团，吸纳80余名退休老法官，成为法院化解重大敏感纠纷的重要力量，稳妥处理涉及10万余人的网络P2P平台"人人行"公司借贷纠纷案等重大敏感纠纷。

第三，加大行政协调与调解力度，加强源头监控。北京法院与相关政府部门建立诉外协调、调解机制，对于一些与行政管理密切相关的民事纠纷，如拆迁腾退纠纷、环境污染纠纷、产品责任纠纷、网络平台借贷纠纷等，与行政机关联合开展调解工作，促进矛盾的实质性化解。同时，建议行政机关根据发现的问题，改进工作、完善政策、加强监管，从源头上预防纠纷。行政调解作为"大调解"格局中一种重要的调解方式，近年来在化解行政争议，特别是与行政职权有关的民事纠纷中的作用不断提升，有力地促进了官民和谐。

（三）以多元调解和速裁工作规范化促诉调对接成效提高

北京法院将多元化纠纷解决机制建设工作作为全市法院重点工作，要求各法院"一把手"亲自抓，以规范化促诉调对接成效提升。

第一，加强制度规范。市高级法院制定下发《进一步深化多元化纠纷解决机制改革的若干意见》《立案阶段多元调解工作的规定》《关于开展行业性专业性调解案件补贴试点工作的通知》《人民调解案件补贴发放通知》等多个规范性文件，统一立案阶段多元调解和速裁工作规范，严格调解案件补贴发放程序，促进了多元调解和速裁工作规范有序运行。各法院还结合本院实际制定《调解工作实施办法》《调解员准入办法》《诉调对接流程管理办法》《调解案件补贴发放实施细则》，进一步明确职责、规范流程、细化管理。同时通过规范化建设，多元调解和速裁调解工作适用的案件类型由五大类扩展到所有适合调解及快速处理的案件（主要为 15 类），分流导出到审判前段处理的案件数量大幅增加。

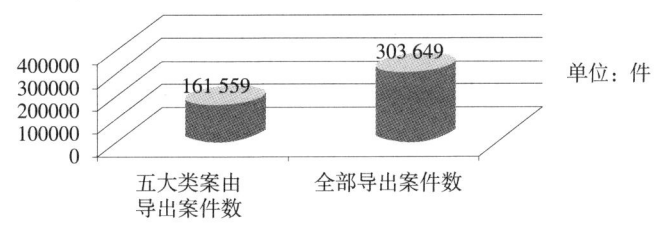

图7 多元调解和速裁工作导出案件数量增长

第二，加大指导培训力度。针对人民调解员素质层次不齐，调解经验不足、业务能力有限的问题，建立法官全程指导调解员调解的机制，手把手传授业务知识和调解技能；加大对调解员的业务指导和培训力度，一年多以来，各法院组织各类调解员培训班 30 余次，市高级法院于 2017 年 3 月组织全市 212 名调解员进行为期五天的集中培训；编写调解员规范化办案教材，为调解员化解矛盾提供有益指引和参考。

第三，建立月度通报机制。每月一次对各院多元调解工作成效进行排名通报，并分析问题，推介典型经验和经典案例，提高各法院对该项工作的重视程度。

（四）依托信息化手段完善速裁工作机制

北京法院在分调裁机制建设中深刻认识到，规范管理、团队建设和信息技术是提升审判效能的三个关键因素。一是规范流程管理。修订了《北京法院关于民商事案件繁简分流和调解速裁工作机制流程管理规定（征求意见稿）》，制作《先行调解告知书》，明确程序分流的标准、规则和方式，规范立案前委派调解、立案后委托调解和法官调解、速裁工作各个环节，以及与后端审判的程序转换与衔接。二是加强团队建设。建立程序分流员队伍和调解速裁办案团队。三级法院共设程序分流员 111 名，明确了程序分流员承担先行调解引导、调解速裁案件期限管理、不同案件程序分流及程序转化衔接等工作。挑选精干审判力量担任速裁法官，与人民调解员、法官助理和书记员组成固定的调解速裁办案团队。调解与速裁无缝衔接，专职调解法官指导调解员开展调解工作；调解员完成指导当事人明确诉讼请求和诉讼主体，确认无争议事实和证据、归纳争议焦点等辅助审判工作。三是强化技术支撑。建立"电子＋人工"的速裁案件程序分流机制：对于依法应当适用小额诉讼程序和督促程序案件，立案时由电脑全部自动识别为调解速裁案件；婚姻家庭、物业供暖、交通事故、10 万元以下的借款、买卖、金融借款、信用卡等七类案件，根据原告在立案时填写的类型化案件审判要素表，由电脑系统选择识别是否纳入调解速裁程序；其他纠纷，由程序分流员根据案件事实、法律关系以及其他信息对是否适宜纳入速裁程序进行人工识别，视情况纳入不同程序。

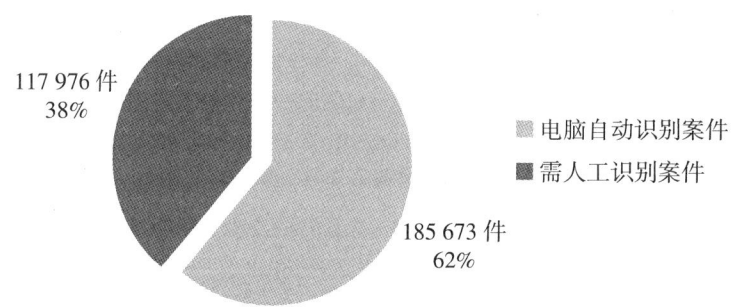

117 976 件
38%

■ 电脑自动识别案件
■ 需人工识别案件

185 673 件
62%

图8　电脑系统可自动选择识别导出案件范围

研发了多元调解外网系统，多元调解案件登记为"调"字号录入调解系统，与法院审判信息系统实时交换数据，实现了多元调解案件的全程留痕，为规范案件管理、考核、经费发放提供了信息化支撑。推广要素式审判，制作交通事故、物业供暖等类型化案件审判要素表，运用当事人填写的要素表、辅之以智能语音识别及同步转文字技术，提高庭前准备程序功能和庭审效率，自动生成庭审笔录和要素式判决书。同时，开发速裁掌中宝 APP，方便法官快速查询办案指南，提高办案效率，实现同案同判。

（五）强化配套保障，统筹协调推动分调裁工作全面发展

在分调裁机制建设中，北京法院坚持党委领导，依靠政府支持，逐步解决经费不足、场地局限和考核机制不完善等问题。

第一，解决经费保障问题。在市委、市财政局支持下，法院委托调解案件补贴经费被纳入财政预算，解决了长期以来制约多元调解工作经费保障不足的问题，吸引高素质的调解员参与调解工作。

第二，建立绩效考评体系。多元调解工作被纳入首都综合治理考核指标，以各区政府为考核对象，调动了各区党委、政府推动该项工作的主动性。同时，市高级法院每月一次对全市法院分调裁工作成效进行排名考核，该项工作还被纳入北京市"双模双先"法院评选指标以及法官办案业绩评价体系中，有力调动了全市法院以及法官开展此项工作的积极性。

第三，积极推进诉调对接场所建设。在市委支持下，市高级法院积极协调解决全市法院诉调对接场地不足的问题，已经向市委办公厅提交了诉调对接场所经费需求报告，诉调对接场所不足的问题有望逐步得到解决。

北京法院"多元调解＋速裁"工作得到了中央政法委、最高法院和市委政法委的高度重视和充分肯定。2017年，市高级法院审判管理办公室、立案庭共同承担的全国法院司法统计重点课题《关于诉前多元调解与速裁、审判衔接机制的调研报告》被最高法院《法院调研与司法统计》《人民法院报》《北京审判》相继刊发；市高级法院、北京多元调解发展促进会完成的《充分发挥社会组织在行业性专业性调解工作中的作用》被中央综治办评为矛盾纠纷多元化解工作第一批优秀创新项目，并被首都综治办《首都综治信息》采用；北京法院依托多元调解发展促进会诉前化解重大敏感案件的做法被《最高人民法院简报》、北京市委《北京信息（综合快报）》采用；北京法院调解前置程序工作经验被最高法院司改办以《司改动态》形式转发全国法院；西城、顺义两家法院被最高法院确定为"全国多元化纠纷解决机制改革示范法院"；三中院及其辖区法院，海淀、丰台、西城等十家法院被最高法院确定为全国"案件繁简分流机制改革示范法院"。在全市司法系统2015—2017年度人民调解先进表彰活动中，市高院立案庭和设在丰台、大兴、门头沟三家法院立案庭的诉前人民调解委员会荣获"北京市人民调解工作先进集体"荣誉称号。2017年上半年在马鞍山会议、上海会议和杭州会议上，北京高院和三中院分别作了经验介绍。最高人民法院司改办胡仕浩主任、立案庭姜启波庭长先后至丰台、通州法院进行考察调研，对北京法院"多元调解＋速裁"工作做法给予肯定。福建三级法院考察团专程赴房山法院就"多元调解＋速裁"工作模式和经验进行交流学习，并高度评价了北京法院多元化纠纷解决机制改革工作取得的成果。北京法院正在用实实在在的工作成绩，探索多元纠纷解决机制改革的"北京经验"。

虽然北京法院在"多元调解＋速裁"工作中取得显著成绩，但在如下方面还应进一步加强：一是"多元调解＋速裁"工作发展不均衡。既体现在各基层法院之间——有的法院推进较深入，有的法院推进较缓慢，全市整体推进不均衡；也体现在多元化解和繁简分流工作在同一法院推进的不平衡——重速裁、轻调解的现象较为普遍。二是调解员人员结构和调解技能方面的问题。当前的大多数人民调解员只能从离、退休人员中选任，由司法行政机关颁发聘书后即可上岗从事调解工作。因没有"五险一金"等职业保障，有志于调解事业、具有一定法律专业教育背景的中、青年很难进入调解员队伍。选聘渠道狭窄、人员结构单一限制了人民调解事业的发展。三是诉调对接场所不足。目前17家基层法院常驻人民调解员仅165名，其他504名人民调解员和大多数行业性专业性调解组织无法进驻，管理对接非常松散，作用难以发挥，导致经费保障作用没有完全发挥出来，诉调对接场所保障的需求日益紧迫。四是速裁法官激励机制有待进一步完善。目前的考评机制，不利于完全调动速裁法官工作的积极性和主动性，不利于速裁工作的长效稳定。速裁法官工作压力大，重复劳动多，因此应当从巩固工作成果和促进职业发展的角度出发，建立有别于后端审判工作的速裁激励机制。

三、关于完善诉前多元调解与速裁、审判衔接机制的建议

在推进"多元调解＋速裁"机制过程中，我们深切感受到，前端的分流与化解对于调整审判节奏、缓解案多人少的突出矛盾起到了重要的助推作用；从社会效果看，将多元化解方式引入司法程序，对于调和司法在社会矛盾化解方面的局限性，构建多层次纠纷化解体系有着至关重要的意义。万事开头难，全市法院在探索首都社会治理体系上迈出了关键一步，若要将多元化解与繁简分流机制改革平稳深入地推进下去，还需要我们提高对改革的认识，巩固提升"多元调解＋速裁"工作的成效，形成长效机制。为进一步加强、推进"多元调解＋速裁"工作，提出如下建议：

（一）在立法层面上明确多元调解具有一定强制性

完善"多元调解＋速裁"工作机制，构建立案阶段诉讼前端简案速审、法官后端繁案精审的审判工作格局，是实现国家治理体系和治理能力现代化的重要内容，是解决法官"案多人少"现实困难和化解纠纷、防范社会风险的需要，也是促进法官职业化发展的必由之路。目前，虽然被称为立案阶段调解程序前置，但调解程序并非诉讼的必经阶段，而是以当事人同意为前提的前置，导致"多元调解＋速裁"机制发展不均衡。调解固然是当事人意愿的真实反映，但没有约束力的权利行使，有可能面临被滥用或践踏。通过比较法研究亦可知，德国《民事诉讼法施行法》为了改变德国律师和当事人对调解的"漠视"，提高调解在纠纷解决中的使用率，使某些纠纷通过调解在诉前就得到消化，同时减轻法院的工作负担，在其15a条规定了强制诉前调解制度。该条规定，750欧元以下的小额财产纠纷、部分相邻关系纠纷以及非由报纸和电台等造成的个人名誉损害在起诉前必须经过调解程序。我国台湾地区"民事诉讼法"第403条规定对于相邻关系等11种民事纠纷，当事人必须在起诉前向法院申请调解，否则视当事人"起诉为调解之声请"。从国际趋势来看，"自愿调解的低利用率使强制性调解逐渐成为调解中的主流"[1]。例如，美国法在婚姻家庭、邻里纠纷、小额或简单纠纷，以及其解决必须借助其他已经设立的 ADR 机构及专家的专门性纠纷，设置调解前置程序；对其他类型案件，法院可提供调解提议而允许当事人在特定时间内拒绝。这样的程序设置，使得先调解的利用率和效率提高，案件处理更加顺畅[2]。因此，今后进行立法修订或者出台司法解释时，可考虑规定家事案件、简易民商事案件等适用调解前置程序，即特定类型纠纷起诉至法院，法院在正式受理案件前，无需征求当事人意愿而将案件交由人民调解、专业性行业性调解组织等进行调解，调解不成才予以受理。在司法实践中，要求法官就调解的程序规定、法律效力、审判程序的诉讼风险、审判与调解的关系等问题，书面告知当事人，引导其明明白白地参与调解。需要强调的是，诉前强制调解制度强制的仅为调解程序的启动，并未强制当事人接受调解结果。如果当事人经调解未达成调解协议，仍然可以提起诉讼。

（二）依托信息化技术提升纠纷解决效率

互联网、大数据、云计算等信息技术的快速发展，对司法工作产生深刻影响。加强信息化建设，推动司法与现代信息技术的深入融合，是提高司法效能、促进司法公开的重要手段，是实现审判体系和审判能力现代化的必由之路。推进纠纷多元化解和繁简分流，应进一步深化信息技术的运用：一是推进审判智能化。以大数据为支撑实现案件繁简甄别和程序分流；运用电子送达、智能语音识别、庭审录音录像、要素式裁判文书自动生成等技术手段，减轻审判人员负担，提高办案效率。二是强化审判工作大数据应用。将办案规范嵌入审判信息系统，完善智能化案件分析、检索系统、开发办案指南手机 APP，为法官办案、调解员调解提供辅助支持，促进"多元调解＋速裁"工作质效提升。三是加强审判管理信息化。推动电子卷宗同步录入、同步生成、同步归档，对审判流程进行电子化实时跟踪、管理和监督，优化审判管理和监督机制。四是应用信息技术让司法更便民。通过完善网上立案、网上查询、在线调解、远程庭审等系统，减轻当事人诉累，满足社会成员多元化的司法需求。五是实现多元调解案件管理信息化。随着多元调解工作的深入开展，法院会有大批案件分散委托给不同的调解组织或调解员进行调解，案件规范管理的重要性和紧迫性凸显出来。应研发多元调解系

〔1〕 辛国清：《美国法院附设 ADR 研究》，载《社会科学研究》2006 年第 6 期。
〔2〕 参见赵蕾：《先行调解案件的类型化研究》，载《法律适用》2016 年第 10 期。

统，与法院审判系统进行数据实时交换，实现立案前委派调解案件的全流程记录和规范管理。

（三）注重配套保障，发挥繁简分流机制改革的双重推动作用

在完善多元化纠纷解决机制的过程中，繁简分流机制改革虽不居于中心，却对中心起着重要的推动作用：多元化解的成果需要司法予以确认，赋予司法强制力；人民调解、行业调解亦需要法官进行指导，在法律框架内规制调解。因此繁简分流工作成效是检验人民法院多元化纠纷解决机制建设成果的一个重要因素。

第一，完善审判系统对繁简分流的辅助功能。北京法院信息化目前案件筛查程序仍以人工分案为主，与首都法院庞大的收案基数不相匹配。接下来要重点总结速裁案件识别规则，建立系统筛查与人工筛查配套的分流机制，完善类案筛查要素，抽取诉状与证据材料中的关键因素作为系统筛查标准，减轻人工筛案负担，把更多的人力和精力投入指导调解与审判工作。同时，建议有条件的法院学习上海法院的先进做法，推广使用"微信立案"和"自助缴费"APP，以信息化手段替代人工操作，节约人力和时间成本。

第二，细化速裁团队的管理与考核。纠纷处置关口的前移，对前端审判队伍管理提出了更高要求。在人员配备方面，建议各院从初任法官、中青年法官中选调责任心强、有担当、业务好的同志牵头组建速裁，配齐配强辅助力量，并建立动态补充调整机制。对于不适宜从事速裁工作的同志，及时调离速裁岗位；对于速裁人案比过高的情形，要及时补强速裁团队，避免速裁团队压力过大。在管理方面，应当建立速裁法官定期轮岗机制，让后端优秀法官分批分期到速裁岗位锻炼，选拔优秀的初任法官到后端进行深层次培养，形成科学有序的法官培养模式，将速裁工作和队伍建设、人才培养有机结合起来。在考核激励方面，建议对速裁法官、速裁辅助人员进行单独序列考核，结合速裁工作的重要性和特殊性，在政策制度允许的前提下，对完成结案任务的速裁团队给予一定奖金和休假奖励，并在评优评先、休养休假、培训方面给予优先考虑，增强速裁岗位吸引力，确保繁简分流机制可持续发展。

（四）坚定不移地走"多元化解+速裁"改革之路，将多元化纠纷解决机制改革与繁简分流机制改革同步推进

作为首都司法审判机关，必须时刻绷紧"安全稳定"这根弦，在推进改革的过程中，把解决审判机制深层次问题与维护首都安全稳定、经济社会发展大局结合起来。

首先，多元化解与繁简分流两项改革衔接配套，多元化解是重心。北京法院受理的各类案件，叠加着历史、经济、社会各种因素，繁有繁的根源，简也有简的分量，单纯依靠司法手段未必能取得较优的化解效果。在市委的正确领导和最

高法院的指导下，全市已初步形成矛盾纠纷多元化解的共识，越来越多的调解组织、社会团体、政府机关参与到纠纷化解中来，为构建多层次、多领域的矛盾纠纷化解体系做出了积极的贡献，与法院一道，共同推动着首都社会治理体系的升级转型。要坚决推进多元纠纷解决机制改革，借势发力，激活基层调解潜力。整合行业调解力量，既请进来，也走出去，在调裁对接中规范调解、培养队伍，把优质调解力量下沉到基层，让纠纷首先化解在基层，真正发挥诉前委派调解的第一道防线作用。

其次，要把场地建设作为推进多元纠纷解决改革机制的突破口。当前各基层法院推进多元化解的意愿与需求非常强烈，但囿于办公场地限制，无法引入更多优质的调解资源入驻法院，对扩大多元调解规模形成了制约。考察过程中，上海、广西两地法院在调解场地建设上投入较大，均设立了单独的调解场所，如上海徐汇区法院的"诉调对接中心"、柳州鱼峰区法院的"诉讼服务中心"、南宁江南区法院的"简案快审中心"等。我市法院目前已有15家基层法院完成了诉调对接中心选址工作，并向高院提交了经费申请报告。要继续依靠党委的统筹部署，争取财政对全市诉调对接中心场所建设给予资金保障，以解决制约此项工作的瓶颈性问题，提升调解工作实效。

最后，大胆引进优质调解资源，提高纠纷化解质量。目前，全市法院调解员的调解能力仍有提升的空间。应在加强对现有调解员管理和培训的同时，需要继续吸纳具有法律专业知识背景和工作经验的人才参与调解工作，拓展人民调解员增选渠道。可以借鉴沪、桂两地引入实习律师队伍的有益做法，大胆创新，发挥实习律师法律知识丰富、纠纷化解意愿强烈的优势，将一部分法律关系相对疑难的纠纷交由实习律师处理，与人民调解员队伍相得益彰。

诉前多元调解与速裁、审判衔接机制是北京法院整合社会力量，优化司法程序的有益尝试，符合纠纷化解规律，有助于提升司法质效，满足当事人的多元司法需求，推动社会治理能力和水平的提升。我们将不断探索和实践，推动该项机制在法治化、规范化和信息化的轨道上不断完善、不断发展，取得新的成效。

关于开展服务保障"疏解整治促提升"专项行动工作的报告

北京市司法局

全市司法行政系统紧紧围绕党委政府中心工作，坚持"主动担当、主动对接、主动服务、主动履责"，为"疏解整治促提升"专项行动依法有序开展营造了良好法治环境，提供了优质高效的法律服务，受到了各级领导的高度肯定和群众广泛好评。

一、经验做法和主要成效

（一）健全机制，统筹协调谋实策

第一，形成"两个主动"全面覆盖机制。主动对接市发改委和各专项行动12家牵头部门，深入专项行动项目点调研摸排不同项目的法律服务需求，三级司法行政机关主管领导与市—区—街（乡镇）牵头单位负责人形成"三级对接"，问需求、送服务。主动介入专项行动的研究决策过程，出台了以"四航"行动为核心的《北京市司法局服务保障"疏解整治促提升"专项行动实施方案》，并召开启动部署大会。

第二，形成"两个跨越"全面服务模式。组建律师、公证员、人民调解员、司法鉴定人员组成的百人法律服务团，各区相继成立了 16 个区级法律服务团、202 个街乡镇法律服务队以及 756 个疏解整治点法律服务组，形成了市区有团、街乡镇有队、项目有组的四级法律服务团队，做到了"跨行业"调动服务力量。开展事前法律法规快速集中宣传，事中案例宣传和专项引导，疏解整治项目后期防诈骗、防赌毒的专门宣传，努力维护群众生活秩序和社会秩序，做到了"跨流程"跟踪服务。

第三，形成"纵横联动"全面动员格局。建立调度机制，通过每月系统视频会通报各区进展，实现了上下联动。建立内网飘窗和微信工作群两个信息交流平台，展示各区活动进展与特色亮点，形成信息共享、相互促进的浓厚氛围，实现了横向互动。

（二）创新方法，高效便捷做实功

第一，动态调整服务保障专项行动举措。根据"加快推进'疏解整治促提升'专项行动"主题现场推进会精神，召开阶段工作总结推进会，推广基层服务保障经验做法，对"四航"行动再动员、再部署。根据市政府"防反弹、抓提升"的核心要求，提出《深化服务保障"疏解整治促提升"十项措施》。各区司法局主动进入党委政府议事机构，法律服务团主动进入项目点。2017年9月，我们向16区政府和13个牵头单位再次函询法律服务需求，进一步掌握了服务保障重点。

第二，积极调动资源力量提供专业服务。组织市律师协会10个专业委员会900多名律师编印12册《疏解整治促提升专项行动法规汇编》和《疏解整治促提升专项行动案例汇编》，发布《律师承办房屋征收和征地拆迁业务指引》。针对北京市严厉打击违法用地违法建设指挥部办公室6个方面120个相关法律问题，市律师协会逐条提出了意见和建议并整理形成约计2万字《治违专项行动相关法律问题解答》。

第三，努力满足牵头部门法律服务需求。先后与市城管综合执法局、首都综治办、市住建委、市重大办联合出台《关于进一步规范房屋征收拆迁类案件律师代理工作的通知》《关于发挥司法行政职能服务保障城市综合行政执法工作的通知》《关于发挥司法行政职能服务保障违法群租房专项整治工作的通知》。结合防止"开墙打洞"反弹的实际，指导司法鉴定机构牵头编印《司法鉴定服务保障"疏解整治促提升"专项整治行动宣传册》，指导司法鉴定业协会向市工商局报送《关于"开墙打洞"专项整治相关工作建议的函》，得到了市工商局的高度认可，并向我们发送了感谢信。

（三）真抓实干，"四航"行动取实效

第一，法治宣传有序"引航"。制作宣传海报、宣传口号、公益广告等各种普法产品，全面启动"一网两微"、法宣橱窗、电视台等阵地予以广泛传播。各区司法局共发布微博微信14 234条、开展主题宣传11 847次、举办以案释法宣讲6984场、发放宣传材料426万余份、累计受益群众746万余人次，在首都社会营造了理解、认同、支持"疏解整治促提升"的浓厚法治氛围。

第二，法律服务一站"护航"。法律服务团聚焦重点地区、重点领域和重点项目，深入专项行动一线提供专项法律服务，各区法律服务团累计入住3724个疏解整治项目点，"12348"热线接待专项行动电话咨询8506人次，办理法律援助事项7974件；公证机构入驻项目点累计204个，共办理公证事项13 416件。其中，西城区动物园地区市场疏解中，西城区司法局组建了由律师、公证、人民调解"三位一体"的法律服务团队，形成律师代理商户、公证进行公证、人民调解制作撤市协议工作机制，万容市场疏解率达到了91.18%。广大司法行政工作人员和法律服务工作者以高尚的职业操守、专业的法律素养、严谨的工作作风得到了各级党委政府以及疏解整治地区群众百姓的支持和好评。

第三，人民调解深入"守航"。壮大矛盾排查力量，组建21 000余名人民调解志愿者队伍，积极参与非首都功能疏解矛盾纠纷排查、线索发现移交。由于家庭矛盾、租赁纠纷等导致专项行动推进困难的，在项目所在地、微信公众号广泛发布人民调解指南，主动为群众化解矛盾纠纷，发挥攻坚作用，极大提升了专项行动的效率。各区共开展涉及疏解整治纠纷排查45 197次，调解矛盾24 139件，其中疑难复杂纠纷5169件，落实挂账包案304件。其中首都核心区最大的棚改项目——望坛棚改中，人民调解工作站化解制约群众签约腾退的民间矛盾585起，有10%的居民是通过人民调解才顺利签约、实现安居梦。人民调解在维护疏解整治一线和谐稳定中切实发挥了"第一道防线"作用，极大地促进了地区群众自治和社会治理水平提升。

第四，法治保障全力"助航"。加大律师管理执法力度，严厉查处以律师名义非法代理涉及"疏解整治促提升"项目的案件。对排查出代理拆迁类案件律师指导检查3191人次、行政约谈2037人次。各区社区矫正工作把握重点环节、强化管理教育，安置帮教工作强化衔接环节、落实帮扶政策，对排查出的涉及专项行动社区服刑人员和刑满释放人员开展政策教育引导56 212人次、帮扶救助2066人。努力做到突发情况控得好、教育宣传跟得上，有效维护了地区稳定秩序。

二、存在的主要问题

（一）法律服务需求供给对接机制尚需进一步健全

整治城市违法行为和城市乱象，城市管理相关单位在执法程序、执法力量的投入上下了很大力气，一定程度上保证了专项行动的依法推进。在疏解整治促提升专项行动中，司法行政机关和法律服务机构积极介入疏整促项目，也做了大量工作。但是也不排除在个别项目实施过程中，执法机关对执法过程中的法治宣传、法律服务认识程度不够，释法说理、执法程序不到位，引发了针对基层党委政府和执法机关的个别信访事件。拆违、整治"开墙打洞"中因房屋租赁期未满、出租方拒绝退还租金等原因引发民间纠纷、封堵后的小商铺转院内经营产生邻里纠纷没有及时导入社会矛盾纠纷化解体系中，产生影响社会稳定的隐患。这些矛盾在重大政治、国际交往活动中，往往会有反复、有抬头，党委政府投入了较大的维稳力量，效果不甚明显。我们司法行政机关在不断推进法律服务力量下沉一线的同时，也建议相关单位建立法律服务需求的供给机制，矛盾纠纷的导出机制，主动与司法、法制、司法行政等相关部门以及法律服务社会力量对接，获得法律服务和法治保障。

（二）对法律服务人员的经费保障有待建立常态化机制

持续性的疏解整治工作需要常态化的律师、公证、人民调解、司法鉴定等法律服务，特别需要法律服务人员、人民调解员长期服务基层一线。为此，司法行政机关通过安排村居法律顾问资金、法律援助经费、人民调解补贴给予了解决。同时建议相关部门建立法律服务的经费保障机制，设立法律服务专项经费购买法律顾问、法律建议、现场咨询等服务，确保法律服务经常化。

关于开展戒毒一体化工作的几点思考

北京市天康戒毒康复所[1]

2014年7月6日，中共中央、国务院印发了《关于加强禁毒工作的意见》，明确要求："各地区各有关部门把禁毒工作纳入国家安全战略和平安中国、法治中国建设的重要内容，不断创新禁毒工作体制机制，进一步完善毒品问题治理体系，深入推进禁毒人民战争，坚决遏制毒品问题发展蔓延。"戒毒工作作为禁毒工作的重要组成部分，也是国家安全战略和平安中国、法治中国建设的重要内容，需要全社会各有关部门发挥各自力量，将社区戒毒、强制隔离戒毒、社区康复、政府戒毒康复以及医疗机构自愿戒毒五种戒毒方式有机整合，构建一体化的戒毒康复模式，对吸毒现象进行社会防治，对回归社会的戒毒人员开展接茬帮教、持续督导，使之最终回归正常的社会生活。

一、当前戒毒工作存在的主要问题

当今社会，毒品问题越来越严峻。截至2015年年底，我国累计登记吸毒人员295.5万名，其中北京全市达3.1万名。按照国际通行的显性吸毒人数与隐性吸毒人数呈1∶5的比例，估计全国实际人数超过1400万名，在北京已近15万人。毒品向在校生、演艺界人员、外籍人员的扩散速度进一步加快。因此，如何有效开展戒毒工作，降低毒品感染人群是当前要解决的首要问题。但是面临着一些实际困难。首先，强戒人员解除强戒后从高度紧张、严格、封闭的管理环境中直接进入宽松、开放的社会环境中，面临着家庭社会能否接纳，能否拒绝昔日"毒友"的拉拢、诱惑等问题，这些问题直接影响到他们能否继续保持操守。其次，随着人口流动的日益频繁，相当一部分强戒人员出所后，并未进入其户籍所在地执行社区康复，部分人员甚至处于脱失状态。最后，部分街道、乡镇专职从事社区戒毒（康复）工作的人员对吸毒人员的生理、心理特点和戒毒工作规律

---

[1] 执笔人：赵振虎，北京市天康戒毒康复所所长。侯全生，北京市天堂河女子教育矫治所副所长。肖洁，北京市天康戒毒康复所社会康复指导科科长。

把握不准确。甚至仅设有兼职工作人员，再加上日常工作比较繁杂，对社区戒毒（康复）人员的督导更加薄弱。因此，必须要充分运用医疗、法律、行政、经济、文化各种手段和措施，构建戒毒工作一体化，实现社会对戒毒人员的综合施治，帮助他们正确处理生活、工作中遇到的各种问题，督促他们抵御复吸风险，继续保持操守。

二、戒毒工作一体化机制具体设想

（一）建立专门机构，统筹协调各种戒毒措施

目前各类戒毒措施针对不同戒毒人员，卫生行政部门、公安机关、司法行政部门、街道乡镇等各管一摊，彼此信息缺乏沟通，未能形成合力，一定程度上造成资源浪费。为此，统筹以上各种戒毒措施，"建立由禁毒委员会统一领导，卫生行政、公安、司法行政、地方街道办事处、乡镇人民政府、药监各负其责的一体化、综合治理的格局"[1]，便于开展戒毒一体化工作。

（二）建立专门队伍

目前医疗戒毒、强制隔离戒毒、康复戒毒都已经有了一支专门的工作人员队伍。但是诚如前文分析，在社区戒毒（康复）工作上，专门从事戒毒治疗、戒毒督导的工作人员队伍并不齐整，这直接影响到戒毒康复工作效果。因此，笔者建议可以借鉴上海社区戒毒（康复）工作模式，将社区戒毒（康复）工作交由司法行政部门承担，具体由司法所负责社区矫正工作的司法行政机关民警负责，在承担社区服刑人员社区矫正工作的同时，承担社区戒毒（康复）工作，其业务指导可由康复戒毒场所负责。理由有三：一是强制隔离戒毒场所与康复戒毒场所同属于司法行政部门，在康复戒毒场所提前介入、与临近解除强制隔离戒毒人员接触便于出所后的督导方面具有优势。二是康复场所在将戒毒工作向社会延伸方面已经做了很多有益的探索。如北京市天康戒毒康复所自 2007 年起，就尝试与地方司法所、街道办事处、乡镇人民政府合作，建立戒毒康复辅导站，指导地方开展社区戒毒、社区康复工作，积累了一定的工作经验。三是目前北京市社区矫正工作是在市司法局统一领导下，由市监狱局和教育矫治局派出民警具体负责，借由这部分民警承担社区戒毒（康复）工作，既节省资源，又便于工作开展。

三、逐一捋顺工作机制，真正实现"无缝衔接"

（一）捋顺强制隔离戒毒与康复戒毒衔接的工作机制

一是捋顺信息共享工作机制。北京籍贯强戒人员出所时，强戒所将其基本情

---

〔1〕 徐万富、庄许洪、张志东、王秋宇、张伟一：《戒毒工作一体化研究》，载《中国司法杂志》2015年第 8 期。

况转给康复戒毒场所。康复戒毒场所指派专人与其所在街道及家庭联系，开展工作，创造一个有利于安心戒毒的家庭环境。二是捋顺宣传教育工作机制。康复戒毒场所可以定期对强戒人员及其家属开展宣传教育，帮助强戒人员及家属了解康复戒毒场所及工作方法，掌握必要的知识和技巧，提高家属督导能力。三是捋顺体验过渡工作机制。强戒所通过定期开展诊断评估工作，科学评价强戒人员戒毒效果，对那些戒毒动机较强、戒毒效果较好、家庭具备帮教条件的强戒人员可以通过体验的方式，让其到康复戒毒场所亲身体验康复戒毒的各项措施。同时，对那些北京籍的强戒人员，在出所时，由康复戒毒场所派出工作人员与其本人、家属、派出所、街道、司法所"五见面"，发放"爱心求助卡"，便于强戒人员出所后遇到复吸风险及时求助或到康复戒毒场所规避，避免复吸。四是捋顺后续督导工作机制，将北京籍贯出所强戒人员统一纳入康复戒毒场所的后续督导范围内，由康复戒毒场所指定专人定期与其联系，开展戒毒小组活动，对其进行戒毒督导。

（二）捋顺社区戒毒、社区康复与康复戒毒场所的衔接机制

一是捋顺教育培训工作机制。康复戒毒场所为社区戒毒（康复）人员开展戒治培训和心瘾治疗，帮助他们系统解决毒瘾戒断问题。对街道的工作人员开展授与戒毒人员沟通技巧、督导技巧等实用技能培训。二是捋顺社会宣传工作机制。康复戒毒场所与街道合作，定期走进社区、学校、企业等，开展有针对性的防毒教育。三是捋顺戒毒督导工作机制。康复戒毒场所对社区戒毒（康复）人员开展戒毒督导，定期评估复吸风险，评估风险较小的，可以在社会中继续督导。评估方经再次评估复吸风险降低后，继续回到社会。四是捋顺社会帮扶工作机制。完善社会救助系统，协调完善针对性的社会帮扶平台，康复场所与街道共同合作，积极协调合作共建单位、街镇、民政等部门，从社会救济和社会帮扶角度出发给予社区戒毒（康复）人员一定现实帮助，提供基础性生活保障和一定的物质补助，开展就业培训，逐步扩大就业安置和帮扶范围。

（三）捋顺医疗自愿戒毒与康复戒毒的衔接机制

一是捋顺戒毒病人转介工作机制。康复戒毒场所派人在医疗自愿戒毒场所驻点，对正在接受医疗戒毒的人员及家属开展宣传，使他们了解后续的心理脱毒及回归社会过程对戒毒的重要意义。对有意愿的戒毒人员，待其生理脱毒结束后，转介到康复戒毒。同时，对一些在康复戒毒过程中，幻听幻视等精神症状未能有效缓解，甚至较严重的戒毒人员，康复戒毒场所也可以将其转介到医疗自愿戒毒场所。二是捋顺定期巡诊工作机制。医疗自愿戒毒场所派出医生定期到康复戒毒场所巡诊，发现有严重问题的戒毒人员对其实行转介。三是捋顺培训机制。康复戒毒场所可以邀请医疗自愿戒毒场所医生开展如何缓解戒毒人员稽延性戒断症状

等方面的培训。

　　我们认为：吸毒现象不仅仅是个人问题，更是家庭问题和社会问题。因此，要运用社会各方面的力量，整合现有的戒毒模式和戒毒自愿，对戒毒人员进行教育、管理、戒治、帮扶，才能帮助戒毒人员保持操守，遏制我国吸毒人数逐年攀升的趋势。

新时期加大假释适用的思考

北京市监狱管理局[1]

假释制度自诞生以来，因其能够有效配置社会资源、激发罪犯改造内驱力、降低监狱刑罚执行成本而备受欢迎。我国虽然确立了此项刑罚制度，并在历次《刑法修正案》中都作了明确规定，但受诸多因素影响，实践中适用率始终较低。依据司法部全国刑罚执行统计分析报告，2016 年全国假释率为 1.28%，全国有 25 个省（区、市）假释率不足 1%，为近十年最低水平。

当前，刑罚适用宽缓化、刑罚执行严格化成为社会共识，在进一步严格假释条件和程序的前提下，如何加大适用，从而充分发挥假释制度的积极作用，仍然值得深入探索。本文以监狱机关视角，结合北京市适用假释的实际情况，分析当前假释率低的原因，提出依法加大假释适用的设想和举措。

一、我国假释制度的基本内涵

我国现行《刑法》第 81 条规定："被判处有期徒刑的犯罪分子，执行原判刑期的 1/2 以上，被判处无期徒刑的犯罪分子，实际执行 13 年以上，如果认真遵守监规，接受教育改造，确有悔改表现，没有再犯罪危险的，可以假释。对累犯以及因故意杀人、强奸、抢劫、绑架、放火、爆炸、投放危险物质或者有组织的暴力性犯罪被判处 10 年以上有期徒刑、无期徒刑的犯罪分子，不得假释。"

由此可以看出，假释制度的内涵可以概括为五个方面：其一，假释的适用对象是被判处有期徒刑、无期徒刑且在狱内服刑的罪犯。其二，假释不是适用于狱内服刑的全部罪犯。对累犯以及因故意杀人、强奸、抢劫、绑架、放火、爆炸、投放危险物质或者有组织的暴力性犯罪被判处 10 年以上有期徒刑、无期徒刑的犯罪分子，不得假释。其三，假释有明确的实质要件。除法定特殊情况外，一般需经过法定期限的惩罚和改造。如有期徒刑要执行原判刑期 1/2 以上；无期徒刑要执行 13 年以上。同时，还要"确有悔改表现，假释后没有再犯罪危险"。其

---

〔1〕 执笔人：林仲书，北京市监狱管理局党委副书记、副局长。

四，假释有严格的程序要件。必须经执行机关考核，必须报经人民法院裁定。其五，假释是附条件的提前解除监禁，是刑罚执行方式和场所的变更。

二、假释适用率低的原因分析

从我国假释制度的适用现状看，各地都在积极探索和尝试，但适用不平衡，假释适用率低仍然是最为突出的问题。以我局为例：近年来，我局深入贯彻宽严相济的刑事政策，认真执行法律、相关司法解释和有关规定，积极依法适用假释。一是与人民法院及检察机关密切配合，不断完善我市假释工作规定，细化执法标准；二是严格审批流程，开展有针对性的培训，深化狱务公开，强化内、外部监督，提高假释办案质量；三是积极探索构建假释评估机制，量化"没有再犯罪危险"假释要件的评判标准，有效防范风险。通过严谨细致的工作，确保了适用假释的公平、公正。尤其是 2007 年我市公、检、法、司、监狱、安全各政法机关会签了《关于对罪犯假释工作规定》，从政策上加大假释适用，随后几年我局年假释率基本保持在 6—9% 左右，高于全国平均水平，取得了较好的法律效果和社会效果。受刑事政策调整、强化责任追究等因素影响，近三年假释数量和比例降幅明显，2016 年假释数量、比例达到历史低点，仅为 1.05%。

综合实践来看，假释适用率低主要包括四个方面的原因：

（一）受刑事政策调整的影响，假释适用范围、比例进一步缩小

《刑法修正案（八）》规定，累犯以及因故意杀人、强奸、抢劫、绑架、放火、爆炸、投放危险物质或者有组织的暴力性犯罪被判处 10 年以上徒刑、无期徒刑的犯罪分子，不得假释。《刑法修正案（九）》规定，对被判处终身监禁的罪犯，不得假释。2017 年 1 月 1 日，《最高人民法院关于办理减刑、假释案件具体应用法律的规定》（以下简称法释〔2016〕23 号文件）实施，明确对于生效裁判中有财产性判项，罪犯确有履行能力而不履行或者不全部履行的，不予假释。以我局今年 4 月底押犯 7899 名统计，上述不得假释的罪犯约占 40% 以上。

2014 年中央政法委下发《关于严格规范减刑、假释、暂予监外执行 切实防止司法腐败的意见》，规定对于职务犯罪罪犯假释比例不得明显高于其他罪犯比例。2017 年 3 月"两院两部"再次要求进一步严格规范对十八大以来交付执行的贪污贿赂罪犯假释，假释比例不得高于其他罪犯相应比例，对此类罪犯假释比例控制必然导致此类罪犯适用数量下降。

此外，在当前"刑罚适用宽缓化，刑罚执行严格化"的背景下，监狱在押罪犯的结构发生较大变化，轻刑犯数量逐步减少，而职务犯等"三类罪犯"、危害国家安全犯、邪教罪犯、黑恶罪犯、毒品犯等数量增加。对这些刑法重点打击的罪犯，刑法虽未列入不得假释范畴，但有关政策均要求要从严慎重适用假释，实践中适用数量也几乎为零。

（二）适用假释实体条件和程序条件相比减刑更为严格，实质要件也不易把握

目前，减刑适用率远远高于假释适用率是普遍现象。依据2016年司法部全国刑罚执行统计分析报告，2016年全国假释率为1.28%，减刑率为40.9%，减刑、假释适用数量严重失衡。从适用条件看，假释实体条件和程序条件相比减刑更为严格。实体方面不仅要达到"确有悔改表现"，同时要具备"没有再犯罪危险"，还应当考虑其假释后对所居住社区的影响，要取得社区矫正机关的同意。程序方面最高人民法院和最高人民检察院在2014年都出台了相关程序规定，对假释案件的审理和监督作了更加严格的规定。因此实践中执行机关、检察机关和审判机关更倾向于使用减刑，甚至部分罪犯也愿意选择减刑。

《刑法修正案（八）》中，将原假释条件中"假释后不致再危害社会"调整为"没有再犯罪的危险"，同时规定：认定"没有再犯罪的危险"，除符合《刑法》第81条规定的情形外，还应当根据犯罪的具体情节、原判刑罚情况，在刑罚执行中的一贯表现，罪犯的年龄、身体状况、性格特征，假释后生活来源以及监管条件等因素综合考虑。但从实际操作层面仍然难以把握，法院、检察院、监狱机关对此条件的认识也不统一。众所周知，犯罪行为是非常复杂的社会现象，即使罪犯在狱内确有悔改表现，也无法保证在外界的刺激下不会重新违法犯罪。"没有再犯罪危险"不易把握，也是导致假释适用率低的原因之一。

（三）财产性判项与减刑、假释相关联，客观上影响了假释的适用

2012年7月1日，《最高人民法院关于办理减刑、假释案件具体应用法律若干问题的规定》实施，确立了罪犯减刑、假释与财产刑判项相关联的原则。2017年的法释〔2016〕23号文件，又规定对于生效裁判中有财产性判项，罪犯确有履行能力而不履行或者不全部履行的，不予假释。但是对于涉财罪犯履行能力如何认定，由谁认定均未明确，加之财产性判项的数额从几千元到上亿元不等，如何科学地建立原判数额、执行数额与假释之间的比例关系，也是实践中的难题。人民法院是涉财判项的法定执行主体，监狱机关除对罪犯狱内存款和消费可以考察外，对其是否具有履行能力无法认定。实践中，检察院、法院要求拟提请假释罪犯需全部履行涉财判项，否则不同意提请或不予裁定假释，客观上也影响到了监狱机关对罪犯假释的选择适用。

（四）办理假释案件缺少免责规定，责任倒查的程序和标准不明确

当前办理假释案件实行"谁承办谁负责，谁主管谁负责，谁签字谁负责"办案责任制，终身追责。罪犯假释后，受各种原因的影响，存在违法违规或者重新犯罪的可能性。从以往情况看，假释罪犯一旦重新犯罪，主要是倒查和追究提请假释的监狱机关和案件办理人员的责任。但目前，对于假释案件责任倒查缺少相应的程序和标准，因此不排除存在随意性。对于监狱机关在办理罪犯假释中没有违法违规，更是缺少免责条款，形成只要假释罪犯又犯罪，监狱机关就必须承担责任的情况。由于监狱机关承担着过重的责任，最好的解决办法莫过于不办理、不批准，久而久之，就形成一种能不办就不办的局面。

三、加大假释适用的必要性和可行性

行刑社会化作为一种现代刑罚理念，体现着科学、人道、效率等以人为本的时代精神。2017 年法释〔2016〕23 号文件要求，"严控减刑，加大假释适用"，更进一步为加大假释适用提供了法律支持。加大假释适用已是刑罚执行方式适应社会发展的必然趋势。

第一，贯彻宽严相济刑事政策，维护社会稳定的需要。宽严相济刑事政策是我国的基本刑事政策，贯穿于刑事立法、刑事司法和刑罚执行的全过程。实施宽严相济的刑事司法政策，是维护社会稳定、促进社会和谐的重要保障。既有力地打击和震慑犯罪，维护法律的权威和尊严，又充分重视依法从宽的一面，最大限度地化消极因素为积极因素。对于经过监管改造、确有悔改表现、没有再犯罪危险的罪犯，用好用足现行法律，扩大假释率，实行社区矫正，不但利于集中力量打击严重犯罪，也利于促进假释罪犯回归，从根本上缓解冲突，减少对抗，实现法律效果和社会效果的有机统一。

第二，激励罪犯改造，促进罪犯顺利回归的需要。假释利用罪犯渴望获得自由的心理，要求罪犯在服刑期间要确实悔改而且一贯表现好，这必然激发罪犯的改造内驱力，使其由被动改造转向自觉改造。假释帮助罪犯提前融入社会，从监禁到社会之间搭建起一座桥梁，这也是其他刑罚制度不可替代的。附条件的提前释放远比直接释放更具可控性，调查显示，假释人员的重犯率更低，矫正效果更突出。

第三，与现代先进行刑制度逐步接轨的需要。随着现代刑罚制度的发展，教育刑论已逐步取代单纯的报应论，预防犯罪、矫正罪犯，已是各国共认的刑罚的最终目的。假释制度与刑罚目的相一致，世界上多数国家广泛采用这一制度，并取得很好的经验和效果。因此，在与国际社会联系日趋紧密的今天，随着司法交流的深入，借鉴其他国家有益经验，完善我国假释制度，加大假释适用势在必行。

从实践情况看，依法加大假释适用也是可行的。首先，2017 年的法释〔2016〕23 号文件，规定了从宽假释的范围，对同时具备减刑、假释条件的优先适用假释，进一步体现了加大假释适用精神，政策导向更加明确。其次，近年来，各地社区矫正工作开展已经相对成熟。以北京市为例，自 2003 年开展社区矫正试点工作以来，目前已在全市全面开展，形成了专业力量与社会力量相结合的组织队

伍，形成了较为严密的制度体系和一套行之有效的工作方法，对假释人员的监管、社区矫正具有较强的工作基础。最后，各地探索加大假释适用也取得一定成效，如山东、贵州、上海、浙江等假释率较高省份已积累了一定经验，值得推广。

四、加大假释适用的设想及举措

（一）转变行刑理念，科学认识并充分发挥假释制度的积极作用

轻刑化、缓刑化的发展趋势，体现了人类社会更理智、更人道、更高效的刑罚观念。刑罚执行机关、法院、检察院、司法行政机关都应该在观念上有所突破，本着现代行刑理念、注重刑罚效益，促使罪犯回归社会的精神，从既严格执法又利于综合治理的思路出发，积极推进假释制度向科学化、国际化方向发展，不断依法加大假释的适用范围和比例。同时，应加强对社会公众的舆论引导，改变报应刑主义和重刑观念，正确看待罪犯假释工作。

（二）进一步完善工作制度，倡导扩大假释适用

在当前法律框架下，以全面贯彻法释〔2016〕23号文件为契机，及时修订完善假释工作制度，加大假释适用。

第一，进一步明确适用假释的对象范围。除法定不得假释的罪犯以及在实践中重犯率高的罪犯一般不适用假释以外，规定对其他罪犯均可适用假释。

第二，区分从宽、从严、一般条件，针对不同对象适用不同的假释条件。对过失犯罪的罪犯、中止犯罪的罪犯、被胁迫参加犯罪的罪犯、因防卫过当或者紧急避险过当而被判处有期徒刑以上刑罚的罪犯、犯罪时未满18周岁的罪犯、基本丧失劳动能力、生活难以自理，假释后生活确有着落的老年罪犯、患严重疾病罪犯或者身体残疾罪犯、服刑期间改造表现特别突出的罪犯和具有其他可以从宽假释情形的罪犯从宽掌握。对危害国家安全犯、严重暴力犯、毒品犯、三类罪犯、数罪并罚或有前科劣迹的、连续犯罪等罪犯符合条件可以假释的，要按从严标准办理。其他罪犯按一般条件办理。

第三，考虑原判刑期、依据服刑期间表现所评定奖励和剩余刑期三个因素，综合设置假释考验期。按原判刑期的不同，分为原判不满5年有期徒刑、原判5年以上不满10年有期徒刑、原判10年以上有期徒刑、原判无期徒刑、原判死刑缓期2年执行五个档次。每个刑期段，设定不同奖励条件，达到1至5个表扬不等；放宽相应的余刑条件，从6个月到2年。如规定"原判不满5年有期徒刑，获得的奖励累计折算期限在5个月以上，且扣除该期限后剩余刑期在6个月以内的"，即表示此类罪犯如获得一个表扬对应5个月考验期，扣除5个月剩余刑期在6个月以内，即可提请假释，假释考验期为11个月以内。

第四，相比减刑对适用假释给予适当从宽政策。服刑期间确有悔改表现获得

多个奖励，假释考验期优于减刑幅度。对从宽适用假释的罪犯既符合减刑条件又符合假释条件的，优先适用假释。对原判不满 5 年有期徒刑的表现突出罪犯，假释考验期适当延长，接近达到原判刑期 1/2 的法定标准。

（三）构建拟假释罪犯再犯罪风险评估机制

20 世纪 30 年代以来，各国逐渐开展再犯预测研究，并相应建立了评估机制，取得很好的经验和效果。对拟假释罪犯开展再犯罪风险评估，是指依据制约个体犯罪的社会、生理和心理等因素，预测和推断拟假释罪犯在假释后重新犯罪的可能性。近年来，我局把建立拟假释罪犯再犯罪风险评估机制作为依法扩大假释的切入点，进行了有益探索和实践。一是对近年刑满释放的累犯罪犯重新犯罪原因进行调查，确定诱发假释罪犯可能重新犯罪的因素。二是制定适用假释罪犯再犯风险评估调查量表。在累犯调研的基础上确定预测因素，研判权重，赋予分值，形成假释再犯风险评估量表。再犯风险评估调查量表除包括罪犯基本情况、心理指标、服刑全过程的相关内容外，还包括对社会因素进行调查，对科学评判"没有再犯罪危险"起到了有效作用。因此，要加大假释适用，必须研制评估量表，构建科学评估机制，保证假释质量。

（四）进一步规范涉财产性判项与假释关联机制

由法院完善细化并出台财产性义务与减刑假释关联的实施细则，统一关联标准。加强法院内部协调，规范法院执行部门对于罪犯涉财判罚的执行，以及是否具有执行履行能力进行判定。对于罪犯或其近亲属申辩无履行能力的，应当向原审人民法院提交书面申辩材料和有关证明材料，由法院执行部门予以认定。涉财罪犯在交付执行时，法院对涉财判项执行情况应提供书面说明材料，便于监狱机关掌握。解决目前对大部分未全部履行涉财判项罪犯是否具有履行能力的认定问题，除确有履行能力而不履行或者不全部履行的不予假释外，其余涉财罪犯则可以提请、裁定假释。

（五）进一步完善假释案件责任倒查的程序和标准，建立免责条款

我们认为，对于假释罪犯的重新违法犯罪不能一概而论，应加以区分。如果确属监狱提请不当，或在办理假释过程中存在舞弊行为的，必须严查并依法处理。而其他非监狱原因造成的罪犯假释后再次违法犯罪的，不应追究监狱机关的责任。应尽快建立统一的责任倒查程序和标准，做到"有法可依"，减少随意性。

（六）加强顶层设计，完善细化《刑法》《刑诉法》中相关条款

虽然我国《刑法》《刑诉法》规定了假释有关条款，但仍不具体，各地执行中也不统一。为加大假释适用，充分发挥其功能，应尽快在刑事法律中给予细化。当前，司法部已经对全国监狱的计分考核和行政奖励作了统一规范，衡量罪犯日常表现有了统一的量化指标，这为进一步完善假释制度奠定了基础。下一步

应加大假释适用，除规定"不得假释"以外，都可以适用假释；进一步细化"确有悔改表现，没有再犯罪危险"具体标准，使其成为可操作、能实际衡量罪犯真实改造表现的尺度；要完善程序标准，建立科学的评估体系；改革假释审批权，成立专门的假释委员会等。通过加强顶层设计，使假释制度由目前的"残刑"假释转向法定假释，使假释成为绝大部分罪犯在刑释前必经阶段，推动形成"假释为主，减刑为辅"的刑罚执行新格局。

2017 年首都社会治安综合治理
"七五"教育普法自查报告

北京教育系统法治宣传教育工作领导小组办公室

对照《〈2017 年首都社会治安综合治理（平安建设）〉工作考核评分细则（考核部门部分）"七五"普法宣传情况考核指标》，北京教育系统严格自查，全面梳理 2017 年工作，自评分数为 2 分。自评自查相关情况如下：

一、建立普法责任清单（0.2 分）

依据"七五"普法规划和全市年度法治宣传教育工作要点，制定并下发《2017 年教育法治工作要点》，明确年度普法工作要求；制定、下发《北京教育系统法治宣传教育第七个五年规范（2016—2020 年）重点任务分工》，确保各项普法工作举措落到实处、各项主要任务按时完成，协同推进"七五"普法目标顺利完成。

二、健全普法责任机构（0.2 分）

认真落实教育部、市法宣办相关要求，充分发挥北京教育系统法治宣传教育工作领导小组工作职责，主要领导和主管领导有明确的普法责任任务，具体职责部门充分履职，全面推进各项法治宣传教育任务。及时编制北京教育系统法治宣传教育工作专项经费，为普法工作开展创造条件。

三、明确普法宣传内容（0.2 分）

深入学习宣传习近平总书记关于全面依法治国的重要论述，宣传党中央关于全面依法治国的重要部署。围绕习近平总书记关于教育和北京工作指示系列重要讲话，以及党的十九大精神，定期组织两委一室理论中心组学习。明确学习纪律，严格学习要求，保证学习时间，切实让每位领导干部做到熟知报告要求，领会思想精髓，真正将各项要求切实贯彻落实到教育工作的全过程和各个方面。突出学习宣传宪法，深入学习宣传中国特色社会主义法律体系。深入学习宣传党内法规，邀请中科院纪检组组长高波为两委一室领导班子及各处处长主讲《问责条例》，强化党员领导干部带头落实管党治党政治责任，努力做到心系使命、敢于担当的意识。

四、强化载体阵地建设（0.2分）

加强机关法治文化建设，张贴国家宪法日、国家安全日、禁毒日等宣传海报，派发《宪法》《总体国家安全观干部读本》等书目，营造机关良好的学法氛围。按市法宣办工作安排，及时领取、张贴法治宣传挂图海报，并发放至各区教委及中小学校。

重视发挥新媒体在法治宣传教育工作中的重要作用，通过北京市教委政务网站、北京市青少年法治宣传教育资源网、北京各方新闻媒体网站、法治与校园公众号、丘瑞斯APP手机平台等途径加强媒体宣传，积极宣传、推广青少年法治教育活动，法治宣传教育工作的影响力不断增强。

五、开展主题宣传活动（0.2分）

利用学校安全教育日、6·26、12·4国家宪法日等重要时间节点，组织宪法诵读、宪法临摹、学生自护主题教育、禁毒教育课等多种形式多样的主题教育活动，营造学法守法校园氛围。依托青春船长、公益律师等法治教育力量，结合学校学生法治教育需求及社会热点等问题，积极开展校园、班级主题宣传活动，法治教育不断深入。

六、落实"谁执法谁普法"普法责任制（1分）

1. 切实做好本系统普法（0.4分）

认真贯彻落实中央及市委关于"国家机关'谁执法谁普法'普法责任制"任务，坚持将普法责任制落实情况作为两委法治教育的重要内容，把其纳入工作总体布局，做到与其他工作同部署、同检查、同落实，切实将各项要求落实到具体工作中去。

抓住重点对象学法，定期开展中心组理论学法，学法制度健全，学法活动记录健全；落实机关学法制度要求，每年至少安排4次办公会会前学法，推动经常性学法不断深入。抓住领导干部关键少数，严格落实领导干部学法要求，邀请多位专家，围绕《民促法》《信息公开条例》等新法新规，组织两委一室领导及各处处长开展办公会前学法。

加强法治培训，制定年度法治培训计划；重视两委一室机关工作人员法治思维和法律意识能力建设，通过组织模拟法庭、观看依法行政专题片、旁听案件庭审等形式，定期组织依法行政专项法治教育培训班，机关干部办事依法、遇事找法、解决问题用法、化解矛盾靠法的自觉性基本形成。加强对各区法治教育任务落实情况的督导检查，坚持法治教育做到年初有计划，年终有总结，日常有督导。

2. 积极开展社会普法（0.4分）

坚持规范教育立法工作，制定教育法律法规等文件时，对社会关注、涉及公众切实利益的重大事项，及时向社会公开征求意见。落实法务公开要求，通过首都之窗、市教委等政务网站，及时推送教育依法行政工作相关要求，针对社会和群众关注的热点问题和事件，通过首都教育、现代教育报等媒体平台广泛开展宣讲，增强公众对教育法律法规及规章制度的理解和认知。

加强政策法规宣讲，对每位案件当事人和行政相对人、利害关系人及管理对象或服务对象等重点人群，充分释法说理，仔细宣讲相关法律依据、救济途径，积极引导当事人依法按程序表达诉求，理性维护合法权益，运用法律手段解决矛盾纠纷。充分利用行政案件调解工作时机，在尊重双方当事人意愿、合法合情合理的基础上，与当事人以诚相待、贴心开导、耐心劝说、细心释法，帮助当事人解除心中疑虑，促成当事人之间的和解，化解矛盾，实现案结事了、定纷止争。履行社会普法职责，积极向市法宣办报送动态法治宣传教育工作信息。

3. 扎实推进 "以案释法"（0.2 分）

认真落实 "以案释法" 制度。认真落实市法宣办关于 "以案释法" 工作要求，组织各区建立 "以案释法" 工作机制，定期开展教育活动。依托青春船长、公益律师、家长委员会、法制副校长等普法队伍，围绕宪法教育、禁毒、青春成长、校园欺凌、国家安全等主题，采用主题团队会、主题法治课、模拟法庭、国旗下讲话、展示校园情景剧等多种寓教于乐的形式，切实将校园法治教育要求落到实处。

坚持做好案例整理发布。定期收集整理并编辑涉及通过《法治与校园》普法刊物、北京市青少年法治教育资源网、法治校园公众号等平台，定期推动青少年自护自卫、社会关注、群众关切的教育案例，以案释法，以案讲法。

奋进的足迹——2017 年北京律师行业十大亮点工作盘点

北京市律师协会

光阴如梭，时光荏苒，转眼间我们迎来了 2018 年，站在这个全新的时间点上回顾刚刚过去的一年，可谓是成果颇丰。2017 年，北京市律师协会以学习贯彻党的十九大精神为重点工作，充分发挥职能作用，积极开拓创新，在加强律师思想政治工作，维护律师合法权益，完善行业体系建设，服务政府中心工作以及协会信息化建设等方面展现出多头并进的全新气象，并呈现出"十大亮点"。

一、北京律师行业践行十九大精神落地生根

2017 年 10 月党的十九大召开后，北京律协党委迅速在全市律师行业掀起了学习宣传贯彻党的十九大精神的热潮。先后召开了党委扩大会、市区两级律协会长联席会进行集中学习，主管局领导王群同志为大家讲了党课，下发了《关于在全市律师行业掀起学习宣传贯彻党的十九大精神热潮的通知》，对行业学习宣传贯彻党的十九大精神进行了全面部署；先后举办了专题辅导报告会、井冈山培训班、主题演讲大赛、北方律师发展论坛、青年律师女律师研讨座谈会、歌咏比赛等系列活动，党的十九大精神在首都律师行业落地生根。为加强行业党建工作，今年北京律协党委与市司法局联合召开了 9 年来规模最大的北京市律师行业党建工作会议，并率先成立思想道德建设委员会，以实际行动落实司法部关于加强律师思想政治工作的通知精神。

二、北京律协多措并举提升行业地位、服务会员权益

2017 年，北京律协认真贯彻市委市政府关于加强律师工作的指示精神，全面落实司法部和全国律协的部署要求，在全国率先实现了市区两级律师协会"维护律师执业权利中心"建设的全覆盖，实现了维权申请第一时间受理、第一时间调查、第一时间处理、第一时间反馈，切实提高了"维权"工作的及时性和有效性。"维权中心"成立以来，在跨区域律师个案维权工作中成效显著，如京平所顾冬庆、王志伟律师湖北办案被围殴事件、在明所刘勇进律师扬州被殴打事件以及在明所杨在明律师山东济南被刺伤事件等，"维权中心"均快速启动跨区域

联动维权机制，在当地律协积极配合下，有效维护了律师合法权益，得到了律师群体及社会各界的纷纷点赞。与此同时，经积极努力，多方沟通协调，律师行业被正式纳入北京市工作居住证办理范围，符合条件的非京籍律师可以申办个人工作居住证。

三、北京律协大力推进以章程为总纲的行业规范体系建设

2017 年，北京律协为进一步加强自身建设，根据党的十八大以来中央对全面推进依法治国、加强社会主义法治建设作出的新部署，中办、国办《关于深化律师制度改革的意见》、司法部《关于进一步加强律师协会建设的意见》以及全国和全市律师工作会议对发挥律协自律作用、加强律协建设提出的新要求，完成了《北京市律师协会章程》和监事会工作规则的修订工作。以章程修订为契机，协会修订颁布了《北京市律师执业规范》《会费管理办法》《纪律处分规则》《实习管理办法》等行业规则 16 部，制订了《会费支出管理办法》，进一步完善了北京律师行业规范体系建设。同时，在全国率先实现了市区两级律协"投诉受理查处中心"建设的全覆盖。此外，为跟踪记录北京律师业发展脉络，协会还出版了《北京律师蓝皮书》（第三册）；为发挥行业引领作用，协会积极推进智库建设，编辑出版了刑事、民事二审再审改判案例。

四、北京律协与市司法局、首都文明办共同开展"2017 北京榜样·寻找律师楷模"主题活动

为树立律师行业的时代楷模，向社会全方位地展示北京律师在全面推进依法治国伟大实践、加快法治中国建设等方面的作用和贡献，发挥先进典型的引领、示范作用，2017 年 9 月 20 日，北京市律师协会与北京市司法局、首都文明办共同开展的"2017 北京榜样·寻找律师楷模"主题活动启动，此次活动分为申报初评、传播推广、评审表彰三个阶段。经过广泛发动、层层举荐、资格审查、专家评审、行业代表评选、公示展示等环节，最终产生律师楷模 10 名、入围奖 20 名，律师团队特别推荐奖 3 个。该活动的成功举办将推动开辟律师行业创先争优的浓厚氛围，激励广大律师为实现中华民族伟大复兴的中国梦做出新贡献。

五、北京律师参政议政工作取得新突破

2017 年，14 名北京律师当选新一届北京市人大代表，比上届大幅增长 75%。同时，年内 3 名律师当选北京市第十二届党代表。在 2016 年底，90 名律师当选北京市各区级人大代表和政协委员，比上届增长 30%。这些数字折射出北京律师在参政议政领域取得新的突破。这是十届北京律协，在市司法局党委的正确领导和积极推动下，主动与市委组织部、市委政法委、市委统战部等部门沟通协调，发挥市律协参政议政促进委员会平台作用，积极推动律师在全面依法治国进程中发挥专业优势参政议政取得的重大成果。同时，也从另外一个角度充分反映

出广大律师多年来在围绕中心服务大局、主动参与社会矛盾化解、有效维护社会和谐稳定、积极投身公益法律服务等方面取得的成绩得到了社会广泛认可。

六、北京律协积极推进"疏解整治促提升"服务保障工作

今年，北京律协响应市委、市政府的要求，在市司法局的指导下，组建了服务保障"疏解整治促提升"律师服务团，充分发挥律师在化解社会矛盾、维护社会稳定、推动城市发展方面的作用。先后编纂完成了《北京市"疏解整治促提升"十大专项行动相关法律法规汇编》《北京市"疏解整治促提升"十大专项行动相关案例汇编》，制定了《律师承办房屋征收和征地拆迁业务指引》；整理完成了《治违专项行动相关法律问题解答》。同时，还积极走访专项行动牵头部门逐一对接法律服务需求，走访各区律协（律师工作联席会）推动形成市区两级工作合力，受到市住建委、规划委、商务委、综治办等相关部门的充分肯定和高度评价。

七、北京律协积极服务"一带一路"发展倡议

近年来，北京律协积极服务国家"一带一路"发展倡议，为着力提高首都律师涉外法律服务水平，不断加强与国内外律师同行交流合作，为中国律师的国际化之路以及行业健康发展铺路搭桥。2017年，北京律协分别组织出访团到俄罗斯、白俄罗斯、新加坡及日本等地开展交流，与新加坡、莫斯科、明斯克三市律协签订合作备忘录，积极主动参与国家"一带一路"建设，开启融入国家立体外交布局的新篇章；举办"扬帆百人计划"第二期"国际投资与并购法律实务培训班"，加大对涉外法律服务人才培养力度。同时，相继完成全球系列国别法律风险与投资案例专题调研报告之北美篇、欧洲篇两个报告，实现了七年七报告，为中国律师和企业防范投资中的重大法律风险提供预警和评估，护航中国企业"走出去"。

八、北京律协积极响应行业呼声拓宽行业人才引进渠道

近年来，随着北京律师行业的不断变化发展，行业人才短缺、从业人员道德品行监管不够细化等问题日益突出。2017年，北京律协结合市司法局《北京市律师执业管理办法实施细则》《北京市律师事务所管理办法实施细则》的颁布实施，对《北京市律师协会申请律师执业人员实习管理办法》《北京市律师协会申请律师执业人员实习考核规程实施细则》《北京市律师协会重新申请律师执业人员和异地变更执业机构人员审查考核办法（试行）》进行了修订，通过相关规定的调整和完善，既为北京律师行业的人才引进创造更为便利的条件，也为行业协会规范管理提供了必要保障。

九、北京律协在京举办跨区域系列研讨会等业务交流活动

2017年，为更好地搭建各省（市、区）律师行业间沟通与交流的平台，北

京律协共联合了全国 25 个省（市、区）律师协会，分别举办了"律师服务'一带一路'高峰研讨会""传承·创新·发展——首届京皖豫鄂陕法治建设与律师服务研讨会""法治·创新·规范·发展——首届京湘粤桂琼律师服务研讨会""首届京云贵川律师实务研讨会"等跨区域系列研讨会，主题鲜明、内容丰富，先后来自各省（市、区）的千余名律师齐聚一堂，共同研讨如何服务国家大局，推动律师行业的整体发展，实现互助共赢，并发表二百余篇主题演讲。同时，协会首次与市法官协会联合成功举办模拟庭审活动，进一步加强法律职业共同体建设，共同促进提升律师、法官的专业素养和职业能力。

十、北京律协积极推进"四位一体"信息化建设

2017 年，北京律协顺应移动互联网时代行业管理与服务的需求，为广大会员提供更为优质便捷的服务，持续推进协会信息化建设工作，开发并上线了"北京市律师协会"微信公众号；在首都律师网新建了视频培训、调查问卷、电子资料库等栏目，完成了律师培训视频网络化建设；在首都律师 APP 新增加了律师个人专属二维码和北大法宝法规案例期刊查询功能；建设完成了律师诚信信息管理系统并即将上线运行；在新浪微博成功注册了官方帐号；通过安全建设，协会所有信息系统均达到国家规定二级等保标准，部分安全措施接近三级等保标准，保证了系统的稳定运行和数据安全。目前，北京律协已形成网站、APP、微信公众号、微博"四位一体"信息化体系，信息化建设工作迈上新台阶。

友好司法监督环境　助力仲裁行业发展

北京仲裁委员会/北京国际仲裁中心〔1〕

一、前言

仲裁机构的"民间性"、仲裁程序的"自治性"、仲裁裁决"一裁终局"等特性，决定了仲裁这一非诉讼争议解决方式接受监督及约束的必要性。法院对仲裁予以必要的干预，特别是对仲裁施以适当的监督，是世界各国仲裁立法的通例〔2〕。我国以《仲裁法》和《民事诉讼法》为中心，构建确立了仲裁司法监督体系。我国现行仲裁司法监督机制主要包括"撤销裁决"和"不予执行"，其中又以撤销仲裁裁决最为严厉。撤销仲裁裁决，即法院基于当事人的申请，对于存在法定情形的仲裁裁决予以撤销，使之归于无效的制度。撤销仲裁裁决不仅严重影响当事人利益，亦可能损及仲裁机构公信力。

人民法院对于当事人撤销仲裁裁决申请是否支持以及认定的标准是否合理，仲裁当事人在仲裁程序以及撤销裁决之诉中的权利行使正当与否，仲裁机构及仲裁庭在仲裁程序中的行为合法与否，皆能反映出我国仲裁行业的基础情况，并且关乎仲裁行业能否长期良性发展。北京着力建设法治中国首善之区，诸多法治机制皆为全国之先，人民政府及司法部门对于仲裁行业的大力支持也受全国瞩目。

北京仲裁委员会/北京国际仲裁中心（以下简称北仲）作为全国领先、国际影响力日益提升的仲裁机构，处理仲裁案件已近 35 000 件，争议金额超过 2500 亿元人民币。北仲的仲裁裁决具有广泛认可度，被人民法院撤销及不予执行率极低〔3〕。这既得益于北仲完善的案件管理机制以及对于裁决质量的高度重视，同

---

〔1〕 执笔人：刘文鹏，北京仲裁委员会/北京国际仲裁中心仲裁秘书。北仲知识管理高级主管王瑞华女士对于本文的写作提供了宝贵意见。

〔2〕 参见宋连斌：《论中国仲裁监督机制及其完善》，载《法制与社会发展》2003 年第 2 期。

〔3〕 以 2016 年为例，北仲全年受理案件 3012 件，无仲裁裁决被法院裁定撤销，仅 1 例被法院裁定不予执行；以 2017 年为例，北仲全年共受理仲裁案 3550 件，仅 1 例仲裁裁决被法院撤销，5 例被法院裁定不予执行。

时也离不开人民政府及司法部门对于仲裁事业的大力支持。然而，北仲居中作出的裁决结果往往并非令各方当事人皆能满意，故每年仍有大量的仲裁裁决被当事人提交至人民法院申请予以撤销。

归纳当事人申请撤销仲裁裁决的主要理由，以及人民法院对于相关事项的审查意见，可直观反映出北京法治建设的一个侧影。同时，基于对法院监督仲裁裁决情况的归纳，进而指出仲裁活动参与人及司法监督相关方应予注意、可作改进之处，将有助于减少不必要的诉累，也有益于维护当事人权益，最终促进社会法治建设。

二、仲裁裁决司法监督制度概述

我国《仲裁法》规定仲裁裁决司法监督制度，是维护国家法制统一性的必要措施，其主要具有如下三方面重要意义：其一，法院裁定存在重大错误情形的裁决归于无效，将有助于维护当事人的合法权益；其二，法院通过行使对于仲裁裁决的监督权力，可督促仲裁员依法公正审理并裁决案件；其三，对仲裁裁决进行必要监督并形成统一标准，将有助于提升我国仲裁事业发展的整体水平。

现有法律制度之下，申请撤销仲裁裁决需满足如下条件：其一，提出主体是仲裁案件的当事人；其二，必须在收到裁决之日起 6 个月内提出；其三，必须向仲裁委员会所在地的中级人民法院提出（北京地区仲裁裁决现由北京市第四中级人民法院进行监督）。除了上述程序性条件之外，法院撤销仲裁裁决还需具有法定事由，《仲裁法》第 58 条规定的撤销仲裁裁决事由包括：（一）没有仲裁协议的；（二）裁决的事项不属于仲裁协议的范围或者仲裁委员会无权仲裁的；（三）仲裁庭的组成或者仲裁的程序违反法定程序的；（四）裁决所根据的证据是伪造的；（五）对方当事人隐瞒了足以影响公正裁决的证据的；（六）仲裁员在仲裁该案时有索贿受贿，徇私舞弊，枉法裁决行为的；（七）人民法院认定违背社会公共利益的。

仲裁裁决被依法撤销后，仲裁裁决即归于无效，当事人可以重新达成仲裁协议通过仲裁方式解决纠纷，或者向人民法院提起诉讼。当然，若法院在司法监督过程中发现仲裁裁决所根据的证据是伪造的，或者对方当事人隐瞒了足以影响公正裁决的证据，可以通知仲裁庭在一定期限内重新仲裁。

三、北仲仲裁裁决司法监督情况概述

经归纳研究北仲仲裁裁决司法监督情况，近年来仅有少数几例被法院裁定撤销，撤销率极低。这反映了北京法院依法合理行使司法监督权力，彰显了其对于仲裁事业的大力支持态度，营造了"友好"司法监督环境，促进了仲裁机构及仲裁行业的发展。本文在反映这一为人称道的现象之外，更旨在归纳法院进行司法监督的核心意见，进而为仲裁当事人乃至仲裁机构改进其行为提出思考及建议。

本文通过对于人民法院（本文研究样本所涉及的法院为北京市第三中级人民法院）审查北仲仲裁裁决裁定文书的梳理及归纳，发现《仲裁法》第58条规定的法定撤销裁决事由皆有涉及，其中出现频率较高的事由为"仲裁庭的组成或者仲裁的程序违反法定程序"和"对方当事人隐瞒了足以影响公正裁决的证据"。同时，当事人申请撤销裁决的理由除前述法定事由之外，亦有为数众多的"其他理由"，主要包括"事实认定不清或错误""裁决有失公允""法律适用错误"等。

经本文研究归纳，对于当事人的申请及主张，人民法院基于《仲裁法》第58条、《最高人民法院关于适用＜中华人民共和国仲裁法＞若干问题的解释》第17条等规定，主要审查意见如下：

（一）关于"没有仲裁协议"

仲裁协议是仲裁程序得以开启和推进的基石，其重要性不言而喻。在仲裁当事人之间无符合法律规定的仲裁协议情形之下，如果仲裁机构对争议进行受理并裁决，当事人即有权申请法院撤销该仲裁裁决。当事人以"没有仲裁协议"作为撤裁事由，主要涉及如下三个方面：其一，不存在仲裁协议，即双方未订立仲裁协议。其二，仲裁协议无效，即仲裁协议存在违反法律有关仲裁协议有效规定的情形。其三，不受协议约束，即双方当事人并非仲裁协议的签订主体。

法院的审查意见主要包括：其一，仲裁条款虽表述不规范，如"提交北京市仲裁委员会仲裁"或"由北京仲裁委员会仲裁"等，但可确定双方提交北仲仲裁的意思表示，仲裁条款效力不受影响。其二，当事人于订立合同时就争议达成仲裁协议，即使合同未成立、未生效、被撤销，以及合同解除、终止或无效，仲裁协议效力皆不受影响。其三，债权债务全部或部分转让，仲裁条款对受让人有拘束力，除非当事人另有约定、在受让债权债务时受让人明确反对或者不知有单独仲裁协议。其四，对于仲裁条款效力或者管辖权有异议，应在仲裁庭首次开庭前提出，于仲裁裁决作出之后提出，与法不符。

（二）关于"超出协议范围或机构无权仲裁"

就争议解决范围而言，仲裁受"法律规制"和"当事人自治"两个维度的限制。仲裁庭对不具可仲裁性事项作出裁决，或裁决超出仲裁协议范围，均逾越其自身管辖权；前者侵犯法院对特定争议的专属管辖权，后者则侵犯当事人对私人争议解决方式的决定权。[1] 一般认为，"仲裁机构无权仲裁"可归纳为下述四

---

[1] 参见于喜富：《论争议可仲裁性司法审查之启动程序》，载《法学评论》2016年第3期，第53页。

类情形[1]：其一，仲裁庭所裁决事项，不具"可仲裁性"；其二，仲裁庭所裁决事项，虽有可仲裁性，却在仲裁协议范围之外；其三，虽有可仲裁性，也在仲裁协议范围之内，但超出当事人请求范围；其四，虽有可仲裁性，且在仲裁协议及当事人请求范围之内，但超出仲裁机构受理范围。

在本文的研究样本中，法院审查意见要旨如下：其一，对于仲裁协议范围的解读，需结合当事人合同履行情况而定。如果当事人对于合同明确约定之外的事项未作区分地予以履行，可认定双方于载明的合同标的之外作出补充。其二，权利实现费用系维权正当支出，虽未在合同中进行明确约定，但仲裁庭可以依据仲裁规则对其进行裁决。其三，包括"涉及刑事犯罪""罹于诉讼时效"等在内的其他事由，与"仲裁机构无权仲裁"不能等同，不属于法定的撤销事由。

（三）关于"违反法定程序"

仲裁程序的进行及仲裁裁决的作出，需恪守程序正当原则。我国现行《仲裁法》就"违反法定程序"予以明确，并通过司法解释将"违反法定程序"界定为包含"违反法律规定"和"当事人选定的仲裁规则"。需注意的是，仲裁程序包含"受理""答辩""组庭""开庭""裁决"等诸多阶段，其中涉及程序事项可谓纷繁复杂，未能完全契合各项规定之情形有时在所难免。若一旦触及法律或规则所定限制，便认定构成"裁决可撤销事由"，无疑将损及裁决稳定性及仲裁灵活性。有鉴于此，《最高人民法院关于适用〈中华人民共和国仲裁法〉若干问题的解释》第20条将"《仲裁法》第58条规定之'违反法定程序'"，界定为"违反仲裁法规定的仲裁程序和当事人选择的仲裁规则"并"可能影响案件正确裁决"。在本文研究样本中，当事人以"违反法定程序"为由申请撤销裁决案例的频率极高，程序问题的多发性及当事人对其关注度可见一斑。

法院对于该事由的审查意见主要为：其一，对于包括"送达"等在内的各项程序正当与否的审查，以仲裁规则为重要依据；如果符合仲裁规则规定，法院对其予以认可。其二，对于仲裁庭实体审理范畴事项，不在法院审查事由之列。诸如"是否调查取证""是否同意鉴定""是否决定中止"等事项，系属仲裁庭实体审理及自由裁量范畴，不属于《仲裁法》第58条项下"违反法定程序"事由。其三，对于程序瑕疵，当事人应及时提出异议。若当事人知道或理应知道程序存在违反仲裁规则或仲裁协议约定之情形却未及时提出异议，而是继续参与程序，则视为其放弃异议权。此举既体现出对于当事人意思自治的尊重，即其可对权利予以放弃；又契合诚信原则及效率理念。

（四）关于"裁决所据证据系伪造"

裁决根据事实而作出，为《仲裁法》所明确的基本原则，而事实查明则赖

---

〔1〕　参见黄进、宋连斌、徐前权：《仲裁法学》，中国政法大学出版社 2008 年版，第 148 页。

于当事人提供证据。当事人需向仲裁庭提供真实证据，若其提供伪造的证据，必定会影响仲裁庭对于案件事实作出正确判断，从而影响裁决的公正性[1]。在本文研究样本中，当事人以"裁决依据伪造的证据作出"为由申请撤销仲裁裁决虽不在少数，但申请人对该事由的提及和说明多较为简略。

对于申请人该类事由，法院审查意见主要如下：其一，构成"裁决所根据证据系伪造"的法定撤销事由，不仅需当事人存在伪造证据的行为，且该伪造证据需作为定案依据。其二，仲裁庭对于申请人持异议证据的效力认定，属于实体审理范畴，不在法院审查之列。其三，对于仲裁过程中申请人认可的证据，不得于申请撤销裁决之诉中"反言"。

（五）关于"对方当事人隐瞒证据"

在仲裁过程中，若一方当事人基于自身利益考量，隐瞒可能于己不利且不为对方掌握的证据，无疑将对仲裁庭查明事实、作出裁决产生重要影响，甚至误导仲裁庭作出与真实情况相悖、侵犯当事人合法权利的不公正、不合理裁决。鉴于此，《仲裁法》规定了有关证据的另一可撤销事由——对方当事人隐瞒足以影响公正裁决的证据。

在法院对于该事由的相关案例审查中，其裁定意见要旨如下：其一，仅主张"隐瞒事实"，而未就其所指向的证据进行说明并举证，非属法定可撤销情形。其二，一方当事人隐瞒的证据，需仅由该方掌握，并足以影响裁决结果。也就是说，申请人应当向法院明确证据的名称及内容，且其在仲裁阶段未持有且无法通过公开渠道获得该证据；隐瞒的证据需对裁决结果产生实质性影响，导致显失公允。其三，负有举证责任的一方若在仲裁过程中怠于举证，则应承担相应不利后果。

（六）关于"仲裁员涉贿舞弊、枉法裁决"

仲裁的民间性及一裁终局性，决定了仲裁员任职资格的严苛性，其体现于专业能力和道德品质两个层面。我国《仲裁法》第13条对此作出明文规定。在仲裁实务中，若仲裁员背离职业要求，存在索贿受贿、徇私舞弊、枉法裁决等可致其独立性、公正性受减损的情形，则其所作裁决可基于当事人申请而被撤销。在本文研究样本中，以该法定事由申请撤销裁决的案例虽并不少见，但除了少数涉及"徇私舞弊"之外，几乎都是主张"仲裁员或仲裁庭枉法裁决"。

对于该事项的审查，法院主要意见如下：其一，仲裁中的"枉法裁决"与诉讼法上"适用法律错误"不同。仲裁法上的"枉法裁决"需以仲裁员曲解法律甚至故意错误适用法律为前提。其二，法院对于枉法裁决的审查，以尊重仲裁

---

[1] 参见黄进、宋连斌、徐前权：《仲裁法学》，中国政法大学出版社2008年版，第149页。

庭实体审理为前提。北京市高级人民法院《国内商事仲裁裁决司法审查工作要点》第 1 条便规定："法院不得以仲裁裁决实体错误作为撤销理由，不得针对仲裁裁决关于举证责任分配、证据的认证、事实的认定等实体处理内容进行审查。"

（七）关于"违背社会公共利益"

对于社会公共利益的保护，是现代各国通例，同样也已成为我国的立法基理和司法准则。作为我国《仲裁法》第 58 条撤销裁决事由的最后一项，其不可或缺，也意义重大。在本文研究样本中，以"公共利益"为名涉及的主要理由包括"裁决违反法律规定，致使法制威信受损""当事人以合法形式掩盖非法目的，扰乱市场秩序""裁决导致国有资产流失，损害国家权益""裁决存在错误，损害多数第三人利益"等。

对于该项事由的认定，法院主要认为：其一，"社会公共利益"是指以社会公众为利益主体的，涉及整个社会最根本的法律、道德的一般利益。其主体具有社会公众性，内容具有普遍性。其二，法院对于违反公共利益的认定，持谨慎态度。这不仅因为"公共利益"具有特殊性和抽象性，也与法院审查"不涉及仲裁庭实体处理"之理念相关。

四、对于仲裁裁决司法监督涉及相关方的建议

（一）对于仲裁活动及撤裁之诉当事人的建议

当事人之所以向法院申请撤销仲裁裁决，核心在于其对于仲裁过程中涉及的包括管辖权、仲裁程序、实体处理等事项持有异议。在本文研究样本中，除当事人提出的事由缺乏相应证据证明之外，还与当事人对仲裁活动以及仲裁司法监督缺乏全面的认知，并适时提出相关诉求有关。

1. 关于仲裁过程中应予注意之处

（1）必要了解仲裁实务。仲裁作为重要的争议解决方式，较之诉讼存在诸多特点；仲裁活动的开展，也涉及诸多专业化及实务性操作。当事人选择仲裁，一个合理假定便是，其了解仲裁特点、熟知仲裁操作。然而，在本文涉及的研究样本中，当事人的撤销仲裁裁决理由，不少属于因其对于仲裁实务不甚了解所提异议。当事人必要了解仲裁实务，以发挥仲裁解决争议的优势，显得尤为必要。

（2）熟悉并遵循仲裁规则。仲裁规则作为规范仲裁具体程序及程序相应法律关系的文件，是仲裁活动推进的依据及准则。包括仲裁当事人、仲裁庭以及仲裁机构在内的相关主体，都需遵循规则规定。熟悉仲裁规则规定，从而对仲裁程序产生合理预期，并适时适当地根据仲裁规则进行应对，才是申请人维护权益的正确做法。

（3）诉求及异议应及时提出。若当事人认为已经进行的仲裁程序存在问题，如管辖权有误、仲裁规则未被遵守等，可于合理期限内提出异议，这符合程序正义的内在要求，也被法律规定和仲裁规则所支持。当事人认为确有必要知悉仲裁庭决定以作出后续应对，大可不必一味苦等，而可及时向仲裁庭提交意见要求仲裁庭明确回应。

2. 撤销裁决之诉中应予注意之处

（1）准确理解撤裁事由。在本文研究样本中，仍有申请人基于《仲裁法》第58条之外的理由申请撤销仲裁裁决，主要原因在于对法院"审查范围"的理解不当，这无疑凸显出当事人对于仲裁司法监督的基本认知有所欠缺。申请人对法律规定及司法实践关于撤裁事由的标准缺乏充分认知。实际上，法律规定（包括司法解释）已就撤销仲裁裁决法定事由标准进行了原则性规定。

（2）提交证据证明主张。当事人对其主张需提出证据予以证明，此乃民事诉讼基础理念。在本文研究样本中，除了前述"依据《仲裁法》第58条之外理由申请撤销裁决""笼统提及撤裁理由，不作针对性说明"之外，申请人"不提交或未充分提交证据证明其主张"的问题也较为突出，申请人对其主张提交证据予以证明的意识尚需提升。

（二）对于仲裁员和仲裁机构的建议

通过本文对于相关案例的研究，也发现仲裁庭及仲裁机构有可作改进之处，面对动辄提出异议的当事人以及依法进行监督的法院，作为仲裁案件的审理及管理主体，仲裁庭及仲裁机构应依法合理行使权力。

1. 关于仲裁员的建议

（1）注意言行规范。在本文研究样本中，虽然并不存在仲裁员行贿受贿、徇私舞弊、枉法裁决的情形，但也不乏仲裁员开庭迟到、言论失妥等情节，给当事人造成负面印象，为其质疑仲裁庭公正及专业性埋下隐患。仲裁的公信力建设的核心在于仲裁员。仲裁员应严格遵循各项规范，在严格遵照法律规定及仲裁规则要求行使裁决权之外，还应加强言行规范，体现良好职业形象。

（2）及时作出回应。在本文研究样本中，就不乏以"仲裁庭作出决定不及时"为由主张程序违法的情况。笔者结合从业经历认为，当事人对于仲裁庭及时作出决定往往有所期待，相较于在终局性的裁决中对有关事项予以最终回应，在程序进行中及时作出决定，留给当事人另寻他法的机会，将更有益于纠纷解决，以及减少当事人异议。

2. 关于仲裁机构的建议

（1）加强与当事人沟通。仲裁机构作为案件的管理方，其委派工作人员（办案秘书）承办具体案件，负责案件的程序管理和服务工作。秘书人员充当着联系当事人及仲裁庭的"纽带"角色。为便利纠纷解决、减少后续诉累，仲裁机构工作人员可结合案件实际情况，与当事人加强沟通，在不违背公正性的前提下，向仲裁当事人作出必要说明。

（2）强化工作人员行为要求。作为具体案件程序的管理者，仲裁机构所指派的工作人员，在仲裁程序的推进过程中扮演着重要角色。若其未能依据相关规定履行职责，则意味着仲裁机构管理失当，严重者将可能导致裁决撤销。故而，仲裁机构工作人员在仲裁过程中，应严格按照相关规定行事。

（三）对于司法监督机关的建议

如前所述，法院近年来对于仲裁事业大力支持，其司法审查的裁判要旨也整体彰显了合法、合理性，营造了"友好"司法监督环境，对于仲裁行业发展有所裨益。同时，笔者在本文研究样本中也发现，在某些个案的具体裁定中，法院的认定以及说理仍有改进余地。

比如，因诉讼和仲裁存在差别，法院的某些认定系基于诉讼的一般操作，而对于仲裁实务的理解和表述并非完全到位。再比如，因裁定文书作为裁判机构最终意见的载体，其重要性不言而喻。文书中存在的笔误、错字及信息不全等细小瑕疵，未对当事人申请进行全面回应的个别纰漏，以及有些裁定文书说理过于简单等问题，都可能损及法院裁定的权威性，司法监督机构亦应当引起重视。